2018年国家社会科学基金项目——中华优秀家风传承创新路径研究（项目批准号：18XKS018）阶段性成果

西北师范大学学科建设项目（经费）资助出版

中华优秀家风传承与创新

符得团 马建欣 著

中国社会科学出版社

图书在版编目（CIP）数据

中华优秀家风传承与创新／符得团，马建欣著. --北京：中国社会科学出版社，2024.12.

ISBN 978-7-5227-3644-0

Ⅰ.①中⋯ Ⅱ.①符⋯②马⋯ Ⅲ.①家庭教育-中国-古代 Ⅳ.①G78

中国国家版本馆CIP数据核字（2024）第110708号

出 版 人	赵剑英
责任编辑	喻　苗
责任校对	胡新芳
责任印制	李寡寡

出　　版	中国社会科学出版社
社　　址	北京鼓楼西大街甲158号
邮　　编	100720
网　　址	http：//www.csspw.cn
发 行 部	010-84083685
门 市 部	010-84029450
经　　销	新华书店及其他书店
印　　刷	北京君升印刷有限公司
装　　订	廊坊市广阳区广增装订厂
版　　次	2024年12月第1版
印　　次	2024年12月第1次印刷
开　　本	710×1000　1/16
印　　张	26.5
插　　页	2
字　　数	421千字
定　　价	139.00元

凡购买中国社会科学出版社图书，如有质量问题请与本社营销中心联系调换
电话：010-84083683
版权所有　侵权必究

前　言

中华优秀传统文化以人为本、关注现实的道德立论特性，反映在中国古代以文化人的教育生活实践当中，则展现为先民们满怀家国情怀，坚信人性可教、人格可塑，出于为家人子女计从长远的良苦用心，紧盯儒家思想设计的"内圣而外王"成人目标，坚持治家教子、为国育才，成功探索出"施教于家而成教于国"的家庭德育范式，并以立德树人的有效家庭训教实践，世代接续传承便积淀形成了中华传统家风文化。中华民族重视家庭建设、恪守家教门风传承不弃的历史事实，表征着中国古今家长们希望后世子孙遵从家训教诲、赓续传承家风精神而具有的价值期许。坚定文化自信，继承和弘扬中华优秀传统家风精神，是每一个中华儿女应当自觉承担的历史责任。

家是最小国，国是千万家。习近平总书记反复强调，"家庭是社会的基本细胞，是人生的第一所学校"[1]，号召全体中国人民重视家庭、重视家教、重视家风，以千万家庭好家风支撑起全社会的好风气，推动社会主义核心价值观在广大家庭落地生根，为实现中华民族伟大复兴凝心聚力。随着中华传统文化热的不断升温，学界对家风探究的热情也被点燃，近年来井喷式出现的关于家风家训家规家教的著述中，缺乏立足微观视域探究家风作用发挥和运行机制的专门研究，大多集中在坐而论道的文化解读或意义阐发，尚未落实落细落小到可资借鉴的家风文化实践层面，更少有针对中华优秀家风传承创新路径的专门研究。

---

[1] 中共中央党史和文献研究院：《习近平关于注重家庭家教家风建设论述摘编》，中央文献出版社 2021 年版，第 3 页。

知今宜鉴古，无古不成今。传承家风无疑是人人皆知的常识，因为家风早已内化为每一个中国人的生命基因，转化为人民大众日用而不自知的生活方式。尽管每一个中国人都生活在家风环境之中，无时无刻不在实践和传承着家风，却很难准确给出家风的清晰定义，也不很清楚家风产生和传承的内在动因。百姓日用而不知的生活现实表明，对中国人而言，家风潜行于一家一族，看不见、摸不着，但是每一个家人族众都心知肚明哪些事能做、做到什么程度，哪些事不能做、有什么限制甚或禁忌。如果说"少成若天性，习惯如自然"①恰切地揭示出家风化育的陶染成效，那么"君子之德风，小人之德草。草上之风，必偃"②则是言明家风具有的化育机制。

　　"知屋漏者在宇下，知政失者在草野，知经误者在诸子。"③对于广大哲学社会科学工作者而言，面对鲜有讨论家风家教家规而人人都对"仁、义、礼、智、信""孝、悌、和、勤、俭"等传统道德规范了然于胸的现实，却表现得不够积极和有为。"文化再生产，是文化在传承和复制中再生产的方式。它依靠文化观念的同化和文化实践的重演。"④现代科技的日新月异，没有改变我们做人的道德要求，尤其在突出强调家庭对社会和谐、国家发展基础性作用的现代小家庭时代，更显家风对于治家教子的重要意义，不要让中华家风在语焉不详的现代社会蒙尘，更不能让家风传承在百姓日用不知的现代文明长河中湮没。

　　中华传统家风源远流长，我们无论如何都不应该忽视中华优秀传统文化宝库里的家风家教家训理论和家庭风教经验。在培育和践行社会主义核心价值观的伟大实践中，将马克思主义同中国历史、家庭建设实践、中华优秀家风文化相结合，回答时代之问、做好人民答卷，正确处理对传统家风文化的继承与创新关系，把中华家风传承创新的文章写在中国大地上，通过科学梳理和认真总结家风演进历史经验，打开中华优秀家

---

① （汉）班固撰，（唐）颜师古注，王先谦补注：《汉书补注》，商务印书馆1959年版，第3720页。
② 陈晓芬、徐儒宗译注：《论语　大学　中庸》，中华书局2015年版，第146页。
③ （汉）王充、黄晖撰：《论衡校释》，中华书局1990年版，第1160页。
④ ［美］爱略特·奥林：《透过传统看传统》，孙非寒译，张举文校，《温州大学学报》（社会科学版）2011年第1期。

风育人活动灰箱，厘清家风家教作用发挥机制，探究符合现代家庭实际、体现时代特色的优秀家风传承创新路径，为新时代广大家庭创建良好家风提供有益借鉴和选择模式，推动家风文化创造性转化和创新性发展，则功莫大焉。

本书系 2018 年国家哲学社会科学基金项目"中华优秀家风传承创新路径研究"（项目编号：18XKS018）最终研究成果。其中，第二、第六、第七章（共 14 万余字）由甘肃农业大学马克思主义学院马建欣教授执笔撰写。研究过程中参阅了大量书籍文献和学术论文，借鉴和吸收了诸多专家学者在中华传统文化、教育学、民俗学和伦理学等学科领域的研究成果，文中对所引部分均详细做了标注，在此向各位方家深表谢忱！个中难免有不妥之处，敬请批评指正。

目 录

第一章 导论 ………………………………………………（1）
    第一节 问题缘起 ……………………………………………（1）
    第二节 研究现状 ……………………………………………（3）
    第三节 研究价值 ……………………………………………（24）
    第四节 概念解析 ……………………………………………（26）
    第五节 研究思路与方法 ……………………………………（44）

第二章 中华家风建设理论溯源 …………………………（47）
    第一节 家风文化探源 ………………………………………（47）
    第二节 风教化育机制 ………………………………………（57）
    第三节 家风思想传承 ………………………………………（64）
    第四节 习近平关于家风的重要论述 ………………………（82）

第三章 中国古代家风形成的社会文化背景 ……………（98）
    第一节 政教国风 ……………………………………………（98）
    第二节 儒学德风 ……………………………………………（112）
    第三节 庠序学风 ……………………………………………（123）
    第四节 诗教文风 ……………………………………………（129）

第四章 中华优秀家风大众范式 …………………………（136）
    第一节 家训族规 ……………………………………………（136）
    第二节 乡规民约 ……………………………………………（154）

第三节　人生礼仪 …………………………………………（158）
　　第四节　家学私塾 …………………………………………（164）
　　第五节　道德榜样 …………………………………………（178）

第五章　中华优秀家风永续奥秘 ……………………………（187）
　　第一节　自给自足经济基础 ………………………………（187）
　　第二节　家国同构政治制度 ………………………………（200）
　　第三节　中华传统文化特质 ………………………………（221）
　　第四节　家风恪守不坠传统 ………………………………（238）

第六章　中华优秀家风传承文化创新 ………………………（255）
　　第一节　精神文化创新 ……………………………………（256）
　　第二节　物质文化创新 ……………………………………（279）
　　第三节　制度文化创新 ……………………………………（301）
　　第四节　风俗文化创新 ……………………………………（319）

第七章　中华优秀家风传承实践创新 ………………………（333）
　　第一节　育人实践创新 ……………………………………（333）
　　第二节　治家实践创新 ……………………………………（351）
　　第三节　处世实践创新 ……………………………………（362）
　　第四节　培育和践行社会主义核心价值观 ………………（375）

主要参考文献 …………………………………………………（404）

附录　中华优秀家风传承创新访谈提纲 ……………………（413）

第一章

导　论

中华民族素来以"重门风，有家教"著称于世，中国不仅有重视家庭、注重家教、注重家训的优良传统，而且在历史的长河中积淀发展成为传承不绝的优秀家风。中华文化这种以文化人的风教智慧，通过亿万家长"施教于家而成教于国"的民间大众教化方式，将"修身齐家治国平天下"的治世理想转化为中国人世代传承家教思想、遵从家训教诲、自觉践履家族仪轨而逐渐养成的不坠家风，训育出一代代国人德行人格的同时，让中华文化在数千年的历史演变中永葆生机与活力。

第一节　问题缘起

2015年2月，习近平总书记在春节团拜会上发表重要讲话时强调："不论时代发生多大变化，不论生活格局发生多大变化，我们都要重视家庭建设，注重家庭、注重家教、注重家风，紧密结合培育和弘扬社会主义核心价值观，发扬光大中华民族传统家庭美德，促进家庭和睦，促进亲人相亲相爱，促进下一代健康成长，促进老年人老有所养，使千千万万个家庭成为国家发展、民族进步、社会和谐的重要基点。"[①] 党的十八大以来，习近平总书记在不同场合多次讲到家庭家教家风建设问题，强调家风是社会风气的重要组成部分，号召全国人民重视以家风为代表的家庭文化建设。念兹在兹、反复强调，根本原因，在于千万个家庭的家

---

① 中共中央党史和文献研究院：《习近平关于注重家庭家教家风建设论述摘编》，中央文献出版社2021年版，第3页。

风好，子女教育得好，社会风气好才有基础和保障，国家才能长治久安。家庭不只是人们身体的住处，更是人们心灵的归宿。家风好，就能家道兴盛、和顺美满；家风差，难免殃及子孙、贻害社会。广大家庭都要弘扬优良家风，以千千万万家庭的好家风支撑起全社会的好风气。理论只要彻底，就能说服人，就能掌握群众，就能成为大家的行动指南。

家风是社风的基础，良好的社会风气是以良好的家庭风气为前提的。但家风的意义，绝不在人们有意或无意的创设，而在于教化后生功夫的生活化实践展开和创新性传承接续。中国人不仅懂得只有每个家庭的家风好，家庭关系和睦美满，才会有社会风气的友好和谐，而且非常看重家风传承，注意用优良门风治家教子，塑造家人子弟德行人格。中华民族自古以来形成的风教文化传统经由家庭教育的理论说教和生活实践，将特定社会的基本道德规范和价值原则内化为每个家庭成员道德品性的同时，便在身行言动中一以贯之地表现外化为其人稳定的行为方式和内心定力，成功地训育出一代代明德守礼的华夏儿女。

知今宜鉴古，无古不成今。在现代历史条件下，创新传承家风，让古代家训活在当下，对传统家风文化的创造性转化和创新性发展，不仅需要亿万家庭通过规范有效的家风生活成功治家教子，为社会培养出一代又一代德才兼备的贤子孙，而且需要全体哲学和社会科学工作者行动起来，通过对中华家风传承创新理论与实践的探究，厘清传统家风传承育人的运行机制，提出现代家风传承创新的实践范式，努力回答好时代之问。

选做本课题不仅出于2018年度国家社科基金项目课题指南，也是应时而动。近些年来，随着中国传统文化热的快速升温，国人自古以来最为重视子女教育的优良家风传统，转化为时下亿万家长提振现代家庭教育的强烈愿望，重视和维护家教门风、创新和践行现代家风家训的活动蔚然成风。与此同时，学界对家风探究的热情也被点燃，有的通过家风小说以文化叙事的形式展现家国情怀，有的综述家风所蕴含的中华优秀传统文化的博大精深，有的着力解析中国著名家族家风家训文化，有的博采众长推介中国杰出家风家教故事，有的展现新时代新家风家规家训家教创建成果，也有贯通中外通过文化互鉴开启国人家风新局面的真知灼见等，不一而足。针对家风传承创新及实践范式研究问题，就学界目前的研究现状，我们利用"超星知识发现系统"仔细查阅了"超新电子图书""读秀知识库""中国期刊全文数据库""中国博士学位论文全文数据库""中国优秀硕士学位论文全文数据库"，认真阅读了家风家教家训家规相关经典和著述，发现涉及家风传承及其文化现象的研究，近年来成为学界的热门话题，涌现出很多高价值理论和实践探索成果。但是，相较于家风传承与家训创新实践活动的开展，针对家风传承创新的理论阐释显得不是很充分，缺乏聚焦家风文化传承微观视域探究家风运行与作用发挥机制的研究，更少有针对传统家风新时代新理念新思想的创新型实践范式的专门成果。反观浩若繁星的历史典籍或记载，对于治家教子发挥着基础性作用的家风传承，中国人因循旧制、一代代严守家风、传承祖训照着做得非常好，其间不乏积淀新出的家风家训，但言明就里、讲清沿袭和创新道理的却很少。正如古代先民们对他们世代尊奉的家风，就其在家庭教育过程中的作用机制和文化传承脉络鲜有专门研究一样，现代学界对家风问题的关注，虽然涉及的领域很广，但大多表现为坐而论道的意义阐发，难免泛泛而谈，尚未落实落细落小到可资借鉴、可供推广的家风创新模式和传承实践层面。

弘扬中华优秀传统文化，批判地继承中国古代家风育人的优良传统，在科学梳理和认真总结古代家风化人成功经验的基础上，注意汲取国内外家庭教育理论和个体培育经验，厘清家风传承创新的理论与实践问题，提出实现中华优秀家风传承创新的文化路径、实践路径，为新时代好家风建设提供可资借鉴的风教育人实践范式，是选做本课题研究的要旨所在。

第二节 研究现状

一 国外相关研究的学术史梳理及研究动态

家风指一个家庭或家族的传统风尚或生活作风，极具传统文化和民族特色，是中华文化精神和价值观念的家族化呈现和传承形式，同时蕴含着鲜明的时代特征。正因为家风更多地表现为家庭教育及其人格训育的精神活动，是中国人的精气神所出之时空环境下产生，潜行于亿万家庭之中并发挥着作用。囿于社会制度、宗教信仰、风俗习惯等方面的差异,特别是意识形态领域的政治裹挟,国外特别是美西方学者对中华优秀家风的认识不足,加之各国的家庭结构、组织制度、家族人员构成和地位作用等都有很多不同的特征,对影响中国人成长成才极其深刻广泛的传统家风的探索,国外学界的关注度不高,更没有意识到借鉴中华家风的现代价值,本就寥寥的研究兴趣主要分散在对中国家庭与社会关系的研究之中,缺乏系统专门的家风问题研究,对家风传承的研究成果尚未见到。

（一）总体研究概况

文化理念和生活传统等差异,决定了国外学者更多地关注家庭教育,较少涉及家风的研究。极少数选择性明显的国外相关研究,主要局限于翻译和推介历史上比较著名的中华家训著作。近年来,随着中国综合国力和文化影响力的快速上升,在宣传文化界与社会科学工作者加大传播中华传统文化、讲好中国故事、树立中国形象、坚定文化自信等对外交流与合作工作力度的背景下,具有中国社会建构和稳定基点地位的中华家风问题,逐渐进入国外学界的视野,对关涉中华家风传承问题的中国家庭、中华家训、家庭德育、乡村治理、城乡家庭生活、家庭或家族史等方面问题的研究,日渐成为社会学、人类学关注的新兴领域,更成为政治学观察中国社会治理和保持社会稳定的重要方面。对中华家训的关注从过去少有的只言片语格言翻译和育儿经验介绍,涉及家族企业、中华武术、中华医学等独特技艺的传承推介,发展到今天的经典家训文本译注出版,甚至有打通《颜氏家训》《朱子家训》《弟子规》等个性家训专书,并合后分专题类别译介的"治家格言""名贤集""中国家训"等专著、丛书出版,虽然本质上还是一些初步和粗疏的译注成果,但毕竟让数千年深藏于中国民间的家风以物态呈现的方式出现在了世界各地,不能不说是一大进步。如果说"四书五经"、《道德经》、《庄子》等中华文化坟典,《西游记》《三国演义》《红楼梦》《水浒传》等中华名著以《大中华文库》的大气磅礴被翻译出版,进入西方人的文化生活而丰富世界文化构成的同时,让世人更全面真实、更深刻理性地把握中国人的历史与现实,那么,以谢福生1914年翻译《名贤集》（*A Collection of Chinese Family Maxims*）并陆续在 *Oriental Republican Messenger* 刊发家训格言170条,则正式拉开了以《中国家庭格言集》的形式,向全世界主动推介

《朱子家训》《弟子规》《钱氏家训》等中国古代家训经典的大幕，开启传播中华优秀家风文化精神的新纪元。1993 年 12 月，中国科学院院士、著名的神经生理学家张香桐翻译的英译《朱子家训》(*Master Zhu's Homilies for Families*) 由上海人民出版社出版，这是新中国成立以来外译出版的第一部中国家训。……2016 年广西师范大学出版社出版了英汉对照版《朱子治家格言》(*Familial Precepts of Master Zhu*)①，则更进一步完整准确地呈现了家训原貌，说明西学东渐的同时，中学也在西传，只是相对初级和肤浅。

相较而言，在文化传承与交流源远流长的日本、朝鲜、韩国、新加坡、马来西亚等东亚、东南亚地区国家，对中华家风的了解不仅时间早、历史长，而且推崇和接受文化内涵更深刻、作用发挥更广泛有效的家训专书，如《颜氏家训》问世一千四百多年来，为历代中国文人所推崇的同时，早有日语外译本如宇都宫清吉译本、冈村繁译本、久米旺生编译本、林田慎之助译本；韩语外译本主要有林东锡、朴贞淑、车顺福、郑在书、卢曝熙等译本。② 表明世界人民的优秀文化大量被中华文化汲取的同时，地缘优势明显的东西、东南亚地区文化的发展与繁荣，更需要从中华文化中汲取精神养分。如 2004 年英译出版的《颜氏家训》，除了"全面系统地介绍中国传统文化典籍"③，通过再现、服务、交际、规范和承诺翻译伦理模式，极大地完善了翻译伦理体系。④ 翻译推介工作，开始注重对中华家训精神实质的挖掘。要求语句符合译入语语言及文化规范，努力做到信于内容、达如其分、切合风格。⑤ 使译文尽可能地忠实于原文，不仅能够再现中华民族的家风文化精神，而且有助于讲好中国家风文化故事，助力中华家风文化走出国门，走向世界。

（二）研究视域差别

国外比较有限的家训或家教研究成果，主要针对中国社情民风的揭

---

① 周仁成：《〈朱子家训〉走入英语世界》，《中国社会科学报》2019 年 2 月 25 日第 5 版。
② 张大英：《〈颜氏家训〉的外译流传情况》，《兴义民族师范学院学报》2018 年第 4 期。
③ 颜之推：《颜氏家训》，宗福常译，外文出版社 2004 年版，第 8 页。
④ Chesterman, "Proposal for a Hieronymic Oath", *The Translator*, No. 2, 2001, pp. 139 – 154.
⑤ 尹宁洁等：《〈颜氏家训〉英译本中的翻译伦理研究》，《盐城师范学院学报》（人文社科版）2021 年第 2 期。

示和对家庭人际交往关系的社会学、人类学分析。如日本学者井上彻所著《中国的宗族与国家礼制》，在整理归纳中国已有宗族研究的学术史、阐述宗法主义主要内容的基础上，对产生于宋代的中国南方宗法主义理念被后代传承接续的情况进行了验证。研究著述以与清政府保持密切关系的江南地区为例，考察按宗法主义理念建构起来的中国古代宗族的稳定状况，以及部分边陲地区宗族的宗法主义普及状况。[①] 也有对中国传统女训的研究成果，如日本山崎纯一的《关于唐代两部女训书（〈女论语〉〈女孝经〉）的基础研究》。不仅如此，"就儒家化的程度而言，古代朝鲜是中国本土之外最为彻底的地区"[②]。其中，以儒家礼制为核心的中华传统文化从根本上奠定了朝鲜和韩国的基本文化特征，尤其以宋明程朱理学影响最为明显，这些思想于元朝鼎盛时期传入高丽后期的朝鲜半岛，中国传统儒学在那里得到广泛传播和快速发展，不仅让朱熹理学上升为其治国准则，而且将以仁义礼智信为核心的治家教子和修身处世理念渗透进普通百姓人家，天长日久化生出独特的朝鲜半岛家风文化。朝鲜半岛上自朝廷官府，下至民间大众，都竞相模仿中国体制机制，"服事中国，效中国君臣之为治而治，学中国圣贤之道而道焉，法中国伦常礼乐制度文物之为则而则焉，读中国六经四子之为文而文焉。细大何法，无不自中国而法焉。国以为国，人为人矣，君中国而师中国也"。这个传统一直沿袭到中国明清时期，一度使朝鲜半岛"教化大行，男有烈士之风，女有贞正之俗，史称小中华"[③]。受中华儒学思想的习染，家庭教化思想自然也脱离不了当时儒教盛行的大环境，如人伦、伦理、伦纪、伦常、纲常、伦义、宣化等中华传统纲常名教理念相关的词义，不仅普遍存在于朝鲜政治经济社会文化各领域的制度规范当中，而且以风教最为优先和偏重，反而让政治、法律、文化观念等成为匡正和扶持人伦的辅助工具，"夫明刑所以弼教，而教化首重伦常"[④]。围绕"五伦"教化即父义、

---

① ［日］井上彻：《中国的宗族与国家礼制》，钱杭译，上海书店出版社 2008 年版，第 2—3 页。

② 彭林：《中国礼学在古代朝鲜的巧迁》，北京大学出版社 2005 年版，第 1 页。

③ 葛兆光：《宅兹中国——重建有关"中国"的历史论述》，中华书局 2011 年版，第 153—157 页。

④ ［朝鲜］丁若镛著，朴锡武、丁海廉校注：《钦钦新书》，现代实学社 1999 年版，第 167 页。

母慈、兄友、弟恭、子孝等立国立政,朝鲜半岛重视家庭建设,重视家教家风的传统,可见一斑。如朝鲜《经国大典》明确规定:"忠臣、孝子、顺孙、烈女,有贫寒丐乞者,每岁米五石,四节衣一领。内则本曹,外则观察使,启闻题给。……外方孝烈特异者,观察使详察,启闻族褒。……五子登科者之父,启闻加资。"① 朝鲜注重家族伦常制度建设,对于遵从伦理教化者,法律明确规定给予褒奖,对于违背家族伦理或宗法伦常的行为,不仅施以刑罚严苛惩处,而且加等论罪。"毁破山殡,剥取假葬衣裳者、敢食死人肉者,并以强盗律论。为恶疾药用,诱使儿童于山间剖索肝胆、肢体,因以灭迹者,斩。妻子流二千里,捕告者赏布百匹。……奴放火其主家祠板者,绞。……罪犯纲常情理深重者,杖一百,流三千里。"② 朝鲜律法和刑狱制度所体现的伦理至上司法原则,至今仍然保留着明显的注重家庭教育的传统和生活痕迹。在一定意义上讲,中朝兄弟友谊,有着广泛的民众家风传承心理基础。

(三) 国外关于家风传承问题研究的缺憾与不足

不无遗憾的是,即便是通过英译《朱子家训》《颜氏家训》《弟子规》《钱氏家训》等传统家风文化成果的行为,除了近邻东亚、东南亚地区少数国家外,还多限于国内学者和文化传播媒体,其他翻译所推介的成果多是单篇论文或家训章节,未见有研究学术专著问世。由于日本和朝韩在历史上一度效仿中国的教育方式,并且均受儒家思想的深刻影响,所以这些国家的学界对家风有少量的研究,大多是对家庭教育和家人交往关系的行为学研究,表现在总体上研究并不深入,针对家风传承的专门研究及其成果相对少,关涉传承中华家风特别是厘清家风的中华文化源流方面的研究更少。这一现象表明,国外特别是西方文化主导的国家,对中国人熟知的"家风"知之甚少,囿于资料收集和文化理解的限制,专门研究家风的人和成果更少,以致很多国外学者对"家风"这一概念也显得比较陌生,尤其是欧美国家学界涉及"家风"的研究更少。面对中华文化影响力日益壮大、全球范围内经济文化政治军事等领域国别交

---

① [朝鲜] 金在鲁等撰,韩国文献研究所编:《礼典》,亚细亚文化社1983年版,第240—242页。

② [朝鲜] 金在鲁等撰,韩国文献研究所编:《礼典》,亚细亚文化社1983年版,第401页。

往频繁发展的世界百年未有之大变局，国外特别是与中国关系友好国家的社会科学工作者们，逐渐把目光投向中国人重视家庭、注重家教、注重家风的大众文化领域，但依然显得非常有限，所关注和研究的内容还主要集中在对于古代家风资料——家训文本的收集、整理和注释推介上，针对家训运行机制和家风长葆家业不坠等重要问题的学理分析和专门研究很少，可用于指导和借鉴中国当代家风建设实践的应用领域，还缺乏颇有见地的标志性研究成果。因此，除了受中国传统文化影响较深的日本、朝鲜、韩国以及东南亚一些国家，在文化和生活领域重视家教家风，注意保护和传承发扬家训文化以提携子孙成长成人外，西方绝大部分国家，由于政治制度、文化精神、教育体制、家庭构造的差异，特别是社会主流意识形态的排斥与隔阂，围绕中国传统家训文化培育德行人格的研究很少有人涉足，对中华家风传承的关注才刚刚起步。

二　国内研究的学术史梳理及发展动态

（一）中华传统文化中的家风思想研究

"家风"一词的出现，最早可追溯到北周时期，见于《后汉书》评价汉代名族袁氏"能守家风"，此后以文字记载的形式出现在周庾信的《哀江南赋序》："潘岳之文采，始述家风；陆机之辞赋，先陈世德。"① 自此以后，虽然古代典籍对家风的记述和褒扬较多，但是不像《颜氏家训》《袁氏世范》《弟子规》等那样出现一部完整的家风著述，对家风的记载散见于历代众多的文献典籍当中。根据内容指向不同，分类记述古代业已形成的传统家风。一是孝友家风。"先生世承儒业，家风孝友。"② 二是敦睦家风。"一方之风俗，或始于一人一事而遂以成。其习之美恶，即不必有权以导之、势恒动之以所见也。人不能皆贤，不能皆不肖，事日观听于耳目，久且安焉，以为固然，是作者要也……司成公之子曰方岳者，起而为之谱，而于敦睦之约致其惓惓。"③ 三是忠孝家风。很多人家以"忠孝传家久，诗书继世长"为家风，书之门楣。"忠孝二字，是吾家风，

---

① 傅璇琮编：《中国古典散文精选注译》，曾子鲁译，清华大学出版社2009年版，第19页。
② （汉）宋衷注，（清）秦嘉谟等辑：《世本八种》，中华书局2008年版，第3页。
③ （清）徐作肃撰，王利锁点校：《徐作肃集》，中州古籍出版社2019年版，第18页。

好守之。"① 四是俭约家风。"俭约家风五盏盘，谁教古器索朝端。狗枷犊鼻金箱送，合当殷瑚夏鼎看。"② 五是寒素家风。"女红中馈，不改寒素家风，则家人无恋于一官。"③ 六是宽和家风。"伏氏世以经学清约相承，东州号曰'伏不斗'，由家风化导然也。"④ 清代康熙六年进士张英（1637—1708年），推崇"终身让路，不失尺寸"的礼让家风。"千里修书只为墙，让他三尺又何妨。万里长城今犹在，不见当年秦始皇。"他写信化解老家与邻里宅界矛盾一事，安徽桐城六尺巷以实景展示的形式，向世人展示着这位古大臣的家风。七是俭啬吝惜家风。"今去圣久远，周公遗化销微，孔氏庠序衰坏，地狭民众，颇有桑麻之业，亡林泽之饶，俗俭啬爱财。趋商贾，好财货，多巧伪。"⑤ 八是忠谨家风。"惟吕氏自公之曾大父率众归国，今百廿有五年矣。世以忠谨事上，父兄继参大政，继以大司徒开府，至公四世，益谦让廉退如汉万石君家。"⑥ 九是女德家风。"以母仪万国，表正六宫，非有德孰可当之？然闺门之德，不可著见，必是世族，观其祖考，察其家风，参以庶事，亦可知也。……乃立代王，是为文帝，汉之贤主，亦由其母家仁善也。故女德不可不先。"⑦ 十是儒将家风。既有世家大族的学术传承，也有武功继世的护国家风，"观察易、沅湘望族，戎马书生；儒将家风，孝廉旧业（《魂南记》）"。十一是工匠家风。"江湖挥麈，别开琴工碑匠家风，君子所宜慎流别也。"⑧ 十二是和尚（自在）家风或宗教门派。"僧问：如何是和尚家风？曰随处得自在。""我归元直指，迷涂莫纵，感悟好相从。虔心诵，慈航

---

① （清）计六奇撰，任道斌、魏得良点校：《明季北略》（卷之二十一），中华书局1984年版，第523页。
② （清）王士禛撰，宫晓卫、阎宝恒点校：《池北偶谈》，齐鲁书社2007年版，第2971页。
③ （清）魏源撰，魏源全集编辑委员会编校：《皇朝经世文编》，岳麓书社2004年版，第327—328页。
④ （晋）袁宏著，张烈点校：《后汉纪》，中华书局2002年版，第121页。
⑤ （汉）班固撰，（唐）颜师古注，王先谦补注：《汉书补注》，商务印书馆1959年版，第3042页。
⑥ 李修生主编：《全元文》，江苏古籍出版社1998年版，第532页。
⑦ （宋）李焘撰，上海师范大学、华东师范大学古籍整理研究所点校：《续资治通鉴长编》（卷四百五十一），中华书局2004年版，第10825—10826页。
⑧ （清）章学诚撰，叶长青注：《文史通义注》（卷四），华东师范大学出版社2012年版，第428—429页。

接引旧家风。"① 十三是孝悌力田家风。"(张)雍本济南济阳人,去济阳而近王家原,祖茔在焉。自高、曾而上,世有纯德……皆孝悌力穑,称与乡党。"② 家风所折射出的价值理念,与中华优秀传统文化精神高度一致,家风内容指向齐家范族和家庭生活的方方面面,足见古代传统家风的社会普及之广泛。

(二)结合文献资料和时代背景,阐释古代先哲对家风的不同构想和期许

一是揭示家风的教化训育之风教传统。为了说明风化浸染作用的机制,古代文人将基于人格训育的家风教化功能形象地比喻为劲风吹草:"君子之德,风也;小人之德,草也。草上之风必偃。"原典语出《论语》,季康子问政于孔子曰:"如杀无道,以就有道,何如?"孔子对曰:"子为政,焉用杀?子欲善,而民善矣。君子之德风,小人之德草。草上之风,必偃。"③

二是辨析和厘清家风与家训家教的关系。家训是教育过程施为的教材,家风是家训实践活态。"融昔称幼学,早训家风,虽则不敏,率以成性。布衣莛席,弱年所安,箪食瓢饮,不觉不乐。"④ 从作用发挥的机制角度讲,家风则是家训教化的结果,且作用深远。秉持家风则贤才辈出,成就伟业。"王昙首之才器,王僧绰之忠直,其世禄不替也,岂徒然哉。仲宝雅道自居,早怀伊吕之志,竟而逢时遇主,自致宰辅之隆,所谓衣冠礼乐尽在是矣。齐有人焉,于斯为盛。其余文雅儒素,各禀家风,箕裘不坠,亦云美矣。"⑤ 家风坠落,则子弟多不成器。"牛弘笃好坟籍,学优而仕,有淡雅之风,怀旷远之度,采百王之损益,成一代之典章,汉之叔孙,不能尚也。绸缪省闼三十余年,夷险不渝,始终无际。虽开物成务非其所长,然澄之不清,混之不浊,可谓大雅君子矣。子实不才,

---

① (清)方成培撰,徐凌云等校点:《皖人戏曲选刊》,黄山书社2008年版,第114页。
② 李修生主编:《全元文》,江苏古籍出版社1998年版,第671页。
③ 陈晓芬、徐儒宗译注:《论语 大学 中庸》,中华书局2015年版,第146页。
④ (宋)王钦若等编纂,周勋初等校订:《册府元龟》(卷第九百五),凤凰出版社2006年版,第10518页。
⑤ (唐)李延寿撰,中华书局编辑部点校:《南史》(卷二十二),中华书局1975年版,第612页。

崇基不构，干纪犯义，以坠家风，惜哉！"①

三是旌表褒奖乡绅士绅道德榜样家风。如梁武帝见（司马）皓羸瘦，叹息良久，谓其父子产曰："昨见罗儿面颜憔悴，使人恻然，便是不坠家风，为有子矣。"② 在史书列传中以持守家风为一个人或一个家族盖棺定论，虽然不乏贬损扼腕对象，但以旌表褒奖为主，足见家风在其时社会的影响力和受尊崇的程度。"陆俟威略智器有过人者，馥识干明厉，不替家风。丽忠国奉主，为时梁栋，蹈忠履义，制于一竖。惜哉！睿、琇以沉雅显达，而衅逆陷祸。深山大泽，实有龙蛇。希道风度有声，子彰令终之美也。"③

四是解析古代家风家教等民间教化兴盛的缘故。在家国同构的中国古代社会，家风国教与家教民风在文化精神内涵的追求和现实作用发挥方面同出一辙，因此，以皇帝为代表的官方旌表传布国风，自然成为千万家长遵从和传承的唯一家风。"至若号令之行，风教之出，先及于府，府以及州，州以及县，县及乡里。自上而下，由近及远。譬如身之使臂，臂之使指，提纲而众目张，振领而群毛理。"④ 家风影响民风，更是社风淳厚、国家安宁富足的基础，从梁高祖第六子王纶劝兄长梁世祖审慎兵伐的书信可以看出，千年以前的中国人即以家风比喻国政，强调风教化民的重要："伏以先朝圣德，孝治天下，九亲雍睦，四表无怨，诚为国政，实亦家风。唯余与尔，同奉神训，宜敦旨喻，共承无改。且道之斯美，以和为贵，况天时地利，不及人乎。岂可手足肱支，自相屠害。"⑤中华风教文化精神，不仅为万千古代先民家庭所彰显，也为古学先贤所期许。

---

① （唐）魏徵等撰，中华书局编辑部点校：《隋书》（卷四十九），中华书局1973年版，第1310页。

② （唐）姚思廉撰，中华书局编辑部点校：《陈书》（卷三十二），中华书局1972年版，第429页。

③ （北齐）魏收撰，中华书局编辑部点校：《魏书》（卷四十），中华书局1974年版，第918页。

④ （元）脱脱等撰，中华书局编辑部点校：《宋史》（卷一百六十八），中华书局1985年版，第4005页。

⑤ （唐）姚思廉撰，中华书局编辑部点校：《梁书》（卷二十九），中华书局1973年版，第433页。

(三) 当代家风相关问题研究概况

截至 2022 年 12 月底，通过超星发现系统检索，共找到以"家风"为主题的图书有 1898 种，其中，以"家风传承"为主题的图书有 483 条记录。以"家风"为主题，借助中国知网（CNKI），检索中国期刊全文数据库，共查找到论文资料 11087 条。其中，以"家风建设"为主题的文献有 676 条，"家风漫谈"为主题的 541 条，以"社会主义核心价值观培育和践行"为主题的 426 条，以"好家风"为主题的 414 条，以"家风家训"为主题的 333 条，以"习近平关于家风重要论述"为主题的 300 条，以"优良家风"为主题的 262 条，以"新时代家风"为主题的 243 条，以"家风家庭教育"为主题的 201 条，以"家风家教"为主题的 183 条，"家风与思想政治教育"为主题的 145 条，以"红色家风"为主题的 144 条，以"家教家风"为主题的 142 条，以"家风传承"为主题的 138 条……学术期刊发文 5890 篇，学位论文 1254 篇（其中博士学位论文 97 篇，硕士学位论文 1157 篇），会议论文 144 篇（其中国内会议 139，国际会议 5 篇）。不论从出版的专著、公开发表的论文数量，还是近几年博士硕士论文研究、专题学术会议话题来看，均呈现出快速增长势头。论文数量由 2012 年的 55 篇、2013 年的 89 篇和 2014 年的 500 篇，一路飙升，2016 年 909 篇、2018 年 1440 篇，2021 年 1435 篇，2022 年达到 1474 篇。表明自党的十八大以来，特别是习近平总书记分别在不同的场合，对家风、家庭、家教建设作出了系列重要论述，伴随着国家多项配套政策措施的出台，将家风建设与传承真正推向了高潮，引起了社会各界人士对家风问题的热烈讨论。

一是对传统家风阐释和推介成果大量涌现，学者们从自己生活经历切入叙说家风，为传承和弘扬良好家风提供了生动参照。专著类有家风传承小说。以家族历史传承和英雄模范人物为主线展开故事描写，内中隐含中华优秀家风文化范家教子的深厚底蕴。如忽培元所著《家风》，以清明时节祖孙三代人回乡祭祖为故事背景，讲述大哥李正修不远千里将在战场上牺牲的四弟李正彤的遗体驮回太行老家安息故土的故事，引出了李家上两代人忠于理想信念为革命献身的历史家风，再现了那个硝烟四起的年代李家上两代人投身革命事业，"愿为革命流尽最后一滴血"的誓言，唤醒人们重拾家风教育，传承优秀家风的自觉性。① 家庭文化是一个国家最为生动活泼的文化基因，了解一个国家的家庭文化、家庭道德建设，是了解这个国家过去和未来的途径之一。任晓燕和王彦艳主编的《家风》，以小小说的叙事形式，结合中国文化的标志性元素，向青少年讲述家风故事。② 有家风文化普及读物。如曾仕强所著《家风》，挖掘优秀中华传统文化精神，将家庭教育中诸如孝道、婚恋、金钱、祖先，甚至生死等问题从多角度进行了深入浅出的阐释。无论时代发生多大变化，无论生活格局发生多大变化，我们都要注重家庭、注重家教、注重家风。传承好自己的家风，则世界无为而治，人间万象泰和，让被忽视甚至被遗忘的传统家风重新复兴，让每个孩子的童年都充满中国味道。③ 向亚云等著的《建设好家风 传承中华优秀传统文化》④ 一书，立足当今反腐时代需求，从弘扬传统文化的角度，以建设良好家风为重点，阐述了当下家风建设的重点、焦点、难点。在内容上涵盖了家风建设各个方面，书中配以内涵丰富的图片，更显趣味生动，是推行家风家规建设的有益读本。有名门望族家风。姜志勇、孔珍珠所著的《曾国藩家风》⑤，在梳理曾国藩家族从乡村农家到名门望族这一家族奋斗与传承简史的基础上，重点提炼总结出曾国藩家风：书、勤、和、俭、敬、省、恕等重点予以推介。王爽、裴颖编著的《中国家风》，以"清风""和风""惠风""习风""信风""热风""劲风""飓风"等"八风"为纲，分别代表清廉、宽和、爱民、学习、诚信、敬业、坚韧、刚正等八种品质，细说数十位先贤圣哲有关家风方面的经典案例，分析总结了古人在家风建设方面的经验和教训。⑥ 李传印、贺新芳编著的《名仕家风》⑦，梳理从古至今身居庙堂之高者的家风故事，提炼出那些贴近现代生活，具有传承意义的家风范式，所涉及人物众多，包括杨震、寇准、张廷玉等历史名人的家

---

① 忽培元：《家风》，华艺出版社2017年版，第23页。
② 任晓燕、王彦艳主编：《家风》，大象出版社2020年版，第1页。
③ 曾仕强：《家风》，江西教育出版社2019年版，第2页。
④ 向亚云、景扬、王溪明：《建设好家风 传承中华优秀传统文化》，中国言实出版社2017年版。
⑤ 姜志勇、孔珍珠：《曾国藩家风》，新华出版社2015年版。
⑥ 王爽、裴颖编著：《中国家风》，海南出版社2020年版，第1页。
⑦ 李传印、贺新芳编著：《名仕家风》，华中科技大学出版社2019年版。

风，反映了仕宦家族的家风流变和传承。有红色革命家风著述。红色革命家风是中国共产党人永不褪色的传家宝，那些感人至深的红色诫子书、革命育儿经是涵养清廉家风的重要精神源泉，也是当代学人关注的热点。张天清主编的《红色家风》，立足革命历史展现中国共产党人优秀品质和良好家风，全书分领袖家书、英烈留声、遗物故事、革命家庭四个部分，采用史料再现、文物展示、故事讲述等方式，深入挖掘中国共产党人的革命信仰与道德风貌，并对他们的红色家风传承做了较好的诠释。[1] 王纪刚编著的《延安家风》，一改惯常的关于延安时期革命历史及延安精神的传统解读，在选题上立足于延安时期所留下的历史文献、通讯报道，使读者从延安时代亲历者及其同事、家属珍贵的回忆文字中能够清晰地感知延安时代革命前辈在投身中华民族独立与解放事业的同时，所展现出来的良好家风。家风是社会风气的重要组成部分，延安时期的共产党人几乎把所有时间和精力都投入革命工作中，他们以坚定而崇高的革命理想、纯洁而高尚的优秀品德、热情而友善的人格魅力，以对革命事业的忠诚担当的良好家风，从一个独特而重要的侧面展现出延安时代良好的社会风尚，并构成了延安精神的重要内容。[2] 各类报刊、主题征文和家风传承与建设主题活动，助力中华优良家风宣传、阐释和推介。人民日报以"家风，是无形的财富"[3] 为题，阐明作为一个家庭世代相传的价值观念和行为准则，家风是殷实的家底，也是无形的财富。强调好家风犹如生命里的春风，把阳光和温暖带进我们的精神世界，日积月累，凝聚精华，孕育出人生的美丽和精彩，培筑起家庭的精神家园。《记者观察》介绍钟南山时指出，家族的风貌与精神怎样构筑一个人的三观。钟南山院士，"在最危急的时刻出现在公众面前，熬到双眼血丝密布依旧目光灼灼，传递着必胜的信念。而这一切，与他家族的风骨、父母的指引、妻子的爱意、亲友的扶持，都密不可分"。评价钟南山既有国士的担当，又有战士的勇猛，令人肃然起敬。真正的名门贵族，不是家财万贯挥金如土，不是豪门恩怨后宫争斗，而是代际沿袭的精神财富，担当国民栋梁

---

[1] 张天清主编：《红色家风》，百花洲文艺出版社2018年版，第1—3页。
[2] 王纪刚编著：《延安家风》，世界图书出版西安有限公司2020年版，第1页。
[3] 李春生：《家风，是无形的财富》，《人民日报》2016年1月7日第5版。

的格局和能力。① 展现家风文化的生命力和风教德育魅力，表达了国人对包括家风在内的中华优秀传统文化的坚定自信。

二是家风问题综合著述较多，反映出学界对继承和弘扬家风文化精神的高度关注。李存山主编的《家风》② 一书，取经优秀传统文化，落脚现代家庭建设，针对当前家庭的特点及其存在的问题，挖掘两千多年来丰富的家风资源，梳理传统家风形成和发展的脉络，提炼传统家风的内涵和经典条目，系统展现传统家风的核心精神和特点，并思考传统家风在今天面对的问题和现代化方式，力求以传统家风为借鉴，塑造健康的现代家庭，营建温暖的精神家园。任飏主编的《家风》③ 选取一个社区各知名小学校长的文章，分别从修身律己、做人做事、亲情熏陶、家国议论等方面，从各自的角度畅谈家风是什么，以及家风对社会、对国家的重要意义。基于党和国家对家庭家教家风建设问题的重视，学界对传统家风进行了大量综合全面的专门研究。王凯阳经过梳理近年来学者对家风问题的研究后总结认为，学界对传统家风的研究主要集中在四个方面：关于家风内涵、性质、内容与功能的研究；传统家风的现代化研究；传统家风对于培育和践行社会主义核心价值观的作用研究；传统家风在社会治理中的作用研究。④ 同时，提出家风综合研究方面存在着基础研究薄弱、关于传承与发展优秀传统家风的研究不足、实证研究亟待加强等问题。

三是家风问题分述延展，涌现出不少有见地的专门研究成果。关于家风的实质和精神内涵，邓胤龙所著的《船山家风传承研究》⑤ 一书，对船山部分家世文献进行校注，厘清船山家族的发展脉络，挖掘船山家族一脉相承的优良家风基因，总结概述出船山家族家风的特点及其成因。同时，通过对船山之子王攽、王敔与其他后裔家风传承的分析，在深入船山故居调研采访、见证阐述船山家风几百年来的传承与坚守情况的基础上，结合今天新农村建设需要，总结出船山家风传统的现代意义和文化价值。康雁冰在其《论家风的实质及发展价值》一文提出，家风是历

---

① 紫宸、钟南山：《家族的风貌与精神构筑一个人的三观》，《记者观察》2020 年第 4 期。
② 李存山主编：《家风》，广西人民出版社 2016 年版。
③ 任飏主编：《家风》，人民出版社 2015 年版。
④ 王凯阳：《中国传统家风研究综述及展望》，《文化创新比较研究》2021 年第 28 期。
⑤ 邓胤龙：《船山家风传承研究》，湘潭大学出版社 2021 年版。

史、具体的范畴,并非抽象和虚无缥缈,与伦理道德密切相关的价值观居于家风的核心,社会公德、家庭美德、职业道德、个人品德是家风涵养的主要范畴。家风的实质是一种复杂的精神文化现象,也是一种独特的家庭教育方式。传承性、时代性、多样性、稳定性是家风的本质属性。家风建设对于塑造现代公民品格,建设社会主义和谐社会和培育践行社会主义核心价值观具有重大的发展价值。[1] 关于传承家风对培育社会主义核心价值观的作用和意义,很多学者研究提出,家风是家庭层面的核心价值观,是"一个家族代代相传沿袭而来的,体现家族成员精神风貌、道德品质、情感操守、审美格调和整体气质的优秀家族文化风格"[2]。唐黎、周志山认为,要实现社会主义核心价值观广泛、科学地传播,需要提高大学生对其的认同度。[3] 陈延斌认为,家风建设是社会主义核心价值观的基础工程,作为衔接两者的纽带,一定得重视家风对个人道德品质的特殊作用。[4] 要将对优秀家风的传承作为社会主义核心价值观培育的切入点,从传承家风的有效实践当中培育社会主义核心价值观。赵子林、陈丽莹提出,家风建设能够将理论概念与日常生活衔接起来,帮助人们做到知行合一,从而促使社会主义核心价值观与生活距离缩短,变得生活化、平常化。[5] 镡鹤婧通过分析"家风建设与社会主义核心价值观的建构"关系,提出家庭是培育价值观的有效环境,家风建设能够帮助价值观理念变得生动形象,是将抽象理论转变为实践的关键环节。[6]

四是习近平家教家风思想探析,为现代家风文化创造性转化和创新性发展把脉定向。党的十八大以来,习近平总书记围绕家风建设问题发表的系列重要讲话,以及近年来密集出台的治国理政新理念新思想新战略,为新时代家风建设和传承提供了根本遵循。中共中央党史和文献研

---

[1] 康雁冰:《论家风的实质及发展价值》,《教育与教学研究》2015年第6期。
[2] 鲍鹏山:《家风乃吾国之民风》,《光明日报》2014年2月24日第6版。
[3] 唐黎、周志山:《新时代大学生社会主义核心价值观认同培育研究》,《学校党建与思想教育》2020年第18期。
[4] 陈延斌:《培塑新时代家风的丰厚文化滋养》,《红旗文稿》2020年第6期。
[5] 赵子林等:《社会主义核心价值观生活化的家风路径》,《华侨大学学报》(哲学社会科学版)2019年第5期。
[6] 镡鹤婧:《家风建设与社会主义核心价值观的建构》,《辽宁大学学报》(哲学社会科学版)2017年第5期。

究院编辑出版的《习近平关于注重家庭家教家风建设论述摘编》一书，集中收录习近平总书记围绕家庭家教家风的一系列论述。"家庭和睦则社会安定，家庭幸福则社会祥和，家庭文明则社会文明。历史和现实告诉我们，家庭的前途命运同国家和民族的前途命运紧密相连。"① 阐明社会主义公民道德建设需要夯实优良家风基础，树立文化自信离不开优良家风和家庭文明建设，党风廉政建设要以领导干部优良家风为支撑，以及家教家风能够有力促进社会主义核心价值观落地生根。康凤云在分析时代背景、理论基础和实践条件的基础上，认为在党的十八大以来全面反贪的高压态势和新时代实现"中国梦"需要有良好社会风尚作为保障的背景下，习近平关于家风建设的重要论述应运而生。② 习近平关于家风传承的重要论述，首次论述了社会主义核心价值观同好家风的相互关系，明确提出家训是家庭的核心价值观，号召人们积极探索，以培育社会主义核心价值观为主要内容。张帅帅和张小飞提出，习近平家风建设重要论述形成的实践基础，主要包括改革开放以来中国特色社会主义实践、党的十八大以来反腐倡廉实践、习近平个人学习成长和生活实践经历。③ 深入开展以传承优秀家风为内容的家庭文明创建活动，以好的家风支撑起好的社会风气，学界对于家风文化的传承与发展一直高度关注。云南大学马克思主义学院琚晓庆、崔亚威在《试论习近平治国理政的家风思想》一文中提出，从传统文化中延续而来的家风文化是中华优秀文化的重要组成部分，是新时期文明家庭建设、和谐社会建设、从严管党治党的重要瑰宝。深入挖掘和弘扬优秀家风文化，对于践行社会主义核心价值观、传播老一辈革命家的崇高品格、丰富人们的精神生活、净化党内政治生态意义重大。④ 只有全面准确把握，才能有效践行习近平关于家风建设的精神要义和核心内容。史亚博认为习近平关于家风建设和传承的

---

① 中共中央党史和文献研究院：《习近平关于注重家庭家教家风建设论述摘编》，中央文献出版社 2021 年版，第 4 页。
② 康凤云：《习近平家风观的形成：时代背景理论基础和实践条件》，《江汉论坛》2021 年第 1 期。
③ 张帅帅、张小飞：《论习近平家风思想形成的实践基础》，《乐山师范学院学报》2017 年第 6 期。
④ 琚晓庆、崔亚威：《试论习近平治国理政的家风思想》，《滇西科技师范学院学报》2017 年第 3 期。

重要论述，坚持从中华优秀传统文化中汲取营养，紧密结合培育和践行社会主义核心价值观，注重家风，培养个体道德品质，尤其是领导干部要廉洁修身和齐家，明确家庭是社会的基本细胞、家风是社会风气的价值缩影的相互关系，将爱家与爱国统一起来，为新时代社会主义家庭文明建设提供重要支撑。① 众多学者都认同，家风建设与传承必须在继承和弘扬中华优秀传统文化精神的基础上，从中华传统家风文化中汲取新时代家风建设的有益经验。施亚波提出，贯彻落实习近平关于家风建设的重要论述，既要继承和弘扬优秀传统家训家风文化，从中汲取精华来滋养新时代的良好家风，也要弘扬老一辈革命家的优良家风。因为老一辈革命家在建设和传承家风中留下的宝贵经验为新时代家风建设提供了重要借鉴，要坚持以道德建设与制度建设共同推进家风建设，做到双管齐下。此外，传承家风，还要发挥女性在家风建设中的独特作用，社会上倡导尊重女性，重视家庭的氛围，同时鼓励女性在家风建设中发挥积极作用。②

五是家风传承的路径问题研究，突出家风传承的现实性和针对性。在家风传承促进社会主义核心价值观培育的途径和手段方面，尤其是随着现代自媒体的快速发展，针对信息更加多元化、社会主义核心价值观的引领作用被淡化的现状，很多学者都提到有效利用家风作用的路径。广西大学黄东桂和颜文梅在《家风建设：社会主义核心价值观培育的基础路径》一文中指出，家风是社会主义核心价值观培育的基础路径和有效载体，是滋养社会主义核心价值观的有机土壤。做好家风建设有利于形成良好的社会道德风尚，有利于夯实社会主义核心价值观的群众基础。通过剖析家风建设过程中存在家风优良传统受冲击、主体缺位、缺乏系统性等现象，寻找家风实现现代化转型的有效路径。③ 李晓丹针对自媒体的迅猛发展影响大学生对社会主义核心价值观的认同，提出有效运用网

---

① 史亚博：《习近平关于家风建设重要论述的理论内涵与实践意蕴》，《廉政文化研究》2019 年第 1 期。
② 施亚波：《习近平家风建设思想及其实践路径研究》，《中共宁波市委党校学报》2016 年第 6 期。
③ 黄东桂、颜文梅：《家风建设：社会主义核心价值观培育的基础路径》，《广西师范学院学报》（哲学社会科学版）2016 年第 2 期。

络媒体和舆论宣传手段，拓宽培育和践行社会主义核心价值观新途径。①百家争鸣、百花齐放，历来是中华文化兼蓄并包精神的集中体现，不仅表现在学术问题上百家争鸣、艺术问题上百花齐放，而且是在马克思主义指导下，充分发扬人民内部民主的文艺方针，有利于推进中国特色社会主义科技、文化、艺术事业健康发展，自然成为家风传承的重要领域。张宇锋主编《我的家风家训》，收集了近年来甘肃省金昌市"家风家训促和谐、传统美德圆国梦"主题演讲比赛和"我的家风、家训、家规"征文活动中获奖优秀演讲稿和征文稿。作为广大未成年人和家长涵养道德、砥砺成才的基本教材，目的在于引导人们继承传统美德，树立家国情怀，推进社会主义核心价值观在广大家庭中落地生根。② 广州市教育局编印出版的《弘扬优秀家风 传承传统美德》一书，系"家规家训家风进校园"活动成果展示，收集了广州市各区众多学校、家庭、学生在家规家训家风方面的感悟和成功经验，分为小学、中学和中职学校三编。对推动家庭文明建设、培育和践行社会主义核心价值观有积极促进作用。③ 陈力祥提出，船山家风思想强调修德立己，以礼处世。特征为厚德隆礼，既重视个人德行修养，又重视外在的礼之践行。船山家风思想以关注人之德行为基础，要求人们内以修德，厚德立己而不失己，外以隆礼，裁之以礼而不失人，凸显出典型的内外兼修的特色。④

六是家风文化的传承与当代启示研究，为美化社会风气、增强思想政治教育实效提供有益借鉴。传统家风文化是时代变革的产物，中华民族的优良传统要不断发扬光大，传统家风也要不断与时俱进。学者周春辉在《论家风的文化传承与历史嬗变》中提出，家学传承、家规家训、家庭教育等是传统家风传承的主要方式。随着社会的发展和时代的进步，传统家风在流变上逐渐趋于平民化，在价值取向上逐渐趋于世俗化，在功能上逐渐趋于实用化。然而，其道德内涵、基本范式和传递方式却具

---

① 李晓丹：《自媒体视域下的大学生社会主义核心价值观认同培育》，《学校党建与思想教育》2020年第4期。
② 张宇锋主编：《我的家风家训》，敦煌文艺出版社2016年版，第46页。
③ 广州市教育局编：《弘扬优秀家风 传承传统美德》，广东教育出版社2018年版，第1页。
④ 陈力祥：《从经典诠释管窥王船山厚德隆礼的家风情愫》，《湖南大学学报》（社会科学版）2015年第5期。

有较强的稳定性。只有从传统中寻找有价值的内容传承,在实践中吸收、补充、调整和确定所需,新的家风文化形式才能得以构建。① 此外,有学者分别围绕《曾国藩家风思想研究》《扬我湖湘好家风》《你的家风是什么?》等相对具体的家风范例,以纪实性报道或专题电视节目的形式,揭示《传世家风,成风化人》的家风古今价值。近几年,对优秀家风促进党风政风和廉洁清风建设的著述比较多,中共烟台市委党校蔡玉霞在《浅论优良家风与党风政风的关系》一文中,论述了传承优良家风对于端正党风政风的意义,提出好家风是每个人修身齐家的重要基点,好家风更是治国理政的必备要素,好家风是落实全面从严治党的战略需要,好家风是搞好整个社会风气的重要基础。② 侯大伟、张艳宏阐明家风文化是中华优秀传统文化的重要组成部分,是中国特有的历史文化资源,蕴含着丰富的思想政治教育价值。③ 家风文化在教育内容、载体和方法上与思想政治教育同频共振、同向同行,为思想政治教育的创新发展提供了可能。

(四)港澳台地区学者研究的现状及发展动态

一方面,围绕家风家训的传承与发展,海峡两岸及香港的研讨互鉴活动蓬勃开展。同属于中华文化的传人,基于共同拥有的祖先血脉亲情,充分发挥和诠释一家族谱的历史价值、文化功用和作为寻根谒祖地图的意义。通过经济搭台—文化唱戏、寻根问祖、宗亲联谊等多种方式,围绕家族谱牒修葺与传承保护,研讨族谱发展与文化渊源、接续宗脉传衍、交流家训家风经验、开展寻根谒祖等相关活动,多方面展示研究成果和现实资讯,海峡两岸及香港三地的家风研讨互鉴活动进展积极。例如,海峡两岸民间谱牒文化论坛自 2013 年首次举办以来,坚持每 2—3 年举办一届"海峡两岸民间谱牒文化论坛",通过谱牒文化交流,实现宗亲对接,运用大数据、人工智能等信息技术,建设两岸族谱资料信息平台,传承弘扬谱牒文化,对促进台湾同胞的中华文化认同,推动两岸和平统

---

① 周春辉:《论家风的文化传承与历史嬗变》,《中州学刊》2014 年第 8 期。
② 蔡玉霞:《浅论优良家风与党风政风的关系》,《新西部》(理论版)2016 年第 3 期。
③ 侯大伟、张艳宏:《家风文化的思想政治教育价值意蕴》,《广西青年干部学院学报》2022 年第 2 期。

一等方面，发挥了重要作用。① 另有福建省厦门市海沧区加强与台湾的民间交流，通过组织台湾宗亲到海沧寻根谒祖、海沧宗亲赴台参访等开展包括互讲家训家风故事、开展家风问题研究、乐活节、汉字节、保生慈济文化节等一系列文化活动，促进了人员往来与家风文化研究。"这份缘分来之不易，需要好好珍惜，秉承祖训，世代相传，并发扬老祖宗之乐道精神。传承中华优秀传统文化，永远是自助助人，包容、忍让、感化，抱持着结缘不结怨的信念，以达到共生、共存、共荣之意义目的。"② 2019年12月13日，"共建国际湾区：中国传统文化当代价值转化"论坛在北京师范大学珠海校区隆重举行。粤港澳大湾区政产学研各界人士围绕"价值共识：家人·家风·家训"主题展开研讨。北京师范大学于丹教授发布了《粤港澳地区"家文化"价值的传播与传承》研究成果。③

另一方面，由于历史、政治和社会生活因素的影响，港澳台与内地（大陆）学者对中华家风文化，以及家教、家训及其家庭德育的研究存在明显差异。相较于内地（大陆）近年来井喷式的关注热潮，港澳台学者研究所涉及的面相对较窄，除了少量研究中国古代家族发展或乡村民风状况，并简略述及家教家训活动现象之外，更多的关注点集中在家族企业精神传承、以寻根问祖为代表的家族谱牒研究、中华传统家训文化阐释等方面，对家风及其传承问题的研究鲜有涉及。台湾著名学者、朱熹第26代嫡孙朱高正在研究中提出，朱熹是集理学之大成者，继承优秀传统文化，重拾家风，就要确立以孔孟思想所代表的新儒学，吸收佛、道两家之长，熔铸成新的家风思想体系，弘扬以《朱文公家训》确立的优秀家风精神不可或缺。同时，生活在中华传统文化包括家风文化传承较好的台湾民众，可以从大陆学习民族和家国情怀、开放意识和进取作风等，来改变台湾普遍存在的封闭偏安和"小确幸"文化偏向。④ 海峡两岸

---

① 沈文锋：《根系两岸——第四届海峡两岸民间谱牒文化论坛综述》，《黎明职业大学学报》2020年第3期。
② 何春中、和思敏：《海峡两岸专家学者齐聚厦门探讨家风家训的传承和发展》，《中国青年报》2017年6月20日第4版。
③ 叶晓彦：《北师大设立粤港澳大湾区文化类智库，"家文化"串联粤港澳三地共同价值》，《北京晚报》2019年12月13日第7版。
④ 陆晓禾：《"家训家风与文化传承"学术研讨会综述》，《哲学分析》2004年第6期。

暨港澳对家风传承的文化互鉴，意义非常重大。

三　中华优秀家风传承与创新研究的缺憾与不足

家风是一个家庭或家族长期以来积淀形成的，深刻影响家庭成员精神风貌、道德品质和行为倾向的独特风尚和风教传统。作为一个家庭或家族最为重要的精神财富，其价值只有通过一代代后辈子孙的接续传承才能显现；家风潜行于整个家庭或家族生活实践之中，滋漫到每一个家庭成员的心田，惠泽着每一位族人行稳致远，因而成为长葆家业繁盛不衰的精神家园。然而，仅从中国知网（CNKI）检索中国期刊全文数据库，就足以证明，国内学界对家风传承问题的关注和探讨明显不足。

（一）系统阐释中华优秀传统文化中的家风思想实质和精神内涵尚显不足

通过检索发现，全部中文社会科学资料库文献中，涉及家庭主题的论文记录共找到766669条，其中以家庭教育为主题的论文资料共找到72287条记录。检索以"家风"为主题的论文资料共有10880条，仅次于家教主题记录10932条，远远超过以"家训"为主题的论文记录5431条。党的十八大以来，习近平总书记多次强调要重视家庭建设，注重家风，注重家教，并由此形成了一系列重要论述。2016年12月12日，习近平总书记在会见第一届全国文明家庭代表时强调："家风好，就能家道兴盛、和顺美满；家风差，难免殃及子孙、贻害社会，正所谓'积善之家，必有余庆；积不善之家，必有余殃'。……在培育良好家风方面，老一辈革命家为我们作出了榜样。每一位领导干部都要把家风建设摆在重要位置，廉洁修身、廉洁齐家，在管好自己的同时，严格要求配偶、子女和身边工作人员。……我们要按照党的十八大提出的培育和践行社会主义核心价值观的要求，高度重视和切实加强道德建设，推进社会公德、职业道德、家庭美德、个人品德教育，倡导爱国、敬业、诚信、友善等基本道德规范，培育知荣辱、讲正气、作奉献、促和谐的良好风尚。"①众多研究在明确家风传承创新重大意义，或围绕中华家风现象泛泛而论的著述多，探源中华优秀传统文化精神，继承以文化人中华家教实践传统，厘清中华风教育人运行机制，以及官方家国一体正式教育制度和大众非正式家庭化育制度不同作用发挥，准确把握中国古代家风及其文化传承脉络，系统提出基于家风传承的创新实现方案的研究尚显不足。

（二）确保家风传承创新促进社会主义核心价值观落地生根的专门研究

以习近平同志为核心的党中央高度重视和引领家庭家教家风建设，积极回应人民群众对家庭建设和社会主义家庭文明新风尚的新期盼新需求，号召全国人民积极推动以培育和践行社会主义核心价值观为核心的家风传承工程。可是，以家风传承为主题的论文记录仅有138条。其中，以优良家风传承为主题的有9条，以社会主义核心价值观培育和践行为主题的10条，围绕核心素养培育主题的5条，漫谈好家风传承主题的4条，配合做好家庭教育的家风传承主题记录3条，红色家风传承主题的3条，以家风与思想政治教育为主题的3条，诗文家风传承主题的2条。通过家风建设和传承弘扬中华民族传统美德，不仅能够培育良好个人品德、职业道德、家庭美德和社会公德，而且有利于培育和践行社会主义核心价值观。创新发展现代家风，需要我们将马克思主义指导下的中国特色社会主义核心价值体系、现代西方教育学、中国红色革命精神融入家庭道德实践当中，有效培育和践行社会主义核心价值观。

（三）现代家风传承创新实践路径研究亟须突破性进展

继承中华民族注重家教、重视家风传承的优良传统，创新符合现代家庭实际、体现时代特色的家风模式，引导全社会注重家庭、家教、家风，立足于增进家庭幸福与社会和谐，培养德、智、体、美、劳全面发展的社会主义建设者和接班人，必须坚定中华文化自信。注意学习借鉴世界各民族先进家庭教育理念与成功做法，以更好更有效的风教文化生

---

① 姜洁、杨昊：《千家万户都好，国家才能好，民族才能好——习近平总书记这样重视和引领家庭家教家风建设》，《人民日报》2022年5月15日第1版。

活方式，在培育和践行社会主义核心价值观的生活实践中，聚焦先进文化发展方向，加强对优秀传统家风的创造性转化和创新性发展，以家风传承提振中华传统文化和革命文化精神，以比较接地气的大众创新方式，对中华家风实现创造性转化和创新性发展，推动现代家庭教育事业健康发展，为新时代千千万万个家庭创建好家风提供可资借鉴的生活化道德实践范式。

（四）总结中华优秀家风育人经验，为现代思想政治教育提供有益借鉴的比较研究不足

弘扬中国古代家风育人文化精神，在科学梳理和认真总结古代家风化人成功经验的基础上，打开家风立德树人和治生处世活动灰箱，将马克思主义家庭观和人的全面发展理论，同中国历史和具体实际相结合、同中华优秀传统文化相结合，创造性转化中华优秀家风精神，创新性发展家风文化作用发挥的机制及其实践范式，既是扎根中华厚土、回答时代之问的重要理论话题，更是回应人民关切、解决现代家庭建设问题的现实需求。创造性转化中华优秀传统家风精神和时代价值，创新家庭德育路径，发挥家风培育和践行社会主义核心价值观的社会基础作用，为现代思想政治教育提供有益借鉴，开创现代民间大众化家庭德育工作新局面。

第三节　研究价值

重家风和崇蒙养，是中华民族的优良传统，回望千年历史，中国古代先人的确成功地建立了一套相对完整和切实有效的家庭教育机制，自觉坚持"学而时习之"的知行合一家教实践，生活化地演绎出极具风教习染和人格形塑作用的民间教化方式——训育后世子孙遵从家长教诲、自觉践履祖训家规、世代传承家教思想而逐渐养成的不坠家风。这一大众创造的民间非正式教育制度，与官方尊崇儒术育民造士的官方正式教育制度交相呼应，殊途而同归，共同构筑起中国古代社会有效化育众生的中华传统风教体制，成功训育出了中国人的德行和人格，也形成了独具特色的中华家风文化。弘扬中国古代家风育人文化精神，既是扎根中华厚土、回答时代之问的重要理论话题，更是回应人民关切、解决现代

家庭教育问题的现实需求。

　　中华民族注重家风的全民教化传统，表现为历代有识家长们制作家训的人生练达和惯常施与的家庭德育生活实践，成功地将以儒家思想为核心的中华传统文化精神转化为治家教子长效机制，积淀形成世代传承家教思想、遵循家训仪轨、赓续家传文化而养成的不坠家风，成功架起了将语意抽象、奥雅难懂的社会一般价值原则和道德规范渡向人民大众的文化桥梁，开辟了中华优秀传统文化泽被大众的社会通途。家风乃中华优秀传统文化中的精华部分，是华夏民族的集体乡愁和不可别离的精神家园，创造性转化和创新型发展现代家风文化，要将马克思主义家庭观和人的发展理论同中国历史和具体实际相结合、同中华优秀传统文化相结合，创造性转化中华优秀家风精神，以中国化、时代化的马克思主义推动社会主义核心价值观在家庭建设与家风传承中落地生根，是本课题必须完成的理论创新任务。

　　文化即生活，风教文化就是中国古代社会以文化人的生活样法，家风文化作为一个社会核心价值观的微缩，集中体现着中华文化的风教特征。中国先民格物致知和善假于物的人生修养智慧，直观形象而富有哲理地阐明，风教化育言出过改，就像风行草偃，同样具有内在训育机制。家风更多地表现为家庭教育及其人格训育的精神活动，是中国人的精气神所出之时空环境下产生，潜行于亿万家庭之中。不论是严格的学理探究，还是随性的生活感悟，如果论及家风，每一个中国人似乎都能感知它的存在，从一个家庭或家族成员做人做事惯常的态度当中，体认到反映其为人处世的伦理规范，却难以准确表述。说明家风这一传家宝绝不是一个具象的珍宝，而是谆谆教诲和嘱咐叮咛，其中蕴藏的祖先智慧，除了在传承的岁月里慢慢体悟精神实质，更为重要的是揭示家风育人有效奥秘。弘扬中华优秀传统文化，在科学梳理和认真总结古代家风化人成功经验的基础上，打开古代官方家国一体正式风教制度和大众非正式家庭化育制度运行灰箱，厘清中华风教育人运行机制，学术价值显见。

　　中华家风塑造理想人格的比较优势，有赖于家长们日常施教行为的适时自觉与亲情感化的有效渐染。中华家风育人的这一突出优势，不仅表征着中华文化修、齐、治、平的传统治世理想指引，更以家长们为子女计从长远的舐犊情深、教以成人的生活历练、润物无声的施教方法，为现代家庭教育所推崇。"为了发扬中华民族重视家庭教育的优良传统，引导全社会注重家庭家教家风，增进家庭幸福与社会和谐，培养德智体美劳全面发展的社会主义建设者和接班人"[①]，承继着千年中华家风文化的新生代，自当坚定文化自信，注意学习借鉴世界各民族先进家庭教育理念与成功做法，以更好更有效的风教文化实践方式，在培育和践行社会主义核心价值观的伟大实践中，对中华家风实现创造性转化和创新性发展，探明符合现代家庭实际、体现时代特色的家风模式，推动现代家庭教育事业健康发展，为新时代千千万万个家庭创建好家风提供可资借鉴的生活化实践范式，应用价值重大。

传承与创新中华家风文化，需要在探明其精神实质、作用机制及其发展演变历史规律的基础上，坚持与时俱进，立足解决现代家庭德育面临的突出问题，将传承与创新相结合，把中华优秀传统家风有效培育德行人格的理念和方法，接续传承到今天的家庭德育和思想政治教育工作当中，必将丰富和发展我们的德育理论与方法。创造性转化中华优秀传统家风精神和时代价值，创新家庭德育路径，推广实施符合现代家庭教育实际与时代要求的家风文化模式，发挥家风培育和践行社会主义核心价值观的社会基础作用，为现代思想政治教育提供有益借鉴，开创现代民间大众化家庭德育工作新局面。

第四节　概念解析

一　家风

（一）家风的概念

家风，又称门风，是一个家庭或家族在长期生活中积淀形成的文化精神和传统风尚，展现为保证家庭或家族不断繁衍生息的生活方式、处世态度、价值观念和道德原则等基本规范系统。根据第 7 版《现代汉语词典》的解释，家风即门风，指一家或一族世代相传的道德准则和处世

[①] 《中华人民共和国家庭教育促进法》，中国法制出版社 2021 年版，第 1 页。

之法。如败坏门风。① 这一注解较 2012 年第 6 版《现代汉语词典》删减去了"体现了家族长辈对晚辈的训示教诲"表述。《中国学前教育百科全书·教育理论卷》认为，"家风，即一个家庭在日常生活中逐步形成的较为稳定的生活作风、行为习惯、情趣教养和为人处世之道等等。家风是在家庭成员相互影响、相互渗透、潜移默化的过程中形成的，它具体体现在家庭成员的文化修养、人格品质、相互关系中。家风一旦形成，既是一种强大的教育力量，又是家庭成员行为的自动调节器，而且往往可以继续影响后代，作用深远"。② 可见，家风的实质，系一种复杂的道德选择和行为规范系统，也是一种独特的家庭教育方式，它关乎一个家庭（家族）的社会声誉，故而也称"家声"。家风的本质属性，包括传承性、稳定性、时代性、多样性等。家风建设对于提高现代公民道德水平、建设社会主义和谐社会、培育和践行社会主义核心价值观都具有重大的现实意义和时代价值。

从发展的视角看，家风作为一个家庭或家族祖辈提倡树立并以身作则施行言传身教的生活方式，历经后世子孙一代代传承接续，日积月累成为约束和规范家庭或家族成员的精神风尚和行事规范，可谓源远流长，

---

① 中国社会科学院语言研究所：《现代汉语词典》（第7版），商务印书馆2016年版，第621—891页。有关门风的其他含义主要有：第一，门风既家训。"公，果公季子，天王自出，内禀胎教混成之姿，外被门风式瞻之训，从容合度，造次皆法。进止由度。"（《永乐大典卷之一万四千七百七·进退有度》）第二，庭训门风。"隋尚书令杨素……生为不忠之人，死为不义之鬼。身虽幸免，子竟族诛。斯则奸逆之谋，是其庭训，险薄之行，遂成门风。"（《日知录卷十七·周末风俗》）第三，孝悌门风。"门风孝弟，德宇清纯；貌无脂缚，言必有伦。"（《金门志卷十·人物列传·许光卿》）第四，休养生息之法。"终日青山潇洒，春来山暖花浓，少年衰老与花同。世间名利客，富贵与贫穷。荣华不是长生药，清闲是不死门风。劝君识取主人翁，丹方只一味，尽在不言中。"（《宋人轶事汇编卷十五》）第五，文风或学风。"邺去家逾远，万里沙漠，满目谁亲，因兹举事阑珊无成，于邑而卒。邺素有英资，笔端超绝，其气宇亦不在诸人下。初无箕裘之训，顿改门风，崛兴音韵，驰誉当时，非易事也。"（《唐才子传·卷八·罗邺》）第六，家传名声。"后代子孙当务勉行孝悌，以无忝所生，（胡）庆几门风益振，家声不坠，岂不善哉！"（《永乐大典卷之一万一千六百十八·寿亲养老书二》）第七，祖传技法或秘方。"刘璞，右胤祖之子，少习门风，至老笔法不渝前制，体韵精研，亚于其父，信代有其人，兹名不堕。"（《全陈文·卷十二》）第八，佛教派别。"僧问：'如何是和尚家风？'师曰：'门风相似，即无阻矣。汝不是其人。'"（《五灯会元·卷八》）第九，门口劲风。这屋内过门风倒凉快，吹一吹再走。

② 梁志燊主编：《中国学前教育百科全书》（教育理论卷），沈阳出版社1995年版，第173页。

贯穿整个中华文明演进的历史长河。中华民族先辈以孝治天下的政治制度设计，以及自古以来重视家庭、重视家教、重视家风的家国一体组织理念，都从文化源头上表征着家风的精神实质。西汉董仲舒"罢黜百家，表章六经。遂畴咨海内，举其俊茂，与之立功。兴太学，修郊祀，改正朔，定历数，协音律，作诗乐，建封禅，礼百神，绍周后，号令文章，焕焉可述。后嗣得遵洪业，而有三代之风。如武帝之雄才大略，不改文景之恭俭以济斯民，虽诗书所称何有加焉！"① 以儒家学说为核心的中华传统文化精神正式上升成为社会各阶层用来修身、齐家、治国、平天下的价值标准，并且直接以四书五经等典籍作为治家教子的价值标准。但是，以文字表达的文化形式呈现，却是后人很晚的杰作，不仅晚于《书》《经》等中华文化坟典，也未见于先秦诸子的著述。

"家风"一词，最早见于《后汉书》，系编著者范晔援引西晋华峤所著的《华峤书》评价汉代名族袁氏"能守家风"："自震至彪，四世太尉，德业相继，与袁氏俱为东京名族云。华峤书曰：'东京杨氏、袁氏，累世宰相，为汉名族。然袁氏车马衣服，极为奢僭；能守家风为世所贵，不及杨氏也。'"② 也有说最早见于西晋文学家潘岳《家风诗》：西晋文学家夏侯湛，曾经将《诗经》中有目无文的六篇笙诗，补缀成《周诗》给潘岳看，潘岳有感于这些诗篇温文尔雅且彰显孝悌，因此创作了自述和颂扬家族风尚的《家风诗》。此典故援引《晋书》："初，湛作《周诗》成，以示潘岳。岳曰：'此文非徒温雅，乃别见孝悌之性。'"③ 潘岳遂作《家风诗》："绾发绾发，发亦鬓止。日祗日祗，敬亦慎止。靡专靡有，受之父母。鸣鹤匪和，析薪弗荷。隐忧孔疚，我堂靡扬。义方既训，家道颖颖。岂敢荒宁，一日三省。"④ 两晋以后，"家风"这个词语才逐渐开始流行，尤其是在北朝时期，更是被广泛使用。如《续后汉书》有书，

---

① （汉）班固著，（唐）颜师古注，中华书局编辑部点校：《汉书》，中华书局1962年版，第212页。
② （宋）真德秀撰，刘光胜整理：《西山读书记》，大象出版社2019年版，第142页。
③ （唐）房玄龄等撰，中华书局编辑部点校：《晋书》（卷五十五），中华书局1974年版，第1499页。
④ （南朝宋）刘义庆著，（南朝梁）刘孝标注，余嘉锡笺疏，周祖谟、余淑宜、周士琦整理：《世说新语笺疏》，中华书局2007年版，第300页。

称赞韩信之后敦尚家风："晋诸公赞曰。自暨以下。世治素业。寿能敦尚家风。性尤忠厚。"①《南齐书》史臣有赞："王秀之世守家风，不降节于权辅，美矣哉！"② 古有唐尧作《尧典》，风教虞舜放勋："钦明文思安安，允恭克让，光被四表，格于上下。克明俊德，以亲九族。九族既睦，平章百姓，百姓昭明，协和万邦。黎民于变时雍。"③ 继之虞舜风喻大禹，接受大任"道吾德，乃女功序之也"④。后来者则多有先贤以家风推及国政，上书国君通过敦睦九族来平治天下："伏以先朝圣德，孝治天下，九亲雍睦，四表无怨，诚为国政，实亦家风。"⑤ 表明中国人自古以来有传承家教的传统作风，经过汉魏、三国到南北六朝时期开悟阐发，专门针对家风的认识和论述更有了实质性的进展。

（二）家风的文化内涵

家风易于感知，但却难以名状。不论是严格的学理探究，还是随性的生活感悟，如果论及家风，每一个中国人似乎都能感知它的存在，从一个家庭或家族成员做人做事惯常的态度当中，体认到反映其为人处世的伦理规范，却难以准确表述。即便是通过有形的家训展现出来，家庭或家族成员只能透过笔墨形器、口耳相传体会出部分来。所以，从这个

---

① （元）郝经撰：《续后汉书》（卷第四十一），商务印书馆1958年版，第464页。

② （南朝梁）萧子显撰，中华书局编辑部点校：《南齐书》（卷四十六），中华书局1972年版，第812页。

③ （清）康有为：《孔子改制考》，中华书局2012年版，第285—286页。《白虎通义》对宗族和姓氏的解释，有助于深化对家风的理解："宗者，何谓也？宗尊也，为先祖主也，宗人之所尊也。《礼》曰：'宗人将有事，族人皆侍。'圣者所以必有宗何也？所以长和睦也。大宗能率小宗，小宗能率群弟，通于有无，所以纪理族人者也。宗其为始祖后者为大宗，此百世之所宗也。宗其为高祖后者，五世而迁者也，高祖迁于上，宗则易于下。……族者何也？族者，凑也，聚也，谓恩爱相流凑也。生相亲爱，死相哀痛，有会聚之道，故谓之族。《尚书》曰：'以亲九族。'族所以九何？九之为言究也，亲疏恩爱究竟也，谓父族四，母族三，妻族二。……人所以有姓者何？所以崇恩爱、厚亲亲、远禽兽、别婚姻也。故世别类，使生相爱、死相哀、同姓不得相娶，皆为重人伦也。姓生也，人所禀天气所以生者也。《诗》云：'天生烝民。'《尚书》曰：'平章百姓。'姓所以有百者何？以为古者圣人吹律定姓，以纪其族。人含五常而生，声有五音，宫、商、角、徵、羽，转而相杂，五五二十五，转生四时，故famille百而异也。气殊音悉备，故殊百也。所以有氏者何？所以贵功德、贱技力。或氏其官，或氏其事。闻其氏即可知，其所以勉人为善也。"

④ ［朝鲜］申绰著，祝秀权整理：《尚书古注》，凤凰出版社2019年版，第233页。

⑤ （唐）姚思廉撰，中华书局编辑部点校：《梁书》，中华书局1973年版，第433页。

意义上讲，家风这一传家宝不仅仅是一个具象的珍宝，更是谆谆教诲和嘱咐叮咛，其中蕴藏的祖先智慧，只有在传承的岁月里才能慢慢悟出精神实质。综合古今学人对家风的认识和理解，通常把家风的产生与传承不弃看作对持家教子和生产生活经验的归纳总结，出于长葆家业不坠于世的现实需要，家风的形成与发展导向，便总是经世致用而特色鲜明。在不同的地域、行业，以及不同的人家，家风既有修齐治平、家国同构总体域内的共同价值追求与道德规范，也有各自不同的家风内涵和个性体现。家风的共同体特征，表现为家庭或家族成员在长期生产生活实践中积淀形成，并经由代际传续的共同价值观念，以及惯常存续的居家作风、生活方式、言行规范等传统习惯。家风的个性特征，正如人人拥有区别于他人面目的不同特征一样，不同的家庭或家族同样有着区别于他家的独特家风，不仅让中华家风文化异彩纷呈，而且也是一个家庭或家族可被描述或感知而为人称道的无形资产，更反映着一个家庭有别于其他家庭之处。

我们重视家庭、家教，强调家风建设和家风传承的同时，决不能否认家风是一个中性的文化概念，并不必然具有正面的价值倾向和道德标准。虽然说，没有家风，很难保证一个家庭或家族长盛不衰。只是在现实当中，更多的家风以合乎社会主流价值观的形式道德传家，门风所出之人往往表现得勤奋俭朴、为人忠厚、处世有方。但毋庸置疑的是，不论任何时代，都或多或少存在与社会主流价值观相左的家风，门风所出之人大多表现出投机钻营、狡诈刻薄、忿戾凶狠。正因为家风的好坏，关系到一个家庭在社会上的声誉和地位，不仅直接影响家庭成员的成长和发展，而且良好的家风家教更易于带动整体社会风气向好的方向转变，中国历代封建统治集团通过旌表树立家风典型，为此成功实现了正风敦俗的目标。历史是最好的老师，进入社会主义新时代，国家提倡、社会呼吁，有识之士积极建言献策，不能有丝毫放松家风传承的错误行为和思想认识。对好家风的确立，虽然没有明确和统一的标准，但家风正是前提，家风建设不仅是确保家族兴旺的精神支柱，而且传承家风做到与时俱进，是符合社会发展要求的基本常识，不论时代发生多大变化，中国人的家庭都要十分重视家风建设，重视家风对家庭成员的教育引导。

（三）家风文化的伦理特征

家风最基本的成因，表面上看，是一个家庭或家族在历史延续的代际链上因为出现带领家人族众走出困厄危局，或因为文才武功出类拔萃而扬显门楣，或因为德行高尚而深孚众望的先祖人格形象，为家族其他成员特别是后世子孙景仰宗慕，这个宗亲长辈留下的嘉言懿行便成为家风之源，经过家族后辈一代代不间断地恪守增华，不断完善这些祖德规范和传统信条，逐渐形成了一个家族特色鲜明的精神风貌和道德风范，最终构建起永葆家族繁盛不息的精神家园。实际上，出于秉持一个什么样的选育标准确定伦序血脉后继有人的目的，不仅是上古时期禅让制的关键与核心，也是家风文化的伦理特性。因此，家风运行的家教日常，往往表现为一家之内父母对子女、父祖辈对子孙辈、尊长辈对卑幼辈自上而下的训导劝勉活动，"其言精确而详尽，其意则敦厚而委屈，习而行之，诚可以为孝悌、为忠恕、为善良而有士君子之行矣"[1]。南北朝时期文学家庾信（513—581年）所写《哀江南赋序》，该序在伤悼梁朝覆亡的同时，哀叹部分个人的身世多舛，其中有"潘岳之文采，始述家风；陆机之辞赋，先陈世德"[2]，这可能是最早对"家风"所做的狭义表述。因为在中国魏晋南北朝时期，虽然社会战乱纷争，但在文化和教育领域却比较活跃。其中，伴随着社会动荡造成的官学教育废坏形势，其时社会的很多官宦显族家长延师立馆，由私人设学教授子弟的现象蔚然成风。"当时门第传统共同理想，所期望于门第中人，上至贤父兄，下至佳子弟，不外两大要目：一是希望其能具孝友之内行，一则希望其能有经籍文史学业之修养。此两种希望，并合成为当时共同之家教。其前一项之表现，则成为家风；后一项之表现，则成为家学。"[3] 一家士族之内，名誉赫然的原因，在于祖宗德泽，需要成十上百年才能养成好的家风传统。不仅如此，这一文化传统能够在古代中国存续传承数千年，根本上是符合封建专制制度的。所以，经过家风教育的长期作用发挥，古代中国与家风词语相关的"士族""世族""世家大族"不仅成为社会上的政治统

---

[1] 刘镇：《丛书集成初编》（第974册），中华书局1985年版，第1页。
[2] 傅璇琮编：《中国古典散文精选注译》，曾子鲁译，清华大学出版社2009年版，第19页。
[3] 钱穆：《略论魏晋南北朝学术文化与当时门第之关系》，《新亚学报》1963年第2期。

治力量，而且成为一地经济的集中实力，其治家教子和保持家业不坠于世的家风传承，自然也成为其时其地居家处世的名望和风标。无论是以宗族为根基、以武力为特征的地方豪族，还是以官宦为标志、以文化为特征的名家大姓，他们在政治上累世贵显、经济上广占田地、文化上世传家学，不仅仅垄断全社会的主要经济资源，还强势地引领着当地的生活风尚和精神追求。与此相适应，贯穿整个中古时期的官宦科举入仕和选官制度，还让众多官宦家族的有识之士认识到，要保证让贵游子弟成长为社会所需的人才，并在仕途上取得功名，除了厚植田产和确保子孙满堂外，必须使自家在文化领域保持人才辈出的"家学渊源"优势。"今所谓门第中人者，为此门第之所赖以维系而久在者，则必在上有贤父兄，在下有贤子弟，若此二者俱无，政治上之权势，经济上之丰盈，岂可支持此门第几百年而不弊不败？"[1] 世家大族要保持自身的官宦士绅地位，期维家族门望，不仅需要在族内设家学开展伦理教化以敦睦宗族，而且需要依靠家学读书论道和辈出人才。

（四）家风的作用和意义

一家或一族门内，名誉显赫，祖宗德泽数代养成的精神风范和生活习俗，上能保天下太平，下可保百姓人家富足绵长。首先，家风之于一门众人，系构筑一家族人共同体意识、凝聚家人族众亲合力的血缘纽带，有利于整齐门内、和合族众、提振家人长葆家和万事兴的家庭建设目标。正如《颜氏家训》开篇序致："夫圣贤之书，教人诚孝，慎言检迹，立身扬名，亦已备矣。……吾今所以复为此者，非敢轨物范世也，业以整齐门内，提撕子孙。"其次，家风之于家族发展，系规范族人言行、训育子孙成才、处理家庭内部事务的家规准则，为家庭或家族繁衍生息提供了制度规范和道德伦理，因而为首创家风的颜之推所看重。"吾家风教，素为整密。昔在龆龀，便蒙诱诲；每从两兄，晓夕温清，规行矩步，安辞定色，锵锵翼翼，若朝严君焉。"[2] 再次，家风之于国家社会，一如家庭和谐保障社会和谐、家风淳厚支撑社会风气的纯正，良好的社会风气，是以良好的家庭风气为前提的。自古以来，治国在齐其家的逻辑，在于

---

[1] 钱穆：《略论魏晋南北朝学术文化与当时门第之关系》，《新亚学报》1963年第2期。
[2] （北齐）颜之推撰，张霭堂译注：《颜氏家训译注》，齐鲁书社2009年版，第1页。

"其家不可教，而能教人者无之。故君子不出家而成教于国……一家仁，一国兴仁；一家让，一国兴让；一人贪戾，一国作乱。其机如此，此谓一言偾事，一人定国"①。家风相连成民风，民风相通汇国风。"夫大块噫气，其名为风。是唯无作，作则万窍怒呺……泠风则小和，飘风则大和，厉风济则众窍为虚。"② 中国古代先民把大自然的呼吸称之为风，而指称国家或民族的呼吸，则称之为国风或民风。家风正，民风淳，千千万万个家庭定当成为国家发展、民族进步、社会和谐的重要基石。最后，家风的生命力，只有坚持与时俱进传承不息，其经世致用的功能和作用才能永葆青春。实际上，家风以辈出人才的显赫功绩，昭示出家风本身蕴含的继承传统的文化意义。古往今来，社会上比比皆是的"世守家风""克绍家风""世其家风"等能守家风的地望名族，无不以代出贤子孙而体现着这一特点。相对于家庭或家族内部而言，家风体现着一个家庭或家族治家教子和与世相处的传统习惯，家风最为显见的基本作用是，以辈出人才和伦序族众来支撑一个家庭或家族的绵延发展，因而关乎整个家庭或家族的兴衰成败，家风传承也贯穿于整个家庭或家族发展的历史。相反，没有淳厚家风，无法使一个家族瓜瓞不绝，更无法使一个家族不分崩离析。从外部认知的角度讲，家风是一个家庭或家族整齐门内、作育新人、睦族处世的精神标签，更是在绵延不断的代际传承中逐步精粹升华形成的支撑家人和部族生存发展的文化传统，累世相传沉淀凝结为可被族人感知传承、可被邻里大众辨别描述的固有特征和传统风格。

(五) 中华优秀家风的内涵和特征

家风及其文化在不同的历史时期，其特色和侧重虽然各不相同，但在精神内涵和价值原则方面却是一脉相承的，表现出稳定性和传承性特征。"传统文化在其形成和发展过程中，不可避免会受到当时人们的认识水平、时代条件、社会制度的局限性的制约和影响，因而也不可避免会存在陈旧过时或已成为糟粕性的东西。……要坚持古为今用、以古鉴今，坚持有鉴别的对待、有扬弃的继承，而不能搞厚古薄今、以古非今，努力实现传统文化的创造性转化、创新性发展，使之与现实文化相融相通，

---

① 陈晓芬、徐儒宗译注：《论语 大学 中庸》，中华书局2015年版，第270—271页。
② 杨国荣：《庄子内篇释义》，中华书局2021年版，第32页。

共同服务以文化人的时代任务。"① 创新传承家风文化，除了对诸如"未嫁从父、出嫁从夫、夫死从子"等三从四德陈规陋习，"父为子隐、子为父隐"，以及古代家庭长幼等级森严、父家长制缺乏民主、唯利是图等为代表的封建家风文化糟粕，必须严格区别和坚决抛弃外，必须警惕西方资本主义反动思想观念搭乘全球化便车，严格防范娱乐至死、奢侈消费、拜金主义、极端个人主义等错误思潮冲击中国社会主义家庭文明风尚和现代良好家风建设。既不允许别有用心的人打着复兴国学、继承文化的旗号让封建落后的家风遗传卷土重来，也要消除当今"富二代""官二代"等不良现象对现代家风传承与建设负面影响。创造性转化和创新性发展中华家风文化，必须在厘清家风文化内涵与表现的基础上，坚持把马克思主义家庭观和人的全面发展理论，同中国历史和家庭发展实际相结合、同中华优秀传统家风文化相结合。要做到这些，前提是必须批判地继承中国家风文化资源，科学把握中华优秀家风的内涵和特征。

首先，中华优秀传统家风是社会主流价值观的家庭化反映。家风是一种家庭风气，实际上是由家庭成员在日复一日的点滴小事中所营造的特殊氛围。家风虽小却关乎国治。从微观角度看，家风决定着治家教子的好坏与成败，在每个人的成长过程中发挥着比学校和社会教育更深沉、更持久有效的基础性作用；从宏观层面讲，"一家仁，一国兴仁。一家让，一国兴让"②。只有家风好，民风才能淳厚，国风才富有正能量。从精神实质和价值引领的角度来讲，家风是社会主流价值观的家庭化存在形式，中国人所创设的家风，最主要的内容和需要传承的部分就是这种价值观、与价值观相关的伦理观与道德观，以及实现这些观念的基本方法与规矩。③ 因此，家风是一个家庭或家族成员普遍认同的社会主流价值观，是一个人成长的精神指引，也是一个家庭长期培育而形成的道德规范，"集中体现着家庭美德的，是一个家庭或家族的核心价值观念和行为准则的集中体现"④。有普遍认同感的家族才有凝聚力，这种认同感显然

---

① 《习近平著作选读》第一卷，人民出版社2023年版，第281页。
② （汉）郑玄注，王锷点校：《礼记注》，中华书局2021年版，第789页。
③ 张颐武：《家风与当下中国》，《前线》2014年第5期。
④ 周春辉：《论家风的文化传承与历史嬗变》，《中州学刊》2014年第8期。

不可能是家族财产，因为财产很容易被瓜分而最终罄尽，只有以精神性存在并不停地发挥着正能量的家风才可以被家族中的所有成员分享，不但不会减少，反而会因为被大量带出家庭、广泛进入社会百姓人家而增值。主流价值观的家风建设功能，集中地表现在家风虽是一家精神风范，却是铸造家人子女成才的文化熔炉，有什么样的家风，就有什么样的孩子。诺贝尔文学奖获得者莫言总结自己的家风有三点：重视学习、重视文化、与人为善。① 秉持这样的价值观念，一家人自然谦虚谨慎，勤学向善。幸福的家庭都有相似性，成功的家庭各有各的成功秘诀，但确立并保持与社会主流价值观相一致的良好家风，却是所有幸福家庭的不二选择。表明让所有家族成员引以为豪的家风，显然是一个有影响力有美誉度的家族所追求的必备要素，更是一种无形的塑造力量，家风通过在日常生活中潜移默化地影响子孙后辈的心灵，塑造孩子的人格，因而以一种无言的价值形塑力，日夜不息地发挥着最直接有效、最基础深沉的教育和影响作用，家人子弟的世界观、人生观、价值观形成，以及每个人的性格特征、道德品质、为人处世等惯常表现，无不打着家风训育的烙印。

其次，中华优秀传统家风是保障家庭繁衍生息的道德规范和行为准则。家风是一个家庭或家族在长期生活中逐步形成的、为所有成员所共同接受并自觉遵循的言行规范。"家风是指一个家庭在长期的生活实践中形成的较为稳定的行为规范和行为准则、处事原则、风俗习惯和生活作风等。"② 是家庭内部的制度规章和行为准则，也是家庭成员必须遵守的规矩和约定俗成的习惯，对所有家庭成员的行为和处世方式起指导和规范作用。因此，家风是一个家庭代代相传的门内规矩，是每一个家庭成员从小到大都要遵循的祖训，是能够影响家庭成员精神、品德及行为的一种传统风尚。③ 一个家庭或家族要想树立良好的家风，并希望保持这种良好家风经世不坠，就必须制作和不断修订用以约束和规范家庭或家族成员言行的成形家规，并能够世代付诸实践，这样才能建立和维护理想的家庭伦理秩序，受这样良好家风长期熏陶渐染的个体，其言行必然

---

① 白旭英：《树"家风"与思想品德教育一样重要》，《学术研究》2014年第8期。
② 仓道来主编：《思想政治教育学》，北京大学出版社2004年版，第119页。
③ 林琳：《家风：不该被遗忘的财富》，《晚晴》2014年第3期。

"从心所欲，不逾矩"①，从而造就出理想人格。这正是家风谜一般的运行机制，以及每一个家人子弟心照不宣的传承结果。一般来讲，家规都很详细具体，涉及家庭生活的各个方面，有处理家庭关系的规矩、家庭事务管理的规矩、门内劳动实践的规矩、家庭饮食起居的规矩、家庭交往及待人接物的规矩等，家训则是（这些）家规、家法的反映。②心存敬畏、守住底线，是古代中国家长对家人子弟的普遍教诫，相对于很多缺乏敬畏之心、不守底线的新生代而言，重视家风建设并能一代代传承接续，能够为现代家庭生活确立基本道德规范和行为准则，意义十分重大。

再次，中华优秀传统家风是鲜活的家庭生活风尚。家风是一个家庭或家族子子孙孙代代恪守家训、家规而长期形成的，具有鲜明家族特征的家庭文化。从这个意义上讲，家风最能反映家庭的文化属性，具体表现为一个家庭或家族的精神风貌或生活样法，通常以隐形而无声的大众文化形态存续在特定家庭或家族的日常生活当中。"家风可以看作一个家庭的传统，是一个家庭的文化，它以一种隐性的形态存在于特定家庭的日常生活之中。"③家风作为一个家族代代相传沿袭下来的体现家族成员精神风貌、道德品质、审美格调和整体气质的家族文化形式，"不是一种普通的社会文化，而是具有深刻伦理精神的道德文化，既是一种德行伦理文化，又是一种规范伦理文化。"④强调家风是一种关乎伦理道德的文化现象，旨在突出家风生活的德行文化特征，并不是要简单否认家风生活的现实性和复杂性。如南宋诗人陆游（1125—1210年）对生活家风的诗意描写："日高得米唤儿舂，苦雨园蔬久阙供。省事家风君看取，半饥半饱过残冬。"⑤辛弃疾《水调歌头·题永丰杨少游提点一枝堂》词句："一葛一裘经岁，一钵一瓶终日，老子旧家风。"⑥事实上，从每个家庭都或多或少地确立并持续保留的各自独特家风比较来看，遍及天下的亿万

---

① 陈晓芬、徐儒宗译注：《论语　大学　中庸》，中华书局2015年版，第17页。
② 丁文：《家庭学》，山东人民出版社1999年版，第391—392页。
③ 徐梓：《家风的意蕴》，《寻根》2014年第3期。
④ 田旭明：《家正国清：优良家风家规的伦理价值探索》，《武陵学刊》2014年第5期。
⑤ （宋）陆游著，钱仲联、马亚中主编：《陆游全集校注》，浙江古籍出版社2015年版，第367页。
⑥ （宋）辛弃疾：《辛弃疾词集》（卷二），上海古籍出版社2016年版，第158页。

家风显然不仅仅是以道德或伦理规范著称的文化现象,实际上,各具特色的家风所包含的内容和外延,显然要更为丰富和广泛。"生民之本,要当稼穑而食,桑麻以衣。蔬果之畜,园场之所产;鸡豚之善,塒圈之所生。爰及栋宇器械,樵苏脂烛,莫非种殖之物也。至能守其业者,闭门而为生之具以足,但家无盐井耳。今北土风俗,率能躬俭节用,以赡衣食;江南奢侈,多不逮焉。"① 以日常生活的形式展现,并默默发挥规范家人族众言行作用的家风文化,分明涉及一家一族生活世界的方方面面,并不限于伦理道德的狭小空间。"王昙首之才器,王僧绰之忠直,其世禄不替也,岂徒然哉。仲宝雅道自居,早怀伊吕之志,竟而逢时遇主,自致宰辅之隆,所谓衣冠礼乐尽在是矣。齐有人焉,于斯为盛。其余文雅儒素,各禀家风,箕裘不坠,亦云美矣。"② 家风所蕴含的文化传统继承特性,生动而真实地展现为民众日用而不知的家庭生活样法。

最后,中华优秀传统家风是教以成人的家庭德育实践模式。在中国人的眼里,常态化、生活化、个性化存在于各家各户的父母或家长的言传身教就是家风。③ 不过,优良家风的形成和完善,往往要通过创立者用心打造,经过数代人的不懈传承,最终才能在生活点滴的不断践行积淀中,形成一种无须言说的范导和教诲生活方式,从而树立起言传身教的家风典范,培育出一代又一代贤子孙。"夫风化者,自上而行于下者也,自先而施于后者也。是以父不慈则子不孝,兄不友则弟不恭,夫不义则妇不顺矣。父慈而子逆,兄友而弟傲,夫义而妇陵,则天之凶民,乃刑戮之所摄,非训导之所移也。"④《颜氏家训》的作者颜之推所言,分明是在强调家风教以成人的家庭德育活动中家长和尊者的表率作用。表明家风一旦形成,便成为家庭教化的资源,虽然不必刻意训诫或传授,但极具润物无声的习染作用,并且使家风扩展出社会教化的普遍功能,使主流价值观从贵族走向平民,使家庭教育的形式从单一的说教走向丰富

---

① (北齐)颜之推撰,王利器集解:《颜氏家训集解》,中华书局1993年版,第43页。
② (唐)李延寿撰,中华书局编辑部点校:《南史》(卷二十二),中华书局1975年版,第612页。
③ 王小谟:《父母的"言传身教"就是家风》,《光明日报》2014年4月4日第5版。
④ 檀作文译注:《颜氏家训》,中华书局2011年版,第34页。

的生活。① "与家风密切相连的是家庭教育，尤其是对子女的教育。家庭教育的好坏，在很大程度上影响家庭风气。"② 家庭教育直接影响家风的养成，家庭教育在一定程度上又是家风的折射和反映。因此可以说，家风是一个家庭教育的结果性存在，是一个家庭或家族依靠家训家规一贯倡导和家族长者言传身教长期熏育积淀而养成的族人生活习惯和内心定力。这种特有的风尚气质，就像空气一般，充斥于特定家庭的日常生产生活当中，即便是家庭成员也不一定自知家风为何物，但却能够在各自的言行中体现得淋漓尽致。古人云："渐渍家风。"家风一经形成，便成为人文教化的宝贵资源，对家庭乃至家族子弟润物细无声地发挥出教育的影响作用，此之谓也。当然，教以成人的家风，根据立身处世的行业指向，可以细分为道德传家、耕读传家、诗礼传家、术艺传家等具体的家庭教育模式。与中华传统道德文化属性相适应，道德建设和品德培育始终处于传统家风的核心地位，古代家风以仁、义、礼、智、信五常德为价值标准，以"内圣而外王"人格塑造与家和万事兴为家庭建设理想诉求，便是突出强调美德教育，提倡道德传家的典型家风传承。如书法要录所记"张昶，字文舒，伯英季弟，为黄门侍郎。尤善章草，家风不坠，奕叶清华，书类伯英，时人谓之'亚圣'"③。再如《魏书》所载北魏史臣江式（？—523年）所言："臣亡祖文威杖策归国，奉献五世传掌之书，古篆八体之法，时蒙褒录，叙列于儒林，官班文省，家号世业。暨臣暗短，识学庸薄，渐渍家风，有忝无显。但逢时来，恩出愿外，每承泽云津，厕沾漏润，驱驰文阁，参预史官，题篆宫禁，猥同上哲。既竭愚短，欲罢不能。"④ 其"渐渍家风"，就是术艺传家的教育典范。家风教以成人的家庭德育生态，如同家族（家庭）产生的磁场，家风以人们在长期的家庭生活中所形成的稳定传统和独有作风，静默无声地向每一位家族成员传递着让他们发自内心地遵从早已被族人普遍认同的价值观念和行为准则，让家族后人铭刻在心、代代受益，从而成为无声的家

---

① 华伟：《家风：一种源远流长的社会教育》，《成人教育》2014年第9期。
② 宋希仁：《家风家教》，中国方正出版社2002年版，第65页。
③ （唐）张彦远纂辑，刘石校理：《法书要录校理》，中华书局2021年版，第424页。
④ （唐）张彦远纂辑，刘石校理：《法书要录校理》，中华书局2021年版，第114页。

教，昭示着家人子弟以慎独自律的方式立德立言立身、成教成人成才。

二　风教

"风教"一词，最早源于《毛诗序》："风，风也，教也，风以动之，教以化之。"① 因为风从无到有，从小到大的扩散影响，很类似教化的推扩。段玉裁《说文解字注》："风之用大矣。故凡无形而致者皆曰风。"② 因此，中国古代先民取譬风有动物之象而风化天下，将人类的道德风化喻义风草之象中得以实现和表达。故孔子曰："君子之德风，小人之德草。草上之风，必偃。"③ 正如雅斯贝尔斯所言，教育本身意味着：一棵树摇动另一棵树，一朵云推动另一朵云，一个灵魂唤醒另一个灵魂。④ 风教是施动者与受动者之间交互感动的活动，教化是一个人唤醒另一个人、一些人感化另一些人的过程。孟子所讲"待文王而后兴者，凡民也"，通过风化而教民的古代政教，即便是庸常之人，依然可以被感动而奋发。故李樗明确提出，"既曰'风之始也'，……又云'上以风化下，下以风刺上，主文而谲谏，言之者无罪，闻之者足以戒，故曰风'，又曰'一国之事系一人之本谓之风'，则知其说一'风'字，其多如此。"⑤ 所以，中国古代始于《关雎》而旨在"风天下"之风教，正是基于风有春风化雨的物性特征，借以言明风吹之人能感而动之的风教作用机理。

风教的含义有四。一是移风易俗和教化之意。如《汉书·武帝纪》："公卿大夫，所使总方略，一统类，广教化，美风俗也。"《汉书·匡衡传》："今长安天子之都，亲承圣化，然其习俗无以异于远方，郡国来者无所法则，或见侈靡而仿效之。此教化之原本，风俗之枢机，宜先正者也。"⑥《礼记》："乐也者。圣人之所乐也。而可以善民心。其感人深。其移风易俗。故先王著其教焉。"⑦ 渐染流迁，遂成风俗，移风易俗，天

---

① （明）郝敬撰，向辉点校：《毛诗原解》，中华书局2021年版，第34页。
② （汉）许慎撰，（清）段玉裁注：《说文解字注》，上海古籍出版社1988年版，第677页。
③ 陈晓芬、徐儒宗译注：《论语　大学　中庸》，中华书局2015年版，第146页。
④ [德]雅斯贝尔斯：《什么是教育》，邹进译，生活·读书·新知三联书店1991年版，第4页。
⑤ 李樗、黄櫄：《毛诗李黄集解》，吉林出版集团2005年版，第26页。
⑥ （汉）班固撰：《汉书》（卷六），中华书局1962年版，第166、3335页。
⑦ （汉）郑玄注，王锷点校：《礼记注》，中华书局2021年版，第494页。

下皆宁。"当秦之隆，黄金万溢为用，转毂连骑，炫熿于道，山东之国，从风而服，使赵大重。"① 二是指美俗风尚。如古代评价一个人衣冠简朴，往往称其古风犹存。"柳下惠，不羞污君，不辞小官。进不隐贤，必以其道。遗佚而不怨，厄穷而不悯。与乡人处，由由然不忍去也。……故闻柳下惠之风者，鄙夫宽，薄夫敦。"②《史记·五帝本纪》："东渐于海，南浮江淮矣，至长老皆各往往称黄帝、尧、舜之处，风教固殊焉，总之不离古文者近是。"③《后汉书·左雄传》："郡国孝廉，古之贡士，出则宰民，宣协风教。"④ 三是指孝友礼制。如《三国志·魏书·后妃传序》："而末世奢纵，肆其佚欲，致使男女怨旷，感动和气，惟色是崇，不本淑懿，故风教凌迟而大纲毁泯，岂不惜哉。"⑤ 剪灭群雄建立后汉（东汉），开创"光武中兴"的刘秀，针对其时颂德献符者遍天下的虚浮风气，"光武有鉴于此，故尊崇节义，敦厉名实，所举用者莫非经明行修之人，而风俗为之一变"⑥。四是"风"即"教"，二者互通。如《汉书·武帝纪》："盖闻道民以礼，风之以乐。"颜师古注云："风，教也。《毛诗序》曰'上以风化下'。"⑦《三国志·吴书·顾邵传》："邵字孝则，博览书传，好乐人伦。……风声流闻，远近称之。……小吏资质佳者，辄令就学，择其先进，擢置右职，举善以教，风化大行。"⑧

三 家教

中华民族素来以"有家教"而著称于世，中国人的家庭不仅需要创建家风精神鞭策训育家族成员，而且需要传承家风长葆家业繁盛不坠，

---

① 何建章注释：《战国策注释》，中华书局1990年版，第13页。
② （清）刘沅著，谭继和、祁和晖笺解：《十三经恒解》（笺解本），巴蜀书社2016年版，第317页。
③ （汉）司马迁：《史记》（卷一），中华书局1982年版，第46页。
④ （南朝宋）范晔：《后汉书》（卷六一），中华书局1965年版，第2020页。
⑤ （西晋）陈寿：《三国志》（卷五），中华书局1982年版，第155页。
⑥ （清）顾炎武撰，（清）黄汝成集释，栾保群点校：《日知录集释》（上），中华书局2020年版，第678页。
⑦ （东汉）班固：《汉书》（卷六），中华书局1962年版，第171页。
⑧ （晋）陈寿撰，（南朝宋）裴松之注，陈乃乾校点：《三国志》，中华书局1982年版，第1229页。

走出"富不过三代，穷不过三代"的历史发展怪圈。"昔者，周公一沐三握发，一饭三吐餐，以接白屋之士，一日所见者七十余人。晋文公以沐辞竖头须，致有图反之诮。门不停宾，古所贵也。失教之家，阍寺无礼，或以主君寝食嗔怒，拒客未通，江南深以为耻。"[①] 家教是中华文化风教化育最重要，也是最普遍的常态化、生活化存在形式，特别是在中国古代社会，从来没有读过儒家经典的人比比皆是，但完全没有接受过家教的人却几乎没有。时至今日，很多没有受过学校教育，也没有宗教信仰的乡野村夫，其所掌握的人情世故，表现得与社会基本价值观并不悖谬，甚至高出一般的读书达理之人，这就是中国式的家教价值所在。

对"家教"一词的理解，一方面，可以动态地认为是一家一族父母或家长对子女的日常教育，包括父母或家长的德行素养对子女的潜移默化和影响，这是中国自古就有的家教传统。动态家教的可贵之处在于，它通过家庭教育的理论阐释和实践环节，将特定社会的基本道德规范和价值原则植入或内化为家人子弟道德品性的同时，成功让家族成员在现实生活中一以贯之地外化为个体稳定的行为方式。另一方面，可以静态地认为是家风传承的成效外显。"家教或者说家庭教养是一切教育的开端和基础，所有教育都可以看作是家庭教养的延长……家教，不仅指家中的教育、家人的素质和知识，也指由家形成的修养、教养。它是由家进行、家庭成员间彼此塑造和影响出来的道德—知识复杂综合体。家教，又是关于家的教育，亦即人们应该如何认识家、对待家，是'家庭化'的认识方面。"[②] 静态家教不仅是以家庭日常生活方式表现出的一家一家特有的风教文化，始于人生之初而伴随人的一生，而且是家族成员在现实生活中一以贯之地外化表现出的个体内心定力，成为可被感知可被描述可被传承的家风口碑。

四　家训

家风以各具特色的形塑力量周流和潜行于特定家庭或家族当中，经年累月逐渐形成一种无声且无形的风教模式。家训是家风的文本固态呈

---

① （北齐）颜之推撰，王利器集解：《颜氏家训集解》，中华书局1993年版，第124—125页。
② 笑思：《家哲学》，商务印书馆2010年版，第593—594页。

现,家风则是家训风教的活态存续。在中华文化语境当中,家风往往通过家训这一物态保存和呈现的方式展现在世人面前,并通过家训、家规、家教、家祭等生活实践,将家风化育的优良传统和精神风尚一代一代传承下去。中华民族数千年传承不衰的无形家风,便是主要依靠这一有形的文化载体得以延续并得到发扬光大的。"广义的家训,主要指传统社会各个家庭或家族中,由教诫者自己制定或教诫者取材于祖上遗言和乡约族规等制定的用以约束家庭或家族成员的道德规范。狭义的家训,主要指通过口头或文字形式保存下来的古代名臣贵仕家长对子孙的训诫与要求。"[①] 目前已知最早的文本家训,可以追溯到三千多年前周文王姬昌临终前所作、用以教导周武王姬发的《保训》[②]。广义家训所具有的主要内涵:一是指家庭或家族内部有影响的家长提倡并树立制作的家训文本;二是指一家一族之内父母或家长对子女的训导教育活动,既包括家庭或家族内部父祖辈对子孙辈自上而下的示范训导,也包括家庭或家族内部尊长卑幼辈之间以及同辈之间的相互训勉与比较影响;三是特指通行于一家一族内部的家法族规;四是指古今都有的家学私塾;五是指约束乡民的一种乡规民约。家训是家庭的核心价值观,家规是家庭的"基本法",家风是家族子孙代代恪守家训、家规而长期形成的具有鲜明家族特征的家庭文化,是每个家庭成员"三观"的基石。

五 家庭和家族

中国是世界上历史最悠久的国家,同时有着世界上传承历史最悠久的家族。如果说悠久的历史是时间老人的漫漫行程,那么支撑时间老人一路走来的,必是灿烂辉煌的中华传统文化。同样,像孔氏家族一样传

---

① 陈延斌:《中国古代家训论要》,《徐州师范大学学报》(哲学社会科学版)1995年第3期。

② 清华大学出土文献研究与保护中心:《清华大学藏战国竹简〈保训〉释文》,《文物》2009年第6期。"王若曰:'发,朕疾适甚,恐不女(汝,下同)及训。昔前人传宝,必受之以調,今朕疾允病,恐弗念终,女以书受之。钦哉,勿淫!昔舜旧作小人,亲耕于历丘,恐求中,自稽厥志,不违于庶万姓之多欲。厥有施于上下远迩,乃易位迩稽,测阴阳之物,咸顺不扰。舜既得中,言不易实变名,身滋备惟允,翼翼不懈,用作三降之德。帝尧嘉之,用受厥绪。呜呼!发,祗之哉!昔微假中于河,以复有易,有易服厥罪,微无害,乃归中于河。微志弗忘,传贻子孙,至于成唐,祗备不懈,用受大命。呜呼!发,敬哉!朕闻兹不旧,命未有所延。今女祗备毋懈,其有所由矣。不及尔身受大命,敬哉,勿淫!日不足,惟宿不详。'"

承两千五百多年至今依然繁盛不衰,支撑并呵护着一家族众生生不息的,必是积淀深厚德行敦实的家风文化。"家风之于子女,家庭是圃,子女是苗,家风如雨,化育无声,苗受德育滋养而健康成长;家风之于家庭,名望所系,治家依凭,父慈子孝,兄友弟悌,家和而万事兴;家风之于家族,规范伦序,整齐门内,德业相劝,和睦族众而家族兴旺。"① 在中国古代社会,这种包括同一血统的数代或数十代人,基于遗传血缘关系而形成的社会组织,根本不同于西方社会各自独立的小家庭,也有别于中国现代社会的三口之家。更有别于西方国家回望浩如繁星的众多家族,或发起于布衣草根,或荣昌自文韬武略,或繁盛于工艺商贾,"公修公族,家修家族,使相连以事,相及以禄"②。在古代历史上,由一个始祖家庭长期聚居同财,子子孙孙、生息繁衍、累世共居。随着人口增加,继而兄弟别居异财,分出多个家庭,共居一地,以血缘关系为纽带,实行族长管理模式,逐渐形成了家族。家族内部,同出于一个祖先,属于同一个祖宗的人,"以父宗而论,则凡是同一始祖的男系后裔,都属于同一宗族团体,概为族人"③。

中华文化语境当中的"家"或"家庭",一是指由父母及其子女组成的核心小家庭;二是指包含两代及以上数代同堂共居的大家庭;三是指由若干核心小家庭与相近血亲家庭构成的家族;四是指同姓血亲家庭聚族而居所形成的宗族。从组织构造看,中国家庭的表现为由近及远、由亲而疏、由内而外差序层级血亲关系结构。从文化表现看,"'家'字可以说最能伸缩自如了。'家里的',可以指自己的太太一个人,'家门'可以指伯叔子侄一大批,'自家人'可能包罗任何要拉入自己的圈子、表示亲热的人物。自家人的范围是因时因地可伸缩的,大到数不清,真是天下可成一家。"④

上古社会的组织结构,以家庭为最小也是最基本最基础的构造单元,"《周礼》:五家为比,比有长。五比为闾,闾有胥。四闾为族,族有师。

---

① 符得团、马建欣:《古代家训培育个体品德探微——以〈颜氏家训〉为例》,中国社会科学出版社2012年版,第244页。
② 黎翔凤撰,梁运华整理:《管子校注》,中华书局2004年版,第411页。
③ 瞿同祖:《中国法律与中国社会》,中华书局2003年版,第2页。
④ 费孝通:《乡土中国》,上海世纪出版集团2005年版,第24—25页。

五族为党，党有正。五党为州，州有长。五州为乡，乡为大夫。其间大小相维，轻重相制，纲举目张，周详细密，无以加矣。而要之自上而下，所治皆不过五人。"① 族属姓氏，各有本原，历来为中国先哲圣王所重，所以别婚姻，重本始，以厚民俗也。在千年历史长河中，家或家庭始终位居生产与生活物性社会基础地位，而家族更多地赋予社会治理和规范伦序的功能。如明洪武初年，朱元璋诏令农民归耕，大搞移民屯田和军屯；兴修水利，大力提倡种植蚕桑麻棉等经济作物；抑制豪强，严格吏治；减免税负，重新丈量划分土地清。较短的时间便让百姓充实，府库衍溢，人口快速增加，"翰林编修吴沈奉旨撰《千家姓》，得姓一千九百六十八"②。

第五节　研究思路与方法

一　研究思路

家风是通过一个家庭（家族）世代口耳相传、文字记载和族谱家训等多种形式，将其时社会通行的主流思想观念、道德规范和价值原则植入内化为家人子弟个体品德，同时外化表现为一家族众稳定的行为倾向和内心定力，久久为功积淀而成的家庭生活文化样态。中国古代先民不仅铸就了"施教于家而成教于国"的家庭教育功绩，而且创造了数千年保持家风传承不坠的辉煌历史。开展中华家风传承创新实践范式研究，意在弘扬中华优秀传统文化，在厘清中国古代家风传承理论与实践创新问题的基础上，正确处理好传统家风文化的继承与创新关系，探析现代家庭教育所需的家风传承与创新实践范式，为新时代好家风建设提供可资推广借鉴的生活化实践样态。开展本课题研究总体运思理路如下图所示。

---

① （清）顾炎武撰，（清）黄汝成集释，栾保群点校：《日知录集释》，中华书局2020年版，第430—431页。

② （清）顾炎武撰，（清）黄汝成集释，栾保群点校：《日知录集释》，中华书局2020年版，第1165页。

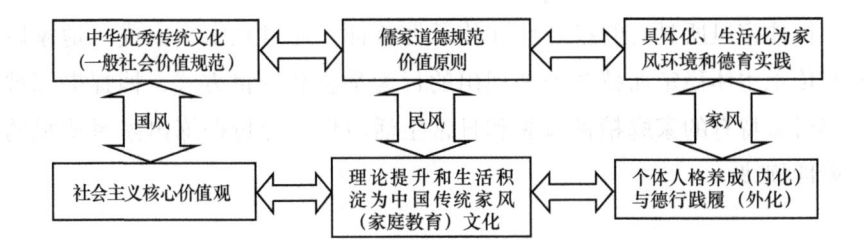

```
中华优秀传统文化        儒家道德规范         具体化、生活化为家
(一般社会价值规范)  ⇄   价值原则        ⇄    风环境和德育实践
      ⇅国风              ⇅民风                ⇅家风
  社会主义核心价值观  ⇄  理论提升和生活积    ⇄  个体人格养成(内化)
                         淀为中国传统家风        与德行践履(外化)
                         (家庭教育)文化
```

二 研究方法

(一) 文献法

研究中华家风传承创新实践范式，需要探明中华优秀传统文化育人的中国家教机制，厘清中华风教传统中，官方家国一体的正式教育制度和大众非正式家庭教育制度所发挥的不同作用，考察中国古代家风家训及其文化的传承脉络，才能提出基于家风传承的实践范式创新路径。对这些问题的考察梳理，主要依赖于对已有文献资料的占有和把握。因此，文献法是一种主要的课题研究方法。

(二) 历史与逻辑相一致的研究方法

中国风教传统和与之相适应的家风家教家训文献是丰富而繁杂的，由家风稳定性、传承性、多样性本质特征所决定，家风传承创新和实践活动无不带有浓厚的时代特征，必须在科学梳理家风文化的发展规律、认真总结古代家风化人历史经验的基础上，才能探明中华家风传承创新实践范式。坚持历史与逻辑相一致的方法，实际上也是一种动态家风传承创新的历史过程分析法。

(三) 田野调查与访谈法

为了探寻中国传统家风的历史流变和现代家庭的家风传承与创建动态，为中华家风实践范式探明路径，开展田野访问和个别访谈调查不可或缺。课题组成员注重体验家风传承、关注各自家乡民风演变的同时，先后赴重庆、贵州、山东等地调研，重点访谈颜氏、闵氏、李氏宗亲传承家训精神和持守家风的情况，利用科研交流的机会，注意请教学界同行意见，为课题研究提供了很多有益的信息。

(四) 观察法

抓住家风所具有的稳定性和传承性特征,通过观察一家或一地家风及其传承主体稳定而持久地展现出的行为举止和处世方式,捕捉提炼被观察对象特有的家庭精神风貌和日常生活习惯,分析提炼出家风传承的一般性规律。

第二章

中华家风建设理论溯源

中华民族向来以有家教和重家风著称于世,"所谓治国必先齐其家者,其家不可教,而能教人者,无之"①。在家国同构、家国一体的古代乡土社会,中国人施教于家而成教于国的全民教化传统,经过历代有识家长们制作家训的人生练达和惯常施与的家庭教育生活实践,将以儒家思想为核心的中华传统文化精神转化为治家教子长效机制的同时,便历史地创造出了中国人世代传承家训思想、遵循家教仪轨、赓续家传文化而养成的不坠家风。不仅开启了中华文化泽被大众的社会通途,而且,通过家风这一大众化教育机制,成功架起了将语意抽象、奥雅难懂的社会一般价值原则和道德规范渡向人民大众的文化桥梁,因而在中国风教实践当中发挥着更基础、更深沉、更持久有效的文化生发与教育传承作用。

第一节　家风文化探源

中华文化是以儒家思想为核心,兼具儒、释、道等先秦诸子阐发的学说精华,集中反映中华民族精神特质和生活风貌的文明形态,作为中华民族共同建设和拥有的精神家园,历史地积淀为植根中国人内心深处的文化根脉,不仅潜移默化地影响着中国人的思维方式和行为模式,而且早已形成了以文化人的中华风教传统。这一中华传统风教文化的初心

---

① 陈晓芬、徐儒宗译注:《论语　大学　中庸》,中华书局2015年版,第270页。

和主旨，不仅是"观乎天文，以察时变；观乎人文，以化成天下"①的雄风大德敦化，更是强调天人合一、坚持家族本位、崇尚集体主义、重视个人的责任与担当，转识成智而化性起伪的暖风小德川流，至今依然焕发着勃勃生机。回溯数千年人文教化的历史沿革与文化承续长河，不论施诸官府，"建国君民，立教为首，砥身砺行，由乎经术"②的古代行政国风；广布大众，"日月得天，而能久照。四时变化，而能久成。圣人久于其道，而天下化成"③的敦淳社风；还是流行民间，立意塑造子弟家人德行人格，"君子不出家而成教于国"④的传世家风，无不始终坚持以人为本的价值导向，强调对人的伦理和道德教化，成功地走出了一条中华风教文化道路。

一　风教滥觞，华夏人文始祖伏羲氏家风肇始

"风"姓，是中国也是世界上最古老的姓氏，因为中华人类始祖——伏羲，就是风姓始祖。作为有文字记载以前的口耳相传中华文化史料，伏羲自取风姓，据《帝王纪》所载："庖牺氏，风姓也。制嫁娶之礼，取牧牲以充庖厨，以食天下，故号庖牺。后或谓之伏牺。"⑤在浩如烟海的中国古代文献中，伏羲是中华太古三皇五帝之首皇。伏羲即太暤，也称大暤、太昊，为原始社会时期太暤部落的首领称号——伏羲氏。其后嗣"任、宿、须句、颛臾，风姓也，实司大暤与有济之祀，以服事诸夏"⑥。系指古代先民尊崇、王朝官府祭祀的东方天帝。由于后人对伏羲的历史贡献、文化解读的背景和精神诉求不尽相同，对伏羲的名号、地望、族系等相关问题至今争讼不已，仅称谓就有伏羲、宓羲、庖牺、包牺、牺皇、皇羲、太暤、大暤、太昊、伏牺等十种，甚至有伏羲到底是人还是神的争议。但是，数千年以来，不论是文献记载、名胜古刹刻画，还是

---

①　（清）李光地撰，梅军校笺：《周易观象校笺》，中华书局2021年版，第229页。
②　（唐）姚思廉撰，中华书局编辑部点校：《梁书》，中华书局1973年版，第662页。
③　（清）李光地撰，梅军校笺：《周易观象校笺》，中华书局2021年版，第322页。
④　陈晓芬、徐儒宗译注：《论语　大学　中庸》，中华书局2015年版，第270页。
⑤　（南朝宋）范晔撰，（唐）李贤等注，中华书局编辑部点校：《后汉书》，中华书局1965年版，第1362页。
⑥　（清）刘沅著，谭继和、祁和晖笺解：《十三经恒解》（笺解本），巴蜀书社2016年版，第119页。

大量的神话传说，归总伏羲最集中和最重要的贡献，莫过于教化人伦——教人伏而风化。虽然少有文字记载，更缺乏实物印证，但对于一个原始部族首领管束族人言行、教育后辈子嗣的自然现象，哪怕时空相隔再久远，也不难想象伏羲氏开启的伏人而风化传统。从《周易》全书所关注全部内容，足以发现伏羲"见教之可以化民也"的责任担当，其作易画卦的目的，意在通过正君臣父子夫妇之义来垂教人民。"上古之时，人民无别，群物未殊，未有衣食器用之利，伏羲氏乃仰观象于天，俯观法于地，中观万物之宜，于是始作八卦以通神明之德，以类万物之情。故易者，所以继天地理人伦而明王道，是以画八卦、建五气，以立五常之行象；法乾坤、顺阴阳，以正君臣父子夫妇之义；度时制宜、作为罔罟，以佃以渔、以赡民用。于是人民乃治，君亲以尊，臣子以顺，群生和洽，各安其性，此其作易垂教之本意也。"① 注重挖掘和涵养人本来就有的天命善性，明王道、顺人伦，继天之德而厚君之德，将人置身既定的家庭（家族）和群落等社会关系当中，通过教化培养成为合乎社会要求的道德行存在。

同为人类始祖，女娲也系风姓人氏。"女娲，太昊氏之女弟。……《帝王（世）纪》：女娲氏，风姓。承庖羲制度，始作笙簧。"② 中华民族起源说，有传女娲以泥土为质，仿照自己抟土造人，并为人类繁衍立下婚姻制度，因此被认为是中华民族的始祖母亲，也被后人尊奉为主司姻缘与情爱的皋禖古神。由"风"所指男女间的情爱之义，很容易理解"风教"指向男欢女爱，关涉人类的生殖繁衍。在原始社会时期，人类的生产力非常低下，生存环境异常恶劣，人均寿命短，人们为生存下去而产生的生殖崇拜，足以证明其时人类繁衍生命的愿望是多么迫切。相传为了繁衍人类，伏羲和女娲不很情愿地近亲结婚，他们在努力繁衍出华夏民族的同时，风教男女族人确保瓜瓞绵绵，当是不证自明之事。不仅如此，与"天人感应"和万物有灵思想认识相一致，中国远古人类朴素地认为"人类的蕃衍，植物的蕃衍，动物的蕃衍都是一回事"③。人们不

---

① （清）阮元校刻：《十三经注疏》（清嘉庆刊本），中华书局2009年版，第16页。
② （汉）宋衷注，（清）秦嘉谟等辑：《世本八种》，中华书局2008年版，第7页。
③ 赵国华：《生殖崇拜文化论》，中国社会科学出版社1990年版，第387页。

仅崇拜自然界繁殖力强的动植物，而且崇尚多子多孙的先民，原本《尚书·费誓》"马牛其风"所指的牝牡相诱，通过诸如《诗经》"鸟兽草木虫鱼之名"来理解生殖文化密码，并在生活实践中指导规范基于男女情爱的人类繁衍，便自然而然地形成风教传统。

经过伏羲、女娲教养化育，人类便由茹毛饮血的野蛮原始状态，逐步过渡到以血缘家族为基本构成细胞的农耕放牧、有序劳作的古代文明社会。从一家之主或有为长辈教育家人的现实意义上讲，一方面，是伏羲画卦施教提升了族人适应自然环境的生存能力；另一方面，女娲订立婚嫁制度确立起族群人伦大端，故而表征着中华文明的原初起始。"人文之元，肇自太极，幽赞神明，易象惟先。庖牺画其始，仲尼翼其终。……爰自风姓，暨于孔氏，玄圣创典，素王述训，莫不原道心以敷章，研神理而设教，取象乎河洛，问数乎蓍龟，观天文以极变，察人文以成化；然后能经纬区宇，弥纶彝宪，发辉事业，彪炳辞义。故知道沿圣以垂文，圣因文而明道，旁通而无滞，日用而不匮。"[①] 中华文化育人的逻辑理路——德成于上而化成天下，就是遵循人性可教的道德原则，坚持天人合一的生存与发展理念，从带有原始崇拜的"天德"於穆不已，经由象征意义的"君德"无缝转接，便化生出更具现实性的"人德"乃至普遍适用的公共社会道德，实现了对"人"这一道德行存在的化育目标。

反映中国汉代讲论五经同异、统一今文经义的重要著作《白虎通义》，对三皇五帝所取名号的解释，不仅表现了人文始祖道德教化的鲜明风格，而且展示出"天行健，君子以自强不息"的圣人君德，何以化生出人伦道德的风教之道。"三皇者，何谓也？谓伏羲、神农、燧人也。……谓之伏羲者何？古之时未有三纲、六纪，民人但知其母，不知其父，能覆前而不能覆后，卧之詓詓，起之吁吁，饥即求食，饱即弃余，茹毛饮血而衣皮苇。于是伏羲仰观象于天，俯察法于地，因夫妇正五行，始定人道，画八卦以治下。治下伏而化之，故谓之伏羲也。谓之神农何？古之人民，皆食禽兽肉。至于神农，人民众多，禽兽不足。于是神农因天之时，分地之利，制耒耜，教民农作。神而化之，使民宜之，故谓之神农也。谓之燧人何？钻木燧取火，教民熟食，养人利性，避臭去毒，

[①] （南朝梁）刘勰著，范文澜注：《文心雕龙》（上），人民文学出版社1958年版，第1页。

谓之燧人也。……黄帝、颛顼、帝喾、帝尧、帝舜，五帝也。……黄者中和之色，自然之姓，万世不易。黄帝始作制度，得其中和，万世常存，故称黄帝也。谓之颛顼何？颛者，专也；顼者，正也；能专正天人之道，故谓之颛顼也。谓之帝喾者何也？喾者，极也，言其能施行穷极道德也。谓之尧者何？尧犹峣峣也，至高之貌，清妙高远，优游博衍，众圣之主，百王之长也。谓之舜者何？舜犹舛舛也，言能推信尧道而行之。"① 后世之王已非风姓，然化天德为圣德君德，出条教育民新人却一以贯之，只是同临天下而无以相别，故改制礼号以自别于前古而表著既成功德，明当致施而预自表风教于前也。

二 风教流行，始于《诗经》化感之效

"风教"一词，最早出自西汉毛公辑注的《诗经》总序，也称《毛诗序》，实质反映的便是上行下效的周文王训教化民之德风。"关雎，后妃之德也，风之始也。所以风天下而正夫妇也，故用之乡人焉，用之邦国焉。风，风也，教也，风以动之，教以化之。诗者，志之所之也，在心为志，发言为诗，情动于中而形于言，言之不足，故嗟叹之，嗟叹之不足，故永（咏）歌之，永歌之不足，不知手之舞之、足之蹈之也。情发于声，声成文，谓之音。治世之音，安以乐，其政和。乱世之音，怨以怒，其政乖。亡国之音，哀以思，其民困。故正得失、动天地、感鬼神，莫近于诗。先王以是经夫妇，成孝敬，厚人伦，美教化，移风俗。……上以风化下，下以风刺上，主文而谲谏，言之者无罪，闻之者足以戒，故曰风。至于王道衰，礼义废，政教失，国异政，家殊俗，而变风、变雅作矣。"② 在中国古代先民眼里，夫妇不仅是一家主，更重要的是人伦之始，一切仁义道德的完善，乃至天下治乱，都必须以夫妇之德为基础。《诗经·关雎》是赞美后妃之德的，孔子序诗将其置于国风之首，分明是在礼记大小尊卑而明礼之始要，以凸显"风教"化民善俗的

---

① （汉）班固撰集，（清）陈立疏证，吴则虞点校：《白虎通疏证》，中华书局1994年版，第760—761页。
② （汉）毛亨传，（汉）郑玄笺，（唐）陆德明音义，孔祥军点校：《毛诗传笺》，中华书局2018年版，第1—2页。

功用。因此,《诗经》重家道冠婚夫妇,可谓切中人伦道德教化要害,非常浅显的道理在于正家而天下定:"室家之道修,则天下之理得,故诗始国风,礼本冠、婚。始乎国风,原情性以明人伦也;本乎冠、婚,正基兆以防未然也;故圣王必慎妃后之际,别嫡长之位,礼之于内也。卑不逾尊,新不先故,所以统人情而理阴气也……非虚加其礼文而已,乃中心与之殊异,故礼探其情而见之外也。圣人动静游燕所亲,物得其序,则海内自修,百姓从化。如当亲者疏,当尊者卑,则佞巧之奸因时而动,以乱国家。故圣人慎防其端,禁于未然,不以私恩害公义。"① 止乎礼义而发乎人情,乃人之本性所系,止乎礼义而用乎化民成俗行动,则是有为先王泽被大众的盛德懿行。《诗经》在中国诗史乃至整个中华文化史上最重要的意义,是其作为孔门或儒学六经②中的一经而成书,并于其他五经共同承担着传递中华文化、教育人民大众的重责大任。

首先,诗关乎"风教",在于其出微动若风,但言出过改犹如风行而草偃,因为诗具有救人于水火之奇效,诗人创作诗歌,当以流行感化为诗风和宗旨。"风俗之风,正当国风之义矣。然必有风教,而后风俗成,有风俗,而后风刺兴,合此三者,《国风》之义始备。"③ 孔子分明是体悟到了《诗经》"风教"表象背后所蕴含的"政教"民情,认识到"关雎至矣乎!夫关雎之人,仰则天,俯则地,幽幽冥冥,德之所藏,纷纷沸沸,道之所行,如神龙变化,斐斐文章。大哉关雎之道也,万物之所系,群生之所悬命也,河洛出图书,麟凤翔乎郊,不由关雎之道,则关

---

① (宋)司马光编著,(元)胡三省音注,标点资治通鉴小组校点:《资治通鉴》,中华书局1956年版,第926页。
② 孔门六经系《诗》《书》《礼》《易》《乐》《春秋》之合称,《庄子卷五下第十四·天运》所载:"孔子谓老聃曰:'丘治《诗》《书》《礼》《乐》《易》《春秋》六经,自以为久矣,孰知其故矣;以奸者七十二君,论先王之道而明周、召之迹,一君无所钩用。甚矣夫!人之难说也,道之难明邪?'老子曰:'幸矣,子之不遇治世之君也。夫六经,先王之陈迹也,岂其所以迹之所出,而迹岂履哉!夫白鹢之相视,眸子不运而风化;虫,雄鸣于上风,雌应于下风而化;类自为雌雄,故风化。性不可易,命不可变,时不可止,道不可壅。苟得于道,无自而不可;失焉者,无自而可。'"参见郭沂编撰《子曰全集》,中华书局2017年版,第816—817页。孔门六经是指经孔子删节整理而用于传授经术的六部先秦古籍,全名依次为《诗经》《尚书》《仪礼》《周易》《乐经》《春秋》。
③ (清)陈启源,毛诗稽古编:《儒藏》(精华编二九),北京大学出版社1999年版,第695页。

雎之事将奚由至矣哉！夫六经之策，皆归论汲汲，盖取之乎关雎，关雎之事大矣哉！冯冯翊翊，自东自西，自南自北，无思不服。子其勉强之，思服之，天地之间，生民之属，王道之原，不外此矣[①]。"于是乎，经孔子删述，明经科考的《诗经》，伴随着后世诸儒的不断注疏增华，便使"风教"大行天下。

其次，源于周代国风诗教传统。"风"的本义是空气流动的自然现象，先秦时期人们开始认识到风梳挠万物和扩散信息的作用，加之古时"风""讽"通假，因而把"风"的用意引申为风教、感化和讽咏、讽刺。《诗经》有"风、雅、颂、赋、比、兴"六义，两汉时期的儒学家更是把"风"的意义进一引申为讽喻、教化的代用语。"舜曰：'诗言志。'此诗之本也。王制：命太师陈诗，以观民风，此诗之用也。荀子论小雅曰：'疾今之政，以思正者，其言有文焉，其声有哀焉。'此诗之情也。"[②] 西周时期，文王之化广被天下，为了掌握行政得失和民心所向，官府选派大量的采诗官，对流行于各地民间的诗作，以防淫正俗之旨严加筛选，恐失国风之义。《诗经》305篇，每首诗都有乐调，都可"弦歌"，都是歌曲的唱词。从官方正式制度衍生的风教范式考察，西周统治者为了检视行政得失与功过，不仅采诗汇编，而且让乐师配以音律、编排成乐舞来展演诸诗，而且将其用在正式礼仪场所教授王孙公子，逐渐演变形成了诗教传统，最终确立成为风教制度。"气之动物，物之感人，故摇荡性情，形诸舞咏。照烛三才，晖丽万有，灵祇待之以致飨，幽微藉之以昭告。动天地，感鬼神，莫近于诗。……故诗有三义焉：一曰兴，二曰比，三曰赋。文已尽而义有余，兴也；因物喻志，比也；直书其事，寓言写物，赋也。弘斯三义，酌而用之，干之以风力，润之以丹彩，使味之者无极，闻之者动心，是诗之至也。"[③]

最后，从非官方民间传统衍生的风教范式考察，《诗经》所具有的文艺感化风意，是指诗歌本身，也推延包括小说、散文、曲艺等其他文学

[①] （汉）韩婴撰，许维遹校释：《韩诗外传集释》，中华书局1980年版，第164—165页。
[②] （清）顾炎武撰，（清）黄汝成集释，栾保群点校：《日知录集释》，中华书局2020年版，第1047页。
[③] （南朝梁）钟嵘著，曹旭集注：《诗品集注》，上海古籍出版社2011年版，第1页。

艺术作品所具有的、能够打动人心的情感力量，成为人们一开始便选择文艺手段施行风教的大众化范式。由于《诗经》之"风"关乎生活抒情，所以感染力特别强，"《诗》总六义，风冠其首，斯乃化感之本源，志气之符契也。是以怊怅述情必始乎风，沉吟铺辞莫先于骨。"[①] 诗词与歌赋一样，因为表达情感显豁明朗，很具有艺术感染力，所以更容易打动人心，风化旨趣也更容易让人接受。正如李樗有言"既曰'风之始也'，又曰'风，风也，教也，风以动之，教以化之'，又云'上以风化下，下以风刺上，主文而谲谏，言之者无罪，闻之者足以戒，故曰风'，又曰'一国之事系一人之本谓之风'，则知其说一'风'字，其多如此。"[②] 实际上，从诗教指向政教风化的作用本旨出发，《关雎》"风之始"与十五《国风》诗"风天下"当为整个诗教的起点与落脚点，也成为官府国家正式制度和民间大众化风教范式的共同目标指向。《关雎》以后妃之德开启风化政教通途，显然是起步于家人男女关系和夫妻正位这一风化人伦大义，向父子、君臣当有的关系以及纲常名教推延，通过亲亲向尊尊的无障碍过渡，将家政自然推延及于国政，便顺理成章地开启了修齐治平的传统风化政教理路。这样一来，"文王风化之始"[③]，则观风动万物之象，取风化天下万民之法，以十五国风为标准而政教诸侯，利用"风天下"致人感动的特性，旨在收获"天下之匹夫匹妇皆被其风化"之成效，从男女个体情感教化起步，重视人伦大观，目标在于构建国家治理所需的良好社会风俗。

[①] （南朝梁）刘勰著，范文澜注：《文心雕龙》（下），人民文学出版社1958年版，第513页。

[②] 李樗、黄櫄：《毛诗李黄集解》，吉林出版集团2005年版，第26页。书中详述诗教的过程："窃尝谓古人之意，以为《国风》之诗，其本系于一人，而其化被于一国。自其本于一人言之，则谓之风；自其及于一国言之，则谓之教，岂不简且直哉？闻伯夷、柳下惠之风者，莫不兴起，此'风以动之'之意。孟子所谓'君子所以教者五：有如时雨化之者'，此'教以化之'之意也。先儒谓'动之则开悟其善心而已'，化之则明其教令而为之效率其事加详夫。所谓化者，感之于心而变之，于形迹之外与之俱化而不自知也。若曰其事加详则不足以为化矣，予请为之例曰：闻二南之风者，感动其善心；被二南之化者，变易其气质。动则变，变则化，天下之理然也。"

[③] 毛亨、郑玄、孔颖达：《毛诗注疏》，上海古籍出版社2013年版，第5页。

三 追根溯源，中华家风思想源自德成于上而化成天下的天人感应学说

从历史演进和认识生发的双重视域看，家风及其文化形式，以中国人日用而不自知的个性化陶染方式，润物无声地将德成于上而化成天下的天人感应学说，落实到文化育人和淳风美俗的现实生活当中，每逢盛世而修文、修谱，逐步历练出可让家人族众世代尊奉的治家教子与处世为人金科玉律，经年累月、代代相传，便历史地积淀形成独具特色的中华传统家风文化。中华传统文化的伦理属性，以及法天则地探究未知的思想认识论，作为父天母地的后生，天人感应学说便设计出中华家风及其文化自上而下差序施教的家风生活样法。孔子删书的历史壮举，对文化的溯源断自尧舜，但他写《易传》作《十翼》，对文化的考据却上溯到了人类始祖伏羲。出现这种时空超越的主要原因，分明是孔子立足其时社会文化厚土，真切感悟到先圣伏羲仰观天文、俯察地理、中观家人族众，图画乾坤、定人道、化人民等风教文化创举的重大意义，而不仅仅局限于以成形的文本作为文化溯源的标准。实际上，从已有的中华文化坟典可以看出，即便是成功化民开悟的黄帝时期，作为文化的结果，人们已经知道人而为人有父子之亲和君臣之义、有夫妇之道和长幼之序，但更清楚的是，这一切原本不成文的人道规矩，是由伏羲画卦风教家人开始确定的。"伏羲始王天下，未有前圣法度，故仰则观象于天，俯则察法于地，观鸟兽之文，与地之宜。近取诸物，于是始作八卦，以通神明之德，以象万物之情也。"[①] 显然，伏羲所王天下，没有家国一体的君臣之义，甚至还没有父子之亲、夫妇之道和长幼之序，有的只是取象鸟兽之文与大地之宜。一方面，伏羲氏王天下，俨然一位部族首领教导族人结绳作网与猎兽捕鱼，而维护部族人民衣食起居所必需的人伦仪轨，包括父子之亲、夫妇之道和长幼之序，自当成为太皞风族保持繁盛不衰的首要教化任务。另一方面，伏羲作为华夏民族首出之君，最先也是最紧要解决好的，自然是针对族群之内无夫妇父子之别，一切饮食男女均由

---

① （汉）班固撰集，（清）陈立疏证，吴则虞点校：《白虎通疏证》，中华书局1994年版，第447页。

牝牡无定偶等导致的有母而不知父、更无君臣上下等混乱现象，画卦垂教所以理顺家族人伦，定嫁娶以别男女，修德养性以明夫妇、父子、君臣等王道之义。因此，风姓伏羲画卦设教，开启了华夏民族繁衍不息的风教历史先河，厥功至伟。

伏羲画卦设教以后，传说中的三皇五帝，围绕皇位禅让，不仅明确昭示受让者的选育标准，而且以"教""训""戒"等通行的家训言语和实践训练活动，树立起"天下为公"的帝王家风。西周文王以《保训》教武王，周公以己"一沐三握发，一饭三吐哺"的勤政谦下，教诫长子伯禽"无以鲁国骄士"，继而在辅佐武王建成周朝基业的同时，不忘立训自警，树立起比较完整的风教国民传统。同时，由近及远、自内而外，从皇族血亲开始，自上而下，将育民新人训教之风推及诸侯，达至天下，推动了家风文化的社会化传播，开启了风教天下的民间道路。两汉时期，随着董仲舒"罢黜百家，独尊儒术"，以士大夫为代表的社会贤达无不重家风、家教，虽然史料缺载，所见成形家训也不足，且多为一言半语，比较零散。但从众多世家大族的存续历史和社会影响记述，以及《史记》《汉书》《后汉书》等文献对历史名人记载和评价可以看出，其时的众多家长都是非常看重家风家教的。唯其如此，才能顺理成章地理解，到了魏晋南北朝时期，何以出现像颜之推撰写《颜氏家训》那样一部系统完整的家训巨著，成为后世家训著述和家风传承的风标。"古今家训，以此为祖……六朝颜之推家法最正，相传最远……这一则由于儒家的大肆宣传，再则由于佛教徒的广为征引，三则由于颜氏后裔的多次翻刻；于是泛滥书林，充斥人寰，由近及远，争相矜式。"① 伴随着隋唐文化的兴盛与中华儒释道百家文化的交汇融合，施教于家而成教于国的育才新人家风理论与实践，便蔚然成风。自此以降，自宋至元明清，家训著述越来越社会化、大众化，完全从士大夫之门走入寻常百姓之家，社会上很多相对完整的家庭、家族基本都有自己的家训，并积淀形成了各自独特的家风。很多家训文本保存于家族族谱之中，家风文化则风行于治家教子的日常生活当中。与宋司马光《温公家范》、袁采《袁氏世范》、清朱用纯《治家格言》和张英《聪训斋语》等家训著作大量出现相伴而生的，

---

① （北齐）颜之推撰，王利器集解：《颜氏家训集解》，中华书局1993年版，第1页。

是近古时期家风文化的世俗化、大众化发展的繁荣景象。

第二节 风教化育机制

中国人重视家风建设，世代恪守门风不坠的优秀传统，为化民成俗的风教文化提供了坚实基础。中国先民格物致知和善假于物的人生智慧，直观形象而富有哲理地阐明，风教化育言出过改，就像风行草偃的内在训育机理。

一 人性可教，习以成性人格修养功夫展现着家风的化育机理

中国是世界上最重视道德教化的国家，传统个体品德培育的关键在于道德教化。"德者，得其性也。"① 人之德行就是存养扩充自"天命"而来的人格善性。所有中国人都认为其家不可教，而能教人者不存在，不论平治天下，还是打理好自己的国家，成功与否的根本在于建设好每一个家庭，而建设好每一个家庭的根本在于每个家庭成员自身修养的好坏，每个人的修养水平最终取决于包括家教在内的有效教育。所以，指导中国人治家教子和处世为人的家风思想，与"重家教""崇蒙养"著称的中华优秀传统文化精神相一致，站在以人为本的实践立场上，坚定人性可教的德育理念，坚持化民成俗和教人成德的实践理路，将家风化育机理转化为"习以成性"道德人格修养功夫。

> 天命之谓性，率性之谓道，修道之谓教。……自诚明，谓之性；自明诚，谓之教。诚则明矣，明则诚矣。唯天下至诚，为能尽其性；能尽其性，则能尽人之性；能尽人之性，则能尽物之性；能尽物之性，则可以赞天地之化育；可以赞天地之化育，则可以与天地参矣。②

如果每个人都努力修身养德做好自己，成功地构建起和谐美满的家

---

① （晋）郭象：《皇侃论语义疏引》，上海古籍出版社1993年版，第214页。
② （汉）郑玄注，王锷点校：《礼记注》，中华书局2021年版，第673—689页。

庭，拥有良好的家教家风，那么由这些家庭构建起来的国家就能够稳定繁荣、太平和谐。按照中国人设计的这一家风的化育机理与实践理路，除了德无不实而明无不照的圣人之德（因其天道赋予人的本然善性而超然拥有，可以无师自通），对于普通大众而言，凡诚则无不明，但只有那些意诚心正而坚持反身内求者，才可能明其明德，而对于明乎善而实其善的圣贤之学，一般的成人之道则由教而导入。家风"习以成性"的化育机理，就是因人循其天命善性之所当行而品节诱导，以存养扩充人的"天命"德行或本然善性，故家风运行的关键在于德行化育。"先王见教之可以化民也，是故先之以博爱，而民莫遗其亲；陈之以德义而民兴行；先之以敬让而民不争，导之以礼乐而民和睦，示之以好恶而民知禁。"①以家风化育为代表的家庭德育，首要任务在于让置身于特定家庭伦序当中的家人子女正确认识自己，知道自己的本性、长处抑或短板，才能真正做到尽己之性。然后通过生活化的家庭风教实践，让人明于内外有别、远近分殊。这种民间大众所施与的教民化俗，从教育发生发展的运行机理分析，因为教出亲近，其成效当然自近者开始，由近及远、由内而外、反身内求、推己及人、由小到大、由家及国。家风及其文化最终将家国关系和大家小家利益浑然一体，将家国情怀烙印到每个人的心灵深处，外显于每一个中国人的身行言动当中。

二　家风化育，演绎着中国古代气化哲学的生生之道

风化理路，"天德施，地德化，人德义"。按照中国先民格物致知学理方式，解释"郁，气也"②，郁蒸未动为气；"风，气也"③，气动流形为风。而在中国古代早期哲学体系当中，将"气"当作认识和把握世界的本源，认为"气"不仅是生成天地万物的元始物质和一切生命运动的基础本体，也是"风"这一因气压变化导致空气流动的自然现象产生的原因。在中国哲学史上，老子第一次明确提出了以"气"为化生万物之元的思想，按照他所提出的"道生一，一生二，二生三，三生万物"宇

---

① （宋）陈旸撰，张国强点校：《〈乐书〉点校》，中州古籍出版社2019年版，第386页。
② （清）周春著，李林点校：《尔雅补注》，浙江古籍出版社2021年版，第57页。
③ （宋）真德秀撰，刘光胜整理：《西山读书记》，大象出版社2019年版，第304页。

宙起源理论,世界上最先产生的,是混沌未分的一元之"气"。"道始于虚廓,虚廓生宇宙,宇宙生气,气有涯垠。清阳者,薄靡而为天;重浊者,凝滞而为地。清妙之合专易,重浊之凝竭难,故天先成而地后定。"①从事物变化先后与发展周流不息的哲学角度出发,中国先民提出,元气始萌、阴阳初生,精气为物、游魂为变,二气相冲,气动而风生。那些生成天地的阴、阳二气,以"万物负阴而抱阳,冲气以为和"相互作用的结果,便由阴气、阳气、冲气融合而化生出宇宙万物。

就风所能产生的影响和人们的预期而言,气之动为风,风必动物而无形,风无所不被而无象,风物气动而感化。针对远古先民不知道风是什么,却知道风怎么样,知道风自何来的认识现状。人类始祖伏羲,目睹周围的自然气化流行,法象天地而类物之情,便发现天道一阴一阳为物之终始会归之机,于是取奇偶两者而象其物宜,以太极指称气化阴阳而求太极于阴阳之所由生。"天生神物,圣人则之。天地变化,圣人效之。天垂象,见吉凶,圣人象之。河出图,洛出书,圣人则之。易有四象,所以示也。系辞焉,所以告也。定之以吉凶,所以断也。"②后经孔子赞易作传,则展现为中国先民认识世界和理解人类生命的一种气化哲学思想。其中,最具动能、最容易让人感知的化生之物,当数气动之"风"。从法天则地立场出发,风为天地之使,一年四季往复不息,风霜雪雨和霾雾零虹等自然现象,都是气动风化的结果。根据《尔雅·释天》对"风"的解释:"南风谓之凯风,东风谓之谷风,北风谓之凉风,西风谓之泰风。"③ 风行所致,绝不仅仅产生和风细雨、雨霾风障、飞沙走石、摧枯拉朽等自然景象;更重要的是类物之情而象物之宜,借人们见惯不怪的风动(八日)而虫生的生命化育物象,让人在栉风沐雨的同时感受到风化万物的神奇功效,通过物我联动感知人情冷暖,在不自知间习性渐染,最终感悟风化影响的移风振俗之变。"天地定位,山泽通气,雷风相薄,水火不相射。八卦相错,雷以动之,风以散之,雨以润之,日以

---

① (清)马骕撰,王利器整理:《绎史》,中华书局2002年版,第2页。
② (清)刘沅著,谭继和、祁和晖笺解:《十三经恒解》(笺解本),巴蜀书社2016年版,第214页。
③ (清)王引之撰:《经传释词》,中华书局1956年版,第193页。

烜之，艮以止之，兑以说之，乾以君之，坤以藏之。"①

就天道风气交互作用关系而言，水火异性却能互相成就，雷风异动而不相违逆，山泽同气异处而风行变化。中国古代的先圣明哲，敏锐地察觉到振动万物者莫疾乎雷，梳挠万物者莫优乎风，燎燥万物者莫熯乎火，涵育万物者莫善乎泽，滋养万物者莫润乎水，终始万物者莫盛乎周而复始的生生之道。因而面对自然界成化万物的神奇与灵动时，表现得夕惕若厉而终日乾乾。一有聪明睿智者"幽赞于神明而生蓍，参天两地而倚数，观变于阴阳而立卦，发挥于刚柔而生爻，和顺于道德而理于义，穷理尽性以至于命"②，"昔者，圣人之作易也，将以顺性命之理。是以立天之道，曰阴与阳；立地之道，曰柔与刚；立人之道，曰仁与义，兼三才而两之"③。受此思想启发，汉代哲学家董仲舒提出的阴阳五行与天人感应学说，更是明确提出人与天地自然相副之论。"天德施，地德化，人德义。天气上，地气下，人气在其间。春生夏长，百物以兴，秋杀冬收，百物以藏。故莫精于气，莫富于地，莫神于天，天地之精所以生物者，莫贵于人。人受命乎天也，故超然有以倚；物疢疾莫能为仁义，唯人独能为仁义；物疢疾莫能偶天地，唯人独能偶天地。"④ 以偶对方式将天德下移到人间的同时，也指明了修养人德之路。因为天、地、人均由气所生，天人感应当属同气相惜，人效法天地不仅天经地义，而且懂得天为阳气而地为阴气，故天高地卑，人有等级缘于气有等差，凡夫俗子模效君王修身养德，源于宇宙生成之法。"故人者，其天地之德，阴阳之交，鬼神之会，五行之秀气也。"⑤ 人道风化育德之枢机，表现为天地合而万物生，阴阳接则变化起。"气"原本是道生万物的物质资源，但经由阴阳变化这个生生之道，不仅可以将"气"转化、过渡为宇宙万物，而且为人类在成长和发展过程中实现天人感应、接受风教化育提供了物理支持和中间环节。

---

① （清）戴百寿著，惠清楼、朱浒点校：《救荒举要》，天津古籍出版社2010年版，第4063页。
② （清）刘沅著，谭继和、祁和晖笺解：《十三经恒解》（笺解本），巴蜀书社2016年版，第238页。
③ （清）李光地撰，梅军校笺：《周易观象校笺》，中华书局2021年版，第781—782页。
④ （清）康有为著，楼宇烈整理：《春秋董氏学》，中华书局1990年版，第143页。
⑤ （汉）郑玄注，王锷点校：《礼记注》，中华书局2021年版，第302页。

三 家风旨趣，反映着中国人取譬风雷振民育德的教化意蕴

长于仰观天、俯察地以明人事理的中国先秦儒者，分明从气动化生万物、雷声振动宇内、风吹梳挠生灵的自然现象中，获得了风教化育的灵感和启示。"损上益下，民说无疆。自上下下，其道大光。利有攸往，中正有庆。利涉大川，木道乃行。益动而巽，日进无疆。天施地生，其益无方。凡益之道，与时偕行。"① 有感于外而善假于物的有德君子，显然明了风雷之益虽自外而来，但其由近及远、居中扩散的风化之几，犹如君子见善则迁、有过则改，自内而外、由己及人的醍醐灌顶作用。"伯夷，目不视恶色，耳不听恶声。非其君不事，非其民不使。治则进，乱则退。横政之所出，横民之所止，不忍居也。思与乡人处，如以朝衣朝冠坐于涂炭也。当纣之时，居北海之滨，以待天下之清也。故闻伯夷之风者，顽夫廉，懦夫有立志。"② 犹如风雷振民，儒学在风教育德方面的巨大成就，伴随着儒家者流一以贯之的道义担当和自觉坚守，让儒学获得了如宗教一般的精神感召力量，中国人对儒学的信仰也让儒学以"儒教"显称于世。故《周易》道："象曰：山下有风，蛊。君子以振民育德。"③ 这便是风教所蕴含的化育机理，鼓之舞之谓之"振"，振民使之不惰，育德使民不竭。这样一来，便将幽远深邃的天道赋予人的命运周流，通过振民育德的风教活动，以期使人继之者善、成之者性。

取譬风雷振民育德，中国先哲直觉而理性地提出，人作为阴阳化生之万物精华，相较于"水火有气而无生，草木有生而无知，禽兽有知而无义，人有气有生有知亦且有义，故最为天下贵也"④，虽然天有四时，其化可见，其为化者不可见，但是人贵有自知之明，人之所以贵于其他实物者，根本原因，在于人能有效承接於穆不已之天德禀赋，进而继善

---

① （清）刘沅著，谭继和、祁和晖笺解：《十三经恒解》（笺解本），巴蜀书社2016年版，第133页。
② （清）刘沅著，谭继和、祁和晖笺解：《十三经恒解》（笺解本），巴蜀书社2016年版，第316页。
③ （清）刘沅著，谭继和、祁和晖笺解：《十三经恒解》（笺解本），巴蜀书社2016年版，第72页。
④ （战国）荀况原著，梁启雄译：《荀子简释》，中华书局1983年版，第109页。

成性，渐次自控，成长发展为一个个道德行的存在而生活于世。按照中国古代朴素唯物主义哲学理念，人乃天地化生之所出，是其主动接受天地氤氲之气，自觉醇化万物之灵秀的结果，更是继天之於穆不已善性而成的结果。正如天地不言而四时行、百物生，"维天之命，於穆不已，继之者善也。天下雷行，物与无妄，成之者性也。是故天有四时，春秋冬夏。风雨霜露，无非教也。地载神气，神气风霆。风霆流形，庶物露生，无非教也。天地絪缊，万物化醇。善之为言犹醇也"①。从风雨霜露效法春秋冬夏，庶物露生因循风霆流形，到人类效法天地，中国古代知识分子将人放归自然，因而经由阴阳化生之道，揭示为什么天地合"为生不能为人，为人者天也，人之本于天，天亦人之曾祖父也，此人之所以乃上类天也。人之形体，化天数而成；人之血气，化天志而仁；人之德行，化天理而义；人之好恶，化天之暖清；人之喜怒，化天之寒暑；人之受命，化天之四时；人生有喜怒哀乐之答，春秋冬夏之类也。喜，春之答也；怒，秋之答也；乐，夏之答也；哀，冬之答也。天之副在乎人，人之情性有由天者矣，故曰受，由天之号也"②。明了继天之善、成天之性的物质本原，效模天地阴阳化生的物理过程，便成为中国人取譬风雷振民育德的教化参照，并由此开出人偶对天地而成德的风教之道。

四 家风成教，亿万家长取风之物象而行教民之事

风吹而物动，是包括风教在内的所有风意的最初印象。中国人取象自然界风吹缕动万物而致力于人文教化的高明与执着，表明中国先圣不仅明白人伦本乎德义、万物生于风化、陶铸因其所受、训导在所受扬的深刻道理，而且坚信人类尊崇某种制度规范的前提，在于对其所获君臣尊卑之理和亲疏德洽之化的了然于胸，唯其如此，则大道之行而上下顺序，君唱臣和而政教畅行四海，即便是经历过频繁的朝代更替和君王移位，始终不变的依然是对这一育民风教机制的坚守和传承。无独有偶，

---

① （清）顾炎武撰，（清）黄汝成集释，栾保群点校：《日知录集释》，中华书局2020年版，第11页。

② （汉）董仲舒撰，朱方舟整理，朱维铮审阅：《春秋繁露》，上海书店出版社2012年版，第164页。

以风动万物明喻教化育人,绝不是中国人的独创,著名的德国存在主义哲学家卡尔·西奥多·雅斯贝尔斯(Karl Theodor Jaspers,1883—1969)在揭示教育本质时,就提出"教育意味着一棵树摇动另一棵树,一朵云推动另一朵云,一个灵魂唤醒另一个灵魂"①。与中国先民通过雨以润物、阳以干物、暖以长物、寒以成物、风以动物,五者具备而各以其序,适时运为而应征庶草繁庑的认识高度一致,都看到了风吹缕动万物而存在的推动与影响作用。

相较于风之所吹而无物不扇自然现象,对应于人类社会,化之所被而无往不沾,风化之功则随风偃顺。"天地之间,无形而速动者莫如风。起于幽陆,至于炎崖;偃靡万形,鼓畅众声,无一物之不应者,惟风为然。人情之相尚,或朴或雕,或鬼或经。忽焉徧于海隅,改性迁习,若有物焉阴率之,而无一人之不从者,亦犹风之动于天地之间也。是故天地之吹气,谓之风;人情之相尚,亦谓之风。"② 人情相尚之风,犹如风吹万物,社会道德教化,恰似劲吹君子德风。"大观在上,顺而巽,中正以观天下,观盥而不荐。有孚颙若,下观而化也。"③ "观天之神道,而四时不忒,圣人以神道设教,而天下服矣。"④ "象曰:风行地上,观先王以省方观民设教。"⑤ 中国先哲不仅认为风动之气是构成世界万物的要素,而且通过天人感应,取法自然界风吹梳缕万物之象,切人事而建立起育民新人教化机制。"风之行也,必有作之者。作之善者,善以成风;作之恶者,恶以成风。善作者,因人情之相尚,以身发机;人之从之,如蛰虫之时振,草木之时生,而不知其谁为之者。夫转阴阳,判治乱,分古今,皆风为之。得其机而操之,人皆可以几唐虞之治。"⑥ 不仅在认识上如此清晰,而且古之善治者所能做到的,往往不是与民争竞而是听其自择,故而所立善政一如大川安流而就下,君人者从善如流而导之以风教。

---

① [美]菲利普·W. 杰克森:《什么是教育》,吴春雷、马林海译,安徽人民出版社2012年版,第27页。
② 徐世昌等编纂,沈芝盈、梁运华点校:《清儒学案》(卷二百七),中华书局2008年版,第8106—8107页。
③ (清)李光地撰,梅军校笺:《周易观象校笺》,中华书局2021年版,第211页。
④ (清)李光地撰,梅军校笺:《周易观象校笺》,中华书局2021年版,第212页。
⑤ (清)李光地撰,梅军校笺:《周易观象校笺》,中华书局2021年版,第212页。
⑥ (清)唐甄:《潜书》,上海古籍出版社1955年版,第101—104页。

否则的话，就像风行水上易致恶浪滔天，偏颇乱世必致水溃四溢而不可止。"孔子抱圣人之心，彷徨乎道德之域，逍遥乎无形之乡。倚天理，观人情，明终始，知得失。故兴仁义，厌势利，以持养之。于时周室微，王道绝，诸侯力政，强劫弱，众暴寡，百姓靡安，莫之纪纲，礼仪废坏，人伦不理，于是孔子自东自西，自南自北，匍匐救之。"① 因为水逆其性泛溢四出，风教无序民心涣散，大众流离则需君人者夙兴夜寐而苦心经营四方。

第三节 家风思想传承

风教文化，就是中国古代社会以文化人的生活样法。自古以来，时代在变，教化之风却劲吹始终。风教文化传承，不仅表现为人们借助口耳相传、文字记录、以身示范、制度律法等多种传播形式，将其时社会通行的思想观念、价值原则和行为规范世代接续认同的文化现象，而且成为中华民族生生不息的文化标签。

一 家风历史，表征着儒家以文化人学说的文化生命力

儒家积极倡导和施行风教，就是要教人明了万物并育和道并行之所以不害不悖，根本上有赖于人所具有的仁民、爱物德行。中国人法天则地，向自然学习，并将人的四肢发肤和五脏六腑与天地自然相对应，表面上看似陈其有形以著人之无形，实际上是通过突出人与自然偶对关联而参天地，旨在揭示出人之为人和天地生人当有的伦理差序与内在德行。这一原本出自天人感应的风化德育理念不乏神秘而缺乏考证，但从直观而不失理性的角度看，中华风教文化却是将社会现实当中必须具备的人类特质——道德属性，以及如何养成德行的理论和实践问题，比较清晰地揭示了出来，不论尊崇尧舜之道，还是宪章文武之法，无不明于威德所生与化民成性的原委曲折。因此，圣人配天，述其道而明其法，则成为教化人民的仲尼之道，"天之序，必先和然后发德，必先平然后发威，此可以见不和不可以发庆赏之德，不平不可以发刑罚之威，又可以见德

---

① （汉）韩婴撰，许维遹校释：《韩诗外传集释》，中华书局1980年版，第165页。

生于和，威生于平也。不和无德，不平无威，天之道也，达者以此见之矣。我虽有所愉而喜，必先和心以求其当，然后发庆赏以立其德。虽有所忿而怒，必先平心以求其政，然后发刑罚以立其威，能常若是者谓之天德，行天德者谓之圣人"①。

孔子一生，不求仕进而积极入世，"述而不作，信而好古……学而不厌，诲人不倦……发愤忘食，乐以忘忧，不知老之将至"。②而致力于助人君教化万民，叙书传礼记，删诗正乐，赞易序象而成经世致用儒家学说，其风教所行自然参照天之所为。"夫喜怒哀乐之止动也，此天之所为人性命者，临其时而欲发其应，亦天应也。与暖清寒暑之至其时而欲发无异。若留德而待春夏，留刑而待秋冬也，此有顺四时之名，实逆于天地之经。在人者亦天也，奈何其久留天气，使之郁滞，不得以其正周行也。是故天行谷朽寅而秋生麦，告除秽而继乏也，所以成功继乏以赡人也。天之生有大经也，而所周行者，又有害功也，除而杀殄者，行急皆不待时也，天之志也。而圣人承之以治，是故春修仁而求善，秋修义而求恶，冬修刑而致清，夏修德而致宽，此所以顺天地，体阴阳。"③人有喜怒哀乐，正如天之有春夏秋冬，喜怒哀乐之至其时而欲发，好似春夏秋冬之至其时而欲出，都是天之气使然，善教者当应时开启心求通而未得、致辞乎口欲言而未能。"大禹言惠迪吉从逆凶，惟影响；汤言天道福善祸淫；伊尹言惟上帝不常，作善降之百祥，作不善降之百殃，又言惟吉凶不僭在人，惟天降灾祥在德；孔子言积善之家必有余庆，积不善之家必有余殃。岂真有上帝司其祸福，如道家所谓天神察人善恶，释氏所谓地狱果报者哉！"④没有上帝神启，也不靠因果福报，以儒学为主脉的中华文化，所创立的风教开化理论和学说，从原初意义上起步，便自然而然地取法天地之道，以君子贤德为中介而化天德为人德，教人守天命

---

① （汉）董仲舒著，（清）苏舆撰，钟哲点校：《春秋繁露义证》，中华书局1992年版，第462页。

② 陈晓芬、徐儒宗译注：《论语　大学　中庸》，中华书局2015年版，第74—81页。

③ （汉）董仲舒撰，朱方舟整理，朱维铮审阅：《春秋繁露》，上海书店出版社2012年版，第193页。

④ （清）顾炎武撰，（清）黄汝成集释，栾保群点校：《日知录集释》，中华书局2020年版，第59页。

之性而积善成德。"所谓无为者，不先物为也；所谓无不为者，因物之所为。所谓无治者，不易自然也；所谓无不治者，因物之相然也。万物有所生，而独知守其根；百事有所出，而独知守其门。故穷无穷，极无极，照物而不眩，响应而不乏，此之谓天解。"① 遵循万物本根和万事守门之道，则育人风教所出，如水之流湿火之就燥，一切均不期然而然，天人合一而无不感无不应，如《诗经》所言天之牖民如埙如篪、如璋如圭、如取如携，君子施教因势利导而化成天下。以孔子为代表的贤哲明仕，自觉以"何事非君？何使非民？治亦进，乱亦进"的使命担当，将儒家经世致用的风教学说付诸实践，满怀"天之生斯民也，使先知觉后知，使先觉觉后觉。予，天民之先觉者也；予将以此道觉此民也。非予觉之，而谁也"② 的豪迈情怀，见天下之民与匹夫匹妇有不被尧舜之泽，就如自己推之沟壑而自担天下振民育德大任，促动儒术教化之风数千年不衰。

二 家风所长，贵在经世致用而风行俗通

"风教"化育的生命运动理念，在中国古代气化哲学背景下形成，经历了漫长的实践探索与认知升华过程，最终形而上为历代统治者齐家治国平天下的宏谋大略，而被历代官府强力推行传布于整个华夏民族，成为中华文化泽被大众的通途。"天地感而万物化生，圣人感人心而天下和平。观其所感，而天地、万物之情可见矣。"③ 按照中华风教文化的哲学推衍理路，天之生民也，必有出类拔萃之才起而为君长，他亲亲而爱物，治乱而息争夺，导民而遂生养，教民而序伦理，然后人道立、天道成、地道平。"风教"的运动本质或哲理内涵，不仅有"天地氤氲，万物化醇；男女构精，万物化生"④ 的物理气化机制，而且内在于"同声相应，同气相求。水流湿，火就燥；云从龙，风从虎，圣人作而万物睹。本乎天者亲上，本乎地者亲下，则各从其类也"⑤ "君子学以聚之，问以辩之，

---

① 陈广忠译注：《淮南子》，中华书局2012年版，第3—24页。
② 方勇译注：《孟子》，中华书局2017年版，第193页。
③ （清）李光地撰，梅军校笺：《周易观象校笺》，中华书局2021年版，第314页。
④ （清）杨文会撰，周继旨校点：《杨仁山全集》，黄山书社2000年版，第25页。
⑤ （清）李光地撰，梅军校笺：《周易观象校笺》，中华书局2021年版，第17页。

宽以居之，仁以行之"①，"夫大人者，与天地合其德，与日月合其明，与四时合其序，与鬼神合其吉凶，先天而天弗违，后天而奉天时。天且弗违，而况于人乎？"② 同气相求本乎万有引力，乃物质本原之属性，人际相互渐染效模，乃各从其类之本真自然。"君子体仁足以长人，嘉会足以合礼，利物足以和义，贞固足以干事"③，君人者进德修业而成人生楷模，知进退存亡而不失其正，更何况君子施行风教，旨在以小成大，养育君子仁德。"云行雨施，品物流形，大明终始，六位时成。"④ 正如雨云随风而甘霖滋润，万物并育而滋漫出新，日月周而复始，风、火、暑、湿、燥、寒六气各因季节自然形成。风教之施，"动以雷电，润以风雨，节以山川，均其寒暑，万民育生，各得其所，而制国用"。风教所期望的社会化育目标，"太平之时，民行役者不逾时，男女不失时以偶，孝子不失时以养。外无旷夫，内无怨女。上无不慈之父，下无不孝之子。父子相成，夫妇相保。天下和平，国家安宁；人事备乎下，天道应乎上。故天不变经，地不易形，日月昭明，列宿有常；天施地化，阴阳和合"⑤。后来，庄子将"气"与人的生命过程联系了起来，为风教提升人的生存与发展不仅拓展了时空，而且赋予返身纳求的人格自塑之功。"人之生，气之聚也。聚则为生，散则为死"⑥，"仲尼曰：'古之人，外化而内不化，今之人，内化而外不化。与物化者，一不化者也。安化安不化，安与之相靡？必与之莫多。豨韦氏之囿，黄帝之圃，有虞氏之宫，汤武之室。君子之人，若儒墨者师，故以是非相赍也，而况今之人乎！'"⑦ 依赖人之感同身受而致风行俗通，从古人外化而内不化的物理性影响，到今人内化而外不化的自我修养，从宫室建设与礼仪制度的沿袭传承，到君师保傅专门而经常的是非功过相赍，自古及今，教化风俗绵延不绝。孟子更进一步把"气"与人的精神活动联系了起来，突出强调身处风教环境，化被动

---

① （宋）张载撰，刘泉校注：《横渠易说校注》，中华书局2021年版，第33页。
② （清）李光地撰，梅军校笺：《周易观象校笺》，中华书局2021年版，第26页。
③ （清）李光地撰，梅军校笺：《周易观象校笺》，中华书局2021年版，第12页。
④ （宋）张载撰，刘泉校注：《横渠易说校注》，中华书局2021年版，第6页。
⑤ （汉）韩婴撰，许维通校释：《韩诗外传集释》，中华书局1980年版，第102页。
⑥ 叶蓓卿译注：《列子》，中华书局2011年版，第5页。
⑦ 方勇译注：《庄子》，中华书局2015年版，第378页。

教养为主动修养的"慎独"功夫。"我善养吾浩然之气""其为气也,至大至刚。以直养而无害,则塞于天地之间。其为气也,配义与道,无是馁也。是集义所生者,非义袭而取之也。"① "气"是人的精神本原,盛大而流行,决定着特定个体生命独特的精神气质,内化则须顺从阴阳之气的流行变化规律来修养身心,风教外化则须教人集义养气加以节度,既不舍之而不耘,也不揠苗助长,则气得其养而无所害。

三 家风延绵,走出中华文化泽被大众的中国道路

(一)家风习习,生活化的家庭惯常教诲

中国古代圣人贤哲觉世牖民和施行风教,习惯于因事施教并乘势而为、因势利导,这种以文化人的良好习惯,不仅造就了辈出人才的文化传世中国方案,而且形成了"匪面命之,言提其耳"② 的中华风教传统,成功走出了一条中华文化泽被大众的中国道路。

仅就有文字记载的相关史料看,大量涉及人文教化内容的先秦坟典无不表现为以诗文寓于风谣、礼仪寓于节文、尚书春秋寓于史传、易经八卦寓于卜筮等法天则地而成圣成人的人文探究,以及推天道以明人事的化成天下风教胸臆。"天地之道,恒久而不已也;利有攸往,终则有始也。日月得天而能久照,四时变化而能久成,圣人久于其道而天下化成。观其所恒,而天地万物之情可见矣。"③ 从自然风化到成人风教,圣人作则而恒久用心,顺性命之理以立天之道、偶对阴阳以立地之道、区分柔刚以立人之道,兼三才而两之,穷理尽性而教人继善成性、塑造德行人格。以伏羲为代表的人类始祖,其作易所以垂教者,就是因为忧心于"上古之时,人民无别,群物未殊,未有衣食器用之利。伏羲乃仰观象于

---

① 方勇译注:《孟子》,中华书局2018年版,第4页。对于风教育人的具体做法,孟子有言曰:"行有不慊于心,则馁矣。……必有事焉而勿正,心勿忘,勿助长也。无若宋人然:宋人有闵其苗之不长而揠之者,芒芒然归。谓其人曰:'今日病矣,予助苗长矣。'其子趋而往视之,苗则槁矣。天下之不助苗长者寡矣。以为无益而舍之者,不耘苗者也;助之长者,揠苗者也。非徒无益,而又害之。"

② 梁锡锋注说:《注说诗经》,河南大学出版社2008年版,第331页。

③ (宋)张载撰,刘泉校注:《横渠易说校注》,中华书局2021年版,第171页。《白虎通义·卷八·五经》曰:"伏羲始王天下,未有前圣法度,故仰则观象于天,俯则察法于地,观鸟兽之文与地之宜。近取诸物,于是始作八卦,以通神明之德,以象万物之情也。"

天,俯观法于地,中观万物之宜,于是始作八卦以通神明之德,以类万物之情。故易者,所以继天地理人伦而明王道,是以画八卦,建五气,以立五常之行象;法乾坤,顺阴阳,以正君臣父子夫妇之义;度时制宜,作为罔罟,以佃以渔,以赡民用。于是人民乃治,君亲以尊,臣子以顺,群生和洽,各安其性,此其作易垂教之本意也"①。君子忧心道之不行而人民不育,于是画卦立象,经纬天地而秩序人民,以求达至南面而听天下,向明而治的社会训育功效。针对民众"知进而不知退,知存而不知亡,知得而不知丧"②的蒙昧未化情状,顺应天命,取法先王之道,教育百姓知进退存亡而不失其正,承地坤仪,秉持祖传家风规训,持之以恒教民化俗。"渐,之进也"③,"止而巽,动不穷也。象曰:山上有木。渐,君子以居贤德善俗"。④

习惯于俯仰观望而后循道有为的中国先哲们,正是明了莫高于天而云气再高也不能居,故而不以有德自居;看到草木生于山而山居之,以及草木生长增高自己的自然现象,故而君子以返身内省自励不断提升修养、以德教化育而善美风俗。在众多的聪明睿智者当中,孔子"仲尼祖述尧、舜,宪章文、武;上律天时,下袭水土。譬如天地之无不持载,无不覆帱;譬如四时之错行,如日月之代明。万物并育而不相害,道并行而不相悖。小德川流,大德敦化,此天地之所以为大也。唯天下至圣,为能聪明睿知,足以有临也。宽裕温柔,足以有容也;发强刚毅,足以有执也;齐庄中正,足以有敬也;文理密察,足以有别也;溥博渊泉,而时出之。溥博如天,渊泉如渊。见而民莫不敬,言而民莫不信,行而民莫不说。是以声名洋溢乎中国,施及蛮貊,舟车所至,人力所通,天之所覆,地之所载,日月所照,霜露所坠,凡有血气者,莫不尊亲,故曰配天。唯天下至诚,为能经纶天下之大经,立天下之大本,知天地之化育"⑤。中国先哲正是洞明天地之大化伟力,故而自觉取法自然运道,因袭阴阳化生之理,小德川流,天覆地载致万物并育而不相害,大德敦

---

① (清)阮元校刻:《十三经注疏》(清嘉庆刊本),中华书局2009年版,第16页。
② (清)李光地撰,梅军校笺:《周易观象校笺》,中华书局2021年版,第26页。
③ (清)李光地撰,梅军校笺:《周易观象校笺》,中华书局2021年版,第546页。
④ (魏)王弼撰,楼宇烈校释:《周易注》,中华书局2011年版,第286页。
⑤ (汉)郑玄注,王锷点校:《礼记注》,中华书局2021年版,第695—696页。

化，一如四时日月错行代明，道并行而不相悖，以先觉觉后觉的历史担当，激励起更多的贤哲明达之士勇为世人楷模，识致广大而极尽精微，智慧高明而道中庸，学而不厌、诲人不倦，致力于施行风教而化成天下。

(二) 家风所成，要靠中华文化独有的德育范式

秉持"天人合一"的自然观，努力为万世开太平、让天下之人"无思不服"的中国古代贤哲们，通过仰观天文来探明天象信息，俯察地理明了人伦礼义所重和诸侯运势动向，观乎人文众生感悟社情民意，在此基础上综合多方信息，总括提炼出一套不出家而成教于国的风教范式——位居庙堂之高则忧其民，身先士卒，教诫家人子弟处世立身，指引属僚官吏决断人间事务；身处江湖之远则忧其君，率先垂范，作家训立族规正家风整齐门内，兴学校定民约办公益助人君明教化。以儒家思想为统领，笃定人性可教的初心不移，坚持家国一体、家国同构的政治制度，抱着以德治国、以文化人的治世理念，致力于通过教化塑造个体品德、推行仁政建构礼乐制度，历史的积淀形成了中国特色德育范式。

一方面，作为"礼仪之邦"的方国官方风教传统，仁刑义立、教诫爱深，始终成为贯穿全部中国古代历史的道德化育主基调。"其为人上也广大矣：志意定乎内，礼节修乎朝，法则度量正乎官，忠信爱利形乎下。行一不义、杀一无罪而得天下，不为也。此若义信乎人矣，通于四海，则天下应之如讙。是何也？则贵名白而天下治也。故近者歌讴而乐之，远者竭蹶而趋之，四海之内若一家，通达之属莫不从服。夫是之谓人师。"[①] 尤其重要而让人庆幸的是，中国古代历世有为君王，特别是创世新君，往往能够一以贯之地施行风教政策，故而确保中华民族数千年，虽历经十数个朝代更替而能始终继其善而成其教。上至《周礼》，"大司乐，掌成均之法，以治建国之学政，而合国之子弟焉。凡有道者有德者，使教焉。死则以为乐祖，祭于瞽宗。以乐德教国子：中、和、祇、庸、孝、友，以乐语教国子：兴、道、讽、诵、言、语，以乐舞教国子：舞云门、大卷、大咸、大韶、大夏、大濩、大武……大师，掌六律六同，以合阴阳之声……皆文之以五声，宫商角徵羽；皆播之以八音：金石土、革丝木匏竹。教六诗：曰风，曰赋，曰比，曰兴，曰雅，曰颂。以六德

---

① 方勇、李波译注：《荀子》，中华书局2015年版，第93—94页。

为之本，以六律为之音"。① 下至清朝皇帝康熙《圣谕十六条》，"壹是皆以修身为本。其本乱而末治者否矣，其所厚者薄，而其所薄者厚，未之有也。此谓知本。"② 遵从修齐治平行政逻辑，坚持施行官方政教制度。

另一方面，在儒家积极推广和百家争鸣的基础上，与"天子失官，学在四夷"③的社会流变与时俱进，中国自上古时期便开始形成了形式多样的民间大众化风教德育方式。除了本课题集中探究的施教于家而成教于国的家风范式外，文艺德业双馨的风气与坚守、行业操守的风行与保持、职业道德的风行与传承、社会道德的风化和培育等，都有各自可供赓续的历史传统。其中，堪称风教之源的文艺范——诗教，不仅因其历史久远而首成宗系，而且因其源于社会下层、发自民众肺腑而自成流派。

（三）家风成俗，赓续中华文化泽被大众的育人精神

中华文化泽被大众的文化营养，除了"普天之下，莫非王土；率土之滨，莫非王臣"④的家天下政治建构功能，以及教化子民顺从王朝统治的愚民意蕴外，最为珍贵有效的，莫过于以古代先哲王为代表的教民化俗之法，以及一以贯之的持久风教传统。"尧舜之治无他，耕耨是也，桑蚕是也，鸡豚狗彘是也。百姓既足，不思犯乱，而后风教可施，赏罚可行。"⑤ 故孟子有言曰："五亩之宅，树之以桑，五十者可以衣帛矣。鸡豚狗彘之畜，无失其时，七十者可以食肉矣。百亩之田，勿夺其时，数口之家可以无饥矣。谨庠序之教，申之以孝悌之义，颁白者不负载于道路矣。七十者衣帛食肉，黎民不饥不寒，然而不王者，未之有也。"⑥

一方面，风教之出，无不关涉王朝行政而着眼于化成天下之大者，风教之行，却从改变人民大众旧有的视听言动等日用习惯着手，防其嗜欲之漫、塞其邪放之心，以开淳和之路。

另一方面，关注训民之本，既重视设庠序学校，以《诗》《书》

---

① （清）刘沅著，谭继和、祁和晖笺解：《十三经恒解》（笺解本），巴蜀书社2016年版，第111—116页。
② （汉）郑玄注，王锷点校：《礼记注》，中华书局2021年版，第784页。
③ 郭丹等译注：《左传》，中华书局2018年版，第1846页。
④ （明）郝敬撰，向辉点校：《毛诗原解》，中华书局2021年版，第3页。
⑤ （清）唐甄：《潜书》，上海古籍出版社1955年版，第7页。
⑥ 方勇译注：《孟子》，中华书局2018年版，第5页。

《礼》《易》《春秋》教民礼、乐、射、御、书、术，又褒掖旌表民众作家训立家规树家风教家人，以期殊途而同归，共同实现齐家治国平天下的理想目标。正如孟子从平衡家国关系角度提出的为政方略："人有恒言，皆曰'天下国家'。天下之本在国，国之本在家，家之本在身。……为政不难，不得罪于巨室。巨室之所慕，一国慕之；一国之所慕，天下慕之；故沛然德教溢乎四海。"① 正是明了家本乎身，中国古代一国之君乃至一朝天子"德教溢乎四海"的结果，"天下有道，小德役大德，小贤役大贤；天下无道，小役大，弱役强。斯二者天也，顺天者存，逆天者亡"②。世之有道与无道，往往通过社会风气显见，因而作为国家治理和秩然社会的关键，在于成乎治者为有道，成乎乱者为无道。按照中国传统理念，有道之世，人皆修德，官位高下和影响大小必称其德；天下无道，人不修德，仅以力相役。圣王贤者为了实现小德小贤听大德大贤之所役之治世目标，无不秉持修德行仁、天命在我的持身治世理念，践行德教所施、无远不至的风教理念与谋略，"圣人出则日月记其初，王泽深则风俗传其后。故少昊著流虹之感，商汤本玄鸟之命，孟夏有佛生之供，仲春修道祖之篆。追始乐原，其义一也。……上明玄天光启大圣。下彰皇化垂裕无穷。异域占风，同见美俗"③。正因为明了教以成俗的重要性，汉光武帝刘秀（前5—公元57年）有鉴于过去国无善政，导致灾变不息和人不自保的窘境，改革政教，尊崇节义、敦厉名实、广纳贤才，其所举用者皆经明行修之人，致其时社会风俗为之一变。"光武躬行俭约，以化臣下，讲论经义，常至夜分。一时功臣如邓禹，有子十三人，各使守一艺，闺门修整，可为世法。贵戚如樊重，三世共财，子孙朝夕礼敬，常若公家。"④ 以风俗之美化，成流芳千古之教化功业，不仅是历代明主贤君的治世追求，也是人们歌功颂德、称许有为君王的价值风标。

---

① （清）刘沅著，谭继和、祁和晖笺解：《十三经恒解》（笺解本），巴蜀书社2016年版，第260页。

② （清）刘沅著，谭继和、祁和晖笺解：《十三经恒解》（笺解本），巴蜀书社2016年版，第261页。

③ （清）顾炎武撰，（清）黄汝成集释，栾保群点校：《日知录集释》，中华书局2020年版，第755页。

④ （清）顾炎武撰，（清）黄汝成集释，栾保群点校：《日知录集释》，中华书局2020年版，第679页。

再如魏三国时期的孙权（182—252年）遵从图箓之符，而建大号之业，同样走了风教化民之路。"览往以察今，我皇多哙事。上钦昊天象，下副万姓意。光被弥苍生，家户蒙惠贲。风教肃以平，颂声章嘉喜。"① 历史和现实的铁证表明，中华文化泽被大众的风教传统，下自百姓庶人，上至国之用材，非怀经抱质而志道依仁者，不得引荐晋绅；间以诸侯治国齐家，非贤能而不授予官职，非教民善俗不能常保采邑封祀之禄；饱经风霜的华夏民众，不能恪守治家教子缜密家风，便不能保证辈出人才而家族兴旺。

普天之下，风教畅行，人知礼让，家给人足，国富民慈，整个社会风调而俗正——教以成俗的风教文化传统，经过历代王朝明勋征理，以及各级官府褒德序贤和旌表传布，早已滋漫下沉进入普通百姓人家，并在万千家长施教于家而成教于国的治家教子实践当中，积淀形成了立德树人的惯常家风，润物无声地实现着中华文化泽被大众的风教目标。

（四）家风传承，新时代文化建设的伟大工程

家风承载着中华文化风教育人的价值追求，历经千年历史的淘洗积淀，集中体现着中国人的精气神。变的是形式，不变的是传承。虽然家风的表现和存在形式，在不同的家庭或者同一家庭的不同时期是不同的，但是，不论有什么样的个性特征和时代烙印，所有家庭对家风的传承，却是不变的。

一是正确树立家风创新性传承的家风意识。家风是通过家庭的生活积淀、去粗存精而形成的一种相对稳定的家庭（家族）文化，也是独具特色的家族生活样法代代传承的核心内容。建设和谐家庭、培育良好家风，有赖于家庭主要成员的学识修养和处世作风，更需要家庭成员特别是家长拥有良好的家风意识。首先，父母或家长应具备培养子女核心素养的风教意识。聚焦培养孩子人文底蕴、科学精神、学会学习、健康生活、责任担当、实践创新六大基本素养，将家风训育活动具体细化为包括劳动意识、勤学善学、健全人格等18个基本要点，② 旨在培养子女能

---

① （梁）沈约撰，中华书局编辑部点校：《宋书》，中华书局1974年版，第659页。
② 林崇德：《中国学生发展核心素养：深入回答"立什么德、树什么人"》，《人民教育》2016年第19期。

够为终身发展做准备和为社会发展所需要的必备品格和关键能力。其次，建立和维护家庭成员伦序关系的意识。中国传统文化中的伦理观念主要是以家庭（家族）为本位而存在和推演展现的，所以，家风不仅是中国传统伦理道德和伦理精神的生活化存在形式，也是家风传承的重要内容。一个家庭（家族）世代传承优良家风，反映在家庭生活实践当中，必然是家庭成员之间互相尊重谦让、理解宽容，这样每个人感受到的才可能是温馨、和睦的深厚亲情。在这样的家庭氛围里，无疑为成年人爱岗敬业、小孩子知书达理打下了坚实基础，为和谐社会建设做好了铺垫，也更容易让清明政风在全社会蔚然成风。再次，培养家长主动履职意识。家风传承以及风教作用的好坏有无，与父母或家长的言传身教密不可分。然而，现代社会的年轻家长，却不乏有人认为教育孩子是教师和学校的事情，父母或家长只负责养而不用管育；有的家长选择给孩子丰厚的物质条件，而选择放弃自己包括家庭环境在孩子教育方面的责任与义务；有的年轻家长将教育孩子的责任简单地推给自己的父母，让隔代教育传承家风。在这样的父母或家长任务清单当中，完全没有家长的言行身动对孩子的潜移默化影响，违背孩子的行为习惯养成更多的是在家庭中形成的道理，必然错失以家长的言传与身教培养子女成人的家风良机。最后，树立建设和维护家庭美德的意识。按照中华传统文化的逻辑理路，"一家仁，一国兴仁；一家让，一国兴让。一人贪戾，一国作乱。其机如此"[①]。尊老爱幼、父慈子孝，妻贤夫安、兄友弟悌，忠孝传家、勤俭持家，知书达理、遵纪守法，以及四海之内皆兄弟等中华民族传统家庭美德，永远铭记在中国人的心灵深处，早已融入中国人的精神血脉，是支撑中华民族生生不息、薪火相传的重要精神力量，是完善家庭建设和传承家风文化的宝贵精神财富。

二是明确创新家风传承的选择路径。走过百万年人类史，演绎上万年文化史，拥有五千多年文明史的东方大国，向世人展现着中华优秀传统文化繁盛不息顽强生命力的同时，必须赓续家风精神，14亿中华儿女生于斯长于斯的4亿多中国家庭，应当以有家教、重家风继续著称于世，成功走出中国特色的家风传承道路。

---

① （汉）郑玄注，王锷点校：《礼记注》，中华书局2021年版，第789页。

首先，要积极倡行有形家风文化传承。以有形存储和传播介质记录下来的家训、遗言、家规、谱牒、家书、祖宅、宗祠、老物件等实物昭示的精神遗存，以及家族专属和特有的家族名望、家传技艺等构成的有形家风，可以看作解锁中华文化育人密码的中国人生课本，不仅是建立在中华文化根脉之上的家庭成员立德、立言、立身标准的集体认同，而且成为固定反映每个个体成长的精神足印。这类家风遗传，历史上以浩如烟海的家训文本和家谱遗训为主，大都以静态家风的存续形式传承不绝，成为最容易让人感知、广为世人模仿传抄的显性传承方式和扩散路径。

其次，注重做好父祖辈的言传身教。家风是一个家族代代相传沿袭下来，体现家族成员精神风貌、道德品质、审美格调和整体气质的家族文化精神，也是家庭生活的惯常风气，是一个家庭（家族）长期具有的精神内涵与文化风貌。家风的难能可贵，也是现代家风传承的重要方式和路径，就是生活化、常态化、个体化的父母或家长的言传身教。作为家风在于无形却深深植根每个家庭的日常生活，父母或家长的言行示范，对家庭的运行和发展发挥着激励导向作用，对涵育新人发挥着潜移默化、渐渍洽浃的影响。正如家庭教育的作用发挥日用而不知一样，古代有些绵延很久的成功家庭，其实是没有成形的以存续介质呈现在世人面前的家风的，有的是父祖长辈的功业劝勉，有的是父母耳提面命的絮语唠叨，有的是心有灵犀的人生感悟……每一个人都在各自独特的家庭环境中生活成长，家长抑或父母的言行教诲早在日积月累的生活实践中，积淀形成了家族之内独一无二的人生范模。相较于家族观念和责任担当很明确的古代先民，在当今小家庭时代，正规成形，或有文本、有实物、有仪轨的家风家规不是很多。相反，现代社会的信息便捷和价值多元，以及学校教育和社会教育功能的完善与强化，更是让很多生活在忙碌都市中的人对家风语焉不详，有的可能是因为平时父母说得太朴实而难以总结出来，有的可能是教诫提醒过于频繁和零散而不成体系，有的可能是囿于文化差异和代际冲突而无法统一认识。正如中国人的各个家庭对家风都有着各自不同的理解与表达一样，今人对家风的传承，可以是展演家传的家训仪式，可以是讲述与辨析，可以是后人对既有家训的再解读，也可以或严格或变通地照着去做。说明家风延续可以不必刻意传授，通过生活日常的耳濡目染便能心领神会。然而，不论是什么原因，都不是证明今天的家庭没有家风，甚至根本不需要家风的有效证据，没有一个家庭没有家风，更不存在不需要家风的家庭（家族），因而绝不能忽视家风的力量和价值。道理其实很浅显，虽然并不是人人都了解家风的确切含义，但每个人都记得自己从小到大接触到的条条框框。在一个人的成长过程中，父母总是不断地念叨提醒、反复说教，注意以身示范、树立榜样，最终让家人子女养成了习惯，等他们各自成家以后，便顺理成章地按照父母的样子接着说教，于是从一个少不经事的孩子成长为以身作则的家长。

最后，完善家庭、社会、学校协同发力的社会化创新传承。重视家风传承，不仅是建设社会主义文明家庭的现实需要，而且有着更深层的社会原因。随着改革开放和经济建设的不断推进，中国的生产力发展水平和综合国力明显提高，物质文明的快速发展，必然要求精神文明建设同步提升。意识形态阵地和思想道德领域受到西学东渐的冲击，导致道德滑坡和理想信念弱化、人情淡漠和社会诚信意识降低、社会欺诈和网络诈骗屡禁不止。为了从文化根源上改变这种价值混乱的情况，客观上需要我们广泛发动群众，让亿万家庭积极参与弘扬传统文化精神、传承优秀家庭美德、重塑优良传统家风的大众文化活动中来，开启家风传承的社会化方式。另外，树立和传承家风，必须了解社会的发展趋势，以及对未来成人的要求，使家风既有家庭的个性特征，也要适应社会的发展需要。"人有恒言，皆曰'天下国家'。天下之本在国，国之本在家，家之本在身"[①]。中国人的家，既是国家的家，也是家族的家，中国是世界上历史最悠久的国家，也拥有世界上像孔氏家族那样繁衍传承两千多年至今兴盛不衰的家族。

三是以家风传承创新中华优秀传统文化育民新人的大众模式。中国人心目中的家风，所包含的内容主要体现为个性特征鲜明的道德价值观念、家庭生活准则和家教文化氛围等日常运为习惯，本质上是为每一个家庭成员提供了各自专有的价值认知和身份认同的归属感，最终成为连接每个家庭成员的精神纽带。说明家风不仅是社会风气的重要组成部分，而且是每一个人心灵的寄托。统观社会上普遍存在的家风，不难看出，

---

① 方勇译注：《孟子》，中华书局2018年版，第132页。

家风不仅是中华文化的优秀遗产,蕴含着特定家庭(家族)父祖长辈治家教子的价值观念和人格追求,而且本质上一脉相承地体现着特定时代的社会核心价值观念。从这个特定意义上讲,家风传承是对业已成形的传统家庭风教生活的创新性升华和凝练,而不是传旧如旧的照搬。因此,家风传承的现代意义,除了提升家庭建设文化水平,必将有利于提高人们对社会主义核心价值观的认同感和践行的自觉性,是中华文化创新发展最接地气的大众参与模式之一。没有淳厚家风,无法使一个家族瓜瓞不绝,更无法使一个家庭(家族)保有认同感和凝聚力。而抛弃家风传统,甚至丢掉根本,就等于割断了自己的精神命脉。只有传承不弃,才能让家风真正成为一个家庭(家族)最宝贵的文化不动产;只有传承创新,才能让家风价值增生。因为财产被分最终可能罄尽,而每每引发家人族众乡愁的家风,不仅可以被家族中的所有成员分沾,而且还会因此增值。以中国人普遍尊崇的"家和万事兴"家风理念为例,因为"和"的理念构成了中华传统文化的核心精髓,由此文化所传的中国人,历来表现得贵和尚中、谦和包容,崇尚厚德载物、和而不同的高尚品格。所有这些,自然成为中国古代先民家风中传承不弃的精神内核,早已烙印在每一个华夏儿女的内心深处,成为中华民族特有的家风文化理念。在过去5000多年文明发展的历史长河中,中华民族始终成为追求和传承和合家风,促进家庭和睦、邻里和谐的忠实实践者,中华家风以和为贵、与人为善,己所不欲、勿施于人等的和谐理念,在中国家庭(家族)当中代代相传,已经深深植根于中国人的精神血脉当中,时刻不偏不倚地真实体现在中国人的言行举止方面。正是传承了这样的家风,中国人遵从自然与社会和谐的生产生活之道,坚持个体与群体的利益和谐原则,支撑着中华民族历经苦难而繁盛不息。当然,家风的形成与传承,无关贫富和文化的差别,只关乎中国人的内心。如果说重家教、有家风让每一个华夏儿女有机会共享中华文化营养,并因此铸就了中华民族繁盛不息的辉煌历史,那么,新时代的中国人传承家风,将以最接地气的大众创新模式为中华民族伟大复兴重聚磅礴力量。

四是通过家风传承培育和践行社会核心价值观。中华民族历来就有守家训、重家教、传家风的优良传统,中华文化"修身、齐家、治国、平天下"一以贯之的社会共同价值追求,反映在每一个古代中国人治家教子的思想认识和生活实践当中，不仅表现为万千家长积极制作家训教育家人子弟修身齐家、育德成人、奉献社会，而且自觉维护和秉持业已形成的祖传家风，累世传承不坠。自古及今，这一呵护家风与传承不弃的历史传统，绝不是一家一族的私事，而是关乎整个社会公序良俗、人才辈出和国泰民安的基础工程，分量之重可想而知。透过现象看本质，那些看似零散的、各具特色的家风，如果将其精神要义汇集起来，便是特定社会的核心价值体系，成为人们坚守的道德标准和理想追求，也成为历代统治者褒奖传布的重要事项。当亿万个小家历久弥新的生活风格上升成为社会成员的普遍共识，中华传统文化所蕴含的家国情怀，让中华传统家风中的正能量便自然而然敦厚成为大家风尚。虽然时代在变，东西南北中各地的家风也不尽相同，但同出于中华优秀传统文化精神浸润的优良家风，一定是积极向上的，不仅集中体现着中华优秀传统文化"讲仁爱、重民本、守诚信、崇正义、尚和合、求大同"的民族精神，而且集中展现为新时代树新风、化新人的时代价值。家风传承，就是要回应培育和践行社会主义核心价值观的大众文化诉求，传承家风，需要亿万家长发挥表率和示范引领作用，将各自的家风当作"修齐治平"的传家宝代代因袭的同时，做好不同国家、不同民族家风文化的社会交流交融与借鉴互勉，以现代文明家庭和优良家风建设，促进文明和谐社会的建设。

五是通过家风传承促动新时代家庭文化建设工程。"仓廪实而知礼节，衣食足而知荣辱。"沿着家风生发的朴素认识论理路，身处礼仪之邦的中国人，不仅以刚健有为和勤劳善良为全世界所称道，更以丰衣足食之后不忘隆礼崇德为世人所仰慕。如果衣食饱暖奠定了人类追求礼仪和崇尚道德的物质基础，自然为荣辱观念深入人心提供了满足条件。从社会治理的需要看，一国仓廪实且武备修，然后风行教化，则民信于上、家齐于下而不叛离。从人的发展需求分析，仓廪实与衣食足，既然认为是满足了马斯洛需求层次理论所提出的基础层次需求，那么人们必然会转向对自我实现这一高级需求的追索。从现代社会现实的角度看，在社会物质生产水平高度发达、物质文明极大丰富，急需追求精神文明同步提高的新时代，良好的家风对社会的发展更显得至关重要。良好的家风，重德重道，以人间大义立身。从家庭生活的实际样法观察，传承家风便是重读祖辈遗训,通过重新打开家族历史长卷,读出人生过往的传统积淀和时代印记。优秀家风文化的普及与盛行,可以自发地在全社会形成中华文化的认同意识,不仅有利于塑造公民基本道德素养、净化和改善社会风气,而且有利于和谐社会关系,保证国家的长治久安。实际上,这正是中华文化自信的基础,每一个家庭都有自己的家风,所以我们现在谈论家风,从来没有世易时移的陌生感,新时代传承家风,就是延续中华民族不可或缺的精神血脉,解码中国人生活成长的环境秘密。家风本是一种润物无声、耳濡目染的家教,中国的家长一般都愿意在家做表率,行家训、立家规,重家教、传家风。在中华传统文化实践当中,家风既是家庭生活的重要组成部分,也是家庭在长期岁月中延传而根深蒂固的传统。传承家风,既是涤风励德、淳化风俗,也是承续文化传统、启迪当下民众。因此,在全社会范围内重视家庭、重视家教,重视传承优秀家风文化,就是要弘扬中华优秀传统文化精神,开启新时代家庭文化建设全民工程,理直气壮地传播社会正能量,全面推动社会向善向好、文明进步。

(五)家风思想传承,既要古为今用,又要借古鉴今

一要坚持与时俱进,批判地继承中华家风精神。社会公德、家庭美德、职业道德、个人品德是古代传统家风涵养的主要方面,理应成为现代家风传承的重要内容和德育范畴。要对接现代家庭生活实际与风教需求,防止食古不化、照搬古法。以孝亲友爱家风培育家庭美德为例,古法极其详备。"天下有善养老,则仁人以为己归矣。五亩之宅,树墙下以桑,匹妇蚕之,则老者足以衣帛矣。五母鸡,二母彘,无失其时,老者足以无失肉矣。百亩之田,匹夫耕之,八口之家足以无饥矣。所谓西伯善养老者,制其田里,教之树畜,导其妻子,使养其老。五十非帛不暖,七十非肉不饱。不暖不饱,谓之冻馁。文王之民,无冻馁之老者,此之谓也。"[①] 照搬两千多年前小国寡民、世外桃源式的小农经济孝亲友爱家风,实属不当,但借鉴古代先民治家教子和为人处世的固有理念,甚可当之。"其为人也孝弟,而好犯上者,鲜矣;不好犯上,而好作乱者,未

---

① 方勇译注:《孟子》,中华书局2018年版,第268页。

之有也。"① 君子务本,"忠臣以事其君,孝子以事其亲,其本一也。上则顺于鬼神,外则顺于君长,内则以孝于亲,如此之谓备"②。为人孝悌,待人友善,必能广受社会大众的普遍认可和接纳,此理古今通用。《毛诗·小雅》常棣(棠棣)诗,面对西周末年统治阶级内部骨肉相残、手足互害事件频发的事实,诗人有鉴于周初管叔蔡叔错乱兄弟之道,以"常棣之华,鄂不韡韡"相与烂然而起兴,颂扬燕乐兄弟、敦睦家人之礼。"常棣之华,鄂不韡韡。凡今之人,莫如兄弟。死丧之威,兄弟孔怀。原隰裒矣,兄弟求矣。脊令在原,兄弟急难。每有良朋,况也永叹。兄弟阋于墙,外御其务。每有良朋,烝也无戎。丧乱既平,既安且宁。虽有兄弟,不如友生。傧尔笾豆,饮酒之饫。兄弟既具,和乐且孺。妻子好合,如鼓瑟琴。兄弟既翕,和乐且湛。宜尔家室,乐尔妻帑。是究是图,亶其然乎"③。坚守兄弟至亲和义之道,居家宜敦睦亲和而以时燕乐,处世当求家族和睦、家庭幸福,故而以此风教孝友伦理,传播和睦家族、和谐社会的礼乐文化传统,于今更有针对性和互鉴价值。"老吾老,以及人之老;幼吾幼,以及人之幼。……故推恩足以保四海,不推恩无以保妻子。古之人所以大过人者无他焉,善推其所为而已矣"④。由亲亲推延及于仁民,然后及于爱物,由近及远、自易及难,将门内孝行由一家一族推广扩展为对社会的普遍关怀,将个人对家庭(家族)的责任推广至社会担当,这样的孝亲友爱家风才有意义、有普遍价值,才能至今传承不衰。

二要汲取家风精华,去其糟粕,扬弃精神不可或缺。家风作为中国从古至今传承接续下来的优秀文化遗产,对解决现代家庭教育和社会道德建设问题,具有十分重要的实践价值和现实意义。但是,不可否认的是,中国古代传统家风文化中难免存在一定的偏误和局限,如家庭教育或家训角色地位不平等、重男轻女,尊卑差等伦理观念导致的父母和子女关系地位不平等、施教方法简单粗暴,以及富贵天命、愚忠愚孝理念

---

① (清)刘沅著,谭继和、祁和晖笺解:《十三经恒解》(笺解本),巴蜀书社2016年版,第187页。
② (汉)郑玄注,王锷点校:《礼记注》,中华书局2021年版,第620页。
③ 任乃强:《周诗新诠》,巴蜀书社2015年版,第265页。
④ 方勇译注:《孟子》,中华书局2018年版,第3—12页。

等，需要在现代家风传承中加以排除和摒弃。坚持扬弃的态度，借古鉴今、古为今用，把传统家风积淀形成的道德观念和育人目标同现代家庭生活需求相结合，让优秀传统家风的核心价值同构建现代优质家庭生活方式一致起来，为和谐现代家庭成员关系和优化治家教子行为提供新的处事准则。

三要旗帜鲜明，反对少数腐坏家风。近些年，特别是党的十八大以来，全国上下开展的正风肃纪和查处违法违纪的反腐倡廉活动，反映出很多领导干部出问题，都是因为家风不正而陷入腐败泥潭。针对这一败坏党风政风和民风的不良现象，除了以铁的纪律管住党员领导干部的权力行使，以"零容忍"的高压态势确保领导干部廉洁自律外，治标之法，可以通过管住领导干部的配偶、子女及其家人，防止他们打着领导干部的旗号谋取不正当利益；治本之策，则要从强化思想信念和廉洁自律入手，倒逼领导干部严正家风，做好自己的同时管好身边人，切实建立起预防腐败和违纪行为发生的长效机制。因此，家风传承有效的标准，绝不是悬挂在家家墙上的家风文本，更不能是唯利是图和投机取巧的另类家传。家风传承，还要旗帜鲜明地反对腐坏家风，正是从身正为范的意义上讲，我们重提家风、重视家风传承，是非常有现实意义的。即便是对没有家传的社会工作者而言，中国历史上不乏出仕为政当有的恭俭家风。中国春秋时期宋国大夫、万世师表孔子的七世祖正考父，曾辅佐三代国君，但他地位越高言行越恭俭。正考父不仅自己恭俭且惕厉自儆，为了以恭俭家风教育子孙，特意在家庙铸鼎铭文："一命而偻，再命而伛，三命而俯。循墙而走，亦莫余敢侮。饘于是，鬻于是，以糊余口。"①以自己三次被国君任命而愈感诚惶诚恐，平时顺着墙根走路生怕傲慢国人，因而没有人看不起或受人欺侮的现实教人恭敬待人；以不论煮稠粥还是熬稀粥，只用一只鼎而能糊口就满足的简朴作风教育家人子弟如何节俭生活。正考父作为帝室之胄官历数朝，博学多才、文武兼备。虽官拜上卿，为人处世非常恭谨低调，生活俭朴至极。有此言传身教，难怪后世子孙出现孔子这样的大圣人。春秋时鲁国大夫仲孙貜便从正考父饘

---

① 郭丹等译注：《左传》，中华书局2018年版，第1696页。

粥以糊口,预见到"其后必有达人"。①

四要以古人之规矩,开现代家风之生面。家风是一个家庭或家族长期生活积淀形成的传统风尚,体现着中华民族固有的传统美德,不仅为人们立身处世确定了行为准则和价值尺度,也是社会和谐和国家安宁的基础。传承家风,绝不是要复古传统,而是要让中华文化既坚守本根又不断与时俱进,将传统家风与现代生活主题相结合,坚持把创造性转化与创新性发展相结合,用优秀传统家风精神之矢,中现代家庭生活问题之的,激发出中华民族保持坚定民族自信和强大的文化修复能力,找到传统家风文化和现代家庭生活的连接点,把千年不衰的优秀家风文化转化为现代家庭生活的实践样法,不断满足人民日益增长的美好生活需要。

第四节 习近平关于家风的重要论述

党的十八大以来,习近平总书记高度重视家庭、家教、家风建设,站在党和国家事业发展全局、促进人全面发展的战略高度,积极回应人民大众对家庭建设的新期盼新需求,围绕家风建设提出一系列重要论述,推动社会主义核心价值观在家庭落地生根,推动形成社会主义家庭文明新风尚。习近平总书记在2015年春节团拜会上讲话强调:"家庭是社会的基本细胞,是人生的第一所学校。不论时代发生多大变化,不论生活格局发生多大变化,我们都要重视家庭建设,注重家庭、注重家教、注重家风,紧密结合培育和弘扬社会主义核心价值观,发扬光大中华民族传统家庭美德,促进家庭和睦,促进亲人相亲相爱,促进下一代健康成长,促进老年人老有所养,使千千万万个家庭成为国家发展、民族进步、社会和谐的重要基点。"② 这些重要论述坚持把马克思主义基本理论与中国家庭建设、家教家风发展历史和现实紧密结合,与中华优秀传统文化紧密结合,在继承弘扬中华优秀传统家风文化和近代红色家风文化精神、汲取全人类先进家庭教育智慧的基础上,赋予家风全新的时代内涵,科

---

① (清)阮元校刻:《十三经注疏》(清嘉庆刊本),中华书局2009年版,第4454页。
② 中共中央党史和文献研究院:《习近平关于注重家庭家教家风建设论述摘编》,中央文献出版社2021年版,第3页。

学回答了新时代家风建设与创新传承的一系列重大理论和实践问题，升华了我们对家风建设与传承的科学认识，成为有力推动亿万家庭涵养家风、全社会纯正民风的思想指引。

一 习近平关于家风建设重要论述的理论源流

（一）坚持创新传承中华优秀传统文化

中华优秀传统家风是中华优秀传统文化的精粹，是先人留给我们的智慧宝库，是新时代涵养和创新优良家风的精神遗产，应当充分利用、传承发扬。"中国文化的个性特强，以中国人的家之特见重要，正是中国文化特强的个性耳。"[1] 习近平关于家风建设重要论述，根植于中华优秀传统文化的丰厚土壤，充分吸收了中华民族血液的思想道德养分。"中国人民的理想和奋斗，中国人民的价值观和精神世界，是始终深深植根于中国优秀传统文化沃土之中的，同时又是随着历史和时代前进而不断与日俱新、与时俱进的"[2]。家风作为家庭文化的重要组成部分，其最深层次的价值观意蕴在于家风文化突出的传承性，习近平关于家风建设重要论述，对中华优秀传统家风文化创新传承，是由家风文化本身所具有的传承性决定的。以儒家学说为主脉的中华优秀传统文化，蕴含着浓厚的家国情怀，崇尚伦理秩序和道德品性，秉持修齐治平治世理想目标，最重视家庭建设，注重以勉学立志、修身养性、崇德向善、齐家兴业等为内涵的家教家风传承不坠。弘扬中华优秀传统文化，"我们要按照党的十八大提出的培育和践行社会主义核心价值观的要求，高度重视和切实加强道德建设，推进社会公德、职业道德、家庭美德、个人品德教育，倡导爱国、敬业、诚信、友善等基本道德规范，培育知荣辱、讲正气、作奉献、促和谐的良好风尚"[3]。中华优秀传统家风文化以儒家倡导的"修身、齐家、治国、平天下"为核心观念，以《颜氏家训》《朱子家训》等家教、家学为具体传承方式，培育家人子弟勤劳节俭、孝亲谦让、诚

---

[1] 梁漱溟：《中国文化要义》，学林出版社1987年版，第35页。
[2] 习近平：《从延续民族文化血脉中开拓前进：在纪念孔子诞辰2565周年国际学术研讨会暨国际儒联第五届会员大会开幕会上的讲话》，《孔子研究》2014年第5期。
[3] 《习近平总书记这样重视和引领家庭家教家风建设》，《人民日报》2022年5月15日第1版。

信善学等中华传统美德。针对一段时间内中国一些地方存在奢靡之风，一些人攀比心理作祟而盲目消费、炫富摆阔，造成严重浪费和不良影响。习近平总书记讲话强调，"要弘扬中华民族传统美德，勤劳致富，勤俭持家。要发扬中华民族孝亲敬老的传统美德，引导人们自觉承担家庭责任、树立良好家风，强化家庭成员赡养、扶养老年人的责任意识，促进家庭老少和顺。一个健康向上的民族，就应该鼓励劳动、鼓励就业、鼓励靠自己的努力养活家庭，服务社会，贡献国家"[①]。中华民族家庭美德，是支撑中国人生生不息的重要家风精神，是家庭文明建设的宝贵财富，要注意发挥妇女在树立良好家风和弘扬中华家庭美德方面的独特作用。"我们强调促进男女平等、发挥妇女在各个方面的积极作用，都是对的，要坚定不移。同时，我们也要注重发挥妇女在社会生活和家庭生活中的独特作用，发挥妇女在弘扬中华民族家庭美德、树立良好家风方面的独特作用。中国人一直赞美贤妻良母、相夫教子、勤俭持家，这些是中华民族传统优秀文化的重要组成部分。我们要强调发挥好妇女在社会上的作用，也要强调发挥好妇女在这些方面的作用。这也十分重要，关系到家庭和睦，关系到社会和谐，关系到下一代健康成长。"[②] 当然，中华优秀传统文化及其家风文化部分固然博大精深、丰富无比，但由于历史的原因，不可避免地存在封建糟粕与不合时宜的成分，如坚持家庭或家族至上，维护家长权威、男尊女卑，坚持实用主义、门户之见等，需要我们在继承传统文化时，根据时代和现实需要严格区分、加以取舍。

（二）注意汲取人类先进家庭教育智慧

家庭教育是教育的开端，关乎未成年人的健康成长和家庭的幸福安宁，也关乎国家发展、民族进步、社会稳定。人类先进家庭教育思想，正是习近平关于家风重要论述的重要思想来源。

一是坚持以马克思主义家庭观为思想先导。马克思研究突出说明"家庭本质上是一种社会关系，而且起初是唯一的社会关系，是夫妻、父母及子女关系等多层次社会关系的组合形式，存在于人类自身生产的现

---

① 《习近平关于社会主义精神文明建设论述摘编》，人民出版社2022年版，第195页。
② 习近平：《坚持党的领导是做好党的妇女工作的根本保证》，《中国妇女报》2023年7月29日第1版。

实需要"①。认为家庭是社会制度的产物，是人类生产活动开展的一种形式，随着人类社会存在和发展的需要而出现和存在。家庭关系是人类社会发展最为原始和最为稳固的关系，作为人类社会重要的社会关系而存在。恩格斯明确指出，"父母、子女、兄弟、姊妹等称呼，并不是单纯的荣誉称号，而是代表着完全确定的、异常郑重的相互义务"②。要重视家庭教育和社会教育，加强个体品德修养。由于个人成长过程是伴随着个体对自由个性的需要满足，发挥主体性活动在丰富社会关系的同时，必须注意培育个体能力，让个体在德、智、体、美、劳等多个方面同时提升，从而实现人的自由和全面发展。马克思主义家庭观，站在家庭是一个一个的小集体，社会是众多家庭构筑起来的大环境中，阐明家庭氛围的好坏，对整个社会风尚的优劣有着直接的影响，强调要塑造健康向上的社会风气，首先就需要抓好社会基本单元，即加强家风建设，这些不仅为习近平关于家庭建设论述奠定了科学的理论基础，也为中国当代的家风建设提供了明确的价值导向。习近平在深刻领会马克思恩格斯家庭本质、家庭与社会辩证关系的基础上，结合当今中国社会的发展状态，提出建设与时代精神相契合的家风文明，有效发挥家庭对社会发展的积极作用。

二是突出家庭教育基础地位、落实家教根本任务。家庭教育要以立德树人为根本任务，培育和践行社会主义核心价值观，着力培养中华民族共同体意识和家国情怀，培养良好社会公德、家庭美德和个人品德，培养孩子良好学习习惯和行为习惯，养成自我保护意识和能力，养成热爱劳动的观念等，首先要通过家风训育，帮助未成年人成长成才。"广大家庭都要重言传、重身教，教知识、育品德，身体力行、耳濡目染，帮助孩子扣好人生的第一粒扣子，迈好人生的第一个台阶。要在家庭中培育和践行社会主义核心价值观，引导家庭成员特别是下一代热爱党、热爱祖国、热爱人民、热爱中华民族。要积极传播中华民族传统美德，传递尊老爱幼、男女平等、夫妻和睦、勤俭持家、邻里团结的观念，倡导忠诚、责任、亲情、学习、公益的理念，推动人们在为家庭谋幸福、为

---

① 《马克思恩格斯文集》第 1 卷，人民出版社 2009 年版，第 532 页。
② 《马克思恩格斯文集》第 1 卷，人民出版社 2009 年版，第 40 页。

他人送温暖、为社会作贡献的过程中提高精神境界、培育文明风尚。"①

三是发挥家风言传身教生活化训育优势。习近平总书记强调广大家庭都要重言传、重身教，以良好家风助力孩子一生成长。针对当前很多家长希望孩子身心健康、过一个幸福的童年、愿意花工夫陪伴子女的同时，却唯恐孩子输在分数竞争的起跑线上、存在家长教育焦虑的普遍问题，习近平总书记语重心长地指出："教育，无论学校教育还是家庭教育，都不能过于注重分数。分数是一时之得，要从一生的成长目标来看。如果最后没有形成健康成熟的人格，那是不合格的。"② 要按照《中华人民共和国家庭教育促进法》要求，落实国家和社会应为家庭教育提供的指导、支持和服务，努力构建多方参与、协同育人的家庭教育新格局。父母或其他监护人要承担实施家庭教育的主体责任，在关注未成年人的生理、心理、智力发展状况的基础上，掌握科学的家庭教育方法，通过加强亲子陪伴，发挥父母双方的作用，寓教于日常生活之中，言传与身教相结合，关心爱护与严格要求并重，做到父母与子女共同成长等，不断提升家庭教育能力，促进良好家风建设。

（三）继承和发扬无产阶级红色家风

革命前辈的红色家风是老一辈无产阶级革命家在长期革命、建设、改革的历史实践中，形成的家庭文明、传统习惯、行为准则及处世之道综合体，在家庭生活层面集中体现着中国共产党人的精神品格、道德原则、价值取向，以及优良作风，是一笔宝贵的精神财富。"毛泽东、周恩来、朱德同志等老一辈革命家的好家风都是党员干部学习的榜样和楷模，周恩来同志曾专门召开家庭会议定下内容详尽的'十条家规'，刘少奇同志'约法三章'规范家人和身边工作人员的行为……"③ 习近平总书记多次在讲话中列举老一辈革命家的红色家风榜样，希望党员干部和全国人民都向老一辈革命家学习，树立优良家风，特别强调和要求共产党员带头，将优良家风继承和发扬下去。"老一辈革命家不仅开创了宏伟的革

---

① 中共中央党史和文献研究院：《习近平关于注重家庭家教家风建设论述摘编》，中央文献出版社2021年版，第19页。

② 习近平：《教育要从一生的成长目标来看》，《人民日报》2021年4月11日第1版。

③ 尚传斌：《领导干部要高度重视家风建设》，2023年8月29日，光明网，http：//theory.gmw.cn/2017-09/06/content_26040967.htm。

命事业,而且领导我们的党形成了一整套优良传统和作风……这些优良传统和作风,是我们的'传家宝'。"① 红色家风不仅表现为无产阶级革命家胸怀坚定崇高的理想信念,涌现出的母亲教儿打东洋、妻子送郎上战场豪迈家风,而且展现为严格要求子女家属及身边工作人员先大家后小家、为大家舍小家的家国情怀。陈云将身边工作人员给他拿的新录音机毅然拒绝并要求退回,却对自己的孩子用钱给他买的录音机欣然接受;彭德怀以身作则,拒绝亲戚公车私用,在给侄子彭启超的信中嘱托他"要遵守彭家的家风,任何时候都要清正、廉洁、诚实。"②。老一辈革命家以身作则,把家风建设和报国为民紧密结合起来,倡导和践行爱党爱国、廉洁奉公、艰苦朴素、不搞特殊的家风规范,充分体现着崇高向上的价值追求和浓厚的家国情怀,是对中国共产党人初心使命的坚守和延续。无产阶级革命家们的红色家风对习近平产生了深刻影响。"在培育良好家风方面,老一辈革命家为我们作出了榜样。每一位领导干部都要把家风建设摆在重要位置,廉洁修身、廉洁齐家,在管好自己的同时,严格要求配偶、子女和身边工作人员。"③ 强调做好新时代家风建设,要发扬革命前辈的红色家风,并以之为基础,在全社会努力塑造优良党风政风,引领端正的社风民风。习近平关于家风建设重要论述,对继承老一辈无产阶级革命家的红色家风高度重视,为创新建设现代家风找到了新的精神源泉。

(四) 充分挖掘家风建设的时代价值

中华优秀家风文化源远流长,家风教子治家的历史悠久,时至今日,社会需要家风建设的紧迫性凸显。家风建设得好,必将丰富和升华个人发展内涵;家风纯正,社风才会充满正能量。现代家风建设是一个系统工程,爱国爱家的家国情怀、相亲相爱的家庭关系、向上向善的家庭美德、共建共享的家庭追求等,体现着新时代家庭建设的深厚内涵,展现为广大家庭日用而不觉的道德规范和行为准则。习近平总书记强调指出,

---

① 习近平:《知之深 爱之切》,河北人民出版社 2015 年版,第 181 页。
② 顾莉:《家风建设与社会主义核心价值观的家庭培育》,中国社会科学出版社 2020 年版,第 99 页。
③ 中共中央党史和文献研究院:《习近平关于注重家庭家教家风建设论述摘编》,中央文献出版社 2021 年版,第 34 页。

要坚持以社会主义核心价值观为统领，树立新时代的家庭观。"要旗帜鲜明反对天价彩礼，旗帜鲜明把反对铺张浪费、反对婚丧大操大办、抵制封建迷信作为农村精神文明建设的重要内容，推动移风易俗，树立文明乡风。要发挥红白理事会、村规民约的积极作用，约束村民攀比炫富、铺张浪费的行为，引导树立勤俭节约的文明新风。"① 现代家风建设与创新传承，需要动员社会各界广泛参与，围绕培育和践行社会主义核心价值观，彰显热爱党、热爱祖国、热爱人民、热爱中华民族的爱国主义精神，坚持尊老爱幼、男女平等、夫妻和睦、勤俭持家、邻里团结的家庭生活观念，融中华民族传统家庭美德、红色革命文化、人类先进家庭教育理念和新时代家庭建设新要求于一体，全面推动形成爱国爱家、相亲相爱、向上向善、共建共享的社会主义家庭文明新风尚。新时代家风建设把个人发展放在一个立体结构中，既有内在层面的道德人格基础完善，又有家国层面的贯通发展，还有历史传统的价值融汇，为新时代社会主义公民的个人发展赋予了新的时代内涵。"要发扬中华民族孝亲敬老的传统美德，引导人们自觉承担家庭责任、树立良好家风，强化家庭成员赡养、扶养老年人的责任意识，促进家庭老少和顺。"② 为现代家风建设，厘清了时代价值。

二 习近平关于家风建设重要论述的科学内涵

（一）重视家庭，以好家风建设服务国家民族发展

家是最小国，国是千万家。"家庭和睦则社会安定，家庭幸福则社会祥和，家庭文明则社会文明。历史和现实告诉我们，家庭的前途命运同国家和民族的前途命运紧密相连。我们要认识到，千家万户都好，国家才能好，民族才能好。国家富强，民族复兴，人民幸福，不是抽象的，最终要体现在千千万万个家庭都幸福美满上，体现在亿万人民生活不断改善上。同时，我们还要认识到，国家好，民族好，家庭才能好。当前，全党全国各族人民正在实现'两个一百年'奋斗目标、实现中华民族伟

---

① 习近平：《论坚持全面深化改革》，中央文献出版社2018年版，第407页。
② 习近平：《在深度贫困地区脱贫攻坚座谈会上的讲话》，2023年8月17日，中国政府网，https://www.gov.cn/xinwen/2017-09/02/content_5222125.htm。

大复兴中国梦的新长征路上砥砺前行。只有实现中华民族伟大复兴的中国梦,家庭梦才能梦想成真。"① 新时代家风建设最核心的精神内核,与中国共产党人一直以来的初心和使命一脉相承,为中国人民谋幸福,为中华民族谋复兴,也是包括家风建设在内的中国梦的题中应有之义。2019 年 2 月 3 日,习近平总书记在春节团拜会上进一步提出:"没有国家繁荣发展,就没有家庭幸福美满。同样,没有千千万万家庭幸福美满,就没有国家繁荣发展。我们要在全社会大力弘扬家国情怀,培育和践行社会主义核心价值观,弘扬爱国主义、集体主义、社会主义精神,提倡爱家爱国相统一,让每个人、每个家庭都为中华民族大家庭作出贡献。"② 一个家庭只有主动投入国家和民族发展的历史潮流,并为之砥砺奋斗,在建设好家庭、实现自我价值的同时,最终以服务国家民族发展而实现社会价值。结合传统修齐治平治世思想与现代家庭观念、家庭结构、家国关系等新要求新特征,习近平关于家风建设重要论述对家庭建设的重要作用进行重新认识,在家风建设中更加重视个人品德培养,特别强调家风培育和践行社会主义核心价值观的基础性作用,"强调党员领导干部的家风建设,在吸纳传统德治理念的基础上把家风建设与社会主义核心价值观、时代精神结合起来"③。另外,家风的社会教化功能,对于合格公民的培养具有不可替代的作用。尤其对党员领导干部而言,廉洁齐家更是良好工作作风和优良党风政风建设的内在要求。习近平总书记强调指出,党员干部要加强自我约束,教育管理好配偶和亲属,共建家庭防线,共筑拒腐屏障,注意将廉洁家风建设落在实处,通过建设良好家风,推动实现干部清正、政府清廉、政治清明的社会建设目标。习近平关于家风建设论述,站在治国理政的战略高度,将家风建设作为实现国家善政、政党善治和改进党风政风的社会路径,使家风建设的核心内容充分彰显现代德治的新特质,从而凸显家风建设的时代特点。

---

① 习近平:《在会见第一届全国文明家庭代表时的讲话》,《人民日报》2016 年 12 月 16 日第 1 版。

② 中共中央党史和文献研究院:《习近平关于注重家庭家教家风建设论述摘编》,中央文献出版社 2021 年版,第 71 页。

③ 顾保国:《论习近平新时代家风建设重要论述的理论逻辑与实践价值》,《马克思主义研究》2020 年第 2 期。

(二）注重家教，以好家风落实立德树人根本任务

首先，家庭是人生的第一所学校，家庭是孩子的第一个课堂，父母是孩子的第一个老师，言传身教和立德树人是家风建设的首要任务。"青少年是家庭的未来和希望，更是国家的未来和希望。古人都知道，养不教，父之过。家长应该担负起教育后代的责任。家长特别是父母对子女的影响很大，往往可以影响一个人的一生……孩子们从牙牙学语起就开始接受家教，有什么样的家教，就有什么样的人。家庭教育涉及很多方面，但最重要的是品德教育，是如何做人的教育。也就是古人说的'爱子，教之以义方''爱之不以道，适所以害之也'"①。家庭教育是教育的开端，关乎未成年人的健康成长和家庭的幸福安康，也关乎国家发展、民族进步、社会稳定。2016年12月12日，习近平总书记在会见第一届全国文明家庭代表时强调，父母或家长应该把美好的道德观念从小就传递给孩子，引导他们正确树立做人的气节，帮助他们形成美好心灵，促使他们健康成长。其次，家庭教育最重要的是品德教育，家风建设应当坚持人格教育优先的原则。"在良好家教的耳濡目染中，习近平体会到，家庭教育涉及很多方面，最重要的是品德教育，是如何做人的教育"②。再次，家庭教育要注意发挥父母家长榜样示范作用。古人认为修身是齐家、治国、平天下之根本，中国老一辈革命家也无不在革命生涯中"律己修身"。习近平总书记提出，"打铁必须自身硬"。要求广大党员干部必须从自身做起，深刻领会只有自己行得正、走得端，才能做子女表率。要注意以身作则，率先垂范，塑造优良家风。"家长要时时处处给孩子做榜样，用正确行动、正确思想、正确方法教育引导孩子。要善于从点滴小事中教会孩子欣赏真善美、远离假丑恶。要注意观察孩子的思想动态和行为变化，随时做好教育引导工作。"③最后，通过家风建设与传承，将家庭建设成为心灵归宿。家庭是构成社会的基本组成单位，是每个人

---

① 中共中央党史和文献研究院：《习近平关于注重家庭家教家风建设论述摘编》，中央文献出版社2021年版，第18页。

② 《从家出发：习近平总书记的"家国情怀"》，2023年9月19日，新华网，http://www.xinhuanet.com/politics/2016-12/14/c_1120119204_2.htm。

③ 中共中央党史和文献研究院：《习近平关于注重家庭家教家风建设论述摘编》，中央文献出版社2021年版，第17页。

生长生活的重要依托，也是家风建设和培育出来的精神家园。"家庭不只是人们身体的住处，更是人们心灵的归宿。家风好，就能家道兴盛、和顺美满；家风差，难免殃及子孙、贻害社会，正所谓'积善之家，必有余庆；积不善之家，必有余殃。'"① 真正以好家风建设推动立德树人根本任务落实。

（三）注重家风，以广大家庭好家风支撑起全社会的好风气

家风清正，家庭成员就能够接受良好的教育，潜移默化地形成正确的"三观"，涵养高尚品德，具备良好德行修养，进入社会后能够用自己的处世标准和行为原则约束自我，有助于推动整个社会形成良好风气。首先，家风建设有助于夯实国家德治之基。习近平关于家风建设重要论述强调，千家万户都好，国家才能好，民族才能好，将家风建设由家庭和个人的私德扩展到国家和党政建设的公德领域，从而与社会主义核心价值观的培育结合起来。"我们每个人都有自己的家庭。健康的家庭生活，可以滋养身心，激励领导干部专心致志工作。反过来，领导干部的思想境界和一言一行，又直接影响着家庭其他成员，在很大程度上决定着自己的家风家貌。群众看领导干部，往往要看领导干部亲属和身边工作人员，往往从这里来判断领导干部是否廉洁奉公，进而从这里来看党风廉政建设的成效。"② 强调党员领导干部的好家风可以凝聚党心民心、塑造优良党风，对当前融德治于社会主义法治国家建设具有促进作用。其次，家风建设有助于打牢乡村治理根基。习近平总书记在中央农村工作会议上明确指出："乡村振兴，既要塑形，也要铸魂，要形成文明乡风、良好家风、淳朴民风，焕发文明新气象。"③ 强调要采取切实有效措施，在强化农村基层党组织领导作用、深化村民自治实践的同时，通过家风建设推进移风易俗，培育文明乡风、良好家风、淳朴民风，健全矛盾纠纷多元化解机制，夯实乡村治理根基。最后，家风建设能够以千千万万家庭的好家风支撑起全社会的好风气。治国必先齐家，家不可教而

---

① 中共中央党史和文献研究院：《习近平关于注重家庭家教家风建设论述摘编》，中央文献出版社2021年版，第24页。

② 《学习贯彻习近平总书记在中央政治局"三严三实"专题民主生活会和中央纪委六次全会重要讲话精神》，《人民日报》2016年1月16日第1版。

③ 《推动乡村文化振兴》，《人民日报》2023年2月21日第9版。

能教人者自古少有。一家人在良好家风熏陶下养成的高尚品行和文明举止，必然会在社会交往中产生辐射效应，对其他社会成员起到正向引导，亿万家庭好家风，必然会带动社会风气整体向善向好。习近平关于家风建设论述，注意把家风建设作为党员领导干部作风建设摆在重要位置，廉洁修身，廉洁齐家，防止"枕边风"成为贪腐的导火线，防止子女打着自己的旗号非法牟利，防止身边人把自己拉下水。"领导干部特别是高级干部一定要重视家教家风，以身作则管好配偶、子女，本分做人、干净做事。"[1] 家风不正和家教败坏，是领导干部走向严重违法违纪的重要原因。"我们着眼于以优良党风带动民风社风，发挥优秀党员、干部、道德模范的作用，把家风建设作为领导干部作风建设重要内容，弘扬真善美、抑制假恶丑，营造崇德向善、见贤思齐的社会氛围，推动社会风气明显好转。"[2] 明确要求党员干部必须注意引导家庭成员自我约束，让淳朴家风与优良党风同频共振。

（四）讲求规矩，推动新时代家风建设制度化法治化

在当今新的历史条件下，现代家庭结构变化、社会发展转型、人口生育政策调整等引起的人民群众对美好生活的新需要，对以家风建设与创新传承的文化生活提出了新的更高要求，推动新时代家风建设制度化法治化就是因时而为的主动作为。《中华人民共和国民法典》婚姻家庭编明确规定："家庭应当树立优良家风，弘扬家庭美德，重视家庭文明建设。"[3] 表明包括家庭教育促进法等在内的法律法规也注重引导全社会注重家风家教，以制度化法治化的形式推动家风建设。以2022年1月1日《中华人民共和国家庭教育促进法》开始施行为标志，家庭教育和家风建设由以家训家规、家语家书为载体的传统模式，向以法治为规范和驱动、以培育和践行社会主义核心价值观为主要内容、以立德树人为根本任务的全新模式创新转化，也将家庭教育及由此衍生出来的传统家事正式上升成为新时代的重要国事，开启了现代家风建设制度化法治化发展新路。

---

[1]　姚强：《从严管好身边人》，《中国纪检监察报》2022年4月24日第1版。
[2]　习近平：《在第十八届中央纪律检查委员会第六次全体会议上的讲话》，《人民日报》2016年5月3日第2版。
[3]　全国人大常委会办公厅：《中华人民共和国民法典》，中国民主法制出版社2021年版，第135页。

《中华人民共和国家庭教育促进法》明确规定，家庭教育的主体是未成年人的父母或其他监护人、其他家庭成员，教育对象是未成年人；家教活动一般系指在家庭范围内，由家庭家族中的长辈随时随地有针对性地展开的各种教化训育行为和实践养成；家庭教育的方式既有言传身教，又有家风化育，但最重要的是品德培养和做人教育。习近平总书记指出，要在家庭中培育和践行社会主义核心价值观，引导家庭成员特别是下一代热爱党、热爱祖国、热爱人民、热爱中华民族。"要以培养担当民族复兴大任的时代新人为着眼点，强化教育引导、实践养成、制度保障，发挥社会主义核心价值观对国民教育、精神文明创建、精神文化产品创作生产传播的引领作用，把社会主义核心价值观融入社会发展各方面，转化为人们的情感认同和行为习惯。"[1] 创新以家庭教育为标志的家风建设，要坚持守正创新，聚焦家长关心、社会关注的重点难点问题，对照家庭教育促进法要求，推动家庭教育高质量发展，充分发挥家庭教育在培养担当民族复兴大任的时代新人中的基础性和战略性作用。党的十九届六中全会通过的《中共中央关于党的百年奋斗重大成就和历史经验的决议》明确强调，要"注重家庭家教家风建设，保障妇女儿童权益"[2]。新时代家风建设的重点对象是领导干部及其亲属、子女和身边工作人员，并把相关内容在《关于新形势下党内政治生活的若干准则》《中国共产党纪律处分条例》等党内法规中做出明确规定。领导干部的家风，不仅关系自己的家庭，而且关系党风政风。因为党员干部家风败坏不仅是道德问题，而且是政治和纪律问题。习近平总书记强调指出，"要认真贯彻落实这两项法规，真正把纪律和规矩挺在前面，拿起纪律这把戒尺，既要奔向高标准，以人格力量凝聚党心民心；又要守住底线，严格执行党的纪律，决不越雷池一步。要做到廉以修身、廉以持家，培育良好家风，教育督促亲属子女和身边工作人员走正道"[3]。切实加强党风政风建设，必须从

---

[1] 中共中央党史和文献研究院：《习近平关于注重家庭家教家风建设论述摘编》，中央文献出版社2021年版，第67页。

[2] 《中共中央关于党的百年奋斗重大成就和历史经验的决议》，2023年8月29日，中国政府网，https://www.gov.cn/xinwen/2021-11/16/content_5651269.htm。

[3] 中共中央纪律检查委员会：《习近平关于严明党的纪律和规矩论述摘编》，中央文献出版社2016年版，第65页。

重视家庭教育开始。"领导干部要努力成为全社会的道德楷模，带头践行社会主义核心价值观，讲党性、重品行、作表率，带头注重家庭、家教、家风，保持共产党人的高尚品格和廉洁操守，以实际行动带动全社会崇德向善、尊法守法。"① 每一位党员领导干部，都要把家风建设摆在重要位置，按照习近平总书记的要求，严格要求自己，做到清清白白做人、干干净净干事、坦坦荡荡为官，以优良的家教家风，推动党风政风出现新变化新气象。

三　习近平关于家风建设论述的实践基础

（一）家风严正，习近平家风论述的个人成长经历

习近平对家风建设重要论述，很大程度上源于其本人家庭成长的影响。习近平祖辈务农，但对待子女要求严格，不仅注意培养子女勤俭持家、艰苦奋斗、吃苦耐劳精神，还特别注重塑造子女人格和齐家范族的优良家风。习近平2001年写给父亲的家书中写道："家教的严格，是众所周知的。我们从小就是在您的这种教育下，养成勤俭持家习惯的。这样的好家风我辈将世代相传。"② 与很多老一辈无产阶级革命家相同，"习仲勋认为，作为党的高级干部，端正党风，首先要从自己做起，从自己的家属做起。"③ 习近平回忆道："中国古代流传下来的孟母三迁、岳母刺字、画荻教子讲的就是这样的故事。我从小就看我妈妈给我买的小人书《岳飞传》，有十几本，其中一本就是讲岳母刺字，精忠报国在我脑海中留下的印象很深。作为父母和家长，应该把美好的道德观念从小就传递给孩子，引导他们有做人的气节和骨气，帮助他们形成美好心灵，促使他们健康成长，长大后成为对国家和人民有用的人。"④ 好家风家训是中华民族传统文化宝库中最具特色的文化遗产，也是以家风规范把家庭成员紧紧凝聚在一起的精神纽带，在习近平走上领导岗位后，母亲齐心专

---

① 《徒法不足以自行　习近平解开国家治理"德""法"新密码》，2023年9月29日，中国青年网，http://qnzs.youth.cn/tsxq/201612/t20161214_8947336.htm。
② 《习近平写给父亲的家书》，《新湘评论》2014年第6期。
③ 《习近平谈治国理政》（第一卷），外文出版社2018年版，第445页。
④ 习近平：《在会见第一届全国文明家庭代表时的讲话》，《人民日报》2016年12月16日第1版。

门召开家庭会议，要求其他子女，不得在习近平工作的领域，从事经商活动。习近平担任领导干部后，每到一处工作，都会告诫亲朋好友，"不能在我工作的地方从事任何商业活动，不能打我的旗号办任何事，否则别怪我六亲不认"。①受父母的影响，习近平秉承家风，对家人要求非常严格，创新性传承爱而有方、从严教子、勤俭持家的家风。无论是去福建、浙江还是在上海工作，他都在干部大会上公开表态：不允许任何人打他的旗号谋私利，并欢迎大家监督。广大党员干部要以习近平总书记为榜样，把家风作为必修课持之以恒抓下去，修好家风课，过好廉洁关，廉洁修身、廉洁齐家，正好家风、管好家人、理好家事，以优良家风筑牢干事创业之基，使家庭成为拒腐防变的可靠阵地。

（二）治国理政，以好家风涵养文明社会新风尚的创新实践

家风是社会风气的重要组成部分，树立良好家风，有助于营造全社会崇德向善的浓厚氛围，以好的家风支撑起好的社会风气。"家风家教是一个家庭最宝贵的财富，是留给子孙后代最好的遗产。要推动全社会注重家庭家教家风建设，激励子孙后代增强家国情怀，努力成长为对国家、对社会有用之才。"②适应社会主义物质文明大发展和精神文明建设所需，努力营造崇德向善、见贤思齐的社会氛围。"中国人历来讲求精忠报国，革命战争年代母亲教儿打东洋、妻子送郎上战场，社会主义建设时期先大家后小家、为大家舍小家，都体现着向上的家庭追求，体现着高尚的家国情怀。"③党员领导干部一定要把家风建设摆在重要位置，带头建设新时代优良家风，推动清正廉洁的党风建设、政风建设，要求党员领导干部要把家风建设摆在重要位置。"所有党员、干部都要戒贪止欲、克己奉公，切实把人民赋予的权力用来造福于人民。要把家风建设摆在重要位置，廉洁修身，廉洁齐家，防止'枕边风'成为贪腐的导火索，防止

---

① 《传承好家风 感悟习近平总书记的家国情怀》，2023年4月13日，光明网，https：//m.gmw.cn/baijia/2022-02/02/35492428.html。

② 习近平：《开创高质量发展新局面》，2023年8月29日，中国政府网，https：//www.ccps.gov.cn/xtt/202206/t20220609_154077.shtml。

③ 中共中央党史和文献研究院：《习近平关于注重家庭家教家风建设论述摘编》，中央文献出版社2021年版，第4页。

子女打着自己的旗号非法牟利，防止身边人把自己'拉下水'。"[1] 家风建设涉及千千万万个家庭，我们每个人都要把爱家和爱国统一起来，把实现家庭梦融入民族梦之中，以好家风涵养文明社会新风尚，用全国4.9亿户家庭、14亿多人民的智慧和热情，汇聚起实现第二个百年奋斗目标、实现中华民族伟大复兴中国梦的磅礴力量。

（三）从严治党，以优良家风涵养清正党风政风的反腐倡廉工程

党的十八大以来，针对党内存在以权谋私、贪污腐败，形式主义、享乐主义等不正之风，习近平总书记围绕如何有效刹住歪风邪气，除了以壮士断腕、刮骨疗毒的决心和勇气坚定不移推进党的自我革命，打虎拍蝇、消除腐败，同时，注意建立惩治和预防腐败滋生的土壤，以优良家风涵养清正党风政风，实现全面从严治党，提高党员修养等发表了一系列重要论述。习近平总书记强调，党员领导干部的家风绝不是一己私利，而是关乎党风政风、社会安宁，明确指出家庭、政党、国家三者之间的密切关系，以及家风建设对于涵养党风政风的重大意义，要求党员领导干部带头做家风建设的表率。"领导干部的家风，不仅关系自己的家庭，而且关系党风政风。各级领导干部特别是高级干部要继承和弘扬中华优秀传统文化，继承和弘扬革命前辈的红色家风，向焦裕禄、谷文昌、杨善洲等同志学习，做家风建设的表率，把修身、齐家落到实处。各级领导干部要保持高尚道德情操和健康生活情趣，严格要求亲属子女，过好亲情关，教育他们树立遵纪守法、艰苦朴素、自食其力的良好观念，明白见利忘义、贪赃枉法都是不道德的事情，要为全社会做表率。"[2] 要求广大党员干部发挥好"头雁效应"，努力提高品性修为，正家风、养政德、严私德。"健康的家庭生活，可以滋养身心，鼓励领导干部专心致志工作。"[3] 针对官员违纪背后的家风不正、家庭有可能成为腐败"温床"的现象，以及家庭成员思想腐化与收受贿赂密切相关等问题，习近平总

---

[1] 中共中央党史和文献研究院：《习近平关于注重家庭家教家风建设论述摘编》，中央文献出版社2021年版，第38页。

[2] 习近平：《在会见第一届全国文明家庭代表时的讲话》，《人民日报》2016年12月16日第2版。

[3] 《培育良好家风的表率：深入学习贯彻习近平同志系列重要讲话精神》，《人民日报》2016年7月25日第7版。

书记一针见血地指出："领导干部的家风，不是个人小事、家庭私事，而是领导干部作风的重要表现。"① 明确要求把家风好坏作为评判党员领导干部作风优劣的重要参照，同时从生活上注意引导，防微杜渐。"每一位领导干部都要把家风建设摆在重要位置，廉洁修身、廉洁齐家，在管好自己的同时，严格要求配偶、子女和身边工作人员。"② 加强家风建设，不仅有利于提高领导干部修为，有助于增强家庭助廉意识，而且有利于减少领导干部家庭可能出现全家腐现象。习近平总书记强调指出，广大党员干部要始终保持共产党人的高尚品格和廉洁操守，把家风建设摆在重要位置，涵养新时代共产党人的良好家风，努力做家风建设的表率。

习近平关于家风建设的重要论述，站在推进治国理政高水平和实现中华民族伟大复兴中国梦的战略高度，结合时代特点和社会发展需要，把家风建设作为培育和践行社会主义核心价值观的重要载体，发挥党员领导干部家风在推进全面从严治党和党风廉政建设当中的引领示范作用，把马克思主义基本理论与中国家庭建设、家教家风发展历史和现实紧密结合，与中华优秀传统文化紧密结合，在继承弘扬中华优秀传统家风文化和无产阶级红色家风文化，汲取全人类先进家庭教育智慧的基础上，基于本人家风文化熏陶和家教成长经历，突出强调以家庭建设为本、家风建设重点，赋予家风建设全新的时代内涵，科学回答了新时代家风建设与创新传承的一系列重大理论和实践问题。

---

① 王守伦：《守住家庭最宝贵的财富》，《解放军报》2023年1月10日第6版。
② 习近平：《在第十八届中央纪律检查委员会第六次全体会议上的讲话》，《人民日报》2016年5月3日第2版。

第三章

中国古代家风形成的
社会文化背景

中华文化绵延五千多年,至今依然繁盛不衰,成为世界上唯一一个从未中断的古老文明,其中最根本的原因,在于文化自身不鼓自鸣的育民化俗生命活力。在家国同构、家国一体的古代中国,确保中华文化满足不同时代所需营养的风教制度,反映在欲求长享天祚的帝王之家,则表现为历朝最高统治者家族通过确立国家礼制体系和教化体制的顶层政治设计,为一国之主宣明政教提供了天命治权保障;在思想和文化领域抑制百家而独尊儒术,积极褒掖社会贤哲助国君而明教化;与历朝王权的巩固和国家太平目标相适应,设立庠序学校等职能教化机构,专门承担训育国子和风教化俗根本任务;那些以皇帝为首的各级官吏,驱动职事所属的行政官府,沿着修身、齐家、治国、平天下的治世理路,将圣王祖训自上而下推延开去,便在普天之下为广大家庭建设和持守家风创设了独特的社会文化背景。

第一节 政教国风

作为文化传人,选择有利于实现风教目标的德育制度,是中华民族置身生活现实、主动适应文化环境的应然之举。自从"夏传子,家天下"[①],中国古代社会正式进入皇权世袭时代,从此家国一体、家国同构,

---

① 李逸安译注:《三字经 百家姓 千字文 弟子规》,中华书局2009年版,第26页。

为中华家风文化的社会化发展,更是创造了政治和组织条件。数千年以来,围绕皇权传递而展开的皇朝族人子嗣训教传统,不仅成为历代统治者敦厚民俗、教化国人的不坠家风,而且依靠国家力量推延上升为围绕尊德崇礼来选育新人的一国之风。借古鉴今,我们要旗帜鲜明地批判封建统治者出于维护天命君权、为一家之私而行政教国风初衷的同时,认识到中国古代建立家国同构政治体制,推行天下大同主流社会价值观念所采取的风教制度,对现代社会通过重视家庭建设,注重家教、注重家风,以广大家庭好家风培育和践行社会主义核心价值观所具有的借鉴意义。

一 政教国风,建立在国家礼制基础上的风教政统

"礼""礼制""礼仪",既是人化的结果,也是人文教化的手段与程式,二者都是人类摆脱自然束缚而进入文明社会的重要标志。从人类学的角度讲,"礼"的成形与被人认同,不仅完全可以与促进人类由蒙昧原始走向文明自觉的劳动实践相提并论,而且通过知礼守礼行为表征着社会的文明程度。从社会学的视域考究,"礼"或礼仪制度起源于人类原始社会的祭祀活动,时间相当于父系氏族社会晚期,对应于中国文化史上的尧舜时代。"夫礼之初,始诸饮食,其燔黍捭豚,污尊而抔饮,蒉桴而土鼓,犹若可以致其敬于鬼神。"[1] 人们相信,即便是御神,只要真诚,虽微物可重;献之由心,虽朴质可荐,故定规矩制礼仪极其简约。污樽抔饮,可以尽欢于君亲,蒉桴土鼓,可以致敬于鬼神。其时天下真正为一家,中国为一人主宰,尊崇礼仪为人之天性使然,大家自当不独亲其亲而子其子。从历史学的角度考察,中国人最早的"礼"及其相应的仪式起源于周人氏族制末期,"礼的起源很早,远在原始氏族公社中,人们已惯于把重要行动加上特殊的礼仪……这些礼仪,不仅长期成为社会生活的传统习惯,而且常被用作维护社会秩序、巩固社会组织和加强部落之间联系的通行手段。进入阶级社会后,许多礼仪仍旧被大家沿用,其中部分礼仪往往被统治阶级所利用和改变,作为巩固统治阶级内部组织和统治人民的一种手段。……西周时代贵族所推行的'周礼',是有其悠

---

[1] (汉)郑玄注,王锷点校:《礼记注》,中华书局2021年版,第292页。

久的历史根源的，许多具体的礼文、仪式都是从周代氏族制末期的礼仪转化出来的。"① 从政治学的视域看，人类社会特有的"礼"及相应的规制仪式"与原始社会风俗习惯及其仪式有关"②，而且这种风俗仪式最早产生并流行于母系氏族社会，可以对应于中国远古半坡氏族社会晚期。"俗，习也，上所化曰风，下所习曰俗。……俗，欲也，俗人所欲也。"③ 可见，人类祖先发明礼制并尊崇礼仪，分明是看到了礼仪教化风俗的重要作用，因而制礼作乐以辅王政。"圣人有以见天下之赜，而拟诸其形容，象其物宜，是故谓之象。圣人有以见天下之动，而观其会通，以行其典礼，系辞焉以断其吉凶，是故谓之爻。极天下之赜者，存乎卦；鼓天下之动者，存乎辞。化而裁之，存乎变；推而行之，存乎通。神而明之，存乎其人。默而成之，不言而信，存乎德行。"④ 礼仪所行，在于通神明而存人性，法天象而成人德。"礼，经国家，定社稷，序民人，利后嗣者也。"⑤ 国家礼制，源远流长，"既历三纪，世变风移，四方无虞，予一人以宁，道有升降，政由俗革，不臧厥臧，民罔攸劝。"⑥ 因循先王之法，顺承风俗变化来改革政教，西周先王开启了有文字记载以来奠基礼制王政以风教万民的治政先河。

纵观中国古代千年封建社会历史，伴随着朝代更替，虽然有以皇帝为代表的皇权利益家族变换和人民百姓的离乱，但是毕竟不像西方国家由于阶级矛盾所导致的革命那样对抗死磕和斗争惨烈，中国的封建制度依然延续，只是变换了当朝持家的主子和以土地为主的大宗财产占有者。这一独特的历史发展现象，从文化的角度分析，最根本的决定因素，在于官方选择以儒家思想为主脉的中华传统文化绵延未断，封建制度的精神框架一如化石般烙印在每个中国人的记忆深处，使中华民族在封建王朝的统治下简单重复着一朝天子一朝臣的治乱交替。皇朝天子的身份和君命天授的权力观念依然如故，家国同构与家国一体的政治制度依然成

---

① 杨宽：《古史新探》，中华书局1965年版，第234页。
② 章全才：《礼的起源和本质》，《学术月刊》1963年第8期。
③ 《康熙字典》（子集中），中华书局1958年版，第15页。
④ （清）李光地撰，梅军校笺：《周易观彖校笺》，中华书局2021年版，第734—735页。
⑤ （清）阮元校刻：《十三经注疏》（清嘉庆刊本），中华书局2009年版，第3770页。
⑥ （清）阮元校刻：《十三经注疏》（清嘉庆刊本），中华书局2009年版，第520页。

立,中华民族自天子以至于庶人,皆以父家长身份,致力于格物致知而追求修齐治平的社会治世理想的实现。也正是因为王朝更替频仍,家国难免朝不保夕,对于统治者来讲,一方面认识到"皇天无亲,惟德是辅",所以当权者无不时刻警醒自己"克明俊德,协和万邦"的同时,悉心制作家训,率先确立起勤慎教戒家臣和后嗣子孙修身养性、以德配天的帝王家风,确保长享天命;另一方面,认识到"民心无常,惟惠之怀",因而无不处心积虑促进生产和壮大国力的同时,想方设法选择性恢复旧有的礼制来夯实王政之基,并不遗余力地将有利于维护封建统治的传统礼仪风俗传布推广到全社会,成为中国古代家风自上而下泽被大众的最有效动力。例如,有鉴于王朝之争导致的礼仪废坏乱局,北宋初年以制定《开宝通礼》的方式,对古已有之的大射仪、乡饮酒礼等传统礼制重新规制,"大射之礼,废于五季,太宗始命有司草定仪注。其群臣朝谒如元会。酒三行,有司言:'请赐王、公以下射',侍中称制可。皇帝改服武弁,布七垛于殿下,王、公以次射,开乐县东西厢,设熊虎等侯。陈赏物于东阶,以赉能者;设丰爵于西阶,以罚否者。并图其冠冕、仪式、表著、墩垛之位以进"①。对于普通民众而言,除了要面对自然和疾病的挑战外,持守家业和保全妻子的良法,除了信奉"遗子千金,不如薄技在身",勉励家人子弟勤学苦练,会当有业外,人人坚持"遗子千钟,不如一经。"作家训教子弟,铸成一门家风。"夫有国有家者,礼仪之用尚矣。然而历代损益,每有不同,非务相改,随时之宜故也。汉文以人情季薄,国丧革三年之纪;光武以中兴崇俭,七庙有共堂之制;魏祖以侈惑宜矫,终敛去袭称之数;晋武以丘郊不异,二至并南北之祀。互相即袭,以讫于今。岂三代之典不存哉,取其应时之变而已。且闵子讥古礼,退而致事;叔孙创汉制,化流后昆。由此言之,任己而不师古,秦氏以之致亡,师古而不适用,王莽所以身灭。然则汉、魏以来,各揆古今之中,以通一代之仪。司马彪集后汉众注,以为《礼仪志》,校其行事,已与前汉颇不同矣。况三国鼎峙,历晋至宋,时代移改,各随事立。自汉末剥乱,旧章乖弛,魏初则王粲、卫觊典定众仪;蜀朝则孟光、许

---

① (元)脱脱等撰,中华书局编辑部点校:《宋史》(卷一百一十四),中华书局1985年版,第2718页。

慈创理制度；晋始则荀顗、郑冲详定晋礼；江左则荀崧、刁协缉理乖紊。其间名儒通学，诸所论叙，往往新出，非可悉载。"① 虽然，礼仪法度历经朝代更替而递相因袭，始终作为经国序民的王政之基，为历代皇朝所重。但是，礼之用有此一时而彼一时之别，礼之废立当与特定社会经济、政治、文化、风俗等时移世易相一致，历代统治者以帝王家风革新做示范的同时，对人生和社会礼制自然也要与时俱进而取舍损益。

与此相适应，中国历史上最早有文字或实物可考的国家正式礼仪制度，是以《周礼》《仪礼》《礼记》"三礼"为代表的礼文和上古时期的祭仪、祭坛、礼器等，"大哉圣人之道！洋洋乎发育万物，峻极于天。优优大哉！礼仪三百，威仪三千。待其人然后行。故曰：苟不至德，至道不凝焉。故君子尊德行而道问学，致广大而尽精微，极高明而道中庸。温故而知新，敦厚以崇礼"②。有道是"经礼三百，曲礼三千"的中国古代礼制，不仅让中国获得了"礼仪之邦"的美称，而且以国家礼制文化育民新人的成功与有效，铸就了牢不可破的王政之基。值得重视的是，中国历代统治者在极言古代礼仪重要和繁多的同时，展现出中国先民温故知新、机权之变以敦厚崇礼的风教习俗——威仪三千作为治国利器，通过程式威严的仪式获得权威并被人们广泛认同之后，便具有了法度、准则、规矩的内涵，汉字"仪""式""刑"也便有了效法、照做的含义。因此，国家礼制所由出者，在于"普施明法，经纬天下，永为仪则"③。与传统大型国祭等礼制仪式一样，国家设仪立度，即为法则。以

---

① （南朝梁）沈约撰，中华书局编辑部点校：《宋书》，中华书局1974年版，第327—328页。
② （汉）郑玄注，王锷点校：《礼记注》，中华书局2021年版，第692—693页。就中国古代礼仪制度的完备和详尽而言，自古以来有"经礼三百，曲礼三千"之说，统称"三礼"。一是泛指中国古代礼仪制度及相应的繁文缛节，其中的"三"暗合或特指祭天、祭地、祭祖三种大型礼仪。《尚书·舜典》："咨！四岳，有能典朕三礼?"或指祀天、地、人三神之礼。《隋书·礼仪志序》："唐虞之世，祭天之属为天礼，祭地之属为地礼，祭宗庙之属为人礼。"二是指古代儒家礼制三部经典《周礼》《仪礼》《礼记》，合称"三礼"。《经学通论·〈三礼〉》："三礼之名，起于汉末，在汉初但日礼而已。汉所谓礼，即今十七篇之仪礼，而汉不名仪礼，专主经言，则曰礼经，合记而言，则曰礼记。许慎卢植所称礼记，皆即仪礼与篇中之记，非今四十九篇之礼记也。其后礼记之名，为四十九篇之所夺，乃以十七篇之礼经，别称仪礼。又以周官经为周礼，合称三礼。"三是专指丧、葬、祭三礼，也有专指祭祀天神、人鬼、地祇三礼。
③ （汉）司马迁撰，（南朝宋）裴骃集解，（唐）司马贞索隐，（唐）张守节正义，中华书局编辑部点校：《史记》（卷六），中华书局1982年版，第249页。

天子早朝仪式为例，朝廷的一天是从五更三点的早朝开始①，在京的文武百官，天明之前就要离开家前往参内，在天子处理正常政务的宫殿前，排列整齐，等待天子御驾。天子上朝后，百官端正仪容，进行朝衙仪式。当然，虽贵为天子，但作为视朝者，除非重病在身，否则再累再困也必须天亮之前起床，端正威仪，接受百官朝拜，这是雷打不动的国家礼制，也是保障令行禁止的有效法度。

二 制礼作乐而风行宇内，一国之君平治天下的本分

（一）政道至要在礼乐，为自古圣王所慕

正如孔子所言："安上治民，莫善于礼；移风易俗，莫善于乐。"② 在漫长的中国古代历史上，不论打江山的开国新君，还是守江山的后继帝王，都希望自己的皇位稳固而永享太平治世，几乎所有的最高统治者无不尽心竭虑，积极制礼作乐、推行风教，想尽一切办法图存保全。"天子之职莫大于礼，礼莫大于分，分莫大于名。何谓礼？纪纲是也。何谓分？君、臣是也。何谓名？公、侯、卿、大夫是也。夫以四海之广，兆民之众，受制于一人，虽有绝伦之力，高世之智，莫不奔走而服役者，岂非以礼为之纪纲哉！是故天子统三公，三公率诸侯，诸侯制卿大夫，卿大夫治士庶人。贵以临贱，贱以承贵。上之使下犹心腹之运手足，根本之制支叶，下之事上犹手足之卫心腹，支叶之庇本根，然后能上下相保而国家治安。故曰天子之职莫大于礼也。……夫礼，辨贵贱，序亲疏，裁群物，制庶事，非名不著，非器不形；名以命之，器以别之，然后上下粲然有伦，此礼之大经也。"③ 上古时期，人民纯朴，相互之间交往简单而坦诚。可是到了春秋战国时期，随着政教号令不行于天下、国异政而家殊俗的现象频繁出现，"大道既隐，天下为家。各亲其亲，各子其子，

---

① 中国俗语"一年之计在于春，一日之计在于晨"表达了中华民族珍惜光阴和只争朝夕的进取精神，中国人闻鸡起舞的勤劳传统古已有之，而且从源头上讲，很可能是古代圣王励精图治和以身示范的化育结果。《诗经·鸡鸣》："鸡既鸣矣，朝既盈矣。……东方明矣，朝既昌矣。"讽刺鲁哀公荒怠朝政的同时，向人们展示姬周帝王每日早朝的准确时间。

② （汉）班固撰，（唐）颜师古注，王先谦补注：《汉书补注》，商务印书馆1959年版，第1906页。

③ （宋）司马光编著，（元）胡三省音注，标点资治通鉴小组校点：《资治通鉴》，中华书局1956年版，第2—4页。

货力为己。大人世及以为礼,域郭沟池以为固,礼义以为纪。以正君臣,以笃父子,以睦兄弟,以和夫妇,以设制度,以立田里,以贤勇知,以功为己。故谋用是作,而兵由此起。禹、汤、文、武、成王、周公,由此其选也。此六君子者,未有不谨于礼者也。以著其义,以考其信。著有过,刑仁讲让,示民有常。如有不由此者,在埶者去,众以为殃。"①表面上看,制礼作乐是圣王治世的英明创举,实际上,立规矩定礼仪实为无奈之选,系不得已而为之。是故:"夫礼,先王以承天之道,以治人之情。故失之者死,得之者生。诗曰:'相鼠有体,人而无礼。人而无礼,胡不遄死。'是故夫礼,必本于天,殽于地,列于鬼神,达于丧、祭、射、御、冠、昏、朝、聘。故圣人以礼示之,故天下国家可得而正也。"②礼,本乎人情而达致国政,即便是祭祀礼仪,也以至诚的心态和毋庸置疑的神示,明确向人们宣示着社会生产生活关系中必不可少的上下尊卑伦序和身行言动礼制。"故治国不以礼,犹无耜而耕也;为礼不本于义,犹耕而弗种也;为义而不讲之以学,犹种而弗耨也。讲之以学,而不合之以仁,犹耨而弗获也。合之以仁,而不安之以乐,犹获而弗食也;安之以乐,而不达于顺,犹食而弗肥也。四体既正,肤革充盈,人之肥也。父子笃,兄弟睦,夫妇和,家之肥也。大臣法,小臣廉,官职相序,君臣相正,国之肥也。天子以德为车,以乐为御,诸侯以礼相与,大夫以法相序,士以信相考,百姓以睦相守,天下之肥也,是谓大顺。大顺者,所以养生、送死、事鬼神之常也。"③王天下者,不仅患制度不明、礼仪坏废,而且患礼制不达于下,故而效法先王制礼作乐的同时,注意训教后嗣子孙修身明德,努力做好推行政教之本职。

(二)制礼作乐,周公开启帝王家风的先河

提及制礼作乐,人们自然会想到西周统治者家族当中的重要代表人物周公(姬旦)。作为开国元勋和杰出的政治家、思想家、教育家,面对小邦周灭大邦商所引起的天命靡常思潮,以及对君权神授天命观的质疑,

---

① (清)刘沅著,谭继和、祁和晖笺解:《十三经恒解》(笺解本),巴蜀书社2016年版,第162页。

② (汉)郑玄注,王锷点校:《礼记注》,中华书局2021年版,第291—292页。

③ (清)刘沅著,谭继和、祁和晖笺解:《十三经恒解》(笺解本),巴蜀书社2016年版,第172页。

出于巩固西周新政权的务实目的,周公在努力为自己上位寻觅天命吉兆的同时,继承父祖辈治家教子优良传统的基础上,明确提出周王除了尽量做到勤劳勿逸、以德配天外,合理制定并适当运用礼制与刑罚,则成为关乎王朝天命永续的重要保障。正是在他的推动和教导下,西周统治者逐渐认识到"礼乐不兴,则刑罚不中;刑罚不中,则民无所措手足"①。为了实现社会由乱到治的政治目标,在治国理政方面,周公不仅"一沐三握发,一饭三吐哺",尽心竭力辅弼文王、武王施政,而且在代替成王执政结束、完全致政成王的情况下,又恐其怠忽,故以君臣立政为戒而制礼作乐,史称《周官》②。"昔殷纣乱天下,脯鬼侯以飨诸侯,是以周公相武王以伐纣。武王崩,成王幼弱,周公践天子之位,以治天下。六年,朝诸侯于明堂,制礼作乐,颁度量,而天下大服。"③ 一方面,将源于三皇五帝而发展成形于商,涵盖政权、族权、神权、物权、夫权和民权等在内的封建宗法制度,结合其时国政实际所需,创造性地改造成为颇具强制性和可操作性的周礼制度。另一方面,对殷商及以前社会已有的成形礼乐制度规范进行革新和转变,创建起一整套涵盖修身齐家、为政治学、丧葬祭祀、文化教育和权位传递等调节社会生活各领域、巩固世卿贵族内部关系的通行礼制,使其成为遍及政治、教育、军事、文化、思想等诸多领域的文明教化制度。"是故先王之制礼乐也,非以极口腹耳

---

① (清)康有为著,楼宇烈整理:《论语注》,中华书局1984年版,第191页。
② (清)阮元校刻:《十三经注疏》(清嘉庆刊本),中华书局2009年版,第499页。《尚书·周官》:"成王既黜殷命,灭淮夷,还归在丰,作周官。……训迪厥官,立太师、太傅、太保。兹惟三公,论道经邦,燮理阴阳,官不必备,惟其人。少师、少傅、少保,曰三孤,贰公弘化,寅亮天地,弼予一人。冢宰掌邦治,统百官,均四海。司徒掌邦教,敷五典,扰兆民。宗伯掌邦礼,治神人,和上下。司马掌邦政,统六师,平邦国。司寇掌邦禁,诘奸慝,刑暴乱。司空掌邦土,居四民,时地利。六卿分职,各率其属,以倡九牧,阜成兆民。……王曰:'呜呼!凡我有官君子,钦乃攸司,慎乃出令,令出惟行,弗惟反。以公灭私,民其允怀,学古入官,议事以制,政乃不迷。其尔典常作之师,无以利口乱厥官。蓄疑败谋,怠忽荒政,不学墙面,莅事惟烦。戒尔卿士,功崇惟志,业广惟勤,惟克果断,乃罔后艰。位不期骄,禄不期侈,恭俭惟德,无载尔伪。作德、心逸、日休,作伪、心劳、日拙。居宠思危,罔不惟畏,弗畏入畏。推贤让能,庶官乃和,不和政厖。举能其官,惟尔之能;称匪其人,惟尔不任。'"《吕氏春秋·古乐》:"武王即位……乃荐俘馘于京太室,乃命周公为作《大武》。"
③ (清)刘沅著,谭继和、祁和晖笺解:《十三经恒解》(笺解本),巴蜀书社2016年版,第236页。

目之欲也,将以教民平好恶而反人道之正也。"① 周公制礼作乐,旨在树立规范,使人民知好恶,去恶归善,反归人之正道。从这个意义上讲,《周礼》不仅仅是系统的治国制度,更重要的是教化人民大众的训育范本,并由此开启了帝王家风的先河。"治身者斯须忘礼,则暴嫚入之矣;为国者一朝失礼,则荒乱及之矣。人函天地阴阳之气,有喜怒哀乐之情。天禀其性而不能节也,圣人能为之节而不能绝也,故象天地而制礼乐,所以通神明,立人伦,正情性,节万事者也。"② 以周公为代表的先王圣哲制礼,本乎人情而为之节文,不拘泥于模仿古例而违当世之宜,不因文字表述而失治情之实。"王者之政,贤能不待次而举,不肖不待须臾而废,元恶不待教而诛,中庸不待政而化。分未定也,则有昭穆。虽公卿大夫之子孙也,行绝礼仪,则归之庶人。遂倾覆之民,牧而试之。虽庶民之子孙也,积学而正身,行能礼仪,则归之士大夫。敬而待之,安则蓄,不安则弃。反侧之民,上收而事之,官而衣食之,王覆无遗。材行反时者,死之无赦,谓之天诛。是王者之政也。"③

(三)礼乐仁政,中华风教治政理想

《五经》同归,而礼乐之用尤急,古往今来,凡有为君王,"治定功成,礼乐乃兴。"以周公(姬旦)为代表的中国先哲王创设礼制,就是植根于爱敬天地,发乎心性而及于人事,将治心、轨物与范世之计,施行于人道善政,因循人之自然秩序而发乎人为性情,节文宣礼而别尊卑亲疏之序,触类旁通而申之于天地鬼神。而乐之所兴,在乎防欲,审音知政,观风变俗。"礼义立,则贵贱等矣。乐文同,则上下和矣。好恶著,则贤不肖别矣。刑禁暴,爵举贤,则政均矣。仁以爱之,义以正之,如此,则民治行矣。乐由中出,礼自外作,乐由中出,故静;礼自外作,故文。大乐必易,大礼必简。乐至则无怨,礼至则不争,揖让而治天下者,礼乐之谓也。"④ 中国古代统治者注意效法先王之道,主张名正言顺地施行礼乐仁政的深意,除了显见于外,并以国家公权力保障施行的社

---

① (汉)郑玄注,王锷点校:《礼记注》,中华书局2021年版,第485页。
② (清)皮锡瑞撰,吴仰湘编:《经学通论》,中华书局2015年版,第385页。
③ (汉)韩婴撰,朱英华整理,朱维铮审阅:《韩诗外传》,上海书店出版社2012年版,第81页。
④ (汉)郑玄注,王锷点校:《礼记注》,中华书局2021年版,第487页。

会治理成效外，便是指向民风敦厚、世风淳朴的政教化育，最终形成的中华风教文化制度。"至若号令之行，风教之出，先及于府，府以及州，州以及县，县及乡里。自上而下，由近及远。譬如身之使臂，臂之使指，提纲而众目张，振领而群毛理。"① 否则，为人君者虽有仁心仁闻，如果不依照先王之道，制定良法善治以行之，则难免庶民大众不得被其泽。"尧、舜之道，不以仁政，不能平治天下。今有仁心仁闻而民不被其泽，不可法于后世者，不行先王之道也。故曰：徒善不足以为政，徒法不能以自行。"② 礼致序而乐求和，事得其序则合礼，物得其和则称乐。反之，事不成则无序而不和，施之政事则皆失其道，礼乐不兴而刑罚不中，故"礼乐不兴，则刑罚不中；刑罚不中，则民无所措手足"。③

如果说周公出于长葆家国不坠的功利用心，站在平治天下的实用主义立场，面对仅靠修身养德不足以永享天命的认知质疑，以及单凭道德力量已经无法维系统治秩序的社会现实，不得已而制礼作乐。那么，"孔子抱圣人之心，彷徨乎道德之域，逍遥乎无形之乡。倚天理，观人情，明终始，知得失，故兴仁义，厌势利，以持养之。于是周室微，王道绝，诸侯力政，强劫弱，众暴寡，百姓靡安，莫之纪纲，礼仪废坏，人伦不理。于是孔子自东自西，自南自北，匍匐救之。"④ 以素王自许的孔子，显然超越了一般知识分子的认识高度，自觉以开万世太平的责任担当，为中华风教文化制度泽被大众鼓与呼。"是故昔先王之制礼也，因其财物而致其义焉尔。故作大事必顺天时。为朝夕必放于日月，为高必因丘陵，为下必因川泽。是故天时雨泽，君子达亹亹焉。是故昔先王尚有德，尊有道，任有能。举贤而置之，聚众而誓之。是故因天事天，因地事地。因名山，升中于天。因吉土，以飨帝于郊。升中于天，而凤凰降，龟龙假。飨帝于郊，而风雨节，寒暑时。是故圣人南面而立，而天下大治。"⑤ 自此以降，伴随着汉武帝罢黜百家而独尊儒术，不仅使儒家思想所推崇

---

① （元）脱脱等撰，中华书局编辑部点校：《宋史》（卷一百六十八），中华书局1985年版，第4005页。
② 方勇译注：《孟子》，中华书局2018年版，第128页。
③ （清）康有为著，楼宇烈整理：《论语注》，中华书局1984年版，第191页。
④ （汉）韩婴撰，许维遹校释：《韩诗外传集释》，中华书局1980年版，第165页。
⑤ （汉）郑玄注，王锷点校：《礼记注》，中华书局2021年版，第324—325页。

的"三纲五常"等普适规范深入每一户百姓人家,而且让更多的礼仪制度上升为国家礼制,成为历代皇朝敦厚民俗、教化国人的不坠家风。"昔周公勤劳王家,惟予幼人弗及知。今天动威以彰周公之德,惟朕小子其迎,中国家礼亦宜之。"① 绵延数百年以后,周末鲁国依然保有礼乐制度的原因,除了褒奖周公之德,毋庸置疑地成为礼乐仁政这一中华风教文化制度的历史明证。

三 宣明政教,礼制国风育民美俗的文化通途

(一)与西方文明所设计的哲学王治世模式不同,中华文化描绘的理想国,以礼制风行的壮美图景宣明政教

"大道之行也,天下为公。选贤与能,讲信修睦。故人不独亲其亲,不独子其子。使老有所终,壮有所用,幼有所长,矜寡孤独废疾者,皆有所养。男有分,女有归。货恶其弃于地也,不必藏于己;力恶其不出于身也,不必为己。是故谋闭而不兴,盗窃乱贼而不作,故外户而不闭,是谓大同。"② 尊崇儒家思想所设计的治国方略,中国古代最高统治者恪守礼制国风,在实现人的自由和全面发展目标方面,与西方圣哲柏拉图和苏格拉底追求符合至善理念的"城邦正义"殊途而同归。所不同的是,中国方案一开始便没有借助于心性概念的界定和理性逻辑推演,让拥有知识,具备智慧、正义和善心的哲学家治世以建立公正的理想国。相反,面对同样存在不少问题的社会现状,虽有"上古之世,民心纯朴,唯贤是授,揖让而治"的圣王祖训,但中国智慧却拒绝空想,始终着眼现实,直面"大道既隐,天下为家。各亲其亲,各子其子,货力为己。大人世及以为礼,域郭沟池以为固"③ 等人类社会发展的现实矛盾,秉持人以德立,君以德尊的君民治世之本,因循崇长推仁的人本善性,明于好治恶乱的国人之心,相信推仁则道足者宜君、恶乱则兼济者必王的实用法则,注意疏通和利用风教化俗在治国理政实践当中的官方途径,努力让庶民

---

① (汉)司马迁撰,(南朝宋)裴骃集解,(唐)司马贞索隐,(唐)张守节正义,中华书局编辑部点校:《史记》(卷三十三),中华书局1982年版,第1523页。
② (汉)郑玄注,王锷点校:《礼记注》,中华书局2021年版,第290页。
③ (清)刘沅著,谭继和、祁和晖笺解:《十三经恒解》(笺解本),巴蜀书社2016年版,第162页。

个人与国家社稷融合一体，激励着一代代中国人内修圣功而期外德为王。

（二）礼乐教化，古代统治阶级的国风制度选择

礼乐教化上升为政教制度，是以儒家思想为主脉的中华文化固本而王天下的政治制度设计。"修宪命，审诗商，禁淫声，以时顺修，使夷俗邪音不敢乱雅，大师之事也。修堤梁，通沟浍，行水潦，安水臧，以时决塞，岁虽凶败水旱，使民有所耘艾，司空之事也。相高下，视肥硗，序五种，省农功，谨蓄藏，以时顺修，使农夫朴力而寡能，治田之事也。修火宪，养山林薮泽草木、鱼鳖、百索，以时禁发，使国家足用，而财物不屈，虞师之事也。顺州里，定廛宅，养六畜，闲树艺，劝教化，趋孝弟，以时顺修，使百姓顺命，安乐处乡，乡师之事也。论百工，审时事，辨功苦，尚完利，便备用，使雕琢文采不敢专造于家，工师之事也。相阴阳，占祲兆，钻龟陈卦，主攘择五卜，知其吉凶妖祥，伛巫跛击之事也。修采清，易道路，谨盗贼，平室律，以时顺修，使宾旅安而货财通，治市之事也。抃急禁悍，防淫除邪，戮之以五刑，使暴悍以变，奸邪不作，司寇之事也。本政教，正法则，兼听而时稽之，度其功劳，论其庆赏，以时慎修，使百吏免尽，而众庶不偷，冢宰之事也。论礼乐，正身行，广教化，美风俗，兼覆而调一之，辟公之事也。全道德，致隆高，綦文理，一天下，振毫末，使天下莫不顺比从服，天王之事也。"[①]从荀子对各级官吏的执事分述当中，我们可以明显地看出，隆礼仪、审诗乐、重教化已经普遍成为其时社会统治者对行政职分的制度化安排。

但是，如果将中国古代千年因袭的国家礼制仅仅局限在朝堂之内，或高悬于沟通人神的天地之间，那就大错特错了。相反，正如全世界的人对中华民族普遍具备遵德守礼美德的赞同一样，我们在诟病封建礼制颇多繁文缛节的同时，不得不承认中国先民普遍具有的规矩意识，而对古代礼制政教肃然起敬。所以，自孔子发现春秋战国"礼崩乐坏"而"匍匐救之"开始，历代王朝对周礼的增减损益从来没有停止，总体上走出了一条与时俱进的去繁就简、开放包容的变革发展之路。"何以谓之王正月？曰：王者必受命而后王，王者必改正朔，易服色，制礼乐，一统于天下，所以明易姓非继人，通以己受之于天也。王者受命而王，制此

---

① 安小兰译注：《荀子》，中华书局2007年版，第94—95页。

乐以应变，故作科以奉天地，故谓之王正月也。"① 凡王朝更替，必求德政以兴天下。故"三代之相授，必更制典物……猷德保。保悟乎前，以小继大，变民示也"②。尤其是那些以小诸侯承继大母邦的开国皇帝，想要尽快安定前朝乱局，必须有改变人民视听与天命认同的新手段。表面上看，似乎根源于新政与变法势在必行，实际上，一切政教风化的目的，都是旨在固本而王天下。例如，历史沿革接续最靠近周代的秦汉王朝，对周礼的因袭特别是对先秦社会风俗的传承接续就很显见，"汉季应劭……夫四方风气，刚柔细大美丑，上下千古，历代不移，与天地终始，音律冥符，识其情者王，逸其轨者亡。故溯皇霸，以迫季世，循环互转，无殊五音。先王作乐，荐殷莫重祀典，朝野祭飨，亦各有属；东西南北，神鬼所向，纷然莫纪。其与覆载同灵者惟山泽，虽卷析为四，义归于一，良足为立政致治者之助……博学多识，撰风俗通，以辨物类名号，释时俗嫌疑，文虽不典，后世服其洽闻"③。政教化俗只有与时俱进，才能既解流俗之弊，又称当时人情，按经受礼品评事务，自然不能轻易有臆想之说。因此，出自官府的条教风化制度能够见效且传承不废，除了用国家机器强力推行外，根本的原因，自然是新礼制有利于国政风行。应劭身为太山太守之臣，有鉴于"秦皇焚书坑儒，六艺缺亡；高祖受命，四海乂安，往往于壁柱石室之中，得其遗文，竹帛朽裂，残阙不备。至国家行事，俗间流语，莫能原察；故三代遣䡅轩使者，经绝域，采方言，令人君不出户牖而知异俗之语耳"④。可见，历代贤达创制经世致用、世传不废的礼制典籍，便不仅仅是文化著述，更重要的在于助人君赓续王朝制度。

（三）教民成俗，古代王者治世圣功

论世而不考其风俗，则无以明人主之功。虽然人非生而知之者，但是区别于一般动物而成为万物主宰的人类，高明之处在于善学习，并能够站在前人已有生命经验的基础上创新认知和实践体悟。那些最先洞悉

---

① （汉）董仲舒著，（清）苏舆撰，钟哲点校：《春秋繁露义证》，中华书局1992年版，第185页。
② （清）王聘珍撰，王文锦点校：《大戴礼记解诂》，中华书局1983年版，第178页。
③ （汉）应劭撰，王利器校注：《风俗通义校注》，中华书局1981年版，第634页。
④ （汉）应劭撰，王利器校注：《风俗通义校注》，中华书局1981年版，第586页。

教以成人、学以成人本质规定性的，西方文明将其归功于上帝而人格化为先知。在教民化俗职责的划分方面，坚持"上帝的归上帝，恺撒的归恺撒"（Giveback to Ceasar what is Ceasar's and to God what is God's），使宗教与政权犹如井水不犯河水，世俗政府办学校、明辨思、兴文化，以成人知性的真、善、美德；宗教则通过超越世俗的先验信仰，以规范的教义、严密的教会、高度组织化的宗教践履启发心智来安顿人的灵魂。相反，中国人安身立命之所不是天国，而是家国。中华文化在解决这一人类终极发展需求时，把目光从宇宙天人之际，归敛聚焦回人之天命善性复真的生活理路上来，睿智而现实地赋予亿兆君师育民新人之职。"盖自天降生民，则既莫不与之以仁义礼智之性矣。然其气质之禀或不能齐，是以不能皆有以知其性之所有而全之也。一有聪明睿智能尽其性者出于其间，则天必命之以为亿兆之君师，使之治而教之，以复其性。此伏羲、神农、黄帝、尧、舜，所以继天立极，而司徒之职、典乐之官所由设也。"[①] 按照中国人的这一认识和设计的成人理念，一切培育新人的心性认知和制度安排，不仅不应该超然地加以虚构，而且应当因循人之当有的天命善性而推行风教。"圣王之教其民也，必因其情，而节之以礼，必从其欲，而制之以义，义简而备，礼易而法，去情不远，故民之从命也速。"[②] 不论专司教育的司徒之职和典乐之官，还是总理天下民生的帝王将相，所出调教律令和施政方案，都是圣王因人物之所当行者而品节诱导的结果。"昔者先王之化民也，以五方土地，风气所生，刚柔轻重，饮食衣服，各有其性，不可迁变。是故疆理天下，物其土宜，知其利害，达其志而通其欲，齐其政而修其教。故曰广谷大川异制，人居其间异俗。书录禹别九州，定其山川，分其坼界，条其物产，辨其贡赋，斯之谓也。周则夏官司险，掌建九州之图，周知山林川泽之阻，达其道路。地官诵训，掌方志以诏观事，以知地俗。春官保章，以星土辨九州之地，所封之域，以观妖祥。秋官职方，掌天下之图地，辨四夷八蛮九貉五戎六狄之人，与其财用九谷六畜之数，周知利害，辨九州之国，使同其贯。司徒掌邦之土地之图，与其人民之教，以佐王扰邦国，周知九州之域，广

---

① （宋）朱熹撰：《四书章句集注》，中华书局1983年版，第1页。
② （汉）韩婴撰，许维遹校释：《韩诗外传集释》，中华书局1980年版，第184页。

轮之数，辨其山林川泽丘陵坟衍原隰之名物，及土会之法。"① 在教民成俗的广泛性和风教目标的达成度上讲，中华文化创设的育人方略，不是政教分离，而是政教合一，中华文化育民新人的成效，不仅是修习者和教化方共同努力的结果，更是古代王者治世和教以成俗的圣功。

第二节 儒学德风

文化即生活，从长远的视角看，文化是人类发展历史长河中的水到渠成和自然选择的结果。一个国家或一个民族何以执拗地选择某种特定文化，其成因绝不是西方圣哲王实现理想国的绝对精神指引，也不是东方神仙皇帝的权柄定向，而是长期生长于某地的不同民族所能做出的应然而不失理性的历史抉择。同样，中国人选择儒家文化，绝不是董仲舒之流"罢黜百家，独尊儒术"的政治操弄，而是以孔子为代表的思想家们提炼总括出的中华民族共同思想精华，因为高度契合中国古代统治者家族治国理政目标与风教化俗追求，因而表现出更多的政治色彩，成为中国古代家风最具特色的社会文化环境。

一 儒学上位，中华民族理性而务实的文化选择

马克思主义认识论显示，在人类探究社会未知的历史过程中，特别是像轴心时代那样，集中发生影响长远的思想爆炸时，无数的个体意识相互摩擦冲撞、相互影响融合，最终会以民族或阶级心理的形式，形成兼收并蓄各方所长的认知合力。这个时候，以圣哲王指称的杰出人物，往往能最早把握社会思潮中新的东西，并由此首先觉察到历史演进的方向，如果有能力并出色地驾驭各个个体意识都有贡献的集体认知合力，能够及时抽象提炼出代表先进生产力的成套理论，就能成功地把原本散漫的群众意见集中起来，最终形而上为一种民族意识和社会共识。先秦儒家思想之所以能够位居独尊，就在于以孔子为代表的儒者，从先秦时期"百家争鸣、百花齐放"的群众思想万花筒中，敏妙地察觉到中国历

---

① （唐）魏徵等撰，中华书局编辑部点校：《隋书》（卷三十三），中华书局1973年版，第987页。

史演进的趋势，洞见到时代所需的文化营养，因而将中华民族认知社会历史的方家合力，转化为自觉凝练中华文明精神的文化使命，转识成智、化知识为德行，博采众长、集百家见解成一家之言。秉持"天人合一"的自然观为天地立心，依循修齐治平的成人逻辑为生民立命，以学而不厌诲人不倦的治学精神为往圣继绝学，遵从先王治世之道为万世开太平，准确反映着中华民族最深层的精神追求和独特的心理倾向，因而历史地成为中华民族共同的文化选择。若说秦皇"焚书坑儒"事件真实展现了古代统治者选择治世理论的自由与肆意，毋宁说大秦帝国短暂消亡的悲剧是其弃绝儒学思想导致的必然结果。前车之鉴，后事之师。继之后世的董仲舒，十分明了孔门儒学对中国人的意义和王朝治乱的价值所在。所以，在应答汉武帝（前156—87年）古今治道策问时，便以"教化不立而万民不正"[①]立论，申明教化风俗对平治天下的基础性作用，力谏"罢黜百家，独尊儒术"，让儒家思想真正上升为国家正式文化制度。董仲舒之举，史册所载，可谓悬壶济世而永世生辉。

"万民之从利也，如水之走下，不以教化堤防之，不能止也。古之王者明于此，故南面而治天下，莫不以教化为大务。立太学以教于国，设庠序以化于邑，渐民以仁，摩民以谊，节民以礼，故其刑罚甚轻而禁不犯者，教化行而习俗美也。圣王之继乱世也，扫除其迹而悉去之，复修教化而崇起之；教化已明，习俗已成，子孙循之，行五六百岁尚未败也。秦灭先圣之道，为苟且之治，故立十四年而亡，其遗毒余烈至今未灭，使习俗薄恶，人民凶顽，抵冒殊捍，熟烂如此之甚者也。……夫不素养士而欲求贤，譬犹不琢玉而求文采也。故养士之大者，莫大乎太学；太学者，贤士之所关也，教化之本原也。今以一郡、一国之众对，亡应书者，是王道往往而绝也。臣愿陛下兴太学，置明师，以养天下之士，数考问以尽其材，则英俊宜可得矣。今之郡守、县令，民之师帅，所使承流而宣化也；故师帅不贤，则主德不宣，恩泽不流。今吏既亡教训于下，或不承用主上之法，暴虐百姓，与奸为市，贫穷孤弱，冤苦失职，甚不称陛下之意；是以阴阳错缪，氛气充塞，群生寡遂，黎民未济，皆长吏

[①]（汉）班固著，（唐）颜师古注，中华书局编辑部点校：《汉书》，中华书局1962年版，第2503页。

不明使至于此也！……今师异道，人异论，百家殊方，指意不同，是以上无以持一统，法制数变，下不知所守。臣愚以为诸不在六艺之科、孔子之术者，皆绝其道，勿使并进，邪辟之说灭息，然后统纪可一而法度可明，民知所从矣！"①

中华民族五千年繁盛不衰的文明史，足以坚定我们对中华文化的高度自信；中华文化育民新人的千年风教传统，足以证明中国古代统治者选择以儒家思想为指导的政治高明。崇古不泥古，守正不守旧。创造性转化和创新性发展现代家风，仅就汲取以儒学思想为主脉的中华优秀传统文化和博大精深的中华优秀家风实践经验而言，一方面，礼敬中华民族文明，必须坚持历史与逻辑相一致的研究方法，厘清中华优秀传统风教文化的理论与包括家风化育在内的实践样法，为创新现代家风建设提供以古鉴今的文化滋养；另一方面，传承中华优秀家风文化，必须批判和摒弃以儒家伦理纲常和君王天下观为道德规范、以助人君明教化而推行家风实践的封建主义糟粕，克服儒家思想旧有的三纲五常封建伦理、等级森严政治理念、封闭保守家族观念、迷信说教等腐朽落后的家风思想影响，将马克思主义家庭建设和家教理论同包括中华民族传统家庭美德、红色革命文化、社会主义核心价值观相结合，共同开启爱国爱家、相亲相爱、向上向善、共建共享的社会主义家风文化新纪元。

二 儒学德风，中国古代风教学统

儒家学说从产生之初的百家争鸣与游说列国中发展成长，经过秦皇"焚书坑儒"的历史遭遇而凤凰涅槃、浴火重生，到汉武皇朝罢黜百家获得独尊高位，既不是偶然的文化事件，也不是汉代君王的权宜之计，而是中国古代历史的必然选择，以及古代家国同构政治制度的文化特质所决定的。换言之，如果说儒家文化以其博大精深，为中国人构建起了不可别离的精神家园，那么，儒家思想还以其经世致用的治世智慧，为古代统治者家族推行政教国风提供了思想指引。历史的铁证告诉我们，儒学上升为中华政教国风的指导思想，也并非轻而易举、一蹴而就，而是

---

① （清）熊赐履撰，徐公喜、郭翠丽点校：《学统》，凤凰出版社2011年版，第191—192页。

经受住了历史和实践的考验,并且在与时俱进的自我革新和开放包容的发展完善当中,不断成长并获得信任的。一般而言,人们选择某种思想或原则作为自己的行动指南,实际上也就对他们所选择的思想或原则做出了信守的承诺,并在实践中表现为实现这个信仰而自觉自为的生活践履。按照历史的逻辑考察,儒学思想不仅旧有秦皇焚书坑儒的颠覆性挑战,而且自获得独尊地位以来,紧接着遭到魏晋玄学的冲击,立足未稳便遭受冷遇。"盖今之儒者,本因古之六学,以弘风正俗,斯则王政之所先也。自秦氏坑焚,其道用缺。及汉武帝时,开设学校,立五经博士,置弟子员,射策设科,劝以官禄,传业者故益众矣。……当天监之际,时主方崇儒业,如崔、严、何、伏之徒,前后互见升宠。于时四方学者,靡然向风,斯亦曩时之盛也。自梁迄陈,年且数十,虽时经屯蹶,郊生戎马,而风流不替,岂俗化之移人乎。古人称上德若风,下应犹草。美矣,岂斯之谓也。"① 梁武帝萧衍(464—549 年)发现"魏晋浮荡"的根子在于"儒教沦歇",所以在天监四年(505 年)下诏大兴儒术,崇师重道,一时间四方学者靡然向风,崇儒之效较为明显。正如孟子所言:"上有好者,下必有甚焉者矣。"②"上好礼,则民莫敢不敬;上好义,则民莫敢不服;上好信,则民莫敢不用情。"③ 梁武帝出风教奇招,再次重申儒学的指导思想制度,故而使南朝社会风气和思想文化发生了大变动,也深深触动了其子昭明太子,后来成为他组织文人共同编选《昭明文选》、推行儒学文风的根本动因。

《昭明文选》的文学价值,学界早有定论,然而,《昭明文选》所续接的儒家风教精神,却很少被重视,至少可以透视出统治者对儒术独尊制度的不同考量。萧统(501—531 年)所做文选序言,将历世名家诗文界定为"孝敬之准式,人伦之师友"④,"若夫姬公之籍,孔父之书,与日月俱悬,鬼神争奥,孝敬之准式,人伦之师友,岂可重以芟夷,加之剪截?老、庄之作,管、孟之流,盖以立意为宗,不以能文为本。今之

---

① (唐)李延寿撰,中华书局编辑部点校:《南史》,中华书局 1975 年版,第 1729—1757 页。
② 方勇译注:《孟子》,中华书局 2018 年版,第 88 页。
③ 陈晓芬、徐儒宗译注:《论语 大学 中庸》,中华书局 2015 年版,第 152 页。
④ (清)章学诚著,叶瑛校注:《文史通义校注》,中华书局 1985 年版,第 585 页。

所撰，又以略诸"①。萧统推崇的理想诗文选择标准，既要有词采精拔的华美文采，又要符合儒家正统"风教"思想。"夫文典则累野，丽亦伤浮。能丽而不浮，典而不野，文质彬彬，有君子之致。"② 萧统尊经的深意，如果抛开选文的"事出于沉思，义归乎翰藻"与"综缉辞采""错比文华"美文标准，那么，以文化人的风教选文依据则更加彰显。尤其值得关注的是，从历史演变的角度看，诗词章句的文采可变，但好的文章当遵从儒家之道，所内含的风教精神"与日月并悬"、永世长存，说明诗文表现在道德方面的准则法式，是人伦领域的益师良友，自然不可以删削和剪裁。最为异乎寻常的反例，萧统《文选》破例收录陶渊明九篇诗作，其力排众议之旨可见于序言："尝谓能读渊明之文者，驰竟之情遣，鄙吝之意祛。贪夫可以廉，懦夫可以立，岂止仁义可蹈，亦乃爵禄可辞。不劳复傍游泰华，远求柱史，此亦有助于风教尔。"③ 高蹈仁义，"以德治国"，是儒家之常训；傍游泰华，"纵浪大化"，为学仙者之通言；远学柱史，"垂裳而治"，乃避世遁迹者之代称。萧统表面上将儒、道及佛一概葳如，然高出此三家却又能统摄大义者，维"仁""孝"之儒学圣教而已，在萧统看来，陶渊明"大贤笃志，与道污隆"有"靖节"，崇尚乡居生活，讴歌劳动和躬耕自给，加之"文章不群，词彩精拔，跌宕昭彰，抑扬爽朗，语时事指而可想，论怀抱旷而且真"，淡泊名利、安贫乐道，饱含儒家正统思想，故可作治政风教之高标，使"率土之滨，皆纯此化"，则当政者"坐致太平"之想指日可待。

三 儒学思想，为君子德风塑造理想人格设定逻辑理路

（一）在儒学思想指导下的中国，道德是支撑国家存续的心灵梁柱，也是充斥国人头脑的文化基础

"德，国家之基也。"④ 中国人最深刻了解、最下功夫用心臻至完善的宝贵精神财富就是道德。"是故君子先慎乎德。有德此有人，有人此有

---

① （南朝梁）萧统编，（唐）李善注：《文选》（一），上海古籍出版社2019年版，第1页。
② （南朝梁）萧绎撰，许逸民校笺：《金楼子校笺》，中华书局2011年版，第1426页。
③ （晋）陶渊明著，逯钦立校注：《陶渊明集》，中华书局2018年版，第1页。
④ （清）吴楚材、吴调侯编，钟基等译注：《古文观止》，中华书局2011年版，第88页。

土，有土此有财，有财此有用。德者，本也；财者，末也。"① 在这种精神力量的支配下，中国人历来重视对人的伦理德行培养。立德树人，既是以儒学思想为主脉的中华文化育人的根本任务，也是君子德风塑造理想人格的逻辑理路。从教化人的实践角度看，"德者，得其性也。"② 人之德行就是得从"天命"而来的自然善性，所以《礼记》有言："天命之谓性，率性之谓道，修道之谓教。"③ 教化新民就是因人循其天命善性之所当行者而品节诱导，以存养扩充人的德行或善性。正是从儒学实现立德树人根本任务的历史功绩上讲，中华文化之所以能够数千年保持繁盛而不衰，最终成为世界上唯一历经五千多年绵延发展，至今仍然生生不息的文明遗存，其蓬勃发展的生命源泉，除了文化本身具有的确立精神价值和人生意义、生发学统道统思想和建国君民治世理想等社会心理和精神传承基因外，关键在于儒家文化能够成功有效地辈出人才。将儒学思想的代表人物孔子所倡导的"君子之德风，小人之德草。草上之风，必偃"④ 的君子德风育人箴言，自觉落实在那些学贯古今而兼通文武的志士贤哲的自觉行动上，学而不厌，诲人不倦，便成为君子德风塑造理想人格的历史逻辑。一方面，展现为中国古代有识之士特别是人类文明大爆发"轴心时代"的有德先哲，抱着"为天地立心、为生民立命、为往圣继绝学、为万世开太平"⑤ 的爱国精神和家国情怀，自觉树立起重道义和勇担当的以德树人强烈社会责任感。另一方面，君子修德垂范之风，所具有的感动而无所不被的化育品格，落实在这些明君先哲秉持内外如一、言行一致，主动投身以文化人的历史大潮，自觉地以"天之生此民也，使先知觉后知，使先觉觉后觉也。予，天民之先觉者也；予将以斯道觉斯民也"⑥ 的崇高觉悟和责任担当，遵奉讲仁爱、重民本、守诚信、崇正义、尚和合、求大同的社会核心价值观念，行由仁义，勇敢担当起

---

① 陈晓芬、徐儒宗译注：《论语　大学　中庸》，中华书局2015年版，第276页。
② （晋）郭象：《皇侃论语义疏引》，上海古籍出版社1993年版，第214页。
③ （明）张岱著，朱宏达点校：《四书遇》，浙江古籍出版社2017年版，第21页。
④ 陈晓芬、徐儒宗译注：《论语　大学　中庸》，中华书局2015年版，第146页。
⑤ 孙林译注：《菜根谭》，中华书局2022年版，第352页。
⑥ 方勇译注：《孟子》，中华书局2018年版，第186页。

明德新民的教化重任，入则庭训①施教于家，出则设馆授徒而成教于国，共同扇动起育民新人的君子德风。

（二）以德治国，亿兆君师儒教天下的政治实践

统观中华文化所确立的价值体系，人无疑是最重要的社会道德存在，儒家思想之所以能独尊于天下，并反映在历代君王重视社会风教的行政现实当中，就是因为中国古代最高统治者心悦诚服地接受儒学设定的以德治国实践理路，而且在施政方略当中明确支持儒家强调的民本思想和政教观念。"自天降生民，则既莫不与之以仁义礼智之性矣。然其气质之禀或不能齐，是以不能皆有以知其性之所有而全之也。一有聪明睿智能尽其性者出于其间，则天必命之以为亿兆之君师，使之治而教之，以复其性。此伏羲、神农、黄帝、尧、舜，所以继天立极，而司徒之职、典乐之官所由设也。"②人一经天地交融化生，便与生俱来地赋予其天命善性，面对因自然禀赋差异导致每个人无法都能知其本性而保全它的情况下，明于君师天命职分的"先王见教之可以化民也，是故先之以博爱而民莫遗其亲；陈之于德义而民兴行；先之以敬让而民不争，导之以礼乐而民和睦，示之以好恶而民知禁"③。正如《诗经》所言民谣："赫赫师尹，民具尔瞻。""此谓一言偾事，一人定国。尧、舜率天下以仁，而民从之。桀、纣率天下以暴，而民从之。其所令反其所好，而民不从。"④与此王道化生与政治建构的社会人事角色相适应，身处社会教化人际关系当中的每一个中国人，便顺乎天理而又合乎逻辑地将高居庙堂之上的人主天子，公认为"亿兆之君师"，尊奉为君子德风的最先行代表，由此也激励着一代代帝王隆礼重教、以德治国。

---

① 陈晓芬、徐儒宗译注：《论语 大学 中庸》，中华书局2015年版，第204页。《论语卷八·季氏第十六》载："陈亢问于伯鱼曰：'子亦有异闻乎？'"孔丘之子伯鱼对曰："未也。尝独立，鲤趋而过庭。曰：'学诗乎？'对曰：'未也。''不学诗，无以言。'鲤退而学诗。他日又独立，鲤趋而过庭。曰：'学礼乎？'对曰：'未也。''不学礼，无以立。'鲤退而学礼。闻斯二者。"陈亢退而喜曰："问一得三，闻诗，闻礼，又闻君子之远其子也。'"这就是著名的"庭训"，当属最典型的家训场景式展现。

② （宋）朱熹撰：《四书章句集注》，中华书局1983年版，第1页。

③ （宋）陈旸撰，张国强点校：《〈乐书〉点校》，中州古籍出版社2019年版，第386页。

④ （汉）郑玄注，王锷点校：《礼记注》，中华书局2021年版，第789页。

一方面，育才造士，为国之本；建国君民，教学为先。这不仅是完成君师天命职分的目标昭示，也是促动中国古代大众无人不学的社会政治动因。那些身为帝王左膀右臂而供职官府的仕宦君子，"其所以为教，则又皆本之人君躬行心得之余，不待求之民生日用彝伦之外，是以当世之人无不学"①。这样一来，一个由最高统帅领衔的风教集团，积极应对"周虽旧邦，其命维新"的挑战，带领和组织有德君子为各自生活的时代建构道德原则，为我所用的传统文化注疏解说，为人民大众确定人生方向，为万世开拓太平基业。同时，以国之大者号令天下通过学习、教育和修养来塑造各自的德行人格，以升官晋爵鼓励有德君子担当起助推风教的使命，尊奉"人皆可以为尧舜"和"涂之人可以为禹"的"有教无类"平等施教理念，倡导用仁义礼智信为教化内容，忠于皇朝教民化俗行政使命，借鉴天地至诚无息而万物各得其所之化育神功，坚持教人各因其才，以先王之治确保官府德风化育功效。

另一方面，坚持教以成人，不仅是古代敦厚风教的官位职分，也是那些学优则仕、深谙儒学之道的君子德风化育的自觉担当。"圣人，百世之师也，伯夷、柳下惠是也。故闻伯夷之风者，顽夫廉，懦夫有立志；闻柳下惠之风者，薄夫敦，鄙夫宽。奋乎百世之上，百世之下，闻者莫不兴起也。"② 常念天下之民和匹夫匹妇还有不被尧舜之泽、未能享受其朝皇恩者，就像是自己推其入罪恶深渊的贤臣良将们，便自觉担当起修身以安百姓的风教重任。

因此，中国古代社会的儒林之官，无不温故知新、学兼古今，经明行修、通达国体，大多以博士著称而致力于社会风教。例如，东晋成帝散骑常侍袁瓌"于时丧乱之后，礼教陵迟"而儒林之教颓，庠序之礼阙，国学索然，坟籍莫启而有心之徒抱志无由的现象，上疏力呈教民化俗之策："臣闻先王之教也，崇典训以弘远代，明礼学以流后生，所以导万物之性，畅为善之道也。宗周既兴，文史载焕，端委垂于南蛮，颂声溢于四海，故延州聘鲁，闻《雅》而叹；韩起适鲁，观《易》而美。何者？立人之道，于斯为首。孔子恂恂以教洙、泗，孟轲系之，诲诱无倦，是

---

① （宋）朱熹撰：《四书章句集注》，中华书局1983年版，第1页。
② 方勇译注：《孟子》，中华书局2018年版，第290页。

以仁义之声于今犹存，礼让之节时或有之。"① 崇典训而明礼学，此先王之教以示后生，道万物之性而通为善之道，在袁环的呼吁下，国学又开始兴起。中华民族兴旺全球的汉唐盛世，国力强盛与文化的繁荣是分不开的，透过史书所记，可以清晰地看出其时官方重视教育、注重以文化人的制度安排和社会风气。"古称儒学家者流，本出于司徒之官，可以正君臣，明贵贱，美教化，移风俗，莫若于此焉。故前古哲王，咸用儒术之士，汉家宰相，无不精通一经，朝廷若有疑事，皆引经决定，由是人识礼教，理致升平。近代重文轻儒，或参以法律，儒道既丧，淳风大衰，故近理国多劣于前古。自隋氏道消，海内版荡，彝伦攸斁，戎马生郊，先代之旧章，往圣之遗训，扫地尽矣。及高祖建义太原，初定京邑，虽得之马上，而颇好儒臣。……宜令有司于国子学立周公、孔子庙各一所，四时致祭。仍博求其后，具以名闻，详考所宜，当加爵士。是以学者慕向，儒教聿兴。"②

(三) 育德成圣，君子德风立己达人的目标追求

在儒学充斥的中华文化语境当中，圣人设教，本由劝勉自励。"天生之，地载之，圣人教之。君者，民之心也，民者，君之体也；心之所好，体必安之；君之所好，民必从之。故君民者，贵孝悌而好礼义，重仁廉而轻财利，躬亲职此于上而万民听，生善于下矣。"③ 与此相适应，不论是人丁稀少的上古时期，还是民众富庶的太平盛世，凡有识之士无不主张以赤子之心隆重风教，保民富民安民。其中，最具贡献力量和决定性质的代表性人物，当数清明有为的社会最高统治者。"故君子之教喻也，道而弗牵，强而弗抑，开而弗达。道而弗牵则和，强而弗抑则易，开而弗达则思。和易以思，可谓善喻矣。"④ 我们在批判皇权神授思想的同时，应该看到封建帝王长时间执政背后，是中华文化的弹性韧劲和与时俱进

---

① (唐) 房玄龄等撰，中华书局编辑部点校：《晋书》(卷八十三)，中华书局1974年版，第2166—2167页。
② (后晋) 刘昫等撰，中华书局编辑部点校：《旧唐书》(卷一百八十九上)，中华书局1975年版，第4939—4940页。
③ (汉) 董仲舒著，(清) 苏舆撰，钟哲点校：《春秋繁露义证》，中华书局1992年版，第320页。
④ (汉) 郑玄注，王锷点校：《礼记注》，中华书局2021年版，第477页。

的不竭生命力量。客观地讲，作为社会治理的根本政治制度，封建王朝能够绵延数千年，历史的铁证告诉我们，帝王之制毋庸置疑是有效的。其成功的原因，除了打江山的开国皇帝以力相争外，坐守天下的继位者通过坚持内修德行而勤于政事，注意利用合理性说教确立自己承续天命的合法身份，尊崇有利于维护封建帝制的儒家文化，选任那些能够保家卫国的勇士，完善好国家机器并差序起用励精图治的各级官吏，功不可没。"天地养万物，圣人养贤以及万民。"①

儒家思想提出的诸如圣人、君子、贤人、成人、醇儒、豪杰、大人、大丈夫等理想人格，激励着无数志士仁人恪守各种道德规范，实践着各自求真、向善、爱美的人生理念，努力提升自己的人格修养水平的同时，不忘担当施教使命。"子适卫，冉有仆。子曰：'庶矣哉！'冉有曰：'既庶矣，又何加焉？'曰：'富之。'曰：'既富矣，又何加焉？'曰：'教之。'"② 这是重民本、尚民风的中国先圣最著名的教化论断。对于百姓而言，如果富而不教，则几近于禽兽，何谈风操。于是乎，凡以德立身的儒者不仅坚持"吾日三省吾身：为人谋而不忠乎？与朋友交而不信乎？传不习乎？"③ 自警自励，而且教人明白，"君子有三畏：畏天命，畏大人，畏圣人之言"④。否则，一如小人不务修身诚己，不知天命而不畏；抑或无所忌惮，侮狎圣人之言，何谈风教。因此，以救世于水火的君子德风，上应天时，下明人事，通过建构礼乐制度和维护道德规范的不懈努力，不仅保持着社会风气不坠于世，而且为人们提供了时代所需的文化营养，对于教以成人和化民成俗，功莫大焉。

四 科举选士，巩固儒学一统文化地位

与上古三代"天道无常，惟德是辅"君权神授天命观念相一致，春秋战国时期，通过世卿、世禄制度选用官吏，自战国后期到秦一统天下，"仕进之途唯辟田与胜敌而已"⑤。其后绝大部分王朝统治时期都很看重科

---

① 杨天才、张善文译注：《周易》，中华书局2018年版，第249页。
② 陈晓芬、徐儒宗译注：《论语 大学 中庸》，中华书局2015年版，第154页。
③ 陈晓芬、徐儒宗译注：《论语 大学 中庸》，中华书局2015年版，第8—9页。
④ （明）张岱著，朱宏达点校：《四书遇》，浙江古籍出版社2017年版，第308页。
⑤ （唐）杜佑撰，王文锦等点校：《通典》，中华书局1988年版，第310页。

举选士以及继任后嗣的修养与德行。与其说是儒学衍生出科举制，通过学优则仕降低了古代先民入世为官的门槛，同时推动了唯有读书高品位的教育下移而惠及普通大众，毋宁说是自隋炀帝杨广（569—618年在位）开始，出于维护封建专制统治的进士科举，以其选考儒家经典而捆绑和成就了儒学一统的崇高地位。一花独放不是春，百花齐放春满园。不论站在批判地继承中华传统文化，还是传承中华家风精神的立场，我们都必须一分为二地看待科举选士制度对儒家思想的推崇意义，这一沿用近两千年历史的选官制度，在保障封建帝制后继有人的同时，却严重束缚了春秋战国时期萌发的"百家争鸣、百花齐放"学术和思想发展自由，值得我们深思和严加防范。

中华文化的人学宗旨，反映在古代选官用人这一国之大事上，总体坚持兴国以人才为本的选贤任能方略，在弘扬儒学精神积极发展教育的同时，不断探索和完善儒家倡导的忠孝、仁义、才学等为标准的选官制度。汉代王朝为了通过中央集权实现国家统治目标，部分沿袭秦制的同时，建立和发展出一整套包括察举、皇帝征召、官府州郡辟除、大臣举荐、考任、纳资等多种方式并存的选士科举制度。"建初八年十二月己未，诏书辟士四科：一曰德行高妙，志节清白；二曰经明行修，能任博士；三曰明晓法律，足以决疑，能案章覆问，文任御史；四曰刚毅多略，遭事不惑，明足照奸，勇足决断，才任三辅令。皆存孝悌清公之行。自今已后，审四科辟召，及刺史、二千石察举茂才尤异孝廉吏，务实校试以职。"[①] 对儒家思想的推崇，让汉代以"乡举里选"为主的选官制度，有着"举孝廉"的儒道特色，也为形成重德行而以孝治天下的社会风尚提供了制度保障。魏晋时期的"九品中正制"，部分沿用汉制，选官时，依据人的才德声望分定（上上，上中，上下，中上，中中，中下，下上，下中，下下）九个等级，然后按品级举荐和授官。

自隋炀帝始设进士之科举选士制度以来，幼能就学，长而博文，不涉诸家之集，大考仅就明经填帖而僭越孔门之道，朝堂公卿以此待士，家庭长老以此垂训，儒道再次遇冷。唐肃宗（711—762年）初年，有鉴

---

① （南朝宋）范晔撰，（唐）李贤等注，中华书局编辑部点校：《后汉书》，中华书局1965年版，第176页。

于安史之乱,针对贡举重才智而轻德行、争尚文辞而败俗伤教之弊,接受杨绾上疏而钦定选士必借贤良国策。"夏之政尚忠,殷之政尚敬,周之政尚文,然见文与忠敬,皆统人之行也。是故前代以文取士,本行也,则词以观行,则及词也。宣父称'颜子不迁怒,不贰过',谓之'好学'。至乎修《春秋》,则游、夏不能措一辞,不亦明乎!间者礼部取人,有乖斯义。试学者以帖字为精通,而不穷旨义,岂能知迁怒贰过之道乎?考文者以声病为是非,唯择浮艳,岂能知移风易俗化天下之事乎?是以上失其源,下袭其流,乘流波荡,不知所止,先王之道,莫能行也。夫先王之道消则小人之道长,小人之道长则乱臣贼子由是出焉。臣弑其君,子弑其父,非一朝一夕之故,其所由来者渐矣。渐者何?儒道不举,取士之失也。夫一国之事,系一人之本,谓之风。赞扬其风,系卿大夫也。卿大夫何尝不出于士乎?今取士,试之小道,不以远者大者,使干禄之徒,趋驰末术,是诱导之差也。所以禄山一呼,四海震荡,思明再乱,十年不复。向使礼让之道弘,仁义之风著,则忠臣孝子比屋可封,逆节不得而萌也,人心不得而摇也。"[①] 遵从先王之道,就是尊奉儒家思想,主张依古制乡举里选,兼广兴学校以弘训诱,取孝友纯备而言行敦实,居常育德而动不违仁者。回归儒家思想指引,开启了科举与察举兼备、举贤选能、率己从政而化人、镇俗、入仕的综合选官制度,也让儒学一统的制度更加巩固。

第三节 庠序学风

一 庠序学风,古代官学教化风标

教育是人类的文化延续形式,现实地表现为生发和传递生产生活经验的实践样法,教育不仅通过人类劳动学会直立行走和语言交流,促生大脑,实现了人类进化质的飞跃而与动物彻底区分开来,而且通过有目的、有组织的学校教育训练技能、培育思想品德,为特定社会或阶级培养了有用的人才。庠序学校,古代国家所设专司教化的官方机构。在中

[①] (后晋)刘昫等撰,中华书局编辑部点校:《旧唐书》(卷一百一十九),中华书局1975年版,第3432—3433页。

国人的理念当中,"学堂,风教所聚"①。如果说"德才兼备"是全球通行的人才培养标准,那么,以道德立论的古代中国,以统治者家族为主设立庠序学校的目的,既要为国家育才,更强调以德为先。"儒为教化之本,学者之宗,儒教不兴,风俗将替。"② 崇儒尚学,严正风教,是中华民族数千年发展的历史长河中,从未中断的以文化人实践范式。面对自然环境和长葆王朝统治的严峻挑战,中国先哲更是无比清醒地认识到,国将兴,必贵师而重傅,贵师而重傅,则风教隆盛,理道同归而先生为上,化人成俗必务于学。正因如此,凡太平治世,国家必建立学校以兴行教化,作育人才,以期风教修明,贤能蔚起。自古俊秀之士皆从此途,贵游子弟罔不受业,尽师道而修文行忠信之化,崇中庸孝友之德,始终成为古代教以成人和学以成人的官方正式教育制度。

纵观数千年中华文明演进的历史,中国早期比较原初的育儿状况,虽然囿于文献和实物资料缺乏,我们无法准确掌握,甚至对上古三代的教育,今人依然无法详知底细。但是,从少量已知的历史文献和实物考证,自从禹夏定国以后,首封帝尧之子丹朱于唐,改封帝舜之子商均于虞,其视学养老制度基本与尧舜时期相似,只是名称与仪式有变。夏禹

---

① (南朝梁)沈约撰,中华书局编辑部点校:《宋书》,中华书局1974年版,第944页。
② (后晋)刘昫等撰,中华书局编辑部点校:《旧唐书》(卷八十一),中华书局1975年版,第2752页。关于儒学,有通儒之学,有俗儒之学。学者将以明体适用也,综贯百家,上下千载,详考其得失之故,而断之于心,笔之于书,朝章、国典、民风、土俗,原原本本,无不洞悉,其术足以匡时,其言足以救世,谓之通儒之学。雕琢辞章,缀辑故事,或高谈而不根,或剿说而无当,浅深不同,则为俗学。"儒学——作为一个抽象的概念,所指的是轴心时代发生、发展于中国而后走向世界的儒学哲学、儒家思想、儒家道德以及在中国文化史上发挥出了不可替代的历史意义的儒家话语体系。"(顾士敏:《中国儒学导论》,云南大学出版社2007年版,第200页)在中华文明演进的历史长河中,将儒学称为"儒教"的原因,一方面,彰显出儒学对中华民族人文教化的重要作用;另一方面,将儒、释、道三家构成中华优秀传统文化的思想精髓统称"三教",除了区别于"九流"杂说外,传递出非同一般的强调和凸显之意,是对儒学政治教化作用的泛宗教化界定。尤其是儒学东渐,传入日本、韩国等东南亚地区,人们惯用儒教称谓。实际上,相较于有宗有教的宗教而言,虽然都是主观信仰"宇宙本源",但是一宗之教旨不仅有特定的仪轨,而且依宗起教信仰上帝。中国人称儒学为"儒教""孔教""圣教",是以儒家思想为最高信仰,只言教而不合称宗教,因而不是宗教。同样,中国古代儒释道"三教",最本质的共同特征都是为人自信自主,文化教旨全部指向让人如何成圣、成佛、成仙,所有教化结果都依赖于自身心性修养的功夫,从而以敏妙的人生智慧,通过追求个体人格的完善实现自我,给中国人设定了一个安身立命的终极人生方案。

定国学：太学东序在国中，小学西序在西郊；夏禹定乡学：四野乡学为校。相较而言，尧舜时学制分上庠与下庠，育民新人重在养国子；夏禹称序，意在习射。所以古有"尧舜贵德，夏后氏尚功"①之说，开启了中华民族"立德树人"学校教育的历史先河。自此以降，中国古代通称的建制性质的教育形式为庠、序、学、校便成形。为民父母的最高统治者，莫不"设为庠序学校以教之。庠者，养也。校者，教也。序者，射也。夏曰校，殷曰序，周曰庠，学则三代共之，皆所以明人伦也。人伦明于上，小民亲于下。有王者起，必来取法，是为王者师也。诗云'周虽旧邦，其命惟新'，文王之谓也"②。追求国泰民安、社会祥和，是所有圣哲明君共同的祈愿；既富而教，家给人足而民人淳厚，招徕远人而安黎庶，不仅表现为古代统治者对设学校教胄子的重视，而且自上而下建立起通行整个古代封建社会的官学教化制度。

  古之王者，太子乃生，固举之礼，使士负之。有司斋，夙兴，端冕，见之南郊，见之天也。过阙则下，过庙则趋，孝子之道也。故自为赤子时，教固以行矣。昔者，周成王幼，在襁褓之中，召公为太保，周公为太傅，太公为太师。保，保其身体；傅，傅其德义；师，导之教顺，此三公之职也。于是为置三少，皆上大夫也。曰少保、少傅、少师，是与太子宴者也。故孩提，三公三少固明孝仁礼义以导习之也。逐去邪人，不使见恶行。于是比选天下端士孝悌闲博有道术者，以辅翼之，使之与太子居处出入；故太子乃目见正事，闻正言，行正道，左视右视，前后皆正人。夫习与正人居，不能不正也；犹生长于楚，不能不楚言也。故择其所嗜，必先受业，乃得当之；择其所乐，必先有习，乃得为之。孔子曰："少成若性，习惯之为常。"此殷、周之所以长有道也。及太子少长，知妃色，则入于小学，小者所学之宫也。学礼曰：帝入东学，上亲而贵仁，则亲疏有序，如恩相及矣。帝入南学，上齿而贵信，则长幼有差，如民不

---

① （汉）郑玄注，王锷点校：《礼记注》，中华书局 2021 年版，第 615 页。书中《祭义》所载："昔者有虞氏贵德而尚齿，夏后氏贵爵而尚齿，殷人贵富而尚齿，周人贵亲而尚齿。"
② （明）张岱著，朱宏达点校：《四书遇》，浙江古籍出版社 2017 年版，第 398—399 页。

诬矣。帝入西学，上贤而贵德，则圣智在位，而功不匮矣。帝入北学，上贵而尊爵，则贵贱有等，而下不逾矣。帝入太学，承师问道，退习而端于太傅，太傅罚其不则，而达其不及，则德智长而理道得矣。此五义者既成于上，则百姓黎民化辑于下矣。学成治就，此殷周之所以长有道也。及太子既冠，成人，免于保傅之严，则有司过之史，有亏膳之宰。太子有过，史必书之。史之义不得不书过，不书过则死；过书而宰彻去膳。夫膳宰之义，不得不彻膳，不彻膳则死。于是有进膳之旒，有诽谤之木，有敢谏之鼓，鼓史诵诗，工诵正谏，士传民语，习与智长，故切而不攘，化与心成，故中道若性。①

二 学优则仕，古代官学制度的主导思想，成为家风育人的价值风标

"学而优则仕"的鲜明功利特性，在很大程度上为中国古代官本位思想奠定了实用主义价值基础，也让选官制度与兴学办校紧密联系在一起。"汉武帝时，开设学校，立五经博士，置弟子员，射策设科，劝以官禄，传业者故益众矣。其后太学生徒，动至万数，郡国黉舍，悉皆充满，其学于山泽者，或就而为列肆焉。故自两汉登贤，咸资经术。洎魏正始以后，更尚玄虚，公卿士庶，罕通经业。时荀顗、挚虞之徒，虽议创制，未有能易俗移风者也。自是中原横溃，衣冠道尽。逮江左草创，日不暇给，以迄宋、齐，国学时或开置，而劝课未博，建之不能十年，盖取文具而已。是时，乡里莫或开馆，公卿罕通经术，朝廷大儒，独学而弗肯养众，后生孤陋，拥经而无所讲习。大道之郁也久矣乎。……天监四年，乃诏开五馆，建立国学，总以五经教授，置五经博士各一人。于是以平原明山宾、吴郡陆琏、吴兴沈峻、建平严植之、会稽贺场补博士，各主一馆。馆有数百生，给其饩廪，其射策通明经者，即除为吏，于是，怀经负笈者云会矣。"②

虽然很多中国先哲对此不齿，坚持认为科举必经学校，而学校起家

---

① （清）王聘珍撰，王文锦点校：《大戴礼记解诂》，中华书局1983年版，第49—53页。
② （唐）李延寿撰，中华书局编辑部点校：《南史》，中华书局1975年版，第1729—1730页。

不仅仅为了科举应试。如明代就将学校分为两类：一类为国学，另一类为府、州、县学。二者最大的区别，在于府、州、县学诸生入国学者，方可得官，不入国学者，则不能得官。元明时期"选举之法，大略有四：曰学校，曰科目，曰荐举，曰铨选。学校以教育之，科目以登进之，荐举以旁招之，铨选以布列之，天下人才尽于是矣。明制，科目为盛，卿相皆由此出，学校则储才以应科目者也。其径由学校通籍者，亦科目之亚也，外此则杂流矣。然进士、举贡、杂流三途并用，虽有畸重，无偏废也。荐举盛于国初，后因专用科目而罢。铨选则入官之始，舍此蔑由焉。是四者厘然具载其本末，而二百七十年间取士得失之故可睹已。"①不仅如此，认识到治国以教化为先，教化以学校为本，明洪武二年，"令郡县皆立学校，延师儒，授生徒，讲论圣道，使人日渐月化，以复先王之旧……学官月俸有差。生员专治一经，以礼、乐、射、御、书、数设科分教，务求实才，顽不率者黜之。十五年颁学规于国子监，又颁禁例十二条于天下，镌立卧碑，置明伦堂之左，其不遵者，以违制论。盖无地而不设之学，无人而不纳之教。庠声序音，重规叠矩，无间于下邑荒徼，山陬海涯。此明代学校之盛，唐、宋以来所不及也"②。同时，规定学校教生徒诵习《皇明祖训》《孝顺事实》《为善阴骘》等训俗课业，间或讲习冠、婚、丧、祭之礼，社风民风日渐厚朴。

学优则仕的古代官学制度价值取向，直到清代末期，依旧未有本质改变，造就了中国人普遍而执拗的官本位思想。这一错误思想的危害，不仅表现在古人的家风实践当中，始终以是否出仕为官来评判个体人生价值、以是否获取功名扬显父祖训育子弟后昆，而且影响现代家风建设，不少人依然习惯于将学优则仕和升官发财作为人生第一信条，企图将古代宗法社会等级制度下的身份优势，演变为时下一些从政官员把谋取更高官位和获取钱财美色当作家族特权，并为之经营出腐坏家风。前车之鉴当为后事之师，我们要在创新性建设和扬弃传承现代家风实践中，对

---

① （清）张廷玉等撰，中华书局编辑部点校：《明史》，中华书局1974年版，第1675页。
② （清）张廷玉等撰，中华书局编辑部点校：《明史》，中华书局1974年版，第1686页。郡县之学，与太学相维，创立自唐始。宋置诸路州学官，元颇因之，其法皆未具。迄明，天下府、州、县、卫所，皆建儒学，教官四千二百余员，弟子无算，教养之法备矣。

"学优则仕""仕优则学"等官本位思想,下大力气加以克服和改变。

三 兴教办学,中国式学校教育范模

兴学旨在教化,教化需要兴学,这就是中国古代封建统治者借助兴校办学,实现治国安邦的政治宏愿。身处大陆腹地的中国古代先民,与农耕文明珍视经验、崇祖敬德传统相一致,所建立起的家国一体统治制度中,育民新人的官方体制便尽如《礼记·学记》所述,"玉不琢,不成器;人不学,不知道。是故古之王者,建国君民,教学为先……古之教者,家有塾,党有庠,术有序,国有学。比年入学,中年考校,一年视离经辨志,三年视敬业乐群,五年视博习亲师,七年视论学取友,谓之小成。九年知类通达,强立而不反,谓之大成。夫然后足以化民易俗,近者说服,而远者怀之,此大学之道也。……大学始教,皮弁祭菜,示敬道也。宵雅肄三,官其始也。入学鼓箧,孙其业也。夏、楚二物,收其威也。未卜禘,不视学,游其志也。时观而弗语,存其心也;幼者听而弗问,学不躐等也。此七者,教之大伦也"①。古代庠序之学,旨在教人明于父子有亲、长幼有序,从善如流。汉承此制,不仅国中设学教国子,而且允许州县助民设教。"劝人生业,为制科令。至于果菜为限,鸡豕有数,农事既毕,乃令子弟群居,还就黉学。其剽轻游恣者,皆役以田桑,严设科罚。"② 一般选取地方里中之老而有道德者,教一地子弟道艺、孝悌、行义。教学时间,主要集中在农闲秋收之后,先生往往朝则坐于里之门,发现有出入不时,早晚不节之过者,则训教之,弟子皆出就农而后罢,故无不教之民。虽然,古代王朝更替频仍,但旧邦惟新之命,莫不兴学教民化俗。《学记》所倡三代之学,有效"设计了一个从中央到地方、从城市到农村、从初级学校到高等学校,为中央集权的封建政治经济服务的统一的教育体制"③,从东汉董仲舒独尊儒术而倡设太学以来,到南宋朱熹等对小学、大学各阶段学务的分解,直至清末仍被人们尊崇而一以贯之地从理想目标努力转化为现实。"这种等级制度,延续

---

① (汉)郑玄注,王锷点校:《礼记注》,中华书局2021年版,第471—474页。
② (元)郝经撰:《续后汉书》(卷第六十九),商务印书馆1958年版,第871页。
③ 高时良:《中国古代教育史纲》(第3版),人民教育出版社2003年版,第124页。

至今仍然没有什么大的变化，即使中国现在的高等教育体制基本上也是以此为基础的。"① 直到清末劲吹西学之风，才将遍及全国的书院改制为学堂，开启了以平民教育为宗旨的现代学校制度。

第四节　诗教文风

文以载道，以文化人，是中国古代社会基本文化风教传统，也是家风建设最显见的文化背景。借助温柔敦厚的诗文歌赋，发挥长于讽喻而直斥人事的诗教作用，中国古代统治者成功建立起的诗文风教制度，不仅能够真切感知社会风俗好坏与治国理政得失，而且以诗歌发乎人情而恰切物理的浪漫主义形式，将修齐治平的政治理想转化为人民大众的自觉追求。

一　诗文风教，古代文化制度的艺术性设计

作为刚性制度和官方施教策略，以推行礼制为主要内容的政教国风，当之无愧地成为风教制度的明线，强力发挥着教民化俗的主渠道作用。诗文风教，虽然体现着"上以风化下"的政教意图，更重要的是"下以风刺上"的交互感化。但相较而言，诗文风教则显得隐蔽和含蓄。"古有采诗之官，王者所以观风俗，知得失，自考正也。"② 按照旧制，以诗文曲艺为代表的教化手段，囿于"礼不下庶人"的差等制度格局限制，即便是诗文曲艺在事实上广泛流传于民间大众，但有条件吟诗作赋和有机会感受曲艺精神的庶民百姓却是少之又少。虽然，西周选用的采诗之人多为"年长无子者""贱民"，身份卑微而贴近民众，经由他们采集的诗歌更能反映百姓生存常态。但是，采诗最主要的用意，实质是帮助王者足不出户掌握邦国民情，并反思行政得失，利用诗文风教化民，倒还在其次。"故天子听政，使公卿至于列士献诗，瞽献曲，史献书，师箴、瞍赋、矇诵、百工谏，庶人传语……吾闻古之王者，政德既成，又听于民，

---

① ［加拿大］许美德：《中国大学 1895—1995——一个文化冲突的世纪》，许洁英主译，教育科学出版社 2000 年版，第 56 页。

② 任乃强：《周诗新诠》，巴蜀书社 2015 年版，第 22 页。

于是乎使工诵谏于朝，在列者献诗使勿兜，风听胪言于市，辨袄祥于谣，考百事于朝，问谤誉于路，有邪而正之，尽戒之术也。"[1] 古代统治者采诗民间的本意，旨在倾听大众呼声而知民心所向；有为天子巡狩，为了察明风教而别善恶。后来，汉武帝所设乐府采诗官职，以及后世依例仿照设立的类似采风机构如"太常"等职，便逐渐沦为替统治者提供音乐服务的机构，确实未能以风教为主要职能。这是仅就利用诗文曲艺手段对上为统治者收集信息服务、对下帮助统治者施行风教的不对等而言的，如果仅仅以此为据，就否定诗文风教这一古代官方文教制度，则是完全错误的，也有违历史的真实。

导致偏误的原因在于：首先，基于诗文曲艺具有的大众化传播特性，人们很容易认为诗文风教不是官方规制的条例，而是文艺作品规范价值的自然体现。其次，古代社会的诗文曲艺，很多展现在官方行政控制以外民间活动场域，内容和话题多源自传统习俗，因而直觉的判断，诗文教化不是官府行为，而是学士艺人的技艺展现。最后，比较而言，古代官府对文化活动的管控不仅相对宽松，而且积极倡导甚至主办各类节庆和文化演艺活动，容易让人们淡化政治对文艺场的管控关系，以为诗文曲艺都是按照传统设置的规则，向人们传递真善美，摒弃假丑恶。值得后世之人借鉴和关注的，正是明了风教同寓教于乐的"教"，不单纯是行政科层化的上下管理关系，中国先哲在以文化人制度的设计当中，隐藏起那双"看得见的手"，巧妙地将诗文风教堂而皇之地推上看似超出了权力运行体制的社会大舞台，艺术而不失强制地构建起了古代文化风教机制。

二 诗文风教，古代以文化人最广泛的社会实现方式

诗文风教的内涵和实质，在于以文化人。作为实践过程，诗文风教展现为文艺产品从采风、创作、传播，到教育者授受双方产生的互动影响；作为结果，诗文风教则更多地表现为特定社会的以文化人制度，以及实现的功能和效度。古代王者设教，意在承衰救弊而欲民返归正道。纵观中国古代历史，以诗歌文艺推行风教的实践活动，最早可追溯到帝

---

[1] 徐元诰：《国语集解》，中华书局2002年版，第11、387—388页。

舜教胄子。"帝曰：'夔，命汝典乐，教胄子。直而温，宽而栗，刚而无虐，简而无傲。诗言志，歌永言，声依永，律和声。八音克谐，无相夺伦，神人以和。'夔曰：'于！予击石拊石，百兽率舞。'"① 舜命夔教胄子，赋诗言志，声依律永，登歌在上而堂上堂下之器应之，通过诗歌律动与乐舞协和，伦理教化家人子弟。这种诗文家教风范，经过推广传布，便逐渐演变上升为以皇族为代表的官方诗教、乐教等正式风教制度。围绕诗教制度的实践过程，学界将诗文风教划分为"温柔敦厚"② 的《诗》教、中华诗教传统、诗歌讲授传播和诗歌教育教化等四种风教模式。

第一，温柔敦厚的"诗教"，特指孔子及其弟子将《诗经》作为知识的来源和教化风标、围绕《诗经》本旨而展开的教育教学实践形式。"古者《诗》三千余篇，及至孔子，去其重，取可施于礼义，上采契、后稷，中述殷周之盛，至幽厉之缺，始于衽席……三百五篇，孔子皆弦歌之，以求合《韶》《武》《雅》《颂》之音，礼乐自此可得而述，以备王道，成六艺。"③ 有鉴于期冀养成"温柔敦厚"的仁心感怀人格《诗经》教化特质，因而是最狭义的诗教理解，文学界则普遍直称"《诗》教"。"诗，可以兴、可以观、可以群、可以怨，迩之事父，远之事君，多识于鸟兽草木之名。"④ 人伦之道，诗无不备，如果循名责实，诗教显然是孔子重要的育人教养科目，古代官府之所以赞同将《诗经》"兴、观、群、怨"的文学形式赋予儒教的风化功用，积极推广以诗词歌乐为手段、以教化成俗为目的的孔子诗教，便是因其不论以《诗》为教、《诗》教合一，还是以《诗》代教，都体现着古代官方认可的儒家教化思想精髓，并且一以贯之地因袭周公家风规范。不论是将《诗》中蕴含的孝老爱敬思想用于维护父慈子孝和兄友弟恭的家庭和谐关系，以《诗》事君达政维护社会的稳定与太平，还是体察天人合一的物我相融仁心，无不契合天下归仁的诗教目的。"诗尚比兴，多就眼前事物，比类而相通，感发而兴起。故学于诗，对天地间鸟兽草木之名能多熟识，此小言之。若大言之，则

---

① 张亚新校注：《嵇康集详校详注》，中华书局2021年版，第291页。
② （汉）戴圣著，李慧玲、吕友仁注译：《礼记》，中州古籍出版社2010年版，第192页。温柔敦厚的"诗教"，最早见于《礼记·经解》。
③ （清）刘宝楠撰，高流水点校：《论语正义》，中华书局1990年版，第40页。
④ （明）张岱著，朱宏达点校：《四书遇》，浙江古籍出版社2017年版，第317页。

俯仰之间，万物一体，鸢飞鱼跃，道无不在，可以渐跻于化境，岂止多识其名而已。孔子教人多识于鸟兽草木之名者，乃所以广大其心，导达其仁。"① 正是认识到诗教人修身齐家之功用，孔子郑重地诘问并教育其子伯鱼曰："小子！何莫学夫诗……女为《周南》、《召南》矣乎？人而不为《周南》、《召南》，其犹正墙面而立也与？"② "不学诗，无以立。"孔子重诗教，很大程度上将《诗》看作教人立身处世的重要科目和途径。

第二，中华诗教是以中华诗词为施教载体，涵盖文学、美学、教育学、社会学、宗教学等多学科知识体系，利用中华诗词进行的人文教化实践活动，是诗文风教制度在后世的大众化发展范式。"诗教是中国文化特有的产物……以《诗经》和历代优秀诗歌为代表的中华诗作为经典进行诗教，是中国优秀的历史文化传统，是需要继承发扬的。"③ 诗言志、歌咏怀，诗中表达的情怀和志向，通过优美诗意的语言，润泽人心的同时，风行于社会，撼动民心向美向善，这才是诗教的意义，也是将文学思想化成天下的终极目的④。例如，《诗经·绵蛮》借喻毛茸雏鸟需要养教，表达庶民百姓对为官者饮食教载的期望和理解。"绵蛮黄鸟，止于丘阿。道之云远，我劳如何。饮之食之，教之诲之。命彼后车，谓之载之。绵蛮黄鸟，止于丘隅。岂敢惮行，畏不能趋。饮之食之，教之诲之。命彼后车，谓之载之。绵蛮黄鸟，止于丘侧。岂敢惮行，畏不能极。饮之食之，教之诲之。命彼后车，谓之载之。"⑤ 重视中华诗教传统，弘扬中华诗教精神，以中国精神灌注当代文艺灵魂，发挥中华诗词人文教化功能，是我们对诗文风教历史最好的纪念。

第三，诗歌讲授传播既诗文风教的观点，显然是站在让受众易于接受与理解诗歌的实用主义立场，重点关注对诗歌的讲授和传播，强调诗歌本身具有的感染化育力量，相信通过诗对人性的透析和人格的塑造，

---

① 钱穆：《论语新解》，生活·读书·新知三联书店2012年版，第451页。
② 陈晓芬、徐儒宗译注：《论语 大学 中庸》，中华书局2015年版，第211页。
③ 葛景春：《从古代诗教到当代诗教——诗教源流及其发展》，《中原文化研究》2015年第2期。
④ 习近平：《学而不化非学也》，2023年4月22日，http://news.cntv.cn/2015-07-30。
⑤ （清）刘沅著，谭继和、祁和晖笺解：《十三经恒解》（笺解本），巴蜀书社2016年版，第238页。

必然产生不觉间手之舞之、足之蹈之重要的化育作用。"诗歌的教化亦即使某种教育理念的整体通过诗歌逐渐地渗透到受教育者的心灵之中。"①借诗歌实现对人的教化,前提是作为载体的诗歌被受教者理解和接受,而通过对诗歌的专业化讲授和大众化传播,才可以让更多的人心灵得到净化,性情得到涵养。

第四,诗歌教育教化说最接近诗文风教的本意,一如古代先哲所期冀的,利用诗歌简洁明快而富于心灵感化的文艺呈现方式,以及易于传播而又见微知著的讽谏评判口吻,确保实现对人的教育教化目的,也是诗文风教为古代统治者所看重,并用之于风教制度的务实之选。诗歌尤其是古体诗,"写作的目的在于给人以教导,诗歌的目的在于通过快感给人以教导"②。这正是我们继承和弘扬中华诗教传统的价值所在,现代语境下的诗歌教育教化,既上承自孔子以降源远流长的《诗》教和礼教传统,又囊括新诗与国外诗的文学教化观念和文学铸魂价值的诗歌教育教化思想,以诗歌所蕴含的道德价值,来实现对人的潜移默化,此之谓也。

三 诗教文风,古代社会最有影响力的文化制度

中国古代以文化人的风教理念,从最狭义的角度切入,欲民效法《诗》《书》《礼》《乐》《易》《春秋》之教,建立在最广泛的中华文化泽被大众的风教基础之上,塑造庶民人格、美化社会风俗。这样的制度安排,不仅展现了中华文化以人为本的风教特质,也彰显着中华民族的文化自信。万世师祖孔子明确指出:"入其国,其教可知也。其为人也,温柔敦厚,《诗教》也;疏通知远,《书》教也;广博易良,《乐》教也;絜静精微,《易》教也;恭俭庄敬,《礼》教也;属辞比事,《春秋》教也。故《诗》之失愚,《书》之失诬,《乐》之失奢,《易》之失贼,《礼》之失烦,《春秋》之失乱。其为人也温柔敦厚而不愚,则深于《诗》者也。疏通知远而不诬,则深于《书》者也。广博易良而不奢,则深于《乐》者也。絜静精微而不贼,则深于《易》者也。恭俭庄敬而不

---

① 一行:《论诗教》,北京师范大学出版社2010年版,第40页。
② Vincent B. L., *The Norton Anthology of Theory and Criticism*, New York: W. W. Company, 2001, p. 472.

烦，则深于《礼》者也。属辞比事而不乱，则深于《春秋》者也。"① 如果将教育看作一片树叶唤醒另一片树叶，一片云朵推动另一片云朵的类互动行为，从而在信息传递和感化传导的角度，形象描绘出了教育能够风行起来的原因，那么，中国俗语"没有无缘无故的爱，也没有无缘无故的恨"，则揭示出中华诗文风教在育民新人方面有效的原因，突出地表现在诗文曲艺寓教于乐的伦理亲情传递与感动上。"德成而上，艺成而下"这一古今流行的意境风化理念，与"文质彬彬"中华优秀传统文艺观一道，早已烙印固化成为乐教传统凝结在中华美学和美育思想当中的风教基因。"凡音者，生人心者也。情动于中，故形于声，声成文，谓之音。……乐者，非谓黄钟、大吕、弦歌、干扬也，乐之末节也。……是故德成而上，艺成而下，行成而先，事成而后。是故先王有上有下，有先有后，然后可以有制于天下也。"② 音乐包括诗歌之所以长于化人，根本原因在于，人心内感于物而外生于人心，所以动荡血脉，通流精神而和正身心也。

> 凡音之起，由人心生也，人心之动，物使之然也。感于物而动，故形于声，声相应，故生变，变成方，谓之音。比音而乐之，及干、戚、羽、旄，谓之乐。乐者，音之所由生也，其本在人心之感于物也。是故其哀心感者，其声噍以杀；其乐心感者，其声啴以缓；其喜心感者，其声发以散；其怒心感者，其声粗以厉；其敬心感者，其声直以廉；其爱心感者，其声和以柔。六者非性也，感于物而后动，是故先王慎所以感之。故礼以道其志，乐以和其声，政以一其行，刑以防其奸。礼乐刑政，其极一也，所以同民心而出治道也……是故治世之音，安以乐，其政和。乱世之音，怨以怒，其政乖。亡国之音，哀以思，其民困。声音之道，与政通矣。……故乐行而伦清，耳目聪明，血气和平，移风易俗，天下皆宁。③

---

① （清）刘沅著，谭继和、祁和晖笺解：《十三经恒解》（笺解本），巴蜀书社2016年版，第373—374页。

② （汉）郑玄注，王锷点校：《礼记注》，中华书局2021年版，第483—501页。

③ （汉）郑玄注，王锷点校：《礼记注》，中华书局2021年版，第481—497页。

可见，乐的教化作用不单单以和众声、齐声歌唱，正如运用礼教尊其志、用世乐谐和其声、用律法齐其行、用刑辟防其凶一样，古代风教所系礼乐刑政志趣，在于使民同其敬而不为非、同民心而出治道。"乐者，圣人之所乐也，而可以善民心。其感人深，其移风易俗，故先王导之以礼乐而民和睦。夫民有好恶之情而无喜怒之应则乱。先王恶其乱也，故修其行，正其乐，而天下顺焉。"① 乐的本旨，在于象德。中华文化"天人合一"的自然观念，让中国人对天的崇拜成为全民信条，以诗文作风教为中介，则成功地搭建起了德成而上、艺成而下的伦序下穿桥梁，将人们对天的崇拜顺利转化为对君王和有德君子的崇拜与模仿。借助于诗文风教，中国古代统治者摸索出了最基础的以文化人制度，也为家风周流创设了最为显见的社会文化背景。

---

① （清）王先谦撰，沈啸寰、王星贤点校：《荀子集解》，中华书局1988年版，第381页。

第四章

中华优秀家风大众范式

纵观人类文化演进的历史，中国古代的确形成了一套完整而有效的家风教化机制。与前述官方正式教育制度并行不悖的另一重要教育制度，是以家训、族规、家学、乡约等为代表的典型民间大众家风俗训范式，以生活化常态教民为人处世的人生礼仪，以家学、私塾、书院为主的社会化专业教育机构，以及那些以士绅、乡绅为代表的道德榜样等人类自发兴起的最早社会教化形式，成为广泛流行于中国古代社会民间大众的非正式教育制度。自古及今，所发挥的教民化俗和熏陶影响作用，甚至比国家正式教育制度更基础、更深沉、更持久有效。

第一节 家训族规

深藏于每一户人家的家风门风，所具有的延续香火和扬显父祖的文化生命力，不仅植根中华文化厚土，更连通精深宏富的中华优秀传统家训精神。自古及今，通行于中国社会的家训族规范本和家教训育理念，历经家人族众长期的生活实践和历练醇化，逐渐上升固化为各个家族成员稳定而惯常的行为准则，内化为各个家庭独有的生活风范和每个家庭成员特有的文化心理，外显为各家各户持守不坠的家风门风，成为最主要的中华家风大众范式。

一 家训

家训肇始，源于人类生产生活的现实需要。提及家训，人们很容易联想到家风；提及家风，人们最先想到的是家训。表明家训对于家风形成的基础性作用，以及家风对家训存续的依赖关系。实际上，家训的产生及其训育实践，与人类的产生与发展同步。"古者未有君臣上下之别，未有夫妇妃匹之合，兽处群居，以力相征。"① 远古时期的人类没有完全从动物界分化出来，相应地，中国古代先民在群居杂处时并无家庭，当然也无家训，"昔太古尝无君矣，其民聚生群处，知母不知父，无亲戚兄弟夫妻男女之别，无上下长幼之道，无进退揖让之礼，无衣服、履带、宫室、畜积之便，无器械、舟车、城郭、险阻之备"②。由于社会劳动选取采集果蔬的方式，即便是包括训育子女在内的人力资源的生产而言，"人但知其母，而不知其父"。但可以想见的是，最早的家训雏形，如同这些原始部落中的人群学习采摘和习练狩猎的惯常生活一样，不仅必要，而且无时无处不在。换言之，人类早期的母系氏族只不过是一个家庭或家族的雏形，在这种原始雏形家庭中，自然地存续着幼小子女跟随母亲等族众学习和掌握生活习俗禁忌、遵守社会等级秩序、接受生产劳动技术的教育和影响，但还不能将其归结为完全意义上的家训。如果要设定一个具体起始点，中国传统家训的起源时间当在上古尧舜之时，这也是所有中国人更愿意追溯与尊崇的道德风化发祥之源。如果分析产生家训的根源，表面上看，似乎出于家长权位传承的人事承接所需，但做进一步的实质性分析，生活化、常态化的家庭训教活动，归根到底源于上古之时人类父子相传、族人口耳相授的生产生活实践所需。因此，从严格意义上讲，家训是随着家庭的产生而出现的一种重要的日常教育形式，它以家庭的存在为前提和基础。有鉴于中国古代的家与族具有相当程度的重合性特征，族规也就有了家范的意义而将其总归于家训之列。如果按照人类学和社会学提供的分析标准，中国具有相对独立和完整意义的家庭是父权制家庭，这种父权制家庭最早产生于黄帝时期，那时开始有了"君臣上下之义，父子兄弟之礼，夫妇匹配之合"③。从此有了正式的家庭教育，这也是我们从家庭组织功能和育人伦理教化的角度，认同家训起源的重要原因。

---

① 李山、轩新丽译注：《管子》，中华书局2019年版，第522页。
② 陆玖译注：《吕氏春秋》，中华书局2011年版，第736页。
③ 徐少锦、陈延斌：《中国家训史》，陕西人民出版社2003年版，第44—45页。

家训成形，旨在育人。纵观中国古代文化的发展演进史，有文字记载或实物佐证的古代家训，最早可以追溯到三皇五帝的皇位禅让和选任忧思。据《史记》所载："黄帝崩，葬桥山。其孙昌意之子高阳立，是为帝颛顼也。"选立高阳的原因，在于其"静渊以有谋，疏通而知事，养材以任地，载时以象天，依鬼神以制义，治气以教化，洁诚以祭祀。……颛顼崩，而玄嚣之孙高辛立，是为帝喾。帝喾高辛者，黄帝之曾孙也"。同样，传位于高辛是因为他能"普施利物，不于其身。聪以知远，明以察微，顺天之义，知民之急。仁而威，惠而信，修身而天下服。取地之财而节用之，抚教万民而利诲之，历日月而迎送之，明鬼神而敬事之。其色郁郁，其德嶷嶷……日月所照，风雨所至，莫不从服"。可见，中华民族无比尊崇的三皇五帝，一开始便是通过选择那些德行高尚并经过生活考验的杰出后嗣禅让帝位，展现出在位皇帝在皇族血亲家人中以什么标准选育继任者的无声条教，而不是简单的代际相承或治权交接。"帝喾崩，而（长子）挚代立。帝挚立，不善，崩，而弟放勋立，是为帝尧。"弃不善之兄而选立弟，是因为"其仁如天，其知如神。就之如日，望之如云。富而不骄，贵而不舒。黄收纯衣，彤车乘白马，能明驯德，以亲九族。九族既睦，便彰百姓。百姓昭明，合和万国"[1]。后来，轮到唐尧考虑传位大事时，对其子丹朱的态度竟然是"吁！顽凶，不用"。而对很多人举荐于贵戚且疏远隐匿而不察者虞舜，则抱着"吾其试哉"的态度，将自己的两个女儿嫁给舜，观察他怎样修身与治家；又派九个儿子与他共处，考察他怎样为人处世。在如此初步考察的基础上，"乃使舜慎和五典，五典能从。乃遍入百官，百官时序。宾于四门，四门穆穆。诸侯远方宾客绵敬。尧使舜入山林川泽，暴风雷雨，舜行不迷。尧以为圣，召舜曰：'女谋事至而言可绩，三年矣，女登帝位，"[2]。当然，这种选贤任能家风和家庭教育，同当时的部族社会制度有着密切的关系，根本上讲，是为了适应早期人类生产生活与社会发展的现实需要，其中源远流长而

---

[1] （汉）司马迁撰，（南朝宋）裴骃集解，（唐）司马贞索隐，（唐）张守节正义，中华书局编辑部点校：《史记》（卷一），中华书局1982年版，第10、11—13、14—15页。

[2] （清）阎若璩撰，钱文忠整理，朱维铮审阅：《尚书古文疏证》，上海书店出版社2012年版，第49页。

关乎辈出人才的中国传统家训，正是在这样的帝位禅让制度中初现端倪的①。因为古代家庭（家族）作为其时"一切社会之中最古老的而又唯一自然的社会"②组织，将家族皇权传位于谁，以及用什么样的选择标准确定继位者，是上古早期禅让制的关键与核心，因而成为历世帝王最用心训导培养接班人的自觉行为和目标指向。不论从黄帝传位其孙的慎重选择，还是尧对舜的长期和深度考察，对外明确昭示治理天下者圣王所应具备德行条件的同时，普遍反映出上古时期部族社会家庭中家族长辈对子孙晚辈的成人期望与目标指向、常态化教诫与生活化栽培。作为制度风标，仅就古代王权接续传统而言，嫡长子即位的正统和庶出王者的德行显尊，便成为中国数千年封建统治者家族皇位传承的铁律。

家训成风，古代圣王治世理想的社会化。三皇五帝选育继任者的做法与风操，旨在明确帝位禅让的用人指向，不仅可以保证选出的当家者有能力领导部族发展，也给族人子嗣树立起了学习的榜样，这样施教于现实生活的家训自然会让族人内心折服。只是囿于文本和史料资源的限制，我们尚不能完全看清人类早期的其他部族是如何训育子弟的。随着夏传子而真正以天下为家，中国古代社会自此便进入了史书记载的第一个皇权世袭制阶级统治时代，从此家国一体、家国同构，天下为夏后氏一个家族所有，围绕皇位传递的子嗣训教传统也上升为选育新人的一国之风。因此，在一定意义上讲，中华家训的生发，原本就植根于家庭或部族这一自然沃土，成长于国教这一后天人为的社会政治设计之中，为后来家训文化的快速普及和对古代育人家风的社会化发展创造了自然和社会两方面有利条件。"禹为姒姓，其后分封，用国为姓。故有夏后氏、有扈氏、有男氏、斟寻氏、彤城氏、褒氏、费氏、杞氏、缯氏、辛氏、冥氏、斟（氏）戈氏。"③禹将天下划为九州，按照亲疏远近分别分封给

---

① （汉）班固著，（唐）颜师古注，中华书局编辑部点校：《汉书》，中华书局1962年版，第3446页。《汉书卷八五·列传第五·谷永》有言："夫妻之际，王事纲纪，安危之机，圣王所致慎也。昔舜饬正二女，以崇至德；楚庄忍绝丹姬，以成伯功。"其所引"昔舜饬正二女，以崇至德"典故时，颜师古曰："《虞书·尧典》云'釐降二女于妫汭，嫔于虞'。谓尧以二女妻舜，观其治家，欲使治国，而舜谨敕正己躬以待二女，其德益崇，遂受尧禅也。"

② ［法］卢梭：《社会契约论》，何兆武译，商务印书馆2003年版，第5页。

③ （汉）司马迁撰，（南朝宋）裴骃集解，（唐）司马贞索隐，（唐）张守节正义，中华书局编辑部点校：《史记》（卷二），中华书局1982年版，第89页。

包括夏后氏在内的十二个家族部落分别治理，皇帝既天子代表天命统一行使统治权，各分封部族以封国所在地为姓，接受皇天之命管辖属地事务，组织封地民众生产生活，自然将以往集中在皇宫中的禹王家训，带出都城，推延传布到了分封而治的十二个部族，用以教化所属子民。"禹、稷当平世，三过其门而不入。"① 但对家人子弟的教诫与期许，则可以通过大禹之孙所作的《五子之歌》，管窥其家风。"其一曰：'皇祖有训：民可近，不可下；民惟邦本，本固邦宁。予视天下，愚夫愚妇，一能胜予。一人三失，怨岂在明，不见是图。予临兆民，懔乎若朽索之驭六马。为人上者，奈何不敬。'其二曰：'训有之：内作色荒，外作禽荒，甘酒嗜音，峻宇雕墙。有一于此，未或不亡。'其三曰：'惟彼陶唐，有此冀方。今失厥道，乱其纪纲，乃厎灭亡。'其四曰：'明明我祖，万邦之君，有典有则，贻厥子孙。关石和钧，王府则有，荒坠厥绪，覆宗绝祀。'其五曰：'呜呼曷归？予怀之悲。万姓仇予，予将畴依？郁陶乎予心，颜厚有忸怩！弗慎厥德，虽悔可追？'"② 大禹不仅胸怀天下，"朝斯夕斯，念兹在兹，磨砺以须，及锋而试"。为了百姓苍生念兹在兹、日夜辛劳，对顽固不化的苗民反复教诫他们慎修德行的同时，很注意训导族人子孙如何修身处世以长葆家国。

家训普及，从一家独有到化成天下。家训及其文化由社会上层下嫁民间，家训文本由庙堂之高下沉百姓人家，家训方式一去繁文缛节而归于生活常态，家训制度由起始阶段的帝王将相官家独有，逐渐滋漫扩散至整个中华民族的各个家庭（家族），将古代圣王治世理想成功转化为所有国民的自觉行动，以家训为主要实践范式而形成的不坠家风，润物无声，厥功至伟。

首先，那些开疆拓土的有为君王，尤其是开国元勋，要求自己谨言慎行的同时，对外无不励精图治，对内无不缜密家教，对家训的传播起了很好的示范作用，也将自己的治世理想，利用家训下渗推广到民间大众。如果说小邦周剪灭大邦殷的历史变故，给了西周创业者以诸多的经

---

① （清）刘沅著，谭继和、祁和晖笺解：《十三经恒解》（笺解本），巴蜀书社2016年版，第296页。

② ［朝鲜］申绰著，祝秀权整理：《尚书二十五篇》，凤凰出版社2019年版，第138—140页。

验教训，那么，最主要的一条，当是统治天下不能单靠天命之"於穆不已"，而要依靠统治者的德行"假以溢我"。因为他们以犯上和僭越而"冒天下之大不韪"的实际行动，证明"皇天无亲，唯德是辅。民心无常，唯惠是怀"①。要享有天命，做到长治久安，就要讲德行，以德配天，从此便客观而现实地将对王嗣进行德训上升为急迫的家族建设任务。这一风气的以上率下，让当时许多的贵族诸侯也以前人的国破、家亡、身丧为鉴，加强了对家人子弟的"臣德"教育。在这方面，周公（姬旦）的贡献最大，不仅开启了帝王将相与仕宦家训的先河，而且推动斯文下乡，开启了家训走出王宫泽被大众的民间家风新局面。一方面，原本出于训家的家教设计，在家国一体、家国同构的古代中国，家训精神很容易由内而外、由近及远、由家及国而上升为国教。另一方面，家训因为能够给中国人提供生存与发展所需的文化营养，因而经由大众接续传承而一发成为风行全国的不坠家风。

其次，从历史和现实的角度分析，中国古代历史多属政局变乱的多事之秋，在经历着自然天灾和战乱人祸痛苦折磨的同时，不论社会上流士族大户，还是名不见经传的普通人家，在忧心于长葆家国无计的同时，似乎都认识到了家国一体、家国同构的重要性。当统治者包括那些占有大量土地和劳动力的士族，重视对以血缘为纽带的家庭、宗族等伦理道德关系的建设和强化，以应对朝不保夕的世事变故，专门制作家训并花大力气教育后嗣治世守业之道时，以各级官吏为代表的社会中间阶层，也开始积极立家训定家规教授各自的子孙后辈学习技艺和增长才干，普遍制作家训教诫子弟修身处世，以持守业已取得的显赫祖业。

最后，如此竞相砥砺和效仿的结果，使得家训理论不断完善，家训体例日臻完备，家训的社会化普及速度进一步加快。其中，在中国家训文化史上最为著名的《颜氏家训》，就产生于南北朝时期。按照这一家训的制作者颜之推自己的回忆和表述，他制作家训的目的，在于"整齐门内，提撕子孙"。出于对魏晋以来"士大夫耻涉农商，羞务工技，射既不

---

① ［朝鲜］朴世堂著，任大玲整理：《尚书思辨录》，凤凰出版社2019年版，第244页。

能穿札,笔则才记姓名,饱食醉酒,忽忽无事,以此销日,以此终年"①的社会颓靡风气的忧虑,结合自己命运多舛的人生遭际,促使他以《论语》《诗经》《周易》《孝经》《礼记》等四书五经儒家经典思想为据,以自己坎坷而丰富的人生经历为素材,从整饬家庭人伦关系入手,教诫子孙修身育德,以持守家传素业来振兴宗族。"夫圣贤之书,教人诫孝,慎言检迹,立身扬名,亦已备矣。……吾今所以复为此者,非敢轨物范世也,业以整齐门内,提撕子孙。"②严格地讲,在颜之推制作《颜氏家训》以前,虽然三国时期的嵇康有《家诫》、西晋杜预有《家训》,东晋陶渊明有《责子》、南朝梁徐勉有《诫子书》,都属家训一类,但其篇幅都很小,体例简明,影响也远不及《颜氏家训》那样大。因此,世人一致承认,古今家训,以《颜氏家训》为祖。"古今家训,以此为祖;……六朝颜之推家法最正,相传最远。……这一则由于儒家的大肆宣传,再则由于佛教徒的广为征引,三则由于颜氏后裔的多次翻刻;于是泛滥书林,充斥人寰,由近及远,争相矜式。"③可见,中华家训及其文化的社会化风行,客观上让古代圣王治世的理想有效落地,但实现的过程绝不是古代中国最高统治者号令天下的产物,也不是社会发展历史当中的偶然现象,而是人类适应生产生活要求的理性文化选择结果。历史潮流奔涌向前,顺之者昌,逆之者亡,这是历史留给我们的最宝贵文化遗产,发人深思。

家训风行,得益于古代统治者的旌表传布。中国古代家国一体的社会组织结构,以及对生产生活资料的绝对占有制度,不仅让帝王与皇亲国戚等官宦贵族在当时成为最有条件和资格制定家训来教戒子弟的人,而且其制定家训和施教族众,目的就在于实现圣王治世的政治理想,故而更多表现为国教。纵观绵延两千多年的中国古代封建社会,历代君王总是以"总摄万几,统临四海,思隆古道,光显风教"的姿态和认识,广开言路,选贤任能,不遗余力地推行治国方略、训育各级官吏,崇教

---

① (清)边连宝著,刘崇德主编,韩胜、李金善、张玮副主编:《病馀长语》,中华书局2007年版,第1631页。

② (清)严可均编:《全上古三代秦汉三国六朝文》(全隋文卷十三),中华书局1958年版,第4090b页。

③ (北齐)颜之推撰,王利器集解:《颜氏家训集解》,中华书局1993年版,第1页。

化、美风俗，以确保自己建国君民的地位不坠于世。"三代之隆，畿服有品，东渐西被，无遗遐荒。及汉氏辟土，通译四方，风教浅深，优劣已远。"① 在家风门风建设方面，不仅当朝皇帝亲力亲为，而且鼓动各级官吏通过褒扬家训美德、旌表令名家传、树立家风楷模，积极推广传播业已成形的家训范本和家教范式，甚至帮助百姓人家制定家训来训育家人，促成良好家风。据《梁书》列传所记沈崇傃孝行家风，"前军沈崇傃，少有志行，居丧逾礼。备制不终，未得大葬，自以行乞淹年，哀典多阙，方欲以永慕之晨，更为再期之始，虽即情可矜，礼有明断。可便令除释，擢补太子洗马。旌彼门闾，敦兹风教"②。君上对家庭风教的重视，既有封官加爵的仕途精进，又有减免课役的经济实惠。"宋兴贵者，雍州万年人。累世同居，躬耕致养，至兴贵已四从矣。高祖闻而嘉之，武德二年，诏曰：人禀五常，仁义为重；士有百行孝敬为先。自古哲王，经邦致治，设教垂范，皆尚于斯。叔世浇讹，人多伪薄，修身克己，事资诱劝。朕恭膺灵命，抚临四海，愍兹弊俗，方思迁导。宋兴贵立操雍和，志情友穆，同居合爨，累代积年，务本力农，崇谦覆顺。弘长名教，敦励风俗，宜加褒显，以劝将来。可表其门闾，蠲免课役。布告天下，使明知之。"③ 体现在选官仕进的制度设计方面，汉魏时期通行的举孝廉，更是将以孝为本的家训家风提高到无以复加的重视程度。按照这一制度，相对于一家门户，须历代人均贤，其名节风教为衣冠顾瞩，这样始可称举。《北史卷》所载："孝文戒赞化畿甸，可宣孝道，必令风教洽和，文礼大备。自今有不孝不悌者，比其门橛，以刻其柱。"④ 显示出统治者立标杆、树榜样，宣明孝道以洽和家训风教的良苦用心。因此，追求如此良好家风门风，不仅是万千家长的祈愿，更是当朝官府宣明政教的结果。正如梁"高祖创业开基，饬躬化俗，浇弊之风以革，孝治之术斯著。每发丝纶，远加旌表。而淳和比屋，罕要诡俗之誉；潜晦成风，俯列逾群之迹。彰

---

① （梁）沈约撰，中华书局编辑部点校：《宋书》，中华书局1974年版，第1431页。
② （清）严可均编：《全上古三代秦汉三国六朝文》（全梁文卷三），中华书局1958年版，第2962a页。
③ （后晋）刘昫等撰，中华书局编辑部点校：《旧唐书》（卷一百八十八），中华书局1975年版，第4919—4920页。
④ （唐）李延寿撰，中华书局编辑部点校：《北史》，中华书局1974年版，第573页。

于视听，盖无几焉。"①

另外，针对域内邻里之间既有和睦相处、彼此照应者，也有仗势欺人、强取豪夺者，统治者除了以律严惩平抑外，在通有无、均劳逸而安民的同时，"欲使风教易周，家至日见，以大督小，从近及远，如身之使手，干之总条，然后口算平均，义兴讼息"②。注重邻里乡党之制建立与优化，确保形成良好社风。天道不言，功成四序，圣皇垂拱，任在百司。所以，"亚圣"孟子教导万章曰："一乡之善士，斯友一乡之善士；一国之善士，斯友一国之善士；天下之善士，斯友天下之善士。以友天下之善士为未足，又尚论古之人。颂其诗，读其书，不知其人，可乎？是以论其世也。是尚友也。"③ 在这一方面的成就，应当更多地归功于受命治理一方的众多官吏，将君主安定社稷、敦化民风之举上行下效、由近及远推延的结果，正如隋宣帝时"安武太守（于义），专崇德教，不尚威刑。有郡民张善安、王叔儿争财相讼，义曰：'太守德薄不胜任之所致，非其罪也。'于是取家财，倍与二人，喻而遣去。善安等各怀耻愧，移贯他州，于是风教大洽。其以德化人，皆此类也"④。

家训风教，中华文化泽被大众的通途。"萌芽肇始于三皇五帝，社会化蔓延滋长自西周，体例格式成形于魏晋的中华家训，历经数千年传承不坠，与古代社会家国同构的政治制度、自给自足的自然经济形态和'以文化人'的中华传统文化精神浑然一体，常态而普适化为中国人家庭育人的生活样法。"⑤ 自宋以降，随着社会生产力水平的逐步提升，中国传统的文献家训顺利地告别了由个别少数人或少数家庭垄断的时代，正式由贵族士大夫家训时代转向社会大众家训时代，开启了中华家风泽被大众的宽阔渠道。

一方面，这一时期的家训文本及其德育实践，不论从数量还是家风

---

① （唐）姚思廉撰，中华书局编辑部点校：《梁书》，中华书局 1973 年版，第 647 页。
② （清）顾炎武撰，（清）黄汝成集释，栾保群点校：《日知录集释》，中华书局 2020 年版，第 426 页。
③ （明）张岱著，朱宏达点校：《四书遇》，浙江古籍出版社 2017 年版，第 477 页。
④ （唐）魏徵等撰，中华书局编辑部点校：《隋书》（卷三十九），中华书局 1973 年版，第 1145 页。
⑤ 符得团：《中华家训文化的社会化基础与演进》，《甘肃社会科学》2020 年第 1 期。

这一社会普及影响力来看,都是空前的,反映出其时社会对家训及其训育文化的民众热情,其中有代表性的主要家训文献和著作有陆游的《放翁家训》、朱熹的《家礼》与《朱子训子帖》、司马光的《居家杂仪》与《家范》、袁采的《袁氏世范》、凋宪王的《有墩家训》、周是修的《家训》、曹端的《家规辑略》、杨荣的《训子编》、孙植的《孙氏家训》、纪大奎的《敬义堂家训》、汪正的《先正遗规》、王士俊的《闲家编》、孟超然的《家诫录》、方孝孺的《宗仪·家人篇》、廖冀亨的《求可堂家训》、丁大椿的《来复堂家规》、许汝霖的《德星堂家订》、张廷玉的《澄怀园语》、王师晋的《资敬堂家训》等。

另一方面,这一时期大量族规的出现,推动了家训和家训文化的社会化,打开了家风育人的社会通途,因而为历代统治者所推崇。因为家族制定家训(族规)往往具有超越个人身份与地位、超越核心家庭控制而多点成面的风教普及性,所以,传统家训一时间能够在全社会得以快速普及开来。除了家训的卷册、著述数量与唐以前的家训存在较大区别外,还表现为封建专制思想对家训文化的依赖与需求程度提升,宋元明清时期出现了官府强制推行的约束性家训,官方对家庭成员的行为规范也做出了很多严格规定,有些用于收族的强制性家训内容,便极端地以家法的形式出现在族规当中,突出了传统礼教对人的管制束缚作用。这些广泛存在于家(族)谱中的家训通常以"家范""祖训""家法""族规""家约""规条""家戒"等名目出现。当然,宋元明清时期的家训,除了侧重强制约束外,较之前朝代文本而言,对中国传统家训的道德教育做了理论的探索和实践的通俗化,有助于家风的日常实用和广泛传播,因而是古代家训风行全国的鼎盛期。近代以来,随着西学东渐特别是新文化运动的狂潮冲刷,中国人在不经意间,甚至轻率地部分丢弃了原本让世人钦佩不已的家风传统。伴随着文化的大发展,以教育技术显胜的现代教育体制机制,却深陷道德滑坡和训教失灵的家风窘境。其实,今天的家庭更需要家风建设,在培育和践行社会主义核心价值观的伟大实践中,正确处理好对传统家风文化的继承与创新关系,研究推广符合现代家庭实际、能够体现时代特色的优秀家风传承创新路径,为新时代千万家庭创建好家风提供有益的借鉴,理论和应用价值无比重大。

家训诲示,中华家风育人的大众范式。作为中华家风文化的最主要代表，家训历史非常悠久，文本卷帙浩繁，实物资料各具特色，家训所蕴含的思想十分丰富，所立规范和训育德目非常广泛，几乎涉及古人社会生活中的天地阴阳、启蒙明理、安身立命、求学成人、育儿闺训、谋事和人、忠孝仁爱、男女正位、和睦乡邻、力田为政等自修身齐家到治国平天下的方方面面。家训生活化、常态化的训教演绎形式，往往表现为家长或家族长辈对子孙后辈立身处世、持家治业的谆谆教诲，以及设身处地地现场诲示，将丰富深刻的人生哲理及中国人固有的尊德崇礼、孝亲友爱等传统文化精神，通过万千家长对儿女家人计从长远的亲情诱导，润物无声地熔铸到每一个家人的内心深处，同时外化展现为一以贯之的行为倾向和做决定办事情的内心定力。因此，以家训为代表的家风资源，早已成为中国传统文化的重要组成部分，无论是鸿篇巨制、片纸短章，还是口传心授、临终遗言，都已经成为家庭教育的优秀思想结晶，成为人们理家教子、提撕子孙的治家良策，是古代先民为人处己、轨物范世的箴规宝鉴，经年累月积淀成为整个家庭或家族传承不弃的家风不动产。更为重要的是，家训之所以风行整个中华民族大家庭数千年，至今依然表现出独到的育人价值，为现代小家庭建设和育儿所看重，根本的原因，一方面，在于家训的风教信念和价值原则，完全符合中国古代正统道德伦理纲常，并以日新月异的革命精神高度契合特定时代的社会核心价值观念；另一方面，家训施教于家而成教于国的实践模式，非常适合民间大众的生活要求，常态化的家训诲示便成为中华家风育人的大众范式。中国人坚信，为儿女留金钱，不如留遗言，家训便历史而合乎逻辑地成为影响中华民族数千年的家风信条。虽然，中国古代社会王朝更替频繁，但肇始于上古时期的家训思想观念和价值原则在两千多年的历史长河中并没有发生根本变化，甚至在有的时期更加复古和强化，不仅表现为后继家训对前人已有家训的传抄、注疏和运用，而且体现在后世民众在处理平凡事务中，很多时候都习惯于引经据典、取譬古制，以证视听。当然，随着封建中央集权的加强和对文化教育的约束，有的时期家训文本显得死板和教条，但鲜有偏离中华文化育人精神本旨的异类存在，更多地表现为有识家长对家训方式方法和实际收效的与时俱进，以及处理疑难问题的聪明睿智。以古代"易子而教"的传统风教为例，"公孙丑曰：'君子之不教子，何也？'孟子曰：'势不行也。教者必以正，以正不行，继之以怒。继之以怒，则反相夷矣。夫子教我以正，夫子未出于正也，则是父子相夷也。父子相夷，则恶矣。古者易子而教之，父子之间不责善。责善则离，离则不详莫大焉"①。在讲究君臣上下、父子有亲伦理秩序的中国古代，"易子而教"不失为家训或私学家教者的明智之举，但又绝对不是以变通教育渠道去降低德育标准为代价的权宜之计。

二 族规

家训上升为族规，是由古代家庭结构所决定的。与现代通行的两代共居三四口之家不同，中国古代的家一般由原生家庭和若干新生代家庭组成，至少包括三代人共居生活在一起。即便是新生代家庭分居另立门户，也是累世连栋共居一处，成为结构相对松散的同姓血缘宗亲家庭的聚合体，有的甚至一个或数个村落均为同一血亲的众多人家，由此而发展成为家族。"族者，凑也，聚也，谓恩爱相流凑也。生相亲爱，死相哀痛，有会聚之道，故谓之族。"② 随着社会的发展特别是生产力的进步，中国古代先民的人口数量，虽然因为天灾人祸有起有落，但总体保持着增长态势。特别是到了中古时期，中华民族兴盛的主要标志之一，当属人口众多，如宋代中国人口即首次突破了1亿大关。伴随着人口增长，家庭数量和家族规模也实现了同步增长，很多士族大家庭传承十数代、数十代，绵延数百年，迁移扩散、房支众多，如果没有一套宗族戒律或规范，那是很难维护宗族和睦的。

> 今观史氏之所载，其事亲笃孝者，则有临江刘良臣，汴梁陈善，同官强安，沈州高守质，安丰高泽，巩昌王钦，修武员思忠，榆县王士宁，河南朱友谅，泉州叶森，宁陵吕德，汲县刘淇，建昌郑佛生，堂邑张复亨，保定邢政，宁夏赵那海，临潼任居敬，陇西周庆、徐德兴，汝宁李从善，华州要敬，色目氏沙的。
> 其居丧庐墓者，则有太原王构，莱州任梓，平滦王振，北京张

---

① 方勇译注：《孟子》，中华书局2018年版，第142—143页。
② （汉）班固纂集，吴人整理，朱维铮审阅：《白虎通义》，上海书店出版社2012年版，第320页。

洪范、登封王佐，下蔡许从政、张鏸，富平王贾僧，郑州段好仁、赵璧、薛明善、张齐，汴梁韩荣、刘斌、张裕、何泰、史恪、高成、邓孝祖、李文渊、杜天麟、张显祖，泾阳张国祥，延安王旻，东昌张犟，永平梁讷，高唐郑荣、刘居敬，同州赵良，南阳周郁、陈介、刘权，大同高著、江郁、毛翔……

其累世同居者，则有休宁朱震雷，池州方时发，河南李福，真定杜良，华州王显政，建宁王贵甫，句容王荣、周成，鄢陵夏全，保定成珪，开平温义，大同王瑞之，平江汤文英，鄜州员从政，江州范士奇，泾州李子才，宿州王珍。

其散财周急者，则有河南高颜和，台州程远大，潭州汤居恭、李孔英，建康汤大有，吉州刘如翁、严用父，高唐孟恭，松江管仲德、章梦贤、夏椿，江陵陈一宁，中兴傅文鼎，永州唐必荣，济南李恭，宁夏何惠月。①

事实上，随着历史的变迁和家族人口、新生代家庭数量的不断增加，家训的作用范围，随之超出核心家庭而用于规范同姓家族。这样一来，家训便历史地由家推延及族，顺利地演变为族规。族规的性质相当于中国古代宗法制度下的家族法规，它是用宗族组织的强制力来约束本家族成员，以新生代家庭为基本单元并借助于家族力量教育族众、管理家族事务、处理家族矛盾，旨在建立家族血缘关系的尊卑伦序，维护家族内部长期和平共处、聚族而居的习惯性、自律性生产生活秩序。从中国古代家训文化的演进历史当中很容易看出，中国先民们两千多年来始终秉持不弃的有德家风，如果以族规的方式存在，本质上讲还是家训，中国先民也大多以家训称谓族规，而且也认同家训与族规可以通用而不加区分。这一史实不仅与家庭的形成初始族群状态（原始部落或族群）所对应，而且与古代家庭既家族的组织结构相一致，不论训家还是收族，都体现着以文化人的风教精神，都是通行家风的生活化、常态化实践范式和现实载体。回溯既往，在浩若繁星的古代家训文本和实物当中，不论

---

① （明）宋濂等撰，中华书局编辑部点校：《元史》（卷一百九十七），中华书局1976年版，第4439—4441页。

以族规命名，还是以收族为实，绝对独立成形的族规非常鲜见。只是到了近古时期，伴随着训家收族风教功能的细化，针对家大业大的利益纷扰，以及族人血缘关系疏离可能出现的矛盾与冲突，迫使家族尊长不得不另辟蹊径，侧重于针对齐家范族的教化管束内容和手段加以延展，适当增加强制性要求和必要的家法，并将其同归于家训体系而推广到整个家族，历经世代传承，持守不坠积淀为家风。

相较于家训治家教子的亲情诱导，族规更多表现出管束族众的规范力量。同为家风流行具体化、生活化的家庭德育形式，族规与家训既密切相关，又有着明显的区别。一是族规的制定与成形是家庭发展的结果。人类学和历史学研究表明，父权制家庭的产生使家庭成员身份和关系得以确定，当家庭成员的数量和辈分关系增加到一定数量时，分家异居便成必然。这些新分离组成的新生家庭有的迁居新地独立生活，繁育发展成新的族落；有的新家分而不离，以核心家庭为中心异居分处、聚族共居，在同一地区演化为家族（宗族）。从坟典《尚书》有三十多处提到"王家""邦家""大夫之家"等记述看，中国先秦时期就已经有了大家宗族。与此相适应，族规也当形成。二是制定族规是保障所有族人发展的现实需要。家族是家庭的发展和族人兴旺的基本组织保证，家族本质上还是一种松散的大家庭，那些以孝悌原则和血缘伦序构建起来的古代家庭，一般都是包含两代以上血亲关系的生命共同体。与西方国家只有父母和子女两代血缘关系构成的自然家庭相比，中国传统的家庭其实就是家族，更何况是合族共居的大家族。与此相适应，族规的制定不是为了"治国、平天下"订立契约，而是为了使子孙后代能世世代代修身齐家而辈出人才，从而不至于在艰难的世道中沉沦甚至灭绝，并能在维持香火的基础上兴盛发达，光耀祖宗。[1] 说明族规制定的目的更趋实际，更加关注族人的生命和生活现实，与每个族众个体的成长发展休戚相关。三是族规运行的直接目标是收族。秦汉时期建立起来的相对稳定的社会秩序和相对宽松的儒教环境，给宗族的强大和族规的发展注入了活力。由于社会稳定和民人繁育，出现了"连栋数百，膏田满野，奴婢千群，

---

[1] 费成康主编：《中国的家法族规》，上海社会科学院出版社1998年版，第205页。

徒附万计"的大户,形成"或百室合户,或千丁共籍"的大家族局面。①在家族人口众多、辈分与血缘关系已疏的情况下,要管理这样一个超级大户,没有规矩和权威显然是不可能的。加之因权力相争和土地兼并导致大批的佃农、奴仆和异姓百姓依附加入少数大家族,族人不遵守家风、犯上作乱、不服从家长指令的僭越行为时有发生,制定族规实为收族的无奈之举。四是族规的产生与成熟,推动了以家训为基础的家风门风社会化传播。一方面,与宗族的发展延续得到统治阶级的认可乃至获得旌表褒掖一样,原本延展产生于家训的族规,其存续的合理性和正当性,是与当时的国家政策与法规完全相适应,有的族规还是通过地方政府官吏的审核后颁行的。例如,明代嘉靖甲申年(1524 年),时任浙江副使的傅钥主持刊行《颜氏家训》于所辖地区的太平刻本序言,便开宗明义明确指出族规范俗的正当与不可或缺。

> 书靡范,曷书也?言靡范,曷言也?言书靡范,虽联篇缕章,赘焉亡补。乃北齐颜黄门家训,质而明,详而要,平而不诡。盖序致至终篇,罔不折衷今古,会理道焉,是可范矣。璧少时,家君东轩公尝援引为训,俾知向方……夫振古渺邈,经残教荒,驯至于今,变趋愈下。岂典范未尝究耶?孰谓古道不可复哉?乃若书之传,以褆身,以范俗,为今代人文风化之助,则不独颜氏一家之训乎尔!兹太平刻书之意也。②

另一方面,在皇权不下县的古代中国,面对官府治权失缺或不能有效对地方进行控制的历史现实,古代族规无疑是对方国政策的家族化落实,因而具有与官府相当的风教公信力量。因此,族规的制作意图、训导目标、作用范围、教化方式等与原初意义上的家训要求均发生了较大的转变,由立意训诫子弟,发展为立意训俗,家风的意味则更加浓郁。如南宋地方官吏袁采,于南宋淳熙五年(1178 年)任乐清县令时制作的

---

① (唐)房玄龄等撰,中华书局编辑部点校:《晋书》(卷一百二十七),中华书局 1974 年版,第 161 页。
② (北齐)颜之推撰,王利器集解:《颜氏家训集解》,中华书局 1993 年版,第 614 页。

《袁氏世范》这部家训,在书成之时曾直接取名为《俗训》,明确表达了该书"厚人伦而美习俗"的风教宗旨。后来,袁采请他的同窗好友刘镇为该家训作序时,刘镇明确指出,袁采这部《俗训》,"其言精确而详尽,其意则敦厚而委屈,习而行之,诚可以为孝悌、为忠恕、为善良而有士君子之行矣"[1]。认为这部家训不仅可以施之于袁采当时任职的乐清一县,而且可以"远诸四海";不仅可以行之一时,而且可以"垂诸后世""兼善天下",成为"世之范模",因而建议更名为《袁氏世范》。该书一经面世,广为社会大众所欢迎和传抄,家训族规风教正俗的社会通用价值可见一斑。

三 家法[2]

家法所成,家风严正的强制性手段。如果说家训侧重于治家教子、族规注重规范收族,那么凸显家训威严和保障家风不坠于世的强制手段就是家法。由于家族人口的增多,势必导致宗亲辈分和血缘关系的复杂与疏远,不遵守惯常家规、不遵从家族尊长训示和不服家族长辈管教的逾矩言行在所难免。面对如此现实,要管理好人口众多的家族,维系好当有的亲情伦序,除了遵从家训晓之以理、动之以情的训育精神外,没有规矩和强制力量是难以为继的。出于家族管理和家风育人的强制性需求,"齐,以刀切物,使参差者就于一致也。家人恩胜之地,情多而义少,私易而公难,若人人遂其欲,势将无极。故古人以父母为严君,而家法要威如,盖对症之治也"[3]。从人类社会特有的管理制度产生的动因

---

[1] 刘镇著:《袁氏世范序》,《丛书集成初编》(第974册),中华书局1985年版,第1页。
[2] 在中国古代话语体系中,"家法"还指治国方法、学术风格、技艺派系、持家礼法等与家风相关的特色传统或做法。《后汉书卷七九上·列传第六九上·儒林上》:"于是立《五经》博士,各以家法教授,《易》有施、孟、梁丘、京氏,《尚书》欧阳、大小夏侯,《诗》齐、鲁、韩,《礼》大小戴,《春秋》严、颜,凡十四博士,太常差次总领焉。"《魏书卷四七·列传第三五·卢玄》:"初,谌父志法钟繇书,传业累世,世有能名。至邈以上,兼善草迹,渊习家法,代京宫殿多渊所题。"《新唐书卷七一上·表第一一上·宰相世系一上》:"唐为国久,传世多,而诸臣亦各修其家法,务以门族相高。其材子贤孙不殒其世德,或父子相继居相位,或累数世而屡显,或终唐之世不绝。呜呼,其亦盛矣!其所以盛衰者,虽由功德薄厚,亦在其子孙。"《宋史卷二六三·列传第二二·窦仪》:"近朝卿士,窦仪质重严整,有家法,闺门敦睦,人无阑语,诸弟不能及。"
[3] (明)吕坤撰,王国轩、王秀梅整理:《吕坤全集》,中华书局2008年版,第636页。

看，中华风教传统的产生与发展，完全符合马克思主义关于社会发展与人类进步的思想，当人类繁衍发展到不得不需要"把每天重复着的生产、分配和交换产品的行为用一种共同的规则概括出来，设法使个人服从生产和交换的一般要求。这个规则首先表现为习惯，后来就变成了法律"①。当然，作为中华家风文化的一部分，传统家法绝不是严格意义上的法律。但从广义法律规范的层次上讲，家法作为一种家族自治规范，其产生不仅与法律同源，二者都源于特定社会的习惯规范，而且，二者产生的目标指向也是完全一致，都是让个人服从生产和交换、生活和交往的一般要求。直到后来社会大家庭即国家机器出现以后，二者因法律的适用主体不同才开始逐渐分离，各自朝着不同的方向演变和发展。正因如此，中国古代的家法仍然大量地保留着家训传统，由家训族规衍生而出的家法，不仅同家训规范所及的内容基本一致，而且制作的目的与家训也完全相同，唯一的差别主要体现在家法所带有的强制性。但是，无论是齐家礼法的训教性质，还是家法惩戒族人的规范用意，由家训和族规延展出来的家法，实质上仍然是家训的强制性存在和实践效力保障方式。一家族长适用族规时，之所以要对亲属子嗣动用家法科以重责，除了直接责罚和教训犯过子弟后辈外，还通过让每个族人都来参与裁断和见证处罚，目的在于给广大族众以训教警示，不仅有利于保障家族（家庭）秩序井然和代出有德新人，而且为保持家风不坠之必需。如《颜氏家训》就明确提出，尽管家庭教育过程中家长面对的大都是家人子弟等血缘亲情关系，但对于"父慈而子逆，兄友而弟傲，夫义而妇陵"②这些属于"刑戮之所摄"者，则要动用家法惩戒，更有甚者则需要报官查究，体现了中国古代先民严慈相济的育人家风及其家庭教育思想的缜密。"夫风化者，自上而行于下者也，自先而施于后者也。是以父不慈则子不孝，兄不友则弟不恭，夫不义则妇不顺矣。父慈而子逆，兄友而弟傲，夫义而妇陵，则天之凶民，乃刑戮之所摄，非训导之所移也。"③对于扞格不肖致使家长无奈至极时，便可不得已动用家法强制纠错，甚至不惜割袍断

---

① 《马克思恩格斯选集》第2卷，人民出版社1972年版，第538—539页。
② 檀作文译注：《颜氏家训》，中华书局2011年版，第34页。
③ 檀作文译注：《颜氏家训》，中华书局2011年版，第34页。

义，移交官府诉诸衙门加以制裁。而所有这些，无一例外均是一门家风，在中国古代社会得到了很好的传承。

家法伺候，家风训育的威严警示。家训和族规在管束宗族、治理家务、惩戒过错等方面所具有的组织机构和作用发挥，与古代统治阶级颁行与习惯执行的国法高度契合，不仅得到了历代统治者的许可，连同家训族规一起被旌表传布。"伯宣子崇为江州长史，益置田园，为家法戒子孙，择群从掌其事，建书堂教诲之。僖宗时尝诏旌其门，南唐又为立义门，免其徭役。"① 如果将家法简单等同于旧时家长责打犯过子女或家人奴仆的用具，那么显然失之偏颇。"凡庶纵不能尔，当及婴稚，识人颜色，知人喜怒，便加教诲，使为则为，使止则止。比及数岁，可省笞罚。父母威严而有慈，则子女畏慎而生孝矣。吾见世间，无教而有爱，每不能然；饮食运为，恣其所欲，宜诫翻奖，应诃反笑，至有识知，谓法当尔。骄慢已习，方复制之，捶挞至死而无威，忿怒日隆而增怨，逮于成长，终为败德。……凡人不能教子女者，亦非欲陷其罪恶；但重于诃怒。伤其颜色，不忍楚挞惨其肌肤耳。当以疾病为谕，安得不用汤药针艾救之哉？又宜思勤督训者，可愿苟虐于骨肉乎？诚不得已也。"② 《颜氏家训》动之以情而晓之以理，站在亲情感化的立场上，言明如何通过有效的训导教诲，让家人子弟健康成长以省笞罚、伤骨肉。本着这样的训教初心，不得已动用家法惩戒犯过家人子嗣时，绝不是家长一时冲动或任意为之。施行家法的惯常做法，宗祠是拘问审理和照章处罚的场所，族长或宗长（宗子）就是评判法官，家人族众是陪审员和旁听者，家训或族规是成文或不成文的依据法条，合乎情理与秩然宗族是裁判和执行的直接目的。家法施行的结果，一方面，表现为以相对暴力的强制手段维护着家风的严整与绵延不坠；另一方面，让原本饱含劝勉意味的惩戒活动异化为象征惩戒犯过仪式的物态工具。但是，从本质上讲，家法依然是家训惩戒过错和警示家人的一种强制教育方式。由于中国古代先民普遍具有息讼耻讼的"以和为贵"情怀，所以，针对族人犯过，中国古代

---

① （元）脱脱等撰，中华书局编辑部点校：《宋史》（卷四百五十六），中华书局1985年版，第13391页。
② （北齐）颜之推撰，张霭堂译注：《颜氏家训译注》，齐鲁书社2009年版，第4—6页。

先民睿智地旁出家训支系而立为家法，一则可以比照公堂处断私了和平息族人矛盾，二则不失家族同胞血浓于水之家风的劝化用心。例如，江西徐氏族谱中的戒词讼一节便明确提出："天下词讼之结，多起于争，一忿未惩，而相与斗狠不已，致鸣于官，纠缠日久，奔走道路，匍匐公庭，辱身荡家，往往致贻后悔。族间稍有不平之事，念属同宗，经报尊长，无不可以劝释，至乡邻外侮，亦须酌量事势，不得任一时之气，致两造之穷……是诚居家之切诫也。"① 可见，普遍认为"家丑不可外扬"的中国人，尤其注意立家规禁止族人直接告官，甚至禁止将刑事案件告官查办。既然家族不许族人直接告官，宗族必然自有其处治族人此类事件的办法。于是乎，与治国一理的家法就承担起了惩罚族人越轨行为的责任。而处罚犯过族人的过程，和着昭穆威严的家法仪式，恰恰成为家训强制性诫勉和警示族众的家风活教材。

第二节　乡规民约

乡规民约也称乡约，古代民众自约与互约成规的风教传统。长期杂居而共处一地的古代先民，尤其是生活于乡村的农牧民，为了实现中国人所期望的人与人之间"德业相劝，过失相规，礼俗相交，患难相恤"②的民间社会生活与太平治世理想，由同处一地的乡民自主自发制定出来，用以规范和调节人与人、家与家、个人与族众、本土与外乡人之间生产、生活、交往等日常关系，处理域内众人生活中共同面临的诸如教育、奖惩、治安、礼俗和涉及大众公共利益保护等问题的行为规范。这一在中国古代历史上发挥了重要作用的乡规民约，它的制定一般需要获得民众的广泛参与和认可，通过民众自约与互约才能形成共同遵守的约定和规矩。一般情况下，出于协调和保护一方共同生活民众的公共利益需求，当地有威望的有识之士往往主动站出来，综合各方意见，积极与官府沟通后，发挥个人聪明才智，拟定乡约文本，最后以集体论证与认可的方

---

① 冯尔康：《国法、家法、教化——以清朝为例》，《南京大学法律评论》2006年第2期。
② （元）脱脱等撰，中华书局编辑部点校：《宋史》（卷三百四十），中华书局1985年版，第10844页。

式公布执行。在具体适用当中，乡规民约在处理民间事务时可以做到事无巨细，覆盖到其时民间公共领域甚至家庭和个体生活的方方面面，在一定程度上成了乡村社会的自治法规，对于古代中国建立在血缘亲缘基础上的家国同构社会来说，意义和作用非常重大，也更容易让民众遵从与接受。

乡约的形成与普及，是古代先民对乡土社会治理自适应的结果。乡规民约的产生与发展，取决于古代中国农耕经济形式和皇权止于县的社会政治构造，是基层社会的乡、里行政结构划分，为乡规民约的产生提供了组织前提。乡约的产生与发展，正是适应了中国先民以地缘关系为基础的乡村社区形成之后，何以协调超越家庭和家族治理关系的社会秩序建构需要。学界的研究表明，乡里制度最早定型于春秋战国，正式确立于秦汉时期。[1] 秦代将乡里制度确立为乡、亭、里三级，汉代大体上因袭秦制。[2] 作为基层社会行为规范的乡规民约，最早出现于春秋战国与秦汉之间，已知最早的乡规民约是东汉的《侍廷里父老僤买田约束石券》。[3] 早期出现的乡众自治规约多称乡规民约，发展到后来才简称为乡约，到明清时期最为完备。随着官府对乡村治理更加严格与细致，其时所制定的乡约不仅带有官方主治的影子，而且被官府扶持发展成一整套成建制的乡约管束机构，虽然在一定程度上强力保障着乡约的施行，但却远离了先民立约的最初自愿原则，也与家训、族规劝勉本质产生了背离。因为乡约是通过民众广泛参与自愿制定的，充分表达了参约民众各自的意愿，因而乡约的化民成俗自律成分很高，而家训和族规往往需要自上而下的家长施行，偏重于长者对子女的外在教诫训化。因此，就早期的家训与乡约比较而言，两者在效能上明显不同，乡规民约的逻辑是"化民成俗"，家训的理念是训导成规，前者靠众人自愿达成共识，后者靠家庭伦理保障执行。家训与乡约在推行动力上也有不同，乡约依靠公共监督，家训依靠家长权威。家训与乡约追求目标各有侧重，乡约侧重于公共道

---

[1] 赵秀玲：《中国乡里制度》，社会科学文献出版社1998年版，第4页。
[2] 宁可：《汉代的社》，《文史》，中华书局1980年版，第9页。
[3] 董建辉：《"乡约"不等于"乡规民约"》，《厦门大学学报》（哲学社会科学版）2006年第2期。

德的建构，家训侧重于个体品德的培育。当然，家训族规与乡约的互补性很强，一方面，传统家训中所蕴含的培育个体品德的基本道德规范和文化精神，通过乡约具体化、生活化而在民间得以更广泛展现和传播；另一方面，通过共居一地各家让渡私利而建立的乡约规范与家训教化的相互照应，便形成了中国古代比较有效的全民风教机制，造就出一代代能够自觉遵守社会道德规范的国民人格的同时，也维护了广袤的农村社会和谐与稳定。

乡规民约的制定与遵守，创立了中国乡村区域自治制度。乡约是乡民自治的一种自发行为，目的在于建立和维护公正良俗的民间社会秩序，因而在人们长期的生产生活实践中自然形成并世传成风。如果说家训、族规和家法等家教生活以隐形方式长期深藏于亿万门户、周流在同姓宗族而演变为可被感知、可被描摹和可被传承的独有家风，那么，乡规民约的制定与遵守则是以人人看得见、摸得着、用得上的公开形式，打破门户壁垒与贫富高下偏见，集思广益而博采众长，总览一方民情，共善域内风俗教化，让家风在互鉴共享当中走出家门，成功实现了家风向民风的升华。因为在古代乡土中国，特别是广袤的乡野农村，"我国聚族而居的传统，往往一村一乡就是一个家族，这样的地域关系便转化成了血缘关系，乡约也就有了家范的意义"[1]。一方面，与家训和族规偏重教诫训化，且风教的发动由上及下差序运行所不同，乡约是通过乡民受约、自约和互约来维护社会生产生活秩序，自觉用儒家礼教"化民成俗"，以保障约众的共同生活和共同进步。另一方面，与中国传统文化当中由己及人、由近及远、由内而外推演思维逻辑相一致，继家训因作用范围扩展而发展为族规和家法之后，因其所具备的既可以用来范家也可以用来范世的风教功能，经过官府适用治理乡民的提携褒奖，便继续推广普及为乡规民约。所以，从这个意义上讲，乡约是乡民自治的具体体现，但其教民化俗的风教本旨与家训齐家范族并无二致，也是人们在长期的生产生活实践中自然形成并世代相传的民间道德规范，它比国家法律所建立的秩序更得民心、更贴近生活、更符合当地的风俗习惯，是中国传统价值原则具体化、生活化、大众化的表现形式之一，所发挥的助教化与

---

[1] 徐梓：《家范志》，上海人民出版社1998年版，第276页。

美风俗作用更加宽泛和深入。正因如此，乡规民约被古代官方看作因地制宜、敦化一方风教的治世良方，自朝廷以至诸级官吏，无不推崇旌表，甚至亲自主持制作与传布，使乡规民约的制定与遵守变成了乡村区域自治制度。如明代最著名的思想家王阳明推广传布的《南赣乡约》，开篇即指出："昔人有言，蓬蒿生麻中，不扶而直；白沙在泥，不染而黑。展俗之善恶，岂不由积习使然哉。……故今特为乡约，以协和尔民。自今凡尔等同约之民，皆宜孝尔父母，敬尔兄长，教训尔子孙，和顺尔乡里。死丧相助，患难相恤，善相劝勉，恶相告诫，息讼罢争，讲信修睦。务为良善之民，共成仁厚之俗。"① 开宗明义，充分表明制定乡约的目的，除了乡民自约和互约来自发维护社会秩序外，也是官方文教制度为了"移风易俗"来美化社会风尚的题中应有之义。如果说家训随着分家合居而发展成族规，是老百姓自发而为的结果，那么将家训推延扩展越出家族范围而成为乡规民约，在很大程度上是那些胸怀天下的士大夫们借助于官府力量传布的结果。

乡规民约突出的社会管理功能，必然得到古代封建统治阶级的青睐。乡规民约形式上威严肃正，内容上直指大众秩序和社会和谐安定，因为地方官府的扶持，最终让乡规民约上升为官方性质的乡村执法与管理结构。但是，除去官府强加的公权力部分，乡规民约的很多内容都保持着民间大众自治的初心和愿望。尤其重视呵护中华民族业已形成的尊老爱幼、和睦乡邻，以及人与自然和谐相处等传统美俗。譬如，中国先民对孝道的尊崇，即便是不成文的传统规范，却成为印刻在乡民心灵深处的永恒约定，无关家庭或家族贫富贵贱，每一个中国人都能自觉遵守。"凡养老，有虞氏以燕礼，夏后氏以飨礼，殷人以食礼。周人修而兼用之，五十养于乡，六十养于国，七十养于学。达于诸侯。"② 中国上古时期，人类尚未完全脱离对自然力量的依赖，以人生经历为标志的生产生活经验决定了老者的价值，也成为尊老敬老风行天下的现实基础。"有虞氏养国老于上庠，养庶老于下庠；夏后氏养国老于东序，养庶老于西序；殷人养国老于右学，养庶老于左学；周人养国老于东胶，养庶老于虞庠。

---

① 牛铭实：《中国历代乡约》，中国社会出版社2005年版，第3页。
② （汉）郑玄注，王锷点校：《礼记注》，中华书局2021年版，第178—179页。

虞庠在国之西郊，有虞氏皇而祭，深衣而养老；夏后氏收而祭，燕衣而养老；殷人冔而祭，缟衣而养老；周人冕而祭，玄衣而养老。凡三王养老皆引年。八十者，一子不从政；九十者，其家不从政；废疾非人不养者，一人不从政。父母之丧，三年不从政；齐衰大功之丧，三月不从政。将徙于诸侯，三月不从政；自诸侯来徙家，期不从政。"①所以，"孝悌发诸朝廷，行乎道路，至乎州巷，放乎蒐狩，修乎军旅，众以义死之而弗敢犯也"②。即便是居于乡野的民人村夫，凡事都得讲究长幼秩序，即使贫病交加的老人也不能遗弃，年轻人更不可恃强凌弱、以众欺寡。

创造性转化与创新性传承中华家风，必须注意继承中华民族优良传统，发挥乡规民约的规范、教育、保障、自治作用，为全面实现乡村振兴增强民众集体意识，整饬一方乡土、自治一地乡民、敦厚一方民风，推动美丽乡村和谐发展。③

第三节　人生礼仪

人生礼仪也称生命礼仪，是一个人终其一生在不同年龄段或时间点所要举行的仪式或要经历的活动，通过这些具有象征意义的仪式行为，实现社会群体对一个人的接纳与承认，并渐次确定其在社会活动与人生交往当中的地位与角色。"礼的要义，礼的真意，就是在社会人生各种节目上要沉着、郑重、认真其事，而莫轻浮随便苟且出之。"④可见，人生礼仪作为人类社会特有的文化现象，现实地外显为各种特定仪式，也是人类学对人类这一具有象征意义的社会行为的基本表述。从中华传统文化的词源角度讲，"仪式"是"仪""式"两个词汇的简单组合，而不是现代意义上的一个词，但二者的本义均有取法或效法的含义。

"仪式"一词，最早见于展现周代民风的《诗经》"我将"诗："我将我享，维羊维牛，维天其右之。仪式刑文王之典，日靖四方。伊嘏文

---

① （汉）郑玄注，王锷点校：《礼记注》，中华书局2021年版，第180—181页。
② （汉）郑玄注，王锷点校：《礼记注》，中华书局2021年版，第616页。
③ 符得团：《发挥乡规民约在脱贫攻坚中的独特作用》，《光明日报》2020年5月14日第6版。
④ 梁漱溟：《人心与人生》，学林出版社1984年版，第2页。

王，既右享之。我其夙夜，畏天之威，于时保之。"① 不难想象，开启礼仪治世先河的西周时期，祭祀文王于明堂，除了形式上威仪严整外，客观上足以让民人百姓取法和效仿文王日靖四方、夙夜勤儆的好民风。"仪式"还有为人处世的言行规矩和育人仪态之意。流行于中国古代社会的大乡射朝会，以定礼仪、训万国著称，历来为圣王所重，对活动的举办要求极高。否则会有爵盈而不饮，肴干而不食，乐非雅声而不奏，物非正色而不列的败俗景象，这样则会丧失仪式本旨。《诗经》"菁菁者莪"诗："菁菁者莪，在彼中阿。既见君子，乐且有仪。菁菁者莪，在彼中沚。既见君子，我心则喜。菁菁者莪，在彼中陵。既见君子，锡我百朋。泛泛杨舟，载沉载浮。既见君子，我心则休。"② 师长育人之事功，除了具有渊博的学识外，其为人师表的嘉言懿行所发挥的风范效应，便是师者乐育材、善育材而使人喜乐从教的当有仪态。"仪式"的泛指，系典礼的秩序形式，亦即在现实当中人们参与其中的典礼活动程式，"晨仪式荐，明祀惟光。神物爰止，灵晖载扬。玄端肃事，紫幄兴祥。福履攸假，于昭允王"③。"仪式"还用来表示测定历日的法式制度，"昔太初历之兴也，发谋于元封，启定于天凤，积百三十年，是非乃审。及用四分，亦于建武，施于元和，讫于永元，七十余年，然后仪式备立，司候有准。天事幽微，若此其难也"④。严格精微的推演要求，决定了测度历法的严谨过程。

最早的社会行为"仪式"，当数御神仪式。"夫礼之初，始诸饮食。其燔黍捭豚，污尊而抔饮，蒉桴而土鼓，犹若可以致其敬于鬼神"⑤。主持这种活动的，一定是在群体中有威望或经验丰富的长者，也有很多具有特殊超然象征的人。因而能够将原本普通的生老病死等人生事件赋予神圣的内涵，让事件中的言行举止普遍受到人们的推崇。在中国古代社会，惯常存续在饮食男女等生活领域的人生礼仪仪式，之所以适用范围最广，根本原因在于"夫礼始于冠，本于婚，重于丧祭，尊于朝聘，和

---

① （宋）朱熹注，王华宝整理：《诗集传》，凤凰出版社2007年版，第263页。
② （清）阮元校刻：《十三经注疏》（清嘉庆刊本），中华书局2009年版，第903—904页。
③ （清）彭定求等编：《全唐诗》，中华书局1960年版，第101页。
④ （清）王先谦集解：《后汉书集解》，商务印书馆1959年版，第3403页。
⑤ （汉）郑玄注，王锷点校：《礼记注》，中华书局2021年版，第292页。

于乡射"①。冠礼是男子成长过程中的成人标志性礼仪,自然对男权社会的个体而言影响较大。"就礼在个人生活服务与社会生活的体现而言,二十而冠是个体人生的第一次大礼,故说'始于冠礼'。但冠礼实际上并非是某个个体生命旅程最根本的礼,照《婚义》所说,最根本的礼乃是婚礼,故说'本于婚'。如果从礼数之隆重庆祝来说,则人之一生所行的丧祭礼最为隆重,故说是'重于丧祭'。就礼的社会生活体现与功能来说,朝聘之礼主于尊,乡射之礼主于和。由此可知,在这里的始于冠的说法并非指礼制的历史发生的起源和次序。"②

一 仪式对于生命个体的意义,在于成人的社会性塑造

一方面,仪式是人之为人的社会属性外显。圣人制礼作乐,分明是认识到了秩序乃为人之先务,只有每个人都能定位好自己而不逾礼,整个社会才忙而不乱,人的心灵才能安详宁静。反之,就会像草木禽兽,礼不明而义无序。正如荀子所指出的:"水火有气而无生,草木有生而无知,禽兽有知而无义;人有气有生有知亦且有义,故最为天下贵也。力不若牛,走不若马,而牛马为用,何也?人能群,彼不能群也。人何以能群?曰:分。分何以能行?曰:以义。故义以分则和,和则一,一则多力,多力则强,强则胜物。故宫室可得而居也。故序四时,裁万物,兼利天下,无它故焉,得之分义也。"③ 等级规范既是人而能群的社会属性,也是人类有意识地摆脱原始状态走向秩序社会的起点。"道德仁义,非礼不成。教训正俗,非礼不备。分争辨讼,非礼不决。君臣上下,父子兄弟,非礼不定;宦学事师,非礼不亲;班朝治军,莅官行法,非礼威严不行;祷祠祭祀、供给鬼神,非礼不诚不庄。是以君子恭敬、撙节,退让以明礼。……是故圣人作,为礼以教人,使人以有礼,知自别于禽兽。"④ 另一方面,仪式是一个自然人到社会人成长的必经程序。"夫礼者,所以定亲疏,决嫌疑,别同异,明是非也。礼不妄说人,不辞费;

---

① 廖平撰,张宁整理,朱维铮审阅:《今古学考》,上海书店出版社2012年版,第49页。
② 陈来:《古代宗教与伦理:儒家思想的根源》,三联书店1996年版,第245页。
③ (战国)荀况原著,梁启雄释:《荀子简释》,中华书局1983年版,第109—110页。
④ (汉)郑玄注,王锷点校:《礼记注》,中华书局2021年版,第4—5页。

礼不逾节，不侵侮，不好狎。修身践言，谓之善行；行修言道，礼之质也。礼闻取于人，不闻取人；礼闻来学，不闻往教。"① 伴随着以冠婚丧祭为代表的人生礼仪仪式，一个人由小家庭转入大家族，渐次进入乡、里，最终被人民大众接纳和认可而成长为社会关系存在体。

二 仪式对于人类男女两性的意义，在于别男女而正夫妇

男女有别不仅是人类文明的突出特征，也是中国古老的传统观念，借助于人生仪式来区别男女有利于规范社会秩序。"有天地，然后有万物；有万物，然后有男女；有男女，然后有夫妇；有夫妇，然后有父子；有父子，然后有君臣；有君臣，然后有上下；有上下，然后礼义有所措；夫妇之道，不可以不久也，故受之以恒。"② 按照这样的逻辑，推衍出礼仪所措的基础在于夫妇之道是否正确，所以《礼记》讲："礼始于谨夫妇，为宫室，辨外内。男子居外，女子居内，深宫固门，阍寺守之。"③ 以礼之起始，强调男女有别，就是要让"闺门之内，轨仪可则"。因为在古代中国人的理念当中，男女之别与天地、阴阳、人情三者是相通的，反映了中华传统文化的世界观和人生观。"是故夫礼，必本于太一，分而为天地，转而为阴阳，变而为四时，列而为鬼神。……夫礼必本于天，动而之地，列而之事，变而从时，协于分艺，其居人也曰养，其行之以货力、辞让、饮食、冠昏、丧祭、射御、朝聘。故礼义也者，人之大端也。所以讲信修睦，而固人之肌肤之会、筋骸之束也，所以养生、送死、事鬼神之大端也。所以达天道、顺人情之大窦也。故唯圣人为知礼之不可以已也，故坏国、丧家、亡人，必先去其礼。"④ 中国先哲洞见到"非礼无以节事天地之神，非礼无以辨君臣、上下、长幼之位，非礼无以别男女、父子、兄弟之亲，昏姻疏数之交也"⑤。人生礼仪之所以别男女，就是缘乎天地之理而因袭人之性情，节文男女之别与夫妇之义而为民坊者，为人类的社会行为建立起可行规范。

---

① （汉）郑玄注，王锷点校：《礼记注》，中华书局2021年版，第3—4页。
② （宋）张载撰，刘泉校注：《横渠易说校注》，中华书局2021年版，第412页。
③ （汉）郑玄注，王锷点校：《礼记注》，中华书局2021年版，第378页。
④ （汉）郑玄注，王锷点校：《礼记注》，中华书局2021年版，第305—306页。
⑤ （汉）郑玄注，王锷点校：《礼记注》，中华书局2021年版，第639页。

三　仪式对于社会交往的意义，在于建构稳定的社会秩序

人生礼仪之所以出，根本目的是要规范人们之间的交互行为，建构稳定明确的社会秩序和心理秩序。在中国古代传统社会，确定人间伦序的标准来源于每个个体的身份、品位等级、年龄资历，以及社会声望等，通过一系列人生礼仪活动，让人们领悟并铭记各自处世立身当有的言行规范，自觉遵守特定的社会秩序。中国人讲求"礼尚往来。往而不来，非礼也；来而不往，亦非礼也。人有礼则安，无礼则危。故曰：礼者，不可不学也"[1]。人的社会属性，决定了人与人基于生产、交换等物质需求的人际交往的不可或缺，生命礼仪的产生正是顺应交往规则的需要。"礼起于何也？曰：人生而有欲，欲而不得，则不能无求，求而无度量分界，则不能不争。争则乱，乱则穷。先王恶其乱也，故制礼义以分之，以养人之欲，给人之求。使欲必不穷乎物，物必不屈于欲，两者相持而长，是礼之所起也。"[2] 与西方人类学普遍认同礼仪起源于原始社会的礼物交换论说一样，中国的人生礼仪也是起源于原始时期的物品交易关系，即"礼尚往来"。在人类原始社会，囿于物质生活的匮乏，个体的生存与发展原本就离不开群体，劳动产品特别是生活必需品的赠借挪用便司空见惯，唯其如此才可能保证个体（群体）生活的正常进行。原因很简单，在强大的自然界面前，任何原始个体都不能保证自己出猎或采集就有所获，所以分享劳动产品既减少了可能产生的物质浪费，又为自己一无所获时提供了保障机会。这种借赠与回馈接受自然能够得到广泛的风行与认同，长此以往，便成为一种应然的社会交往规则。关乎"死生存亡之体也，将左右周旋，进退俯仰，于是乎取之"[3]。天长日久，这些约定俗成的做法就变成了人们共同生活中的人生礼仪仪式，深沉而持久地发挥着风化育人的作用。

---

[1]（汉）郑玄注，王锷点校：《礼记注》，中华书局2021年版，第5页。
[2] 方勇、李波译注：《荀子》，中华书局2015年版，第300页。
[3]（汉）班固撰，（唐）颜师古注，王先谦补注：《汉书补注》，商务印书馆1959年版，第2318页。

四 仪式对于教化风俗的意义，表征着社会文明的进步与发展

仪式作为社会风俗的集中外显，反映着特定社会的文明气象；风俗作为社会进步的文化产物，往往通过大众普遍接受与广泛参与的仪式行为表现出来，二者互为表里，相得益彰。从发展源头上讲，流行于人类社会的生命仪式要早于成形的风俗，一者囿于初民交流机会的缺乏，使不同部族独具特色的人生仪式一般不为外人所知晓；再者，早期仪式浓郁的迷信色彩不仅排斥异族人的参与，往往以天机不可泄露的神示活动秘而不宣。"一切民风都是起源于人群应付生活条件的努力。某种应付方法显得有效，即被大伙所自然无意识地采用，变成群众现象，变成民风。等到民风得到群众的自觉，以为那是有关全体之福利的时候，它就会变成民仪。"[①] 人生礼仪仪式首先产生于人们在生产生活中不断解决基本的生存问题、保障衣食住行等需要而做出的种种努力与创造发明，尽管中国人谦恭地将之归结为"圣王"之作[②]，但人们求生存、求发展的需要始终是仪式存续的根基。不仅如此，仪式还反映着群体成员共同信奉的价值观念和行为模式，能最大限度地得到群体成员的普遍认同和自觉遵从。因此，仪式对于教化风俗的作用，在于通过仪式活动表现风俗，并以人文教化的方式呈现这一文明社会的产物。二者产生发展的趋势，就是实现仪式与风俗融合的过程，而且人生礼仪仪式分明是被人类认可并在长期的生活当中沿袭固定下来的文明习惯。在中国传统文化语境中，仪式大多情况下表现为"习俗""礼""规矩"，广泛存在于古代中国国家事务和人民大众的日常交往活动之中，仪式行为所涉及的内容，包括祭祀、交际、婚丧嫁娶、生老病死等日常事务。这一风俗或习惯养成的过程，除了个体反躬内修的功夫外，很大程度上是家风训育的结果。

---

① 李安宅：《仪礼与礼记之社会学的研究》，商务印书馆 1933 年版，第 172 页。
② 中华文化语境当中的圣王、西方文明推崇的哲学王、宗教神学尊奉的先知，虽然称谓不同，但是，他们都有成功抓住特定时代大众散漫思想精华的灵感，并以超乎常人的言语或行为集中表达出来，于是便以真理的化身出现在世人面前。

历史与现实一致证明，通过各种具体社会行为展现的人生礼仪，以具体化、生活化、个性化的场景体验方式，伴随着无一遗漏的大众参与，成为相较于古代官方正式教育制度而言，具有更深入持久和直接有效影响熏染作用的家风育人范式。在中国古代，这一社会行为发生在构成国家的最基本组织单位——家庭中，就是数千年传承不衰的程式化家训和生活化训育家风的有形外显；周流在广大乡村社区，便是秩然一方社会生活的民风表征；流传在不同民族和行业当中，则成为固守传统与接续独门绝技的世传家法。这些非官方正式制度性质的传统仪式，之所以能够绵延不绝并始终发挥着家风范导的作用，根本上得益于中国古代统治阶级的集中代表——皇帝最初以正式制度的形式，致力于举国同办浩繁费力的国家仪式，从而以天下最大家长的角色力推风教泽被子民的结果。那些对应于"刑不上大夫"的规制礼仪，大多以国家正式制度的形式，由朝廷或礼部等管理典章制度的有司官吏主导和组织，并作为民间大众传统仪式的范本而成为教化正俗的国风；对应于"礼不下庶人"的民间传统人生礼仪，则以对国家礼制制度大众化、生活化、世俗化的社会行为方式，与国家礼制遥相呼应中下嫁普适为人民大众广泛遵从的风教传统。

第四节　家学私塾

学校、社会、家庭是人类教育机制的"三挂马车"。作为中华家庭风教文化的宝贵遗产，中国传统家庭教育更多地倡兴父母为师、亲子共学家风，不仅是古代"天子失官，学在四夷"[1] 学术文化下移社会化发展的结果，也是与官方正式教育制度并行不悖的中华文化大众传承范式。这一包含家训蒙养教育、家庭办学和家族技能学术等形式的家传风教文化，以家学渊源有自延续着中华文脉、以私塾重教兴学辈出人才、以书院注经藏书匡正学统，历经千年不绝，演绎出中国特色的乡土风教文化形式。

---

[1] 郭丹等译注：《左传》，中华书局2018年版，第1846页。

一 家学

持家守业的事功需求，催生了古代家学风教的勃兴。纵观历史，中国古代民间的家学风教活动和问学模式，正式形成于东汉末年，由于长期征战对既有的社会文化冲击很大，一时造成国家举办学校教育的废弛，过去统一由官府主办的官学教育活动逐渐转移到士族大夫家族。"魏晋南北朝之学术、宗教皆与家族、地域两点不可分离。"① 士族大夫人家不同于凡庶家庭的根本原因，一是门第中人已有的见识能够确保门风优美，故而成为远近闻名的乡土地望。二是有家学知识储备，这些门第中人往往怀揣祖传技艺，在社会上成为书法绘画流派、诗词歌赋乐宗、医学阴阳方家、专属职业家传等。三是有举办家学的物质生活条件，一般还有办学场地，更有能力延请教授先生讲习学问。"人生须辍生事之半，养一佳士教子弟，为十年之计，乃有可望。求得佳士，既资其衣食温饱，又当尊敬之，久而不倦，乃可以尽君子之心而享其功。"② 中国人一直视家学为家产，坚信良好的家教是家庭或家族得以长盛不衰的根本保障。"刘璞，右胤祖之子，少习门风，至老笔法不渝前制，体韵精研，亚于其父，信代有其人，兹名不堕。"③ 除此表象成因之外，在中国古代经济文化很不发达的社会条件下，家学演绎着家族属性极强的子承父业传统的根本原因，是长葆家族事业勃兴和家道昌盛的经世致用思想的现实表现。由于家学源流所指称的"家"并非单指基于血缘关系而组成的家庭，而更多地指向"世家"，家学则被赋予特殊家族和地望世系的一种特殊文化现象。"吾州之俗，有近古者三。其士大夫贵经术而重氏族，其民尊吏而畏法，其农夫合耦以相助。盖有三代、汉、唐之遗风，而他郡所莫及也。始朝廷以声律取士，而天圣以前，学者犹袭五代之弊，独吾州之士，通经学古，以西汉文词为宗师。……至于郡县胥史，皆挟经载笔，应对进

---

① 陈寅恪：《隋唐制度渊源略论稿》，生活·读书·新知三联书店2004年版，第20页。
② （宋）黄庭坚著，刘琳等点校：《黄庭坚全集》，中华书局2021年版，第1681页。
③ （清）严可均编：《全上古三代秦汉三国六朝文》（全陈文卷十二），中华书局1958年版，第3470a页。

退，有足观者。而大家显人，以门族相上，推次甲乙，皆有定品，谓之江乡。非此族也，虽贵且富，不通婚姻。"① 置身当地浓厚的读书向学氛围之中，北宋因"一门父子三词客"著称于世的"三苏"之一苏轼（1037—1101年），分明道出了自己家学累世源澜的外部社会成因。当时的士大夫所代表的世家大族，为保持自己家业不坠于世而积极推广、助力和影响，最终逐渐演变为持家育人家学，一经形成，便因有助于家业兴盛和家族兴旺，很快成为人们竞相师法的风教楷模。"今所谓门第中人者，为此门第之所赖以维系而久在者，则必在上有贤父兄，在下有贤子弟，若此二者俱无，政治上之权势，经济上之丰盈，岂可支持此门第几百年而不弊不败？"② 显然，这些世家大族要想长葆自己的官宦士绅地位和家业门风不坠，就必须在族内设家学读书论道以辈出人才，为家学制度的社会化传播树起了风标。

注重道德品性养成，绘就了中华风教文化的家学底色。家学传统上升为风教文化，泛指以血缘家庭为单位生发与存续的全部知识、技能和价值体系，这种建立在物质生活基础之上的家庭精神、道理伦理和处世之道，是一家一族薪火相继、世代传承的家庭文化形态，也是生活化为人之学的风教传统。分析中国古代家学传承的基本形式，可以清楚地看到，家学在传承家族文化、培养子孙身心素质、塑造家人强健体格、提升后代自身能力等各个方面都起到了重要的作用。正因如此，中华家学的底色，无疑指向家人子弟的人格完善。"中国学术，以学为单位者至少，以人为单位者转多，前者谓之科学，后者谓之家学。家学者，所以学人，非所以学学也。"③ 与中华民族道德立论的为学传统相一致，家学勃兴最为注重的，自然是君子人格和"大丈夫"品行，这一目标追求，落实在立身、立言、立德三者次第人生价值追求中，家学所兴，系于计从长远的亲情关注，家学所重，做人自然是第一要紧的，学习文化知识和掌握一技之长，倒还在其次。按照孔子提出的做人为学关系，"弟子，

---

① 李之亮笺注：《苏轼文集编年笺注》（第二册），巴蜀书社2011年版，第121页。
② 钱穆：《略论魏晋南北朝学术文化与当时门第之关系》，《新亚学报》1963年第2期。
③ 傅斯年：《中国学术思想界之基本误谬》，载《大家国学：傅斯年卷》，天津人民出版社2009年版，第32页。

入则孝，出则悌，谨而信，泛爱众，而亲仁。行有余力，则以学文"①。奠基在仁爱亲情血缘关系基础之上的家学，无不秉持学富五车而心无所放纵的办学理念，致力于追求圣贤心境和修身立德的育人目标指向。中国人清楚地认识到，家学之要，"本诸心之性情，致谨于隐微显见之几，推诸中和位育之化，极之乎无声无臭，而后为至，盖家学之秘藏也"②。所以，指向学以成人的家学风教实践，始终注意家人子弟道德品性的养成，在择选良师助其成长的同时，注重通过父祖长辈的人格魅力和以身示范训育后人。"遗传之美、家学之善可知。此所谓父兄渊源者也。"③ 例如，北宋文学家苏洵（1009—1066年）不仅教子侄读书"内以治身，外以治人"，而且以六行为家学风教族人。"自斯人之遂其兄之遗孤子而不恤也，而骨肉之恩薄；自斯人之多取其先人之赀田而欺其诸孤子也，而孝悌之行缺；自斯人之为其诸孤子之所讼也，而礼义之节废；自斯人之以妾加其妻也，而嫡庶之别混；自斯人之笃于声色，而父子杂处，喧哗不严也，而闺门之政乱；自斯人之渎财无厌，惟富者之为贤也，而廉耻之路塞。此六者，吾往时所谓大惭而不容者也。"④ 追溯中国古代家学渊源，表面上看，正是一家一户传统生活方式所需，成为催生家学风教与承传习得的现实动因。其实质，归根结底是教家人子弟为人之学。"不患人之不己知，患不知人也。"⑤ 在日常生活当中，教诫家人子弟谨言慎行、低调行事，尽可能内敛守默，既不哗众取宠，也不求人知晓。作为应对现实问题的反例，对家人子弟生活中可能出现的奢靡之气，古代为人家学多有涉及。"夫君子之行，静以修身，俭以养德。"⑥ 从抵御奢靡诱惑的角度出发，培养家人节俭美德。

中华学统下嫁民间的历史流变，推动了古代家学风教的大众化。家

---

① （清）刘宝楠撰，高流水点校：《论语正义》，中华书局1990年版，第18页。
② （明）王阳明著，吴光、钱明、董平、姚延福编校：《王阳明全集》（新编本），浙江古籍出版社2010年版，第1375页。
③ 姚奠中主编，李正民增订：《元好问全集》，三晋出版社2015年版，第1132页。
④ 曾枣庄、舒大刚编著：《三苏全书》（第六册），语文出版社2001年版，第249页。
⑤ 陈晓芬、徐儒宗译注：《论语　大学　中庸》，中华书局2015年版，第14页。
⑥ 张澍：《诸葛亮集》，中华书局1974年版，第28页。

学及其文化现象,最早可以追溯到中国上古五帝三代时期的"畴人之学"①,作为世袭制度下的官职所属科技和学术发展形态,是西周社会特有的教育和文化传播形式。按照《周礼》规制与设计,家业世世相传为畴,其子年二十三岁即可世袭为畴官,各从其父家学执事为官。一方面,在治理国家所需的科学技术专属于统治阶层的上古时期,皇朝所设立的每一个官职都富有专门文化含义,因履职所致,这些官员往往饱读诗书、身怀绝技,或精通历法、长于筮蓍,或裁判断狱、履历丰富,加之古时担任官职者均世代相传,受其家风训育出来的接续者,个人修为和专门文化水平也相应更高,历史地造就出了早期家学雏形。另一方面,那些深通天文、历法、推算知识,掌管军旅、教育、医术制度的朝廷命官,必须以官职所属技术、知识教育和培养家人子弟,以确保官位世袭续接,也让某种专业知识和技能一起传承不绝。天子失官则学在四夷,秦汉以降,畴人之学逐渐转化为宦学体系中的科技教育。"天下有道,则不失纪序;无道,则正朔不行于诸侯。幽、厉之后,周室微,陪臣执政,史不记时,君不告朔,故畴人子弟分散,或在诸夏,或在夷狄,是以其禨祥废而不统。……先王之正时也,履端于始,举正于中,归邪于终。履端于始,序则不愆;举正于中,民则不惑;归邪于终,事则不悖。"② 随着政治变故导致的王朝更替和社会动荡,那些掌握畴学资源的元老旧臣若

---

① (清)阮元校刻:《十三经注疏》(清嘉庆刊本),中华书局2009年版,第397页。《尚书·洪范》有言:"武王胜殷,杀受,立武庚,以箕子归,作洪范(九畴)。……邦诸侯,班宗彝,作分器。"《汉书》有言记曰:"禹治洪水,赐《雒书》,法而陈之,《洪范》是也。'我闻在昔,鲧堙洪水,汩陈其五行,帝乃震怒,弗畀《洪范》九畴,彝伦攸斁。鲧则殛死,禹乃嗣兴,天乃锡禹《洪范》九畴,彝伦攸叙。'"适应统治所需,西周大量设置了依赖专门知识和技能才可履职的官位,而且为了保证相应的专业技能延续不坠,还将这些官位确立成世袭职官制——专属而世袭为"畴官",专属之学为畴人之学。依照秦"律,年二十三傅之畴官,各从其父畴内学之。高不满六尺二寸以下为罢癃。《汉仪注》:'民年二十三岁为正,一岁为卫士,一岁为材官骑士,习射御骑驰战阵。'又曰:'年五十六衰老,乃得免为庶民,就田里。'"《史记》:"自古圣王将建国受命,兴动事业,何尝不宝卜筮以助善唐。……及孝惠享国日少,吕后女主,孝文、孝景因袭掌故,未遑讲试,虽父子畴官世世相传,其精微深妙多所遗失。"《周礼》:"乃立地官司徒,使帅其属而掌邦教,以佐王安扰邦国。教官之属。"其中,太史位居六卿畴官,研究和传授天文历法,其他史官则为书记官。秦汉以降,官职专属的科技问学制度开始向社会大众下移,畴人之学逐渐转化为宦学中的科技教育,唐代之后演变为科技专科学校教育。

② (汉)司马迁撰,(南朝宋)裴骃集解,(唐)司马贞索隐,(唐)张守节正义,中华书局编辑部点校:《史记》(卷二十六),中华书局1982年版,第1258—1259页。

能幸免于难,却难免"一朝天子一朝臣"的制度性淘汰,当畴人们离开官位回归平民时,自然向社会底层带下去了其所职掌的学术技艺、问学传统和进步思想。加之西汉时期广泛实施的郡县制与封国制并存的政治体制,更有利于家族的繁荣和众多小家庭的产生。与社会治理要求相一致的选官察举制,突出以个人德行和门户高下为主要依据来选仕的标准,这些制度的实施有助于催生以德育著称的家学及其训教活动的繁荣与发展。在家训导子弟和教授家人成为世族大户以及其他社会有识之士家庭教育的主要形式,在理论上提出了家训、家学等反映家庭教育传统及其活动成就的概念。[①] 据考证,"家学"一词最早见于《后汉书》,"郁字仲恩,少以父任为郎。敦厚笃学,传父业,以《尚书》教授,门徒常数百人。……子普嗣,传爵至曾孙。郁中子焉,能世传其家学"[②]。家学的内涵,侧重于学识传承和家传技艺。

受古代官本位思想影响,"学而优则仕"的家学风教观念比较普遍。家学风教,虽然渊源有自,但治家教子而孜孜不倦的很多古代家长,往往是那些离家万里而四处为官,阅尽人间冷暖而明了持家守业本旨,因而表现在行动上,便是立教办学,甚至亲自承担教学子弟的课业任务,甚至不忘通过家书对家人子侄在考取功名和出仕为官方面悉心教导。"所谓士族者,其初并不专用其先代之高官厚禄为其惟一之表征,而实以家学及礼法等标异于其他诸姓。"[③] 正是他们为官一方的处世阅历和得天独厚的教育经验,成就了一家一族的为官家风传统。贯穿明清500多年历史,始终保持长盛不衰的山东滨州杜氏一家,先后有近200人入朝为官,个个清廉公正、励精图治,未出现一个贪官污吏,最根本保证,有赖于杜氏家族良好的家学风教传统。杜氏家学对功名利禄和荣华财富的态度非常冷静,明确反对子弟为官而出现追名逐利的行为,因而将儒家学优

[①] 符得团、马建欣:《古代家训培育个体品德探微》,中国社会科学出版社2012年版,第172页。

[②] (南朝宋)范晔撰,(唐)李贤等注,中华书局编辑部点校:《后汉书》,中华书局1965年版,第1254—1257页。

[③] 陈寅恪:《唐代政治史述论稿》,生活·读书·新知三联书店2001年版,第259页。

则仕的问学致仕思想转化为"学而优则仕，不优则不仕，优亦不必仕"[①]的家学仕宦观。"世族言家法者，以杜氏为称首焉。教诸子先实行而后文章，言皆可为世法。"[②] 上升为世族家法之家学，便不仅限于问学之法，既可以是家规律令，也可以是家传门风。相反，以为官之家学风教言之，当最为恰切。

二 私塾

在中国人的记忆当中，"私塾"不仅是学堂教育的代名词，而且是古代平民及其子弟都有机会享受教育的民间大众办学模式，在绵延几千年的古代社会，不仅承担着启蒙童稚的基础教育任务，而且为传承中华文化、保障中华民族生生不息奠定了知识基础。与官办庠序学校相对应，古代遍布城乡的无数民间专门教育机构——私塾，就是私家学堂。古称学塾、家塾、族塾、宗塾、乡塾、村塾、村学、义学、学馆、门馆、坐馆、教馆、书房、书屋等，雅号不一而足。学界统称"私塾"，主要是为了与官办或公立办学机构相区别，习惯于把家庭、家族，甚至超出同姓族人共居地乡村集体举办的学堂统一称为"私塾"。"古之教者，家有塾，党有庠，术有序，国有学。比年入学，中年考校，一年视离经辨志，三年视敬业乐群，五年视博习亲师，七年视论学取友，谓之小成。九年知类通达，强立而不反，谓之大成。夫然后足以化民易俗，近者说服，而远者怀之。"[③] 西周盛世，学在官府且官师合一，塾一般是告老归乡的官员，自愿受托官府而负责在其家乡推行教化。可见，作为民间大众举办的一种非正式文化风教形态，私塾至少在周代业已产生，而且与封建统治者所办官学相辅相成、并驾齐驱，在培育新人和维护社会礼制教化方面，发挥着比有章可循的官方学校制度更为深厚的基础性思想风化作用。

（一）适者生存的家风文化意蕴，是古代私塾勃兴的内在动力

在漫长的中国古代历史上，由于社会生产力水平低下，以家庭为主

[①] 杜立晖、刘雪燕：《家族文化社会：明清黄河三角洲杜氏家族文化研究》，天津古籍出版社2013年版，第150页。

[②] 李熙龄编著：《咸丰滨州志》，成文出版社1976年版，第336页。

[③] （汉）郑玄注，王锷点校：《礼记注》，中华书局2021年版，第472—473页。

要生产单位的自给自足的自然经济形式，意味着人们无法旱涝保收，而是常常面临饥寒冻馁的困窘。加之朝代更替和征伐战乱不断，盛世富庶而短暂，乱世穷困而学校坏废，国力羸弱而民贫，官府根本没有能力为广大乡民子弟提供普及教育的机会，留给笃信向学的民人子弟无尽惆怅。"青青子衿，悠悠我心。纵我不往，子宁不嗣音。青青子佩，悠悠我思。纵我不往，子宁不来。挑兮达兮，在城阙兮。"① 面对这样的社会现实和生存挑战，勤劳勇敢的中国古代家长们坚信知识改变命运的深刻道理，于是纷纷在家举办私塾，或合族办学，众力延师训教子弟，以传统六艺为课教内容，以保子女家人成长成才。② "家塾者，凡为祖为父则莫不欲其子若孙之入焉者也，入是塾、闻是语，因此推祖宗之心，而行祖宗之事，斯固已为贤，而为孝矣。祖宗积累之泽，不将付之以逾远，而弥存也欤！不然者，或罔闻或闻而忽焉，甚者蔑焉、弃焉，又甚者背焉、反焉。一祖之孙，一父之子而成败兴替至倍蓰什佰千万者，何可胜数也！"③ 中国人对适者生存法则的从容应对，不仅让私塾在社会上站稳了脚跟，而且在通过私塾保证家族辈出人才、传承文化，以及促进社会风教美俗方面，都做出了巨大贡献。

（二）相较于西方国家依靠教会筹资办学的非官方教育形式，中国古代先民自觉兴办私塾教育子弟的风尚，无疑是进步的

首先，私塾的兴起与普及，集中展现了中国先民生活富足而不忘育人的忧患意识与责任担当。教化培育子女后代既是一个家庭的重要功能，也是每个家长的天然职分，古代有识家长们始终将子女教育看得很重，无不秉持耕读传家理念，自觉做到施教于家而成教于国。不难想象，既要面对严峻的生存挑战，又要做到未雨绸缪，腾出时间和精力专门办学教育子弟，中国先民承受的压力与责任，更何况树立并恪守辈出人才好风门绝非一蹴而就的易事，需要久久为功、长期坚持。其次，伴随着科

---

① 任乃强著：《周诗新诠》，巴蜀书社2015年版，第156页。

② 符得团：《儒学"六艺"的育人旨归》，《光明日报》2015年6月21日第6版。传统六艺之教，一为专指礼、乐、射、御、书、数六项学识技能，二为古代《诗》《书》《礼》《乐》《易》《春秋》六科教学内容。

③ 杜堮：《石画龛论述》，《四库未收书辑刊》（第9辑第13册），北京出版社2000年版，第73页。

举选仕制度的确立完善，学优则仕普遍成为私塾办学的目标指向。一方面，生徒入学除了习练礼俗和成人教化外，更多地旨在考取功名扬显父祖；另一方面，教书者塾师要么是准备考举的秀才或屡考不中的执着文士，要么是以教书为业或以此养家糊口的落魄文士，这些教书先生的家里往往比较贫寒，甚至全靠生徒年终所送的束修或修敬过日子。古代中国人习惯于评价教书先生的行为是"坐冷板凳"，也表明塾师职业委实清苦。再次，私塾的兴起与普及，还直接推动了儒学思想的普及和传承。隋唐以降，科举选士制度的提出和完善，加速推动民间私塾兴起与发展的同时，因为科举考试内容主要围绕儒家经典（五经）展开，所以，表现在文化的与时俱进发展方面，则有力地推动了儒学的普及和传承。明清八股科举考试的重心以"四书"为重，更加聚焦儒家经典。最后，始终秉持因材施教原则，私塾历来实行个性教学方法。虽然，私塾教学没有现代学校那样的课表安排，但一般通行的惯例都是清早习字，上午背书，下午开新书，黄昏放学前对课。塾师授课，也不像现代课堂教学那样，全班统一听讲，塾师根据不同学生的学习基础、接受能力，一个个单独教授课业，真正体现了因材施教原则。"春秋所以重世家，六朝所以重门第，唐宋以来，重家学、家训，不仅教其读书，实教其为人。"[①] 在教育目标的选择上，私塾固然强调家人子弟有学问可以出仕为官和扬显父祖，但更多的是为子女家人长远之计，重在育人。

（三）重返教育舞台，必须重视私塾传承与创新现代家风的适应问题

近些年来，伴随着"国学热""当代读经运动"的升温，因为不满现行教育体制下"应试教育"导致的功利倾向，为了消除现代学校教育，特别是基础教育启蒙阶段压制个性、只教知识、唯分数、轻德育等弊端，一些有较好文化素养的家长们，借鉴美西方国家"在家上学"教育理念而重启私塾——以学习国学和中华传统文化为主的学堂、私塾类补习班在社会上应时而生。随着国家对中华文化自信的强调和重视，越来越多的家长对传统文化的认同度提高，促使以中华传统文化教育为内容的私塾、读经班等培训机构层出不穷。当然，作为将教育引向个性化、多样化发展的大众参与式教育模式的探索和尝试，私塾的再现是结

---

① 刘禹生撰，钱实甫点校：《世载堂杂忆》，中华书局1960年版，第3页。

合现代社会实际而出现的新型产物，绝非中国古代私塾的简单复兴，故学界称为"现代私塾"。如2005年张志义在苏州专门开设的"菊斋私塾"[1]，塾师身穿儒士白色长衫，塾室悬挂孔子画像，参学者需作揖打躬学习古代礼仪，塾师以《弟子规》《三字经》《千字文》《易经》《老子》《庄子》以及古代诗词韵文为主要教学课业，其间穿插学习古乐、书画、茶道等传统文化技艺。尽管表现形式不合古制，但在弘扬中华传统文化、突破现代学校课程僵化束缚等方面意义重大，因而引起了社会的广泛关注。然而，"现代私塾"绝不是中国人"在家上学"理念的现代表现形式。举办私塾，适应了那些送孩子上私塾的家长们的特殊需求：有的希望满足孩子兴趣、照顾孩子的特殊性，有的寄望私塾提升孩子学校应试成绩、夯实国学基础，有的意在借助私塾反思人生、破解教子无方迷局。不论独自在家教孩子，还是数个家庭联合组成小家塾，难免带着家长们强烈的功利色彩，甚至盲目地将子女教育变成了家长成人价值观的追求或实验。因此，如此独特的家风教育形式，凸显出传承与创新的现代性适应问题，成为私塾重返教育舞台，获得教育合法身份的关键所在。

三　书院

书院生发于中国古代藏书与文化讲习传统，发展繁盛于民间私学的博兴，又深受官学影响，成形于皇朝官府的认可与旌表，是介于官学与私学之间的一种独特的讲学研究和文化风教机构。作为社会化程度比较高的文化教育机构，古代书院的受众虽然局限于相对小的人员范围之内，但文化辐射和风教影响的作用却是泽被大众的，成为中国特色的大众学术集散地。公元前770年，为了应对自然灾害和王室纷争，周平王（？—前720年）希望依靠晋、郑诸侯之力重振国威，被迫向东迁都，自

---

[1]《现代私塾苏州"传道授业"》，2023年8月21日，http://www.ci123.com/2022-05-23。"说话的声调不要太高，也不要太低，语速不要太快，也不要太慢；要从容，要温和；对别人一定要有礼貌……"上课前，身穿白色长衫的菊斋私塾先生张志义，对活蹦乱跳的小弟子们进行一番谆谆教诲。之后，他点燃一炷香，带领学生向孔子的画像深深施礼，学生们向他问好后，正式开始授课。

此历史地跨入时长近300年的东周时期。① 虽然，统一强大的周王朝没有因此保持强盛，周王室反而日益衰微，甚至大权旁落，一时之间诸侯群雄并起、互相征伐、战争频仍。但是，在"春秋无义战"的乱局之下，文化和风教系统却因"天子失官"而出现了"学在四夷"的社会下移现象，民间私学的高级专门讲学与文化交流机构——书院应运而生，并历史地成为研究学术、培育新人、传播知识、风化美俗的重要场所。

随着众多私学的不断发展和学风下移，教育和文化训示的对象也不再局限于保社稷安危的贵族文人武士，训育目标更多地指向培养文质彬彬的有德君子，相应地催生出孔子、孟子、庄子、墨子等学硕大家办学立教的繁荣景象。后来，即便是秦皇焚书坑儒，依然没能阻断风教化俗的私学教育发展之路。"在汉代，私人讲学日盛，生徒日增以及一些隐士避乱远世的社会风尚中，逐渐出现了一些随师所在之地而立的名为'精舍''精庐'的较固定的讲学、治学和学习的场所。"② 作为书院最初的雏形，这些问学讲习之所，一般是由贤哲学人自筹钱粮，于山林僻静之处建学舍讲堂，或置学田收租以充经费，或联合社会富商出资建设。如魏世祖爵及五品、笃志好学的显美男常爽，身处戎车征伐而贵游子弟未遑学术的战乱年代，放弃州郡礼命而不就，置学馆于温水之右，以己博闻强识而明习纬候，教授门徒七百余人，使京师学业翕然复兴。作专著《六经略注》以开训门徒："《传》称：'立天之道曰阴与阳，立地之道曰柔与刚，立人之道曰仁与义。'然则仁义者，人之性也；经典者，身之文也。皆以陶铸神情，启悟耳目，未有不由学而能成其器，不由习而能利其业。是故季路勇士也，服道以成忠烈之概；宁越庸夫也，讲艺以全高尚之节。盖所由者习也，所因者本也，本立而道生，身文而德备焉。昔者先王之训天下也，莫不导以《诗》《书》，教以礼乐，移其风俗，和其人民。故恭俭庄敬而不烦者，教深于《礼》也；广博易良而不奢者，教深于《乐》也；温柔敦厚而不愚者，教深于《诗》也；疏通知远而不诬

---

① 为了叙事方便，中国历史上的春秋时期开始于公元前770年（周平王元年），这一年是周平王东迁亦即东周开始的一年，春秋时期止于公元前476年（周敬王四十四年）战国前夕，历时295年。

② 丁钢、刘琪：《书院与中国文化》，上海教育出版社1991年版，第13页。

者，教深于《书》也；洁静精微而不贼者，教深于《易》也；属辞比事而不乱者，教深于《春秋》也。……由是言之，六经者，先王之遗烈，圣人之盛事也。安可不游心寓目习性文身哉。"① 常爽不事王侯而独守闲静，续孔子私学教授之道，讲肆经典20余年，时人许其"儒林先生"，社会风俗因之一变。书院的出现和繁盛不衰，绝非偶然现象，不仅有特殊的社会背景，而且有促成家风文化高地的原因。

（一）科举制度的选仕价值导向与功利效应，伴随着官学凋敝和风化不古，催生了大量有识之士兴私学、办书院、敦风教的社会文化现象

"科举制的创建和书籍的大量生产，成为书院起源于中唐时期的两个最直接的动因，聚书授徒以应科举成为早期书院的本质特征。"② 书院不仅是教学育人学校，还是知识生发和学术研究机构，重视学术的交流和论辩，而开人民大众向学之风。以"天下四大书院"为代表的众多书院，在不断强化教育教学功能，完善藏书、祭祀等功能过程中，始终担负着传授知识、化育人生、安邦治国的重要作用。与此相适应，四书、五经等儒家经典文本通常是古代书院的必修课目，辅以历史典籍著作等经典。每个书院往往就是某一学派教学和研究的中心或基地。教学活动和学术研究紧密结合、相互促进，相得益彰。特别是南宋以后书院盛行"讲会"制度，成为书院的重要教学形式，不仅师生共同参加学术争辩，而且常与地方上的学术活动紧密结合，使书院成为一个地区的教育和学术活动的中心。如明朝万历年间开始以顾宪成为代表的"东林八君子"（顾宪成、顾允成、高攀龙、安希范、刘元珍、钱一本、薛敷教、叶茂才)，常聚集于东林书院讲学，讨论社会问题、关注百姓生活、批评朝政腐败，净化一方社会风气。"成、弘以上，学术醇而士习正，其时讲学未盛也。正、嘉之际，王守仁聚徒于军旅之中，徐阶讲学于端揆之日，流风所被，倾动朝野。于是搢绅之士，遗佚之老，联讲会，立书院，相望于远近。"③ 书院在进行知识教育的同时还非常重视教授学子们治世为学、道德修养和待人处事的原则，侧重于对生徒个体的德行培养。为了给生徒提供教

---

① （唐）李延寿撰，中华书局编辑部点校：《北史》，中华书局1974年版，第1554—1555页。
② 张劲松：《论书院的边界》，《教育评论》2008年第3期。
③ （清）张廷玉等撰，中华书局编辑部点校：《明史》，中华书局1974年版，第6053页。

材，宋元之后发展起来的书院刻书刊印活动，一般由山长主持和校勘，邀会一地通识大儒集体订正，刻版往往比官府所贮者容易付梓刊印，所出书籍因之能在文人学者间互易而得以广泛传布。

（二）书院的产生与发展，有利于克服官学弊端而以风化美俗为先务

"所谓太学者，但为声利之场，而掌其教事者，不过取其善为科举之文，而尝得隽于场屋者耳。士之有志于义理者，既无所求于学，其奔趋辐辏而来者，不过为解额无耻之滥，舍选之私而已。师生相视，漠然如行路之人。间相与言，亦未尝开之以德行道艺之实。而月书季考者，又只以促其嗜利苟得冒昧之心，殊非国家之所以立学教人之本意也。"①书院的职责，并非只为养士，更是批评时政、引导社会舆论、敦厚社会风教。除了发挥教书育人的务实职能，"移风易俗、教化乡里"始终成为书院特别是地方民办书院的办学宗旨。如福建龙溪县松洲书院，针对"蛮苗"暴动造成的社会裂痕，漳州首任刺史陈元光主张兴办学校化民美俗，以维护地方秩序，其子陈珦"上疏乞归养，使主漳州文学，龙溪尹席宏聘至乡校，乃辟书院于松洲，与士民论说典礼。是时，州治初建，俗固陋，珦开引古义，于风教多所裨益"②。松洲书院的建立，明显改善了当地的风俗，这一既能减少中央开支，又对教化乡里和培育人才大有裨益的办学形式，自然会得到皇朝官府的褒奖与支持。有"中国启蒙思想之父"之称的明末大师黄宗羲（1610—1695 年）评断古代学校与书院教育时提出："三代以下，天下之是非一出于朝廷。天子荣之，则群趋以为是；天子辱之，则群擿以为非。簿书、期会、钱谷、戎狱，一切委之俗吏。时风众势之外，稍有人焉，便以为学校中无当于缓急之习气。而其所谓学校者，科举嚣争，富贵熏心，亦遂以朝廷之势利一变其本领，而士之有才能学术者，且往往自拔于草野之间，于学校初无与也，究竟养士一事亦失之矣。于是学校变而为书院。有所非也，则朝廷必以为是而荣之；有所是也，则朝廷必以为非而辱之。伪学之禁，书院之毁，必欲以朝廷之权与之争胜。其不仕者有刑，曰：'此率天下士大夫而背朝廷者也。'其始也，学校与朝廷无与；其继也，朝廷与学

---

① 白新良：《中国古代书院发展史》，天津大学出版社 1995 年版，第 18 页。
② 陈谷嘉、邓洪波：《中国书院史资料》（上册），浙江教育出版社 1998 年版，第 5—6 页。

校相反。不特不能养士,且至于害士,犹然循其名而立之何与?……学宫以外,凡在城在野寺观庵堂,大者改为书院,经师领之,小者改为小学,蒙师领之,以分处诸生受业。其寺产即隶于学,以赡诸生之贫者。"[1] 书院崇尚学术、远离仕宦官场,特别是其为天下非为君,为万民非为一姓的士人抱负,对于培养人们的家国情怀、提升学人品德修养,无疑是进步的。

(三) 书院的产生与发展,有助于消解科举制度带给家风的负面冲击

书院在中国历史上存在了一千多年,唐宋期间以私人创办、私人讲学为主,继之以官府支持下的社会名流主办,因而得以遍布天下。"前代庠序之教不修,士病无所于学,往往相与择胜地、立精舍以为群居讲习之所。而为政者乃或就而褒美之,若此(石鼓)山、若岳麓、若白鹿洞之类是也。"[2] 辞官退居吴中,深衣大带而日以著述自娱的南宋"(高)定子作同人书院于夹江,修长兴学,创六先生祠,盖以教化为先务"[3]。书院比较重视生徒自学,提倡独立研讨,允许各人有所侧重以发挥专长。书院教学,以致知力行为本,以自修、读书为主,辅以教师指导和质疑问难。考核成绩不仅视其学业精进,尤重人品与气节的修养。中国古代书院的立教和办学精神,秉持以文化人的中华风教精神本旨,笃信好学、守死善道,坚持兼容并蓄和求真务实的学术风范。秉持独立自主和开放创新的办学风格,突出道德修养价值,注重自我发展与完善,强调通过内省涵养和问学行德,最终达至君子理想的人格境界。因此,有的书院还有自己的院本教材,如宋代理学大成者朱熹所定《白鹿洞书院学规》,就充分体现了书院培养人才与风化民俗的主要目标:"父子有亲,君臣有义,夫妇有别,长幼有序,朋友有信。右五教之目,尧、舜使契为司徒,敬敷五教,即此是也。学者学此而已,而其所以学之之序,亦有五焉,其别如左:博学之,审问之,慎思之,明辨之,笃行之。右为学之序,学问思辨四者,所以穷理也。若夫笃行之事,则自修身以至于处事、接

---

[1] (明)黄宗羲著,吴光等校点:《明夷待访录》,浙江古籍出版社2012年版,第9—10页。
[2] 李安仁、王大韶等撰,邓洪波、刘文莉辑校:《石鼓书院志》,岳麓书社2009年版,第162页。
[3] (元)脱脱等撰,中华书局编辑部点校:《宋史》(卷四百九),中华书局1985年版,第12322页。

物，亦各有要，其别如左：言忠信，行笃敬，惩忿窒欲，迁善改过。右修身之要。正其义不谋其利，明其道不计其功，右处事之要。己所不欲，勿施于人；行有不得，反求诸己。右接物之要。"①书院教人，要求生徒因袭学问思辨为学之序穷理而笃行，自觉处理好修身处事与待人接物等生活学习关系，务使生徒明了为己之学的义理之道，始终不偏自省修身人格塑造目标。

第五节　道德榜样

回眸中国古代社会的育人风化制度，如果按照现代教育的功能划分，则可以明显地看出：在学校教育这一正式文化制度尚不健全，尤其是几乎所有庶民大众子弟根本无缘接受官学教育的历史背景下，刚健有为和自强不息的中国人，出于辈出人才的发展隐忧与责任担当，不仅以"重蒙养""有家教"而通过遍及天下的家训文化风教育人，而且特别注重以敦厚民风、美化社风为主要内容的社会风教建设，因而成功地建立起一套通过选择树立民间道德榜样作为修养风标、旌表扶持学识和德行俱佳的乡绅士绅参与地方公共事务、褒掖百工贤人等非正式社会教化制度，实际发挥的道德风化作用，比官方正式教育制度更加深沉基础，更为持久绵长。

---

① （南宋）朱熹：《朱熹集》，四川教育出版社1996年版，第1226页。庐山白鹿洞书院，南唐升元四年（940年）基本建成，宋仁宗五年改称"白鹿洞之书堂"，与当时的岳麓书院、应天府书院、嵩阳书院并称为"中国四大书院"。《白鹿洞书院学规》跋语："熹窃观古昔圣贤所以教人为学之意，莫非使之讲明义理，以修其身，然后推以及人，非徒欲其务记览，为词章，以钓声名，取利禄而已也。今人之为学者，则既反是矣。然圣贤所以教人之法，具存于经，有志之士，固当熟读、深思而问、辨之。苟知其理之当然，而责其身以必然，则夫规矩禁防之具，岂待他人设之而后有所持循哉？近世于学有规，其待学者为已浅矣。而其为法，又未必古人之意也。故今不复以施于此堂，而特取凡圣贤所以教人为学之大端，条列如右，而揭之楣间。诸君其相与讲明遵守，而责之于身焉，则夫思虑云为之际，其所以戒谨而恐惧者，必有严于彼者矣。其有不然，而或出于此言之所弃，则彼所谓规者，必将取之，固不得而略也。诸君其亦念之哉！"如果生徒均白了为己之学的道理，且能自觉身体力行，则无须设此规矩禁令。

一　古代官方选择树立的社会道德榜样，为家风塑造圣贤人格标定了高度

中国古代先民选择家国同构的政治制度，自觉遵从最高统治者皇帝以天下为家的执政理念，分明是先修身齐家，而后才能治国平天下这一成人成圣人格塑造理路的现实推衍。"有天地，然后有万物；有万物，然后有男女；有男女，然后有夫妇；有夫妇，然后有父子；有父子，然后有君臣；有君臣，然后有上下；有上下，然后礼义有所错。"① 按照这一逻辑理路推延开去，便是不需要庞大而完备的学校教育，借助于家家都有的家训风教力量，必然是"家人女正位乎内，男正位乎外。男女正，天地之大义也。家人有严君焉，父母之谓也。父父、子子、兄兄、弟弟、夫夫、妇妇，而家道正。正家而天下定矣。"② 男主外女主内，摆正男女位置，明确男女角色，一家之内夫妻各司其职，不仅上合天地阴阳大道，而且顺乎天下人间大义。产生于农业自然经济基础之上的集体主义人文价值理念，非常明了这些关乎天下太平的大道理，因而服务于统治阶级治世所需的中华传统文化，突出强调治家严正和家风敦厚重要性的同时，十分重视确立超出一家一族作用范围的道德风教标杆，通过树立人人仰慕的道德榜样，熏染感化广大民众。"所谓治国必先齐其家者，其家不可教，而能教人者无之，故君子不出家而成教于国。孝者，所以事君也；弟者，所以事长也；……一家仁，一国兴仁；一家让，一国兴让；一人贪戾，一国作乱。其机如此，此谓一言偾事，一人定国。尧舜率天下以仁，而民从之；桀纣率天下以暴，而民从之。其所令反其所好，而民不从。是故君子有诸己，而后求诸人；无诸己，而后非诸人。所藏乎身不恕，而能喻诸人者，未之有也。故治国在齐其家。……宜其家人，而后可以教国人。……宜兄宜弟，而后可以教国人。"③ 就这样，通过选择树立广为人知、受人尊奉的名人贤哲为道德榜样，向全社会标明德行人格修养风标，将中国自古重家风家教、崇尚社会和谐安宁的淳厚风教传统，

---

① （清）李光地撰，梅军校笺：《周易观象校笺》，中华书局2021年版，第804—805页。
② （宋）张载撰，刘泉校注：《横渠易说校注》，中华书局2021年版，第191页。
③ （明）张岱著，朱宏达点校：《四书遇》，浙江古籍出版社2017年版，第14页。

顺理成章地推而广之，不仅弥补了广袤乡村学校正统教育不足，而且从最大的社会参与度着手，支撑起全民风教的中华文化圣人气象与道德风标。

二 古代社会自然成长起来的道德榜样，昭示着家风育人功效

与封建专制统治制度相适应，中国古代社会自发形成的民间道德榜样，以及相应的作用发挥机制，最主要的有乡绅和士绅两种范式。从社会治理和风化影响的作用机制分析，乡绅和士绅虽然不是官员，却近似于地方官吏；虽然是一地农民，却又置身乡民之上。其中，乡绅本来就是产生于当地的官吏，其真实身份是告老回乡或长期赋闲居乡的中小官吏，是"乡宦之家居者"[1]，因为曾经的为官功业和既有的文化修养，有能力在官府和民众之间周旋，善于组织和谋划大众公益事务，实际上早已成为百姓身边活的德育教材。"乡绅，国之望也。家居而为善，可以感郡县、可以风州里、可以培后进。其为功化，比士人百倍。"[2] 他们的存在，虽然不再以曾经的官方正统身份展示其已有的道德言行和精神品格，却以民间道德榜样的姿态出现在特定社会的生活场域当中，因而很容易成为众人学习的榜样和效仿的道德风标。

士绅主要包括科举及第未能出仕，或因故落第的有识学人、长期生活在某地比较有文化的中小地主，抑或是居处一地的世家大族的宗族元老等，因为接受过官方正规教育或有家学私塾教化，他们身上往往具备中华传统文化塑造所成的良好品性和人格魅力，而且以实实在在的学业、

---

[1] [日]寺田隆信：《关于"乡绅"》，载《明清史国际学术讨论会论文集》，天津人民出版社1982年版，第113页。根据日本学者重田德对中国《乡绅支配的成立与结构》分析，早在中国宋代，就已出现了"乡绅"称谓，"在明代文献中出现的同类用语，绝大多数场合用的是'缙绅'"。缙绅，又称搢绅或荐绅，起源于汉代，义为"搢绅而垂绅带也"，指古代仕宦或儒者束在腰际的衣外大带，后用此指代做过官的人。明清时以"缙绅"用来通称"乡宦之家居者"。作为居乡的官宦，与普通士子在权力地位和声望影响等方面有明显区别。"这一阶层的人都是在他们所居住的地区受过教育的读书人，他们一般都完成了读书人所必读的内容，而且已经通过了一两级通向仕途的科举考试。如果把这一类人用西方社会的各阶层作一比较的话，他们非常近似于我们西方国家不在政府中任职的大学毕业生。"（[美]何天爵：《真正的中国佬》，鞠方安译，光明日报出版社1998年版，第168页。）

[2] （清）陈宏谋撰，苏丽娟点校：《五种遗规》，凤凰出版社2016年版，第469页。

家业、德业成果昭示着众人，因而在乡野社会颇具影响力，也是名副其实的民间道德榜样。不仅如此，这些位居社会下层的士绅，虽然他们的事迹难以在史书典籍中找到，很多士绅仅盛誉一方，但他们在兴学校、促公益、厚民风和推动儒学普及等大众公共事业发展过程中发挥的作用毋庸置疑。"士绅的成员可能是学者，也可能是在职或退休的大官。传统士绅的资格是有明确规定的，至少必须是低级科举及第的人才能有进县和省官衙去见官的特权，这就赋予他作为官府与平民中间人的地位和权力……所以，士绅很接近官僚，也就是由于如此接近而使士绅具有特别重要的政治地位。"[1] 由于很多士绅有家庭财富的保障和良好的社会关系，所以在地方上具有较高的政治地位，也享有较大的话语权。这些遍布各地的士绅，因为日常起居往往以积极而庄重的形象展现在民众面前，他们具有的特殊履历和德行演示，很容易受到周围群众的尊重和仿效，他们身上散发出的精神气质和道德力量，无时无刻不在示范和影响着共处一地的广大乡民。从他们所处的社会地位和身份看，乡绅、士绅一般介于官民之间，是古代封建社会的清议派和统治集团的在野派。除去蒙昧原始社会时期的中国古代，是一个典型的农耕社会，国家政权组织分布较为分散，政府机构和行政能力也较现代弱小。其中，最基层的国家政治机构州或县往往设置在城郭，而州县权力所及和所要管辖的区域主要

---

[1] 周荣德：《中国社会的阶层与流动——一个社区中士绅身份的研究》，学林出版社2000年版，第3—6页。一个人能成为士绅，必先获得特定身份。"通过科举成为士绅的人可以成为'正统'部分。但科举的名衔也可以花钱买来，虽然购买科举名衔的人一般也识字，受过一些教育，不过未经考试证实其教育水准，这样成为士绅的人可以被称为'非正统'部分。"社会科学学者张仲礼先生将士绅（绅士）身份获得分为"正途"（考试）和"异途"（捐纳）两种。"在整个绅士阶层中，下层绅士所占比例远大于上层绅士，并且上层绅士也来自下层绅士。因此，获得下层绅士的地位是跨越平民百姓与绅士间主要分界线的决定性的一步。……进入下层绅士集团的主要途径是考试和捐纳。其中考试是跻身绅士的更重要的途径。经此途而为绅士的要多于捐纳，由考试而成为'正途'绅士所享有的威望也高于由捐功名而成为'异途'的绅士。"（张仲礼著，李荣昌译：《中国绅士——关于其在十九世纪中国社会中作用的研究》，上海社会科学院出版社1991年版，第4—7页。）王先明所著《近代绅士》："近代社会常将'绅界'与官界、学界、商界并称，把它划分为最基本的社会集团。在清末户口统计项目中，绅士也是同官、农、工、商并存的一项。……检阅近代官私文献资料，我们发现所谓绅士者，大约有以下几类成分：①具有生员以上的科举功名者；②由捐纳而获得身份者；③乡居退职官员；④具有军功的退职人员；⑤具有武科功名出身者。"（王先明：《近代绅士——一个封建阶层的历史命运》，天津人民出版社1997年版，第8—11页。）

是广大的乡村县域，所要处理的事务自然及于权限所属的众多乡民，因而在社会最底层客观上存在着行政、教育、司法，甚至军队建设都与乡村社会实际需要相脱离的状况。因为"山高皇帝远"，一些偏远地带或边陲村寨的乡绅和士绅所具有的影响力，往往超过王法制度。因为"国权不下县，县下惟宗族，宗族皆自治，自治靠伦理，伦理造乡绅"①。对于乡土中国的乡民自治而言，皇权统治在人民大众实际生活中是松弛和微弱的，除狭小的城区外，县以下的广袤乡村实际缺乏正式制度的管束。历史的事实证明，在中国数千年乡村历史长河中，是那些通行于乡里的传统习俗和民间规矩，通过有效解决社会矛盾和协调乡民关系，维系着广大农村社区的生产生活秩序，而实际执掌和落实这些乡村制度的主角，则是学高可以为师、身正足可为范的乡绅和士绅。

三 官方旌表褒掖社会道德榜样，体现着统治者风教育民政治智慧

相较于广受诟病的家天下私德伦理，中国古代统治者在敦化人民大众方面，却有着通过树立榜样、动员贤孝大德引领风教的政治远见，表现得非常明了天下治理要义。"或劳心，或劳力；劳心者治人，劳力者治于人；治于人者食人，治人者食于人。"② 反映在通过宣明政教来风化民众的道德教化实践当中，中国古代统治者不仅非常清楚这个道理，而且懂得收效的关键和工作的起点在于正家道。因此，从治理国家与陶染风化民众相结合的角度，中国古代统治者睿智地发现，教化民众，除了树立并维护好以帝王为代表的主要统治阶层权威形象外，旌表和培育出能够满足统治阶级治世要求的民间道德榜样，特别是在治理以同居共财的家族公社为主的广袤乡村社会时，对于化民成俗、美化乡风，意义非常重大。"夫尧、舜、禹，天下之大圣也。以天下相传，天下之大事也。以天下之大圣，行天下之大事，而其授受之际，丁宁告戒，不过如此。则天下之理，岂有以加于此哉？自是以来，圣圣相承：若成汤、文、武之为君，皋陶、伊、傅、周、召之为臣，既皆以此而接夫道统之传，若吾夫子，则虽不得其位，而所以继往圣、开来学，其功反有贤于尧舜者。

---

① 费孝通：《乡土中国》，北京大学出版社1998年版，第63页。
② 方勇译注：《孟子》，中华书局2018年版，第96页。

然当是时，见而知之者，惟颜氏、曾氏之传得其宗。"[①] 明于风标作用机制，古代统治者愿意接受社会贤哲游说为政之策，乐意遵从儒家学说，选择儒者道德风范。其中，在树立人民大众普遍接受的道德楷模方面，古代统治者从未放弃对道德化身——"至圣"孔子的尊奉和旌表。"夫子温、良、恭、俭、让以得之。"[②] 为中国人树立起修己安民的道德风标，不仅宣扬孔子"大德不逾矩"的理想人格，而且通过历代统治者的旌表形塑，固化为中国古代社会最有影响力的社会道德楷模，自古以来一直成为中国人普遍景仰和终生追求的道德标准。

一方面，反映出古代统治者立己者立人、达己者达人的风教政治智慧。通过尊奉儒学，旌表儒者风范，意在向世人传递帝王当有的气度和修为，因而成为统治者在内的上流阶层追求的风教道德榜样。"温良者，仁之本也。敬慎者，仁之地也。宽裕者，仁之作也。孙接者，仁之能也。礼节者，仁之貌也。言谈者，仁之文也。歌乐者，仁之和也。分散者，仁之施也。儒皆兼此而有之，犹且不敢言仁也，其尊让有如此者。"[③] 检视孔子不平凡的一生，其视听言动，无不中节仁、义、礼、智、信和温、良、恭、俭、让等道德规范。

另一方面，通过树立社会道德榜样，成功煽动起自上而下、由内而外的社会风教潮流，一以贯之，持续千年而不辍。"圣人之所谓道者，不离乎日用之间也。故夫子之平日，一动一静，门人皆审视而详记之。……于圣人之容色言动，无不谨书而备录之，以贻后世。今读其书，即其事，宛然如圣人之在目也。虽然，圣人岂拘拘而为之者哉？盖盛德之至，动容周旋，自中乎礼耳。学者欲潜心于圣人，宜于此求焉。"[④] 孔子虽至高为圣人，但更多留存于百姓心间，是一位游走于万国、学不厌而诲人不倦的布衣尊长，学高为师、身正为范，教人向学修德，可亲可

---

① （宋）朱熹撰：《四书章句集注》，中华书局1983年版，第14—15页。
② 陈晓芬、徐儒宗译注：《论语　大学　中庸》，中华书局2015年版，第11页。
③ （汉）郑玄注，王锷点校：《礼记注》，中华书局2021年版，第782页。
④ （明）王夫之著，杨坚总修订：《四书训义》，岳麓书社2011年版，第601页。从来善养生者，莫过于孔子。从《论语》"寝不尸，居不容"分明可见。其人好饰观瞻，务修边幅，时时求肖君子，处处欲为圣人，则其寝与居，不求尸而自尸，不求容而自容；五官四体，不复有舒展之刻。此"寝不尸，居不容"一语，真实绘制出一幅圣人当有的德容形象，足可崇祀千秋，而为风雅斯文之鼻祖也。

敬。著述《史记》的太史公司马迁赞许孔子曰："诗有之：'高山仰止，景行行止。'虽不能至，然心乡（向）往之。……天下君王至于贤人众矣，当时则荣，没则已焉。孔子布衣，传十余世，学者宗之。自天子王侯，中国言六艺者折中于夫子，可谓至圣矣！"① 有这样一位万世师表教化，正如孔子第一得意弟子颜渊称许其"仰之弥高，钻之弥坚；瞻之在前，忽焉在后。夫子循循然善诱人，博我以文，约我以礼。欲罢不能，既竭吾才，如有所立卓尔。虽欲从之，末由也已"②。每一个中国人均自觉以师者之楷模、教者之师表——夫子温温恭人的圣人楷模形象为风标，内修诸身、外化于行，永远昭示和启迪着后人。

四 中国人尚贤的传统，积淀铸造出中华优良家风文化精神

中国人尚德敬贤，敬重有德有才的社会贤良，自古便是不成文的礼法。"君人者，降礼尊贤而王，重法爱民而霸，好利多诈而危，权谋倾覆而亡。《诗》曰：人而无礼，胡不遄死？"③ 华夏一族人人思进贤，社会慕贤才、淑女配贤良，早已成为古代社会的良好风尚。"三人行，必有我师"，"贤贤易色，事父母能竭其力，事君能致其身，与朋友交言而有信"④。也成为中国人选树贤哲为道德榜样，并自觉向其看齐的风教真实写照。所以，"爱在进贤，不淫其色，哀窈窕思贤才而无伤善之心"⑤。不仅是《诗经·关雎》慕贤之义，也是中国女子嫁人的基本选择标准。在尚贤慕贤进贤思想的影响下，中国人上至帝王将相、士臣名儒，下至匹夫百姓、嫔妃妻妾，"自天子以至于庶人，壹是皆以修身为本"。⑥ 在中华贤良文华影响下，见贤思齐，见不贤而内自省，甚至比贤而猛进，自古至今始终成为流行风尚。

---

① （汉）司马迁撰，（南朝宋）裴骃集解，（唐）司马贞索隐，（唐）张守节正义，中华书局编辑部点校：《史记》（卷四十七），中华书局1982年版，第1947页。
② （宋）张载撰，刘泉校注：《横渠易说校注》，中华书局2021年版，第244页。
③ （汉）韩婴撰，朱英华整理，朱维铮审阅：《韩诗外传》，上海书店出版社2012年版，第59页。
④ （清）刘沅著，谭继和、祁和晖笺解：《十三经恒解》（笺解本），巴蜀书社2016年版，第190页。
⑤ （清）阮元校刻：《十三经注疏》（清嘉庆刊本），中华书局2009年版，第569页。
⑥ （明）张岱著，朱宏达点校：《四书遇》，浙江古籍出版社2017年版，第4页。

纵观中国历史，每个时代都有蜚声振宇的乡贤，他们有的是世家贵族、名门大户士子，有的是知书达理、德高望重的村野平民，不仅有益于社会教化，而且成为社会稳定与和谐的重要力量。乡贤以对其时其地风俗习惯的美化和对人生的睿智练达，成为地方官员治理一方的良师益友，也为历代统治者所看重。

旌表门户、褒掖乡贤，成为贯穿中国古代社会历史的鲜明特征。上古《周礼》置乡老、乡大夫之职风化乡民，《大戴礼记》褒掖乡大夫、乡先生之功绩，都是举贤尚贤典范义举。汉文帝诏置三老为众民之师，察举孝弟力田常员，令各率其意以导道民，此文景之治，所以移风易俗，黎民醇厚而显成康之盛。中国古代统治者清楚，"君子居是邦也，不崇仁义，尊贤臣，以理万物，未必亡也。一旦有非常之变，诸侯交争，人趋车驰，迫然祸至，乃始忧愁，干喉焦唇，仰天而叹，庶几乎望其安也，不亦晚乎？"①

中国古代早期的官僚选拔制度——察举制，为乡贤出仕而成为官吏士绅打开了通道，"朝为种田郎，暮登天子堂"不仅成为可能，而且成为激励有德士庶民人，"弟子入则孝，出则弟，谨而信，泛爱众，而亲仁。行有余力，则以学文"②。例如，西晋散骑常侍傅玄（217—278年）针对其时社会时弊，上书晋王司马炎，主张举清远有礼之臣，打通了乡贤出仕之道。"臣闻先王之临天下也，明其大教，长其义节；道化隆于上，清议行于下，上下相奉，人怀义心。亡秦荡灭先王之制，以法术相御，而义心亡矣。近者魏武好法术，而天下贵刑名；魏文慕通远，而天下贱守节。其后纲维不摄，而虚无放诞之论盈于朝野，使天下无复清议，而亡秦之病复发于今。陛下圣德，龙兴受禅，弘尧舜之化，开正直之路，体夏禹之至俭，综殷周之典文，臣咏叹而已，将又奚言！惟未举清远有礼之臣，以敦风节；未退虚鄙，以惩不恪，臣是以犹敢有言。"③ 谏议区分士农工商以经国制事，察举乡贤分授职务，令兆庶民众不使一人游手好

---

① （汉）韩婴撰，朱英华整理，朱维铮审阅：《韩诗外传》，上海书店出版社2012年版，第64页。
② （明）张岱著，朱宏达点校：《四书遇》，浙江古籍出版社2017年版，第66页。
③ （唐）房玄龄等撰，中华书局编辑部点校：《晋书》（卷四十七），中华书局1974年版，第1317—1318页。

闲，宏农以丰其食，兴工以足其器，商贾以通其货，以应王政之急。

正因为乡贤的一举一动，对民众有着很大的影响和示范，是民众学习的楷模榜样、行为规范的风向标。不仅古人尚贤，受这一中华文化传统的影响，时至今日，很多功成名就的党政领导干部、科技人才和企业家，同样愿意在退休后继续发挥余热，特别是倾心于家乡公益事业的操办。例如，耄耋之年不忘为家乡发展出谋划策[①]的浙江省衢州市开化县赵南明院士，就是现代乡贤的杰出代表。这位退休于清华大学医学与生命工程学院的科学家，不仅帮助衢州市政府构建"创新飞地"的新业态，在上海张江高科技园区建立孵化基地，而且关心家乡的教育和人才培养，积极倡导家乡人民保护好绿水青山，坚定不移走绿色发展产业之路。

---

① 澎湃政务：《衢州乡贤赵南明：耄耋之年不忘为家乡发展出谋划策》，2023 年 8 月 12 日，https://m.thepaper.cn/baijiahao/2022 - 03 - 17。

第五章

中华优秀家风永续奥秘

　　生活即文化，家风是家庭生活的文化表征，生活在特定的历史时期，身处既定的社会环境，人类便会自然选择与之相适应的家庭生活样法，从而使人具有文化实践和文化结果的双重身份。中国人选择以家训家教为主要实践范式的家风文化，本质上受制于千年封建社会的小农经济基础，以及与此相适应的家国同构政治制度、中国人普遍重视家庭教育的优良传统，这种水到渠成的文化选择现象背后，隐含着深刻的中华家风永续传承奥秘。探寻这一文化现象千年不绝的深层原因，必将为中华优秀家风传承创新理论和实践提供宝贵经验。

第一节　自给自足经济基础

　　纵观漫长的中国农耕文明历史，以家庭为主要生产单位的自给自足的小农经济之所以成为人们生产生活的自然选择，不仅是人类所能做出的对其时相对落后生产方式的自适应结果，而且，保障家人族众世代无虞的生存法宝，除了拥有稀缺的土地资源和宝贵的生产工具等资料外，便是以传授、接续生产劳动和生活处世经验为核心内容而积淀成形的可被感知、可被定义的世传家风。囿于农耕文明时期的生产力发展水平，中国古代在长达两千多年的封建社会里，一贯而自发地采用了自给自足的小农经济模式。物质生产生活上自给自足，意味着所对应的历史时代独具特色的社会生产模式，以及与之相适应的社会生活和交往方式。首先，不论是小到一个家庭、族群，还是大到诸侯国乃至整个统一王朝，人们的生活条件虽然不是十分富足；不论国家主动选择自立自主，还是迫于外在的强敌，但经济是相对独立的，不依赖外在的物资和人力供给。其次，组织社会生产的内在动力与目标指向，既要依靠自己的劳动生产满足自己的物质生活所需，也要依靠自己的生活实践育民新人。最后，在"普天之下，莫非王土；率土之滨，莫非王臣"的家国一体所有制条件下，自给自足不仅是皇朝天子对各诸侯国分封而治的经济形态，而且是风教天下和宣明政教的政治手段。

一 自给自足的家庭保障经济，有赖于生产生活经验的传授而重视家风门风传承

在漫长的农耕经济时代，出于自给自足需要的小农生产，往往是遵照诸如"万物并育而不相害，道并行而不相悖"的"天人合一"等道德原则行事，"上律天时、下袭水土"，勤劳节俭、尊老爱幼，而不是出于追求利润的增殖原则行事。按照这种经济模式组织生产，目的主要是满足家庭家族成员生活所需，而不是获得利润和积累财富。因此，"以生存为导向的驱动逻辑，（成为）对生产方式的某种控制"[1]。这种小农经济因其生产规模小、生产活动自主经营，劳动分工常见男耕女织，因而明显地具有自给自足的生产特征。"小农主要是使用家庭劳动力——并由此以家庭作为生产单位——来主要为生存而进行生产，其次是依赖于非商品化的关系进行家庭再生产。"[2] 相较于现代农业生产的条件和标准，中国早期的农业生产技术是非常原始和落后的，加之受古代社会特定历史条件下国民人口、生产资料、劳动技术、市场物流、自然环境等关涉生产生活的综合因素制约，中国古代社会的自然农业经济，很大程度上是以家庭（家族）为基本生产和消费单位、以"刀耕火种"和手工劳作为主要生产方式、实现自给自足的小农经济占主导地位的，生产的目的主要用来满足家庭及其成员的生产生活需要，而不是为了交换和获取更多经济效益。

---

[1] Bernstein H., "African Peasantries: A Theoretical Framework", *Journal of Peasant Studies*, No. 4, 1979.

[2] Friedmann H., "Household Productions and the National Economy: Concepts for the Analysis of Agrarian Formations", *Journal of Peasant Studies*, No. 2, 1980.

与此相适应，维系和延续落后的小农生产方式的法宝，一方面，不是农作物改良和种植技术改进，而是年复一年的日出而作日落而息。另一方面，自给自足目标实现的好坏与成败，除了勤勉劳作和务农以时外，能够长久发挥作用的，当属有效总结和成功传授农事经验而积淀形成的家风门风。正因如此，"吾家风教，素为整密"的《颜氏家训》便明确提出："生民之本，要当稼穑而食，桑麻以衣。蔬果之畜，园场之所产；鸡豚之善，埘圈之所生。爰及栋宇器械，樵苏脂烛，莫非种殖之物也。至能守其业者，闭门而为生之具以足，但家无盐井耳。今北土风俗，率能躬俭节用，以赡衣食；江南奢侈，多不逮焉。"① 由此可见，家风门风的形成和长久不坠，表面上看是中国先民尊崇传统、尊祖敬老的民风显现，本质上却是慎终追远、敬重经验的人生历练。浙江慈溪余姚袁氏家风有传："农为国家之本，王者首重农事，盖为此也。春耕夏芸，秋收冬藏，各因其时，毋使手足懈惰，则衣食自然饶足。"虽然，以文本传承风教的家训，其内容主要以规制家庭伦理、熏育子孙为主，制作家训的初衷一般仅限于本家庭或家族内部接续流传，对家庭家族成员的人身塑造和伦理规范起到潜移默化的作用，然而，中国历史上有很多著名的家训，正如《袁氏世范》"岂唯可以施之乐清，达诸四海可也；岂唯可以行之一时，垂之后世可也"②。如果说家训随着分家合居而发展成为族规，是老百姓自发承继的风气传统，那么将家训推延扩展越出家族范围而成为乡规民约，在很大程度上则是那些胸怀天下的贤哲或士大夫们，借助官府力量和自己风教传布的结果。

二　自给自足的乡土农牧经济，孕育出"百里不同风，千里不同俗"的世态风物

自古及今，中国始终是一个幅员辽阔、人口众多，民族多样、民

---

① （北齐）颜之推撰，王利器集解：《颜氏家训集解》，中华书局1993年版，第43页。
② 刘镇：《袁氏世范序》，《丛书集成初编》（第974册），中华书局1985年版，第1页。《袁氏世范》素有"《颜氏家训》之亚"的美称，袁氏家训作者袁采的同窗好友，南宋淳熙权通判隆兴军府事刘镇评价说："思所以为善，又思所以使人为善者，君子之用心也。（袁采）所为书三卷，……是可以厚人伦而美习俗，……为人如此，则他日致君泽民，其思所以兼善天下之心，盖可知矣。"

风各异的东方大国。作为家风的社会化外显形式，受不同的地域，不同的气候和文化等因素影响，造就出各个诸侯国乃至生活一方的不同家庭或家族，在生产劳动、衣食住行和处世为人等方面独具特色的风俗习惯，成为中华传统文化当中鲜亮的民族特色。"言通于流俗之过谬，而事该之于义理"，东汉太山太守应劭所"撰《风俗通》，以辨物类名号，释时俗嫌疑"。① 其书开宗明义便讲："风者，天气有寒暖，地形有险易，水泉有美恶，草木有刚柔也。俗者，含血之类，像之而生。故言语歌讴异声，鼓舞动作殊形，或直或邪，或善或淫也。圣人作而均齐之，咸归于正；圣人废则还其本俗。尚书：'天子巡守，至于岱宗，觐诸侯，见百年，命大师陈诗，以观民风俗。'孝经曰：'移风易俗，莫善于乐。'传曰：'百里不同风，千里不同俗，户异政，人殊服。'由此言之：为政之要，辨风正俗最其上也。"② 不独应劭，历史上许多文人绅士看到百里异习，千里殊俗，莫不首选一民同俗，帮助明王修道齐家治国。

"国家元气，全在风俗；风俗之本，实系纪纲。"③ 风俗习惯扎根于社

---

① 华学诚汇证，王智群、谢荣娥、王彩琴协编：《杨雄方言校释汇证》，中华书局2006年版，第1097页。

② 华学诚汇证，王智群、谢荣娥、王彩琴协编：《杨雄方言校释汇证》，中华书局2006年版，第1097页。王利器在《风俗通义校注》叙例中写道，"在中国古代社会时期，任何王朝，无不强调移风易俗之作用，汉代且设有风俗使，以时分适四方，览观风俗。贾山至言曰：'风行俗成，万世之基定。'王吉上疏曰：'春秋所以大一统者，六合同风，九州共贯也。'唐德宗时，遣黜陟使行天下，陆贽说使者庾何，请以五术省风俗为首务。……郑晓论风俗，谓：'夫世之所谓风俗者，施于朝廷，通于天下，贯于人心，关乎气运，不可一旦而无焉者。'黄中坚论风俗，谓：'天下之事，有视之无关于轻重，而实为安危存亡所寄者，风俗是也。'其视风俗之重也胥若是，盖未尝不以移风易俗为手段，而达其潜移默化之目的，此春秋井田记所以有'同风俗'之说也。良以吾华为多民族之国家，幅员广大，人口众多，'百里不同风，千里不共俗'，故尔古之大一统之君，继同轨同文之后，莫不以同风俗为急务也。然则风俗云者，诚为研究封建社会不可或缺之课题也。应氏此书，不仅为论述此问题之权舆，抑且为董理汉代风俗之第一手材料，足供研究中国风俗史者之要删。盖应氏于通古今之邮而外，尤究心于通雅俗之故，故其书于先民在生活实践中所积累之经验以俚语出之者，尤津津乐道焉，此于先汉古籍中尤为不可多得者。刘知几曰：'民者，冥也，冥然罔知，率彼愚蒙，墙面而视，或讹音鄙句，莫究本源，或守株胶柱，动多拘忌，故应劭风俗通生焉。'"

③ （汉）应劭撰，王利器校注：《风俗通义校注》，中华书局1981年版，第1页。

会底层，基础深厚而稳定，常常左右着社会的发展走向。出于家而延展形成的传统风俗，有利于维持社会既定的政治经济和文化制度而为历代皇朝所推崇。古代中国地处内陆，决定了中国传统文化的大陆文明特征，安土重迁思想使人们习惯于在故土上周而复始地从事农业生产，习惯于这种自然经济所带来的安宁与平和，民人百姓自我封闭、彼此独立，造成思想守旧、迷信权威，"鸡犬之声相闻，民至老死不相往来"，既是同处一地的农民生产生活的现实写照，也是当时统治者所期望的社会现状。"安土敦乎仁，故能爱"[①] 不仅是孔子仁爱思想的源泉，而且是中华先哲们"不能安土，不能乐天。不能乐天，不能成其身"[②] 的风教传统。政治上的家国同构体制，使家长制成为社会管理的伦理本位主义制度，重视家庭、恪守家规、珍视家风，让中华传统文化表现得更加重视社会人际关系的协调与社会风气建设。社会现实中的帝王和君主就像"邦联"式家庭的家长一样掌握和分配国家权力，分封包括依附其上的民众的全部土地资源。《汉书·食货志》详细记述了皇朝官府重农商而齐风俗的治世理民之法，下引为证。

《洪范》八政，一曰食，二曰货。食谓农殖嘉谷可食之物，货谓布帛可衣，及金刀龟贝，所以分财布利通有无者也。二者，生民之本，兴自神农之世。斲木为耜，煣木为耒，耒耨之利以教天下，而食足；日中为市，致天下之民，聚天下之货，交易而退，各得其所，而货通。食足货通，然后国实民富，而教化成。黄帝以下通其变，使民不倦。尧命四子以敬授民时，舜命后稷以黎民祖饥，是为政首。禹平洪水，定九州，制土田，各因所生远近，赋入贡棐，茂迁有无，万国作乂。殷周之盛，《诗》《书》所述，要在安民，富而教之。故《易》称天地之大德曰生，圣人之大宝曰位；何以守位曰仁，何以聚人曰财。财者，帝王所以聚人守位，养成群生，奉顺天德，治国安民之本也。故曰：不患寡而患不均，不患贫而患不安；盖均亡贫，和亡寡，安亡倾。是以圣王域民，筑城郭以居之，制庐井以均之，

[①] （清）李光地撰，梅军校笺：《周易观象校笺》，中华书局2021年版，第698页。
[②] （汉）郑玄注，王锷点校：《礼记注》，中华书局2021年版，第644页。

开市肆以通之，设庠序以教之；士农工商，四人有业。学以居位曰士，辟土殖谷曰农，作巧成器曰工，通财鬻货曰商。圣王量能授事，四民陈力受职，故朝亡废官，邑亡敖民，地亡旷土。

理民之道，地著为本。故必建步立亩，正其经界。六尺为步，步百为亩，亩百为夫，夫三为屋，屋三为井，井方一里，是为九夫。八家共之，各受私田百亩，公田十亩，是为八百八十亩，余二十亩以为庐舍。出入相友，守望相助，疾病相救，民是以和睦，而教化齐同，力役生产可得而平也。①

与此相适应，中国历史上很多有识之士忧心于（孔）仲尼之教绝、其后圣人不作，唐尧虞舜之法式微、上古三代（夏、商、周）之教止息，大道久凌迟和人伦之中不定等社会流弊，针对一些惑世盗名之徒生邪端、造异术，借先王之遗训而穿凿粉饰，使人浑浑噩噩，丧失本性而不自知其迷的不良现象，自觉考风正俗，提振家国元气。

虽然经过小农经济自然选择，但是要长葆自给自足和国家太平，定力执拗的传统风俗却成为社会变革的绊脚石。想要革除时弊或变革图新，看似软性的社会风俗往往成为不易撼动的文化堡垒。历史上以革旧布新、推行胡服骑射著称，治理赵国一度成为可以和秦国平起平坐的赵武灵王，面对文武百官"皆谏止王毋胡服，如故法便。王曰：'先王不同俗，何古之法？帝王不相袭，何礼之循？虙戏、神农教而不诛，黄帝、尧、舜诛而不怒。及至三王，随时制法，因事制礼。法度制令各顺其宜，衣服器械各便其用。故礼也不必一道，而便国不必古。圣人之兴也，不相袭而王；夏、殷之衰也，不易礼而灭。然则反古未可非，而循礼未足多也。且服奇者志淫，则是邹、鲁无奇行也；俗辟者民易，则是吴、越无秀士也。且圣人利身谓之服，便事谓之礼。夫进退之节，衣服之制者，所以齐常民也，非所以论贤者也。故齐民与俗流，贤者与变俱。……循法之

---

① （汉）班固撰，（唐）颜师古注，王先谦补注：《汉书补注》，商务印书馆1959年版，第1999—2001页。

功, 不足以高世; 法古之学, 不足以制今。子不及也。'遂胡服招骑射。"[①] 社会风俗, 看似无关轻重, 实系国家安危存亡, 历来为统治者所重视。

三 自给自足的小农自然经济, 既是富国强兵的经济支撑, 更是风教王化的物质基础

人类文明的进步, 总是以破解和回应自身所遇到的实际生产和生活问题开始, 也是以成功破解和回答自己所处时代面临的实际困难结束的。为了克服自给自足的小农自然经济存在的农牧业产量低下、丰歉不稳, 政权统治方面不利于税赋征集和服务劳役兵役支付等问题, 中国先民们对现实挑战自适应的结果, 一方面, 稳定发展小农经济的传统家庭生产, 发挥安土重迁下中国传统勤劳农耕文化精神, 通过推广传布家家所具有的持家守业门风, 耕种好自有土地、自觉养殖牲畜, 以自给自足的方式努力解决生存问题。另一方面, 众多世家大族依靠实践摸索和经验传承, 不断提高以家庭成员为主的劳动力生产技术和劳作稳产效率, 逐步提升家庭家族生产经营的规模化、集约化、商品化程度, 从而让分散的家庭生产经营规模扩大、效益提升, 在经济生产上发挥带头作用, 在持家发家守业和家风门风传承方面发挥示范效应。

在农耕文明时期, 各个分封而治的诸侯国自觉确立自给自足的经济政策, 不单单是解决国民口粮需求和民众生存问题, 更重要的目标在于物质方面满足富国强兵和长治久安需要。"古者八家而井。田方里为一井, 广三百步, 长三百步为一里, 其田九百亩。广一步, 长百步, 为一亩; 广百步, 长百步, 为百亩。八家为邻, 家得百亩, 余夫各得二十五亩, 家为公田十亩, 余二十亩共为庐舍, 各得二亩半。八家相保, 出入更守, 疾病相忧,

---

[①] (汉) 司马迁撰, (南朝宋) 裴骃集解, (唐) 司马贞索隐, (唐) 张守节正义, 中华书局编辑部点校:《史记》(卷四十三), 中华书局 1982 年版, 第 1810—1811 页。对于风俗传统的多样与差别,《史记·龟策》记述上古三王改朝换代所信奉的标准, "自古圣王将建国受命, 兴动事业, 何尝不宝卜筮以助善唐。虞以上不可记已。自三代之兴, 各据祯祥。涂山之兆从而夏启世, 飞燕之卜顺故殷兴, 百谷之筮吉故周王。王者决定诸疑, 参以卜筮, 断以蓍龟, 不易之道也。蛮夷氐羌虽无君臣之序, 亦有决疑之卜。或以金石, 或以草木, 国不同俗。然皆可以战伐攻击, 推兵求胜, 各信其神, 以知来事。"

患难相救，有无相贷，饮食相召，嫁娶相谋，渔猎分得，仁恩施行，是以其民和亲而相好。"① 从上古三代社会的农业生产方式，以及与之相应的土地所有制结构可以看出，自给自足的小农自然经济是以家庭为生产单位，所采取的生产方式技术含量低，且规模小、生产分散、劳动产品主要用于家庭和采邑封地部分公共消费，因而让这种以家庭为主要单位的生产和消费容易实现平衡，民风淳朴，社会稳定性和安全性极高。但是，由于传统家庭生产规模过小，且缺乏财富积累和储备，遭遇天灾人祸时容易陷入困境，具有明显的安全隐患和不确定性。以制定家训教诫子弟家人世事无常、恪守家风反复叮嘱族众常保家业繁盛为代表的世家大族家长，对此有着深切的感悟，因此也成为中国古代社会中，历世家长用心呵护家风祖业不坠于世的心理基础。耕读传家，以立性命，修身养性，以立大德，既学做人，又学谋生，做人第一，道德至上，这是中国古代农耕文化的特征之一。重视家庭建设、重视家风门风传承，以农事为本，仰仗辈出人才，谋求家道不坠，成为千年以来历代家长的不二选择，更是各级官员士大夫们孜孜以求的家门幸事和国之大者。

学界对中国古代特别是上古时代的经济发展方式，往往简单而一致地以自给自足来概括或定性。如果仅仅以生产力水平相对较低、交通运输很不发达、农牧业和手工业生产只是为了满足人类基本生活需要的角度分析，自给自足的确可以概括古代封建社会的小农经济形态。但是，事实并非如此整齐划一，通过《史记·货殖列传》《左氏春秋传》《汉书》等众多典籍，分明可以看出，中国早在秦汉时期，商贾货殖就已经很活跃。

  太史公曰："夫神农以前，吾不知矣。至若《诗》《书》所述虞夏以来，耳目欲极声色之好，口欲穷刍豢之味，身安逸乐，而心夸矜势能之荣。使俗之渐民久矣，虽户说以眇论，终不能化。故善者因之，其次利道之，其次教诲之，其次整齐之，最下者与之争。"

  夫山西饶材、竹、榖、纑、旄、玉石；山东多鱼、盐、漆、丝、声色；江南出楠、梓、姜、桂、金、锡、连、丹沙、犀、玳瑁、珠

---

① （清）魏源撰，魏源全集编辑委员会编校：《诗古微》，岳麓书社2004年版，第502页。

玑、齿革；龙门、碣石；北多马、牛、羊、旃裘、筋角；铜、铁则千里往往山出棋置。此其大较也。皆中国人民所喜好，谣俗被服饮食奉生送死之具也。故待农而食之，虞而出之，工而成之，商而通之。此宁有政教发征期会哉？人各任其能，竭其力，以得所欲。故物贱之征贵，贵之征贱。各劝其业，乐其事，若水之趋下，日夜无休时，不召而自来，不求而民出之。岂非道之所符，而自然之验邪？①

实物考古也同样发现，中国西周至春秋中期的城市遗址，已经存在世界上最早的金属铜币生产作坊，经过碳十四测年确认，河南荥阳官庄遗址铸铜作坊在公元前640—550年就已存在规模化、制式化金属货币的铸造活动。② 太史公司马迁考察"平准均输"法后，对此有感而发：

农工商交易之路通，而龟贝金钱刀布之币兴焉。所从来久远，自高辛氏之前尚矣，靡得而记云。故《书》道唐、虞之际，《诗》述殷、周之世，安宁则长庠序，先本绌末，以礼义防于利，事变多故而亦反是。是以物盛则衰，时极而转，一质一文，终始之变也。《禹贡》九州，各因其土地所宜，人民所多少而纳职焉。汤武承弊易变，使民不倦，各兢兢所以为治，而稍凌迟衰微。齐桓公用管仲之谋，通轻重之权，徼山海之业，以朝诸侯，用区区之齐显成霸名。魏用李克尽地力，为强君。自是之后，天下争于战国，贵诈力而贱仁义，先富有而后推让。故庶人之富者或累巨万，而贫者或不厌糟糠；有国强者或并群小以臣诸侯，而弱国或绝祀而灭世。以至于秦，卒并海内。虞夏之币，金为三品，或黄，或白，或赤；或钱，或布，或刀，或龟贝。及至秦，中一国之币为二等：黄金以溢名，为上币；铜钱识曰半两，重如其文，为下币。而珠玉、龟贝、银锡之属为器

---

① （汉）司马迁撰，（南朝宋）裴骃集解，（唐）司马贞索隐，（唐）张守节正义，中华书局编辑部点校：《史记》（卷一百二十九），中华书局1982年版，第3253—3254页。
② 新华网：《河南发现世界最古老造币厂》，2023年7月12日，http://www.news.cn/local/2021-08-08。据郑州大学考古团队考证，西周至春秋中期，古代官府通过官庄遗址铸造的钱币被称为空首布，是春秋战国时期流通的货币，也是中国最早的金属铸币之一。

饰宝藏，不为币。然各随时而轻重无常。于是外攘夷狄，内兴功业，海内之士力耕不足粮饷，女子纺绩不足衣服。古者尝竭天下之资财以奉其上，犹自以为不足也。无异故云，事势之流，相激使然，曷足怪焉！①

典籍和实物考古证明，虽然由于生产力水平低，中国上古时期很多落后地区农户的生产方式，同样具有生产自给自足的内部消费循环和面对市场交换的外部物流循环。回到千年以前的历史现场，一些家庭家族农耕生产的粮食，定当将一部分用作自家吃喝，将一部分米粮拿到市场货卖粜出，或以粮食换回钱币用于日常开支，或直接换回农具和其他生产生活资料。这样一来，不仅改善了农户的生活条件，更增加了人们生活的稳定性，提高了富国强兵的保障水平。即便是崇德尊礼、一心向学的孔门一族，也有瑚琏之器端木赐，"子贡好废举，与时转货资。喜扬人之美，不能匿人之过。常相鲁、卫，家累千金，卒终于齐。"② 子贡擅长贵卖贱买，物贱则买而停贮，值贵即逐时转易，以货卖取资利。子贡是一个很成功的商人，不仅成为孔门弟子中最能赚钱和最富有的人，也是对孔子讲习游学最大的财力支持者。虽然才居孔门十哲，"子贡利口巧辞，孔子常黜其辩"③ 曰："赐不受命，而货殖焉。"④ 为孟子所称许，"吾闻用夏变夷者，未闻变于夷者也。陈良，楚产也。悦周公、仲尼之道，北学于中国。北方之学者，未能或之先也。彼所谓豪杰之士也。子之兄弟事之数十年，师死而遂倍之。昔者孔子没，三年之外，门人治任将归，入揖于子贡，相向而哭，皆失声，然后归。子贡反，筑室于场，

---

① （汉）司马迁撰，（南朝宋）裴骃集解，（唐）司马贞索隐，（唐）张守节正义，中华书局编辑部点校：《史记》（卷三十），中华书局1982年版，第1442—1443页。
② （清）马骕撰，王利器整理：《绎史》，中华书局2002年版，第2378页。古人未有市及井，因为习惯于清早聚井汲水，顺便将货物于井边货卖，久之成市场，故言"市井"。
③ （汉）司马迁撰，（南朝宋）裴骃集解，（唐）司马贞索隐，（唐）张守节正义，中华书局编辑部点校：《史记》（卷六十七），中华书局1982年版，第2195页。
④ （汉）司马迁撰，（南朝宋）裴骃集解，（唐）司马贞索隐，（唐）张守节正义，中华书局编辑部点校：《史记》（卷六十七），中华书局1982年版，第2185页。

独居三年，然后归。"① 不仅如此，子贡对孔子所尽的弟子礼，还开启了千年传承至今的"守孝三年"丧葬之风，影响力之大，可见一斑。

司马迁还引用《周书》"农不出则乏其食，工不出则乏其事，商不出则三宝绝，虞不出则财匮少，财匮少而山泽不辟"②，以财匮少而山泽不开等四种民所衣食之源，论证源大则饶，源小则鲜至理：上则富国，下则富家。贫富之道，莫之夺予，而巧者有余，拙者不足。故太公望封于营丘，地潟卤，人民寡，于是太公劝其女功，极技巧，通鱼盐，则人物归之，襁至而辐辏。说明齐国国君冠带而衣履天下，海岱之间敛袂而往朝的成功之道，以及遇中衰而管子修之、设轻重九府以成齐桓公霸业，九合诸侯、一匡天下的根本原因。"礼生于有，而废于无。故君子富，好行其德；小人富，以适其力。渊深而鱼生之，山深而兽往之，人富而仁义附焉。富者得势益彰，失势则客无所之，以而不乐。夷狄益甚。谚曰：'千金之子，不死于市。'此非空言也。故曰：'天下熙熙皆为利来，天下攘攘皆为利往。'夫千乘之王，万家之侯，百室之君，尚犹患贫，而况匹夫编户之民乎！"③ 进而阐释富国强兵之道。北宋著名画家张择端（约

---

① （明）张岱著，朱宏达点校：《四书遇》，浙江古籍出版社2017年版，第402页。《史记卷四七·孔子世家》纪曰："孔子年七十三，以鲁哀公十六年四月己丑卒。……孔子葬鲁城北泗上，弟子皆服三年。三年心丧毕，相诀而去，则哭，各复尽哀；或复留。唯子贡庐于冢上，凡六年，然后去。"[（汉）司马迁撰，（南朝宋）裴骃集解，（唐）司马贞索隐，（唐）张守节正义，中华书局编辑部点校：《史记》（卷四十七），中华书局1982年版，第1945页。]

② [朝鲜] 李源坤著，周阿根整理：《箕范衍义》，凤凰出版社2019年版，第117页。

③ （汉）司马迁撰，（南朝宋）裴骃集解，（唐）司马贞索隐，（唐）张守节正义，中华书局编辑部点校：《史记》（卷一百二十九），中华书局1982年版，第3255—3256页。司马迁遍考历世农工商和官民士庶为利熙攘的史实后，大发感慨："由此观之，贤人深谋于廊庙，论议朝廷，守信死节隐居岩穴之士设为名高者安归乎？归于富厚也。是以廉吏久，久更富，廉贾归富。富者，人之情性，所不学而俱欲者也。故壮士在军，攻城先登，陷阵却敌，斩将搴旗，前蒙矢石，不避汤火之难者，为重赏使也。其在闾巷少年，攻剽椎埋，劫人作奸，掘冢铸币，任侠并兼，借交报仇，篡逐幽隐，不避法禁，走死地如骛者，其实皆为财用耳。今夫赵女郑姬，设形容，揳鸣琴，揄长袂，蹑利屣，目挑心招，出不远千里，不择老少者，奔富厚也。游闲公子饰冠剑，连车骑，亦为富贵容也。弋射渔猎，犯晨夜，冒霜雪，驰坑谷，不避猛兽之害，为得味也。博戏驰逐，斗鸡走狗，作色相矜，必争胜者，重失负也。医方诸食技术之人，焦神极能，为重糈也。吏士舞文弄法，刻章伪书，不避刀锯之诛者，没于赂遗也。农工商贾畜长，固求富益货也。此有知尽能索耳，终不余力而让财矣。"[（汉）司马迁撰，（南朝宋）裴骃集解，（唐）司马贞索隐，（唐）张守节正义，中华书局编辑部点校：《史记》（卷一百二十九），中华书局1982年版，第3271页。]

1085—1145年）的传世风俗画《清明上河图》，所描绘的北宋都城汴京开封城内街市，清晰可见城区主干道两边车水马龙、店铺林立，货物码头和货运栈四周，街道四通八达、商船往返穿梭，深水港湾停泊着好几艘船正依次装卸货物，码头上货主正在清点货物，码头工人正在堆码货物，……各种商贸活动热火朝天。对于谋求太平盛世的封建统治者，看到货卖商户特别是经营盐铁等事关国家命脉行当的人家，财货富足，拉大贫富差距甚至影响到国家社稷安全，无不想方设法加以平抑，汉武帝"元封元年（前110年），卜式贬秩为太子太傅，而桑弘羊为治粟都尉，领大农，尽代仅管天下盐铁。弘羊以诸官各自市，相与争，物故腾跃，而天下赋输或不偿其僦费。乃请置大农部丞数十人，分部主郡国，各往往县置均输盐铁官，令远方各以其物贵时商贾所转贩者为赋，而相灌输。置平准于京师，都受天下委输。召工官治车诸器，皆仰给大农。大农之诸官尽笼天下之货物，贵即卖之，贱则买之。如此，富商大贾无所牟大利，则反本，而万物不得腾踊。故抑天下物，名曰'平准'。天子以为然，许之。于是天子北至朔方，东到太山，巡海上，并北边以归。所过赏赐，用帛百余万匹，钱金以巨万计，皆取足大农。"① 显然，名曰"大农"，其实富商也。汉武帝巡查研究后出台的"平准均输法"，便是历史上著名的由中央官府在各地统一征购和运输货物的经济政策。由朝廷主管国政的大司农在长安和主要城市设立平准官，根据需要把应由各地运送京都的物品转运至各处贩卖，将均输所存物资贵时抛售、贱时收购，不仅增加了政府收入，也有效抑制了商人囤积居奇对市场的垄断，稳定了物价，扭转了大农投机取巧的社会风气。

四 市场经济高度发达的现代社会，家风传承同样不可或缺

借古鉴今，"管仲既任政相齐，以区区之齐在海滨，通货积财，富国强兵，与俗同好恶。故其称曰：'仓廪实而知礼节，衣食足而知荣辱，上服度则六亲固。四维不张，国乃灭亡。下令如流水之源，令顺民心。'故论卑而易行。俗之所欲，因而予之。俗之所否，因而去之。其为政也，

---

① （汉）司马迁撰，（南朝宋）裴骃集解，（唐）司马贞索隐，（唐）张守节正义，中华书局编辑部点校：《史记》（卷三十），中华书局1982年版，第1441页。

善因祸而为福,转败而为功。贵轻重,慎权衡"①。无独有偶,管仲相齐,顺百姓之美,匡救国家之恶,有耻辱甚贵重之,有得失甚戒慎之,令君臣百姓相亲,民风厚朴。

纵观中国千年封建社会历史,工商虽有市场,但毕竟非主流经济成分,更何况在"皇权止于县"的广袤乡村,由于官府管辖薄弱或不能对偏远农村地区实现有效控制,以世家大族为代表的家庭家族生产单位,便成为社会经济上的大块头,不仅占有大片的土地资源、拥有数量众多的劳动力、集聚着十分可观的粮食和金钱,而且,这些家族的家庭成员因为受过一定的教育或专门培训,有的甚至是皇亲国戚,有的则是赋闲官员,有的是乡贤士绅,有的是致富能手,他们往往掌握着一定的种植养殖技术,或精于操持家务,或精于教化族人,因而能运用生产规律经营生产,让家族有相当的抵御自然灾害和规避风险的能力。作为一乡望族,这些家庭或家族的一言一行,往往成为周边百姓的言行风标,这些世家大族因物力和人力的富厚,也有着一般庄户人家难以企及的文化建设和渗透力量,因而这些大家庭制作家训教诫子孙以保家业祖德不堕于世的行为,很自然地就变成了世人争相模仿的对象。当然,看到这些大户人家的所作所为和治家之道,事实上有利于安保一方,于是乎,各级官府也大力旌表和传布,树立起数量众多民间榜样,也让这些大户人家自觉不自觉从拟制家训的志趣意图、训导目标、作用范围、教化方式等方面,均与原初狭小的范家教子家训要求发生了明显的转变,尤其是家训的作用范围,由立意训诫家人子弟,逐渐转向风化训俗。如南宋地方官吏袁采,于南宋淳熙五年(1178年)任乐清县令时制作的《袁氏世范》,"其言精确而详尽,其意则敦厚而委屈,习而行之,诚可以为孝悌、为忠恕、为善良而有士君子之行矣"②。这部家训在书成之时便取名为《俗训》,明确表达了该书"厚人伦而美习俗"的宗旨,表明其不仅可以行之一时,而且可以"垂诸后世"而"兼善天下",成为"世之范模",最终接受同僚建议,更名成为《袁氏世范》而风行至今。

---

① (清)吴楚材、吴调侯编,钟基等译注:《古文观止》,中华书局2011年版,第305页。
② 刘镇:《袁氏世范序》,《丛书集成初编》(第974册),中华书局1985年版,第1页。

家风文化所具有的传承性特征，决定了只要家庭存在，将家庭建设成为人类精神家园的家风传承活动就不会停止。自给自足的小农经济已经被现代市场经济取代，经济基础的变化虽然引起生产、分配、交换、消费等环节对从业者综合素质的要求改变，但是，作为市场主体的每个自然人大都处于特定的家庭，仍然是社会构造现实，重视家庭建设、注重家教、注重家风，依然是中国人的共识。尤其是以创业、创新、创造精神见长的公私企业，十分重视培育和传承各自独特的企业文化，注意教育和培养广大员工的从业素养和道德风尚，这是现代社会家风传承创新的实践成果，也是中华优秀家风文化永续传承的生命活力。

第二节　家国同构政治制度

人的群居自然天性和社会组织属性，使人类自古以来始终保持着聚族而居、协调有序的组织制度传统。现代人类学和社会学研究结果表明，远古时期的社会组织形态流变，就走的是原始族群—氏族部落—血亲家庭—血缘家族—国家为主流的发展路径。国家的雏形是以血缘关系与宗族联系为依托而建立的，因为家庭或家族是"一切社会之中最古老的而又唯一自然的社会"[①] 组织，最初的国家形态，是由多个家庭或家族通过联姻或共享耕地、水源、牧草等食物资源而拥有共同利益为基础，逐渐形成氏族或部族联盟，进而组织和发展成为国家的。中国古代家国同构政治制度，让原本出于治家范族和化育后昆子弟的家风，随着家庭组织的扩展演进，自然溢出核心家庭而成为范族育民的族规，继而延展推广为风教美俗、敦厚乡风的社会风尚，最终被统治阶级选择上升为宣明政教、淳化国风的政治风教文化。

---

① ［法］卢梭著，何兆武译：《社会契约论》，商务印书馆2003年版，第5页。

一 中国古代家国同构的历史渊源

"欲研究中国社会与中国文化,必当注意研究中国之家庭。"[1] 随着19世纪民族志资料的汇集与互证,人们逐渐意识到,人类政治组织的演进根本不是从自然状态到政治社会的突变,而是经过了从扩大式的家庭到国家的漫长历史发展过程。著述黄帝以来至汉太初以上历史,编撰百三十篇信史的史学家司马迁,"网罗天下放失旧闻,王迹所兴,原始察终,见盛观衰,论考之行事。略三代、录秦汉,上记轩辕、下至于兹,著十二本纪,既科条之矣。并时异世,年差不明,作十表。礼乐损益,律历改易,兵权山川鬼神,天人之际承敝通变,作《八书》。二十八宿环北辰,三十辐共一毂,运行无穷,辅拂股肱之臣配焉,忠信行道以奉主上,作《三十世家》。扶义俶傥,不令己失时,立功名于天下,作《七十列传》"[2]。其卷一五帝本纪,开篇即以轩辕黄帝三战炎帝而却其侵陵诸侯之欲、征师诸侯而战杀蚩尤、披山通道而征伐不平,描绘出一条氏族部落间通过征伐融汇而致和万国的一统天下国家发展脉络。"黄帝二十五子,其得姓者十四人。……黄帝崩,葬桥山。其孙昌意之子高阳立,是为帝颛顼也。"[3] 其后纵述五帝传位次第历史沿革,依照皇权传位这一主线,表面上看似围绕用什么样的能力和道德标准确定继位者而展开,实质却是家天下之立嗣和训育后人。

选立高阳,因其"静渊以有谋,疏通而知事,养材以任地,载时以象天,依鬼神以制义,治气以教化,洁诚以祭祀。……颛顼崩,而玄嚣之孙高辛立,是为帝喾。帝喾高辛者,黄帝之曾孙也"[4]。传位于高辛同样的表象是因为他能"普施利物,不于其身。聪以知远,明以察微,顺天之义,知民之急。仁而威,惠而信,修身而天下服。取地之财而节用

---

[1] 钱穆:《略论魏晋南北朝学术文化与当时门第之关系》,《中华读书报》2015年12月30日第15版。

[2] (汉)班固著,(唐)颜师古注,中华书局编辑部点校:《汉书》,中华书局1962年版,第2723页。

[3] (汉)司马迁撰,(南朝宋)裴骃集解,(唐)司马贞索隐,(唐)张守节正义,中华书局编辑部点校:《史记》(卷一),中华书局1982年版,第9—10页。

[4] (汉)司马迁撰,(南朝宋)裴骃集解,(唐)司马贞索隐,(唐)张守节正义,中华书局编辑部点校:《史记》(卷一),中华书局1982年版,第11页。

之，抚教万民而利诲之，历日月而迎送之，明鬼神而敬事之。其色郁郁，其德巍巍。日月所照，风雨所至，莫不从服"①。如此看来，受后世民众广泛嘉许称道的皇位禅让制度，本质上是在位的皇帝如何更能成功有效地在本家族后辈子弟中选择德行高尚并经过严格考验的杰出子孙来继承帝位，而不是简单的代际相承，更不是普遍意义上的选贤任能——海选。"帝喾崩，而（长子）挚代立。帝挚立，不善，崩，而弟放勋立，是为帝尧。"② 不传不善之兄而选立弟，是因"其仁如天，其知如神。就之如日，望之如云。富而不骄，贵而不舒。黄收纯衣，彤车乘白马，能明驯德，以亲九族。九族既睦，便章百姓。百姓昭明，合和万国。……信饬百官，众功皆兴"。③ 后来，当尧考虑立嗣传位大计时，对其子丹朱的态度是"吁！顽凶，不用"而求助五岳"悉举贵戚及疏远隐匿者"。对所举荐的"有矜在民间曰虞舜"者，则说："吾其试哉。"接着将自己的两个女儿嫁给舜，观察他怎样治家；又派九个儿子与他共处，考察他怎样为人处世。同时，"乃使舜慎和五典，五典能从。乃遍入百官，百官时序。宾于四门，四门穆穆。诸侯远方宾客绵敬。尧使舜入山林川泽，暴风雷雨，舜行不迷。尧以为圣，召舜曰：'女谋事至而言可绩，三年矣，

---

① （汉）司马迁撰，（南朝宋）裴骃集解，（唐）司马贞索隐，（唐）张守节正义，中华书局编辑部点校：《史记》（卷一），中华书局1982年版，第13—14页。

② （汉）司马迁撰，（南朝宋）裴骃集解，（唐）司马贞索隐，（唐）张守节正义，中华书局编辑部点校：《史记》（卷一），中华书局1982年版，第14页。孔子称许禹曰："高阳之孙，鲧之子也，曰文命。敏给克济，其德不回，其仁可亲，其言可信；声为律，身为度，称以上士；亹亹穆穆为纲为纪。巡九州，通九道，陂九泽，度九山。为神主，为民父母；左准绳，右规矩；履四时，据四海；平九州，戴九天，明耳目，治天下。举皋陶与益，以赞其身，举干戈以征不享、不庭、无道之民；四海之内，舟车所至，莫不宾服。"［（清）马骕撰，王利器整理：《绎史》，中华书局2002年版，第2376页。］

③ （汉）司马迁撰，（南朝宋）裴骃集解，（唐）司马贞索隐，（唐）张守节正义，中华书局编辑部点校：《史记》（卷一），中华书局1982年版，第15页。孔子称许禹曰："高阳之孙，鲧之子也，曰文命。敏给克济，其德不回，其仁可亲，其言可信；声为律，身为度，称以上士；亹亹穆穆为纲为纪。巡九州，通九道，陂九泽，度九山。为神主，为民父母；左准绳，右规矩；履四时，据四海；平九州，戴九天，明耳目，治天下。举皋陶与益，以赞其身，举干戈以征不享、不庭、无道之民；四海之内，舟车所至，莫不宾服。"［（清）马骕撰，王利器整理：《绎史》，中华书局2002年版，第2376页。］

女登帝位"。① 即"命舜摄行天子之政,以观天命。舜乃在璇玑玉衡以齐七政,遂类于上帝,禋于六宗,望于山川,辩于群神。……昔高阳氏有才子八人,世得其利,谓之'八恺'。高辛氏有才子八人,世谓之'八元'。此十六族者,世济其美,不陨其名。至于尧,尧未能举,舜举八恺使主后土,以揆百事,莫不时序。举八元使布五教于四方,父义、母慈、兄友、弟恭、子孝,内平外成。"② 相反,对"昔帝鸿氏有不才子,掩义隐贼,好行凶慝,天下谓之浑沌。少暤氏有不才子,毁信恶忠,崇饰恶言,天下谓之穷奇。颛顼氏有不才子,不可教训,不知话言,天下谓之梼杌。缙云氏有不才子,贪于饮食,冒于货贿,天下谓之饕餮。舜宾于四门,乃流四凶族,迁于四裔,以御螭魅,于是四门辟,言毋凶人也。"③帝舜外务政事,内饬族众,修齐治平,家国一体。"舜子商均亦不肖,舜乃豫荐禹于天。十七年而崩。三年丧毕,禹亦乃让舜子,如舜让尧子。诸侯归之,然后禹践天子位。尧子丹朱,舜子商均,皆有疆土,以奉先

---

① (汉)司马迁撰,(南朝宋)裴骃集解,(唐)司马贞索隐,(唐)张守节正义,中华书局编辑部点校:《史记》(卷一),中华书局1982年版,第22页。孔子称许禹曰:"高阳之孙,鲧之子也,曰文命。敏给克济,其德不回,其仁可亲,其言可信;声为律,身为度,称以上士;亹亹穆穆为纲为纪。巡九州,通九道,陂九泽,度九山。为神主,为民父母;左准绳,右规矩;履四时,据四海;平九州,戴九天,明耳目,治天下。举皋陶与益,以赞其身,举干戈以征不享、不庭、无道之民;四海之内,舟车所至,莫不宾服。"[(清)马骕撰,王利器整理:《绎史》,中华书局2002年版,第2376页。]

② (汉)司马迁撰,(南朝宋)裴骃集解,(唐)司马贞索隐,(唐)张守节正义,中华书局编辑部点校:《史记》(卷一),中华书局1982年版,第35页。孔子称许禹曰:"高阳之孙,鲧之子也,曰文命。敏给克济,其德不回,其仁可亲,其言可信;声为律,身为度,称以上士;亹亹穆穆为纲为纪。巡九州,通九道,陂九泽,度九山。为神主,为民父母;左准绳,右规矩;履四时,据四海;平九州,戴九天,明耳目,治天下。举皋陶与益,以赞其身,举干戈以征不享、不庭、无道之民;四海之内,舟车所至,莫不宾服。"[(清)马骕撰,王利器整理:《绎史》,中华书局2002年版,第2376页。]

③ (汉)司马迁撰,(南朝宋)裴骃集解,(唐)司马贞索隐,(唐)张守节正义,中华书局编辑部点校:《史记》(卷一),中华书局1982年版,第36—37页。孔子称许禹曰:"高阳之孙,鲧之子也,曰文命。敏给克济,其德不回,其仁可亲,其言可信;声为律,身为度,称以上士;亹亹穆穆为纲为纪。巡九州,通九道,陂九泽,度九山。为神主,为民父母;左准绳,右规矩;履四时,据四海;平九州,戴九天,明耳目,治天下。举皋陶与益,以赞其身,举干戈以征不享、不庭、无道之民;四海之内,舟车所至,莫不宾服。"[(清)马骕撰,王利器整理:《绎史》,中华书局2002年版,第2376页。]

祀。服其服，礼乐如之。"① 不论是黄帝传位其孙时的慎重选择，还是尧对舜的长期深度考察，对外昭示着圣王治世所要具备的德行，而且明确反映出上古时期以皇帝为代表的氏族家长，围绕皇位（诸侯王位）继承而开启的能力和德行兼备的贤子孙（人才）选育之风。

当然，不管怎么选择，从此开启的基于血缘关系的宗法制皇权传递，却始终在黄帝子孙后辈中承袭，进而成为家国一体、家国同构政治制度的肇始之举，深刻而执拗地影响了中国封建社会宗法家族制度数千年。正如司马迁总结五帝世袭历史所言："自黄帝至舜、禹，皆同姓而异其国号，以章明德。故黄帝为有熊、帝颛顼为高阳、帝喾为高辛、帝尧为陶唐、帝舜为有虞。帝禹为夏后而别氏姓，姒氏；契为商，姓子氏；弃为周，姓姬氏。"② 对所述五帝历史的真伪，太史公自注曰："余尝西至空峒，北过涿鹿，东渐于海，南浮江淮矣，至长老皆各往往称黄帝、尧、舜之处。风教固殊焉，总之不离古文者近是。余观《春秋》《国语》，其发明《五帝德》《帝系姓》章矣，顾弟弗深考，其所表见皆不虚。"③ 可见，家国同构与家国一体的社会组织传统，的确由来已久。

历史的文化传承性，表征着人类文明的延续轨迹，中国古代家国同构的政治历史，同样有着承前启后、源流次第的传承发展规律，中国古圣先贤对此尤为清楚和看重。"殷因于夏礼，所损益，可知也；周因于殷礼，所损益，可知也；其或继周者，虽百世可知也。"④ 周礼昭著，源于夏礼，损益取舍，必有遵循。明末清初著名思想家顾炎武《日知录》稽古有得，阐释这一礼制法度因袭源流时提出，"立权度量，考文章，改正

---

① （汉）司马迁撰，（南朝宋）裴骃集解，（唐）司马贞索隐，（唐）张守节正义，中华书局编辑部点校：《史记》（卷一），中华书局1982年版，第44页。孔子称许禹曰："高阳之孙，鲧之子也，曰文命。敏给克济，其德不回，其仁可亲，其言可信；声为律，身为度，称以上士；亹亹穆穆为纲为纪。巡九州，通九道，陂九泽，度九山。为神主，为民父母；左准绳，右规矩；履四时，据四海；平九州，戴九天，明耳目，治天下。举皋陶与益，以赞其身，举干戈以征不享、不庭、无道之民；四海之内，舟车所至，莫不宾服。"[（清）马骕撰，王利器整理：《绎史》，中华书局2002年版，第2376页。]
② （汉）司马迁撰，（南朝宋）裴骃集解，（唐）司马贞索隐，（唐）张守节正义，中华书局编辑部点校：《史记》（卷一），中华书局1982年版，第45页。
③ （清）李晚芳著，刘正刚整理：《读史管见》，齐鲁书社2014年版，第11页。
④ （汉）班固撰，（唐）颜师古注，王先谦补注：《汉书补注》，商务印书馆1959年版，第1960页。

朔，易服色，殊徽号，异器械，别衣服，此其所得与民变革者也。其不可得变革者则有矣，亲亲也、尊尊也、长长也，男女有别，此其不可得与民变革者也。自春秋之并为七国，七国之并为秦，而大变先王之礼。然其所以辨上下、别亲疏、决嫌疑、定是非，则固未尝异乎先王也"①。从认识论的角度看，古圣人南面而治天下，必自人道启始。欲知来者，既往者以明，商不能改乎夏，周不能改乎商，此所谓天地之常经。至于制度文为，或太过则损，或不足则益，益之损之，与时宜之，而所因者不变，是古今之通义。因往推来，虽百世之远，不过如此而已。纵观中国古代千年历史可以看出，易姓受命为一世，国政或因易主而变，但家道宗法因有血缘亲属而未异。故夏正建寅为人统，商正建丑为地统，周正建子为天统。其所损益，不过文章制度小过不及而已，但其已然之迹，今皆可见历史渊源。然而，三纲五常等礼制本体，不仅三代相继皆因袭不变，而且自秦汉以降，或有继周而王者，虽百世之远，因循革新也不过如此。实际上，家国同构的历史渊源，更多表现为天人合一之家道对国体建构和维系的决定作用，易姓受命之新政对家庭或家族的改变，往往通过文化法度革新而展现为家风之变。

透过孔子的历史场域可以看出，即便是上古三代的组织架构，已经不是天下一家的大同世界。正如《礼记》所言，"大道之行也，天下为公，选贤与能，讲信修睦。故人不独亲其亲，不独子其子；使老有所终，壮有所用，幼有所长，矜寡孤独废疾者，皆有所养；男有分，女有归；货恶其弃于地也，不必藏于己；力恶其不出于身也，不必为己。是故谋闭而不兴，盗窃乱贼而不作；故外户而不闭，是谓大同。今大道既隐，天下为家，各亲其亲，各子其子，货力为己。大人世及以为礼，城郭沟池以为固，礼义以为纪，以正君臣，以笃父子，以睦兄弟，以和夫妇，以设制度，以立田里，以贤勇知，以功为己。故谋用是作，而兵由此起，禹、汤、文、武、成王、周公，由此其选也。此六君子者，未有不谨于礼者也，以著其义，以考其信。著有过，刑仁讲让，示民有常，

---

① （清）顾炎武撰，（清）黄汝成集释，栾保群点校：《日知录集释》，中华书局2020年版，第356页。

如有不由此者，在執者去，众以为殃。是谓小康"①。孔子喟叹大道之行而自己未之逮，向往天下为公大同世界的同时，分明在告诉世人，其所处的时代早已天下为家，也顺便揭示出了以礼乐教化人民大众的周末风俗。

二　中国古代家国同构的伦理基础

（一）家国同构的政治制度，奠基于忠孝同义和君父同伦的家庭宗法血缘关系之上，与此相适应，中国人理想的安身立命之处不是天国，而是家国

纵观人类社会的组织发展史，家庭是国家形成之前最为重要的社会组织细胞。"夫有人民而后有夫妇，有夫妇而后有父子，有父子而后有兄弟；一家之亲，此三而已矣。自兹以往，至于九族，皆本于三亲焉，故于人伦为重者也。"② 在人类社会早期，生活资料的生产和人自身的繁衍，无疑是保障人类绵延不绝的最主要的两种形式，也是人类组织延续和发展的决定性因素。因此，社会制度的建立，要受到劳动力的发展水平和家庭的组织形式双重制约，而生产力越不发达的地方，社会制度就越受血缘关系的影响。随着生产力水平的提升和社会分工的发展，私有制的出现导致社会分层转变为以财富为基础；国家形成之前，社会的基础组织主要以血缘关系为纽带而建立起来的家庭为主，地区团体（中国古代主要是建立在家族基础上的诸侯国）则是国家的基层单位。③ 治家之道为治国之法提供宗法伦理秩序。"男女正，天地之大义也。家人有严君焉，父母之谓也。父父，子子，兄兄，弟弟，夫夫，妇妇，而家道正。正家而天下定矣。"④ 中国古代千年因袭不绝的传统"家天下"社会政治架构，便是以一家一姓为最高统治者，"普天之下莫非王土；率土之滨，莫非王臣"而建构起来的，"君君、臣臣、父父、子子"不仅是居家人道之大径，而且是政事之根本。其间频繁发生的改朝换代，只不过是更换统

---

① （汉）郑玄注，王锷点校：《礼记注》，中华书局2021年版，第290—291页。
② 檀作文译注：《颜氏家训》，中华书局2011年版，第19页。
③ 《马克思恩格斯文集》第4卷，人民出版社2009年版，第16页。
④ （宋）张载撰，刘泉校注：《横渠易说校注》，中华书局2021年版，第191页。

治家庭，变更家天下所属姓氏而已。与此相适应，中国古代俗称地方官为"父母官"，也是家天下政治制度的地方化体现。

（二）百善孝为先，在中华优秀传统道德文化谱系中，孝被认为是一种天地之理自明的人生状态，是人与生俱来的天性，更是王道治世的根基

"王道之大，始于闺门。妻子合、兄弟和而父母顺，道之迩也、卑也。郊焉而天神假，庙焉而人鬼飨，道之远也、高也。'先王事父孝，故事天明；事母孝，故事地察。'修之为经，布之为政，本于天，殽于地，列于鬼神，达于丧祭、射御、冠昏、朝聘，而天下国家可得而正也。若舜，若文、武、周公，所谓庸德之行而人伦之至者也。故曰：'君子之道，造端乎夫妇。及其至也，察乎天地。'"①故孔子孝经有言："昔者明王事父孝，故事天明；事母孝，故事地察；长幼顺。故上下治，天地明察，神明彰矣。故虽天子必有尊也，言有父也，必有先也，言有兄也。宗庙致敬，不忘亲也，修身慎行，恐辱先也。宗庙致敬，鬼神著矣。孝悌之至，通于神明，光于四海，无所不通。诗云：'自西自东，自南自北，无思不服。'"②宋代思想家朱熹也明确强调："能事父孝，则事天之理自然明；能事母孝，则事地之理自然察。"③对建立在千家万户基础之上的历代皇朝，能够如君父治家教子一般治国平天下，中国古代先民往往朴素地认为，"惟天地万物父母，惟人万物之灵，亶聪明作元后，元后

---

① （清）顾炎武撰，（清）黄汝成集释，栾保群点校：《日知录集释》，中华书局2020年版，第348—349页。

② （清）刘沅著，谭继和、祁和晖笺解：《十三经恒解》（笺解本），巴蜀书社2016年版，第13页。《春秋繁露》第七卷阐释尧舜不擅移、汤武不专杀的缘由时，阐释"事父孝，故事天明"之理曰："事天与父，同礼也。今父有重予子，子不敢擅予他人，人心皆然；则王者亦天之子也，天以天下予尧舜，尧舜受命于天而王天下，犹子安敢擅以所重受于天者予他人也，天有不予尧舜渐夺之故，明为子道，则尧舜之不私传天下而擅移位也，无所疑也。儒者以汤武为至圣大贤也，以为全道究尽美者，故列之尧舜，谓之圣王，如法则之……且王之生民，非为王也；而天立王，以为民也。故其德足以安乐民者，天予之，其恶足以贼害民者，天夺之。诗云：'殷士肤敏，祼将于京，侯服于周，天命靡常。'"［（汉）董仲舒著，（清）苏舆撰，钟哲点校：《春秋繁露义证》，中华书局1992年版，第219—220页。］

③ （宋）黎靖德编，王星贤点校：《朱子语类》，中华书局1986年版，第2143页。

作民父母。"① 所以，《尚书》有言："天子作民父母，以为天下王。"② 民人百姓所祈愿的，只是希望天子为人君当行仁义，参悟天命而作君师之心，如此方能尽君道而为民父母。如此认识的原因很简单，一方面，在于普天之下，莫非王土；率土之滨，莫非王臣，这是既定的事实，是以力相争结果。另一方面，如果天子以民之所好好之，以民之所恶恶之，此之谓作民父母而风行天下之民望。下情上达与上行下效的结果是，一家之内，父母之于子女，为之就利避害，未尝顷刻而忘怀，怎么可能视之不如犬马。

（三）臣之于君，犹子之于父，中国先民朴素地把家族大宗小宗、家庭大家小家和统一王朝大小诸侯国之间的政治安排在认识上实现了组织同构

天子至尊为臣子之义，君父同伦而家国同构，宗法关系因而渗透于社会整体，在一定程度上掩盖了阶级和等级差别，让家内族众对长辈的"孝"和人民百姓对国家的"忠"合而为一成为社会价值的同构。将家国同构这一宗法制的显著特征自然移植为政治架构特征，昭示着大批爱国有志之士，为保家卫国实现国泰民安的理想而终身奋斗。立足于人类氏族血缘关系而建立起来家国同构社会层级管理和国家政治体制，都是以变体的家长制出现的，即"家天下"。在中国传统文人的政治理想中，"爱国"首先体现为"爱家"，"尽孝"发展为"忠君"，修身、齐家、治国、平天下，层次递进，所以"国"与"家"是两个密不可分的概念。中国古代用政治伦理弱化法律秩序，具体表现为儒法合流、伦理制度化、制度伦理化。感受到家庭、家族和国家在组织结构方面的共通性，本然地与自给自足的小农自然经济相适应，中国古代先民在长期的生产生活实践中，智慧地将血缘与政治关系相融合，将以血亲——宗法关系为统领的严格父权家长制，形而上为家国同构的封建社会政治制度。因为每个人的劳动力是有限的，人们必须协同配合，相互帮助方得温饱，而这种生产方式也会形成与之相适应的社会结构和政治安排——把具有血缘

---

① （清）刘沅著，谭继和、祁和晖笺解：《十三经恒解》（笺解本），巴蜀书社2016年版，第124页。

② （汉）班固纂集，吴人整理，朱维铮审阅：《白虎通义》，上海书店出版社2012年版，第279页。

关系的人联合起来进行必要的生产生活，是一种最为自然有效和直接管用的方式。

（四）建立在宗法血缘关系基础之上的宗法制度，衍生出的日臻完备的家国同构社会政治体系

在漫长的历史进程中，中国经历了多次朝代变迁，然而即便社会结构的外在形式如何更替变换，基于血缘关系的宗法制度却始终如一，亘古存在。与中国农耕经济相适应，中国的诸侯邦国也是由氏族社会父系家长制衍生而来，是血缘关系在政治领域的具体体现，强调血缘关系与国家的和谐统一与同源共生。周武文王一统中原之国后，因袭商法而分封天下，"爵有五等，以法五行也；或三等者，法三光也。……文家者据地，故法五行。《含文嘉》曰：'殷爵三等，周爵五等，各有宜也。'《王制》曰：'王者之制禄爵凡五等。'谓公、侯、伯、子、男。此周制也。公者通公正无私之意也；侯者，候也，候逆顺也。《春秋传》曰：'王者之后称公，其余人皆千乘，象雷震百里所润同。大国称侯，小者伯、子、男也。'《王制》曰：'公、侯田方百里，伯七十里，子、男五十里。'……子者孳也，孳孳无已也；男者，任也。人皆五十里，差次功德，小者不满为附庸，附庸者，附大国以名通也。"[①] 依照周礼，家是公、侯、伯、子、男等众多小国，国是公、侯、伯、子、男等众国辐辏大家；父为公、侯、伯、子、男等众多家君，周王为公、侯、伯、子、男等天子国父，是其时最大的家长。如今之言：家是小小国，国是千万家。中国古代宗法制度，自秦汉以后进入了由贵胄宗族世袭制转向家族优势时期，即以家族为细胞、王朝帝国为政治组织结构的"家国同构"阶段。

三 中国古代家国同构的礼制设计

第一，伴随着家国形态与制度延续，人类对自己家国组织的认识不断深化。恩格斯曾站在生产力发展决定社会生产关系的历史唯物主义立场上，通过厘清《家庭、私有制和国家的起源》，揭示人类从蒙昧野蛮走向文明，家庭组织从血缘家庭、普那路亚家庭和对偶制家庭走向专偶制

[①] （汉）班固纂集，吴人整理，朱维铮审阅：《白虎通义》，上海书店出版社2012年版，第279页。

家庭①，以及社会组织形式由氏族变成国家的规律，探明生产关系从原始公有制到私有制的改变，如何促成了社会形态、家庭形式和社会组织形式的转变。② 证明了作为社会生产和生活的基本组织单元，家庭不是从来就有的，它的产生和发展受一定社会经济关系的制约。"惟王建国，辨方正位，体国经野，设官分职，以为民极。"③ 随着父权制家庭规模的扩大，构成并维持大家族、氏族、部落发展的社会组织基础从血缘关系转变为地缘关系，大量依附农奴、迁徙自由民与世居土著民之间的矛盾变得不可调和。为了防止和消除纷争战乱可能导致整个社会覆亡的结果，有一些神明父家长则奉天承运，敢为凌驾于各家族之上的主宰，并宣布自己

---

① 《马克思恩格斯文集》第4卷，人民出版社2009年版，第77—96、181页。恩格斯按照时间顺序把家庭史分为四个阶段：血缘家庭、普那路亚家庭、对偶制家庭、专偶制家庭。第一种家庭形式为血缘家庭，即一对配偶的子女以兄妹相称，也互为夫妻（与中国伏羲氏家庭形式相似）。因为近亲繁殖往往带来严重的后果，也是自然选择原则对家庭形态的巨大影响，后来兄弟姐妹之间不能再通婚，而是互相成为新的家庭公社的核心，便演变出了普那路亚家庭。普那路亚家庭的进一步发展便是氏族对偶制家庭，它是地球上大多数野蛮民族社会制度的基础，氏族成员可以与除自己的亲生兄弟姐妹之外的任何人结婚。最初的母系氏族时代形成的群婚家庭中，子女很难确认自己的父亲，家庭只能以母亲为中心，氏族所有成员都拥有同一个女性祖先，家庭内的所有女性成员不能在本氏族内部通婚，子女则可以生活在氏族之内，这样"一个确定的、彼此不能结婚的女系血缘亲属集团"与其他氏族之间的界限是十分明确的。在澳大利亚的卡米拉罗伊人中依然可见普那路亚家庭遗留下来的婚俗：男女共同生活，风气对女性有所束缚，对男性则比较宽容，男子可以偶近通奸或是直接实行多妻制。生产力的发展导致母权制向父权制转变，丈夫既是畜群的所有者，也是奴隶的领导者，父亲的遗产不再在氏族内部平分，而是直接转移给自己的子女，家庭内的掌权者则变成了男性，女性地位变得低下，在罗马父权制家庭中，家长支配着自己的妻子和子女，并对他们拥有生杀大权。不同于对偶制家庭的不稳定性，专偶制家庭采取了更为严格的结合方式，夫妻双方都不能随意解除婚姻关系，只有丈夫可以对婚姻不忠的名义赶走妻子。恩格斯认为，专偶制家庭的直接目的就是使父亲的财产能够转移到子女手中，再加之完全受男子支配的女奴隶的存在，使专偶制家庭从一开始便是对妇女的专制。随着生产力的进步和社会的发展，家庭中已经不再有男子的统治与婚姻的不可解除性，妇女再也不用出于种种世俗考虑而与男子结合，婚姻的纽带将无一例外地是真正的爱情。

② 荣鑫、刘志洪著，艾四林主编：《马克思主义经典著作导读丛书》（第2辑），中国民主法制出版社2017年版，第147—148页。马克思在1859年出版的《政治经济学批判》序言中指出，"人们在自己生活的社会生产中发生一定的、必然的、不以他们的意志为转移的关系，即同他们的物质生产力的一定发展阶段相适合的生产关系。这些生产关系的总和构成社会的经济基础，即由法律和政治的上层建筑竖立其上并有一定的社会意识形态与之相适应的现实基础。物质生产的生产方式制约着整个社会生活、政治生活和精神生活的过程。"

③ （清）刘沅著，谭继和、祁和晖笺解：《十三经恒解》（笺解本），巴蜀书社2016年版，第7页。

的权力来自上皇天帝（神）而建国君民，集政治、经济、军事、外交大权于一身，抛弃家族成员身份而直接以既定的地域来区分和管理属地百姓，建立起一整套公共权力机构，取代之前的家族或氏族组织。根据马克思主义关于国家起源学说，作为人类文明发展阶段性成果，国家是与特定的社会形态相适应的政治上层建筑，本质上属于社会发展中处理不可调和阶级矛盾的产物，是社会安全自适应的全面保护措施，为避免社会上各个对立阶级之间的斗争带来的毁灭性后果而建立起来的政治组织，标志着文明社会开始。

第二，中国传统政治哲学理路，不像西方学者那样，在选点考证或契约租权理论的基础上，推断人类社会早期的家或国等社会政治组织演变，而是立足于和合天地、天人、君臣、民人关系，法天则地，以中国人特有的思维方式，敏妙而精微地揭示出以天下为家的自然与治世之道。"天地人，万物之本也，天生之，地养之，人成之；天生之以孝悌，地养之以衣食，人成之以礼乐，三者相为手足，合以成体，不可一无也；无孝悌，则亡其所以生，无衣食，则亡其所以养，无礼乐，则亡其所以成也；三者皆亡，则民如麋鹿，各从其欲，家自为俗，父不能使子，君不能使臣，虽有城郭，名曰虚邑，如此，其君河决而僵，莫之危而自危，莫之丧而自亡，是谓自然之罚，自然之罚至，襄袭石室，分障险阻，犹不能逃之也。"① 按照中国哲学逻辑，"天子者，爵称也。……王者父天母地，为天之子也。故《援神契》曰：'天覆地载谓之天子，上法斗极。'"② 许慎编著的古籍《说文解字》释家曰："居也。从宀，豭省声。"③ 家的本义，多指以封地为居者："乐毅者，其先祖曰乐羊。乐羊为魏文侯将，伐取中山，魏文侯封乐羊以灵寿。乐羊死，葬于灵寿，其后子孙因家焉。"④ 家的引申义，为一家子孙居于封地，绵延不绝祀，繁衍

---

① （汉）董仲舒撰，（清）苏舆义证，钟哲点校：《春秋繁露义证》，中华书局1992年版，第168—169页。
② （汉）班固纂集，吴人整理，朱维铮审阅：《白虎通义》，上海书店出版社2012年版，第279页。
③ （汉）许慎撰，（宋）徐铉校：《说文解字》，中华书局1963年版，第150页。
④ （汉）司马迁撰，（南朝宋）裴骃集解，（唐）司马贞索隐，（唐）张守节正义，中华书局编辑部点校：《史记》（卷八十），中华书局1982年版，第2427页。

成家族，经营采邑之地而发展为诸侯国。段玉裁《说文解字注》："'家'，从'宀'从'豕'。上象屋之形，屋下养豕。其内谓之家，引申之天子诸侯曰国，大夫曰家。"甲骨文字，形象和含义系指畜养猪的房屋。在远古社会，宗教祭祀盛行，人们"以猪、狗祭祀祖先的正室"名之为"家"。① "家"是象形会意字，"牖户之间谓之扆，其内谓之家"②。《康熙字典》释家："一夫受田百亩，曰夫家。《周礼·地官》：上地家七人，中地家六人，下地家五人。《注》：有夫有妇，然后为家。……大夫之邑曰家，仕於大夫者曰家臣。又：天家，天子之称。"③ 中国的家庭（家族）结构是中国社会经济结构的内核，"独特的中国家庭结构性要素构成社会的深层结构"④。国家不仅以家庭（家族）为基本单元，而且是以家庭（家族）原理来组织社会和国家的。

在中国古代封建"家天下"等级社会，最高统治者君王自命"天子"，以天下为家也自称"天家"，天子奉天承运治理普天之下的土地和臣民。天子是人类共主，也是天下最大宗主，天子之外的其余王子则被封为诸侯，为小宗；诸侯王的非嫡长子封为采邑卿大夫，诸侯的封地称为"国"或"邦家""国家"，卿大夫的封地或采邑称为"家"。采邑或封地既是家庭组织，又是诸侯国中的地方政权组织，是名副其实的地方政治统治单位。

在分封而治的诸侯小国，各小宗与依附其上的土著居民繁衍分化出众多核心家庭，多个家庭凑在一个地域居住生活，便构成同宗"家族"。"族者何也？族者，凑也，聚也，谓恩爱相流凑也。生相亲爱，死相哀痛，有会聚之道，故谓之族。"⑤ 从管理角度看，"家族实为政治、法律的单位，政治、法律组织只是这些单位的组合而已。这是家族本位政治理

---

① 徐少锦、陈延斌：《中国家训史》，陕西人民出版社2003年版，第37页。
② （清）王聘珍撰，王文锦点校：《大戴礼记解诂》，中华书局1983年版，第33页。上古时代的人家居所，房屋建筑的窗是开在屋顶上的，故曰"天窗"，开在房屋侧壁上的窗称为"牖"，后来泛指古建筑中室与堂之间的窗。
③ 网络版康熙字典，家【寅集上】【宀字部】，http：//kangxi.xpcha.com/eb9e6dpizqq.html。
④ Nan Lin, "Chinese Family Structure and Chinese Society"，载台湾"中央民族研究院"集刊1988年第65期，第71—78页。
⑤ （汉）班固纂集，吴人整理，朱维铮审阅：《白虎通义》，上海书店出版社2012年版，第320页。

论的前提，也是齐家治国一套理论的基础，每一个家族能维持其单位内之秩序而对国家负责，整个社会的秩序自可维持"①。当然，世家贵族特别是大夫之家与平民百姓、自由民之家，不仅占有的土地资源和生活状况存在天壤之别，而且获得皇帝授权，管理封地之内的所有事务，成为统治地方和教化民人的实际执行者。"大夫之为言大，扶进人者也，故《传》曰：'进贤达能，谓之大夫也。'"②

然而，政治上以大夫扶进人来夯实支撑国家基础——家庭（家族）的理想方案设计，往往陷落在士大夫唯利是图的权力争夺和扩疆拓土的冒险杀伐之中，成为戕害传统家风的主要推手。对弟子冉有、季路为鲁国贵族季孙氏出谋伐颛臾之行，孔子以礼批驳道："丘也闻有国有家者，不患寡而患不均，不患贫而患不安。盖均无贫，和无寡，安无倾。夫如是，故远人不服，则修文德以来之。既来之，则安之。今由与求也，相夫子，远人不服而不能来也；邦分崩离析而不能守也。而谋动干戈于邦内。吾恐季孙之忧，不在颛臾，而在萧墙之内也。"③ 先王之制，诸侯不得变礼乐而专征伐。"天下有道，则礼乐征伐自天子出；天下无道，则礼乐征伐自诸侯出。自诸侯出，盖十世希不失矣；自大夫出，五世希不失矣；陪臣执国命，三世希不失矣。天下有道，则政不在大夫。天下有道，则庶人不议。"④ 礼乐征伐自诸侯出系因诸侯太强，政逮于大夫则系大夫强势，如果诸侯大夫皆凌其上，则无以令其下、美家风矣。其实，众多大夫家庭所看重的，往往是各自家庭或家族的利益，正如鲁襄公曾经教告吴公子所言："吾子勉之：君侈而多良，大夫皆富，政将在家。吾子好直，必思自免于难。"⑤ 各个家庭所形成家风，也当不尽相同。

总之，不论从词源文化考察，还是从社会演变轨迹考据，中国古代的家庭或家族从建立伊始就历史地成为一种社会政治组织，而不仅仅是

---

① 瞿同祖：《中国法律与中国社会》，中华书局1981年版，第26—27页。
② （汉）班固纂集，吴人整理，朱维铮审阅：《白虎通义》，上海书店出版社2012年版，第279页。
③ （清）刘沅著，谭继和、祁和晖笺解：《十三经恒解》（笺解本），巴蜀书社2016年版，第95页。
④ 陈晓芬、徐儒宗译注：《论语 大学 中庸》，中华书局2015年版，第199—200页。
⑤ （清）刘沅著，谭继和、祁和晖笺解：《十三经恒解》（笺解本），巴蜀书社2016年版，第277页。

自然天成的人类繁衍居所。

第三,"夏传子,家天下。"自从禹王把皇位传给了自己的儿子启,中国古代社会便正式进入有史书记载的第一个世袭制王国朝代。"禹为姒姓,其后分封,用国为姓。故有夏后氏、有扈氏、有男氏、斟寻氏、彤城氏、褒氏、费氏、杞氏、缯氏、辛氏、冥氏、斟(氏)戈氏。"① 大禹"其后分封,用国为姓",划分天下为九州,按照大宗小宗和亲疏远近分封给本族夏后氏在内的十二个家族部落,作为采邑奉祀之地而分别治理。夏皇天子代表上天统一行使统治权,各分封部族以封国(地)为姓,接受天子之封管辖属地事务,组织封地民众生产生活,按时足额缴纳禹贡。夏族统治下的社会,各宗赐姓部落与中央夏王室,宗法血缘关系是宗亲,社会治理和政权隶属为君臣上下级分封关系,农业生产和经济往来是中央和地方的隶属贡赋关系。"家是国的缩微,国是家的放大",② 社会政治组织以家国同构、家国一体为基本特征。因此,古代中国(中原之国)自夏朝起,便是建立在家族基础上的宗法统治制度,后来的商朝和周朝则延续了家国一体、小国寡民的氏族部落社会组织制度。

西周初期确立的嫡长子继承制度,进一步强化了社会政治体制当中的宗族文化意识。周公制礼作乐,宗族观念更是从社会潜意识上升为社会主流认识,突出强调宗族观念与宗法统治。近年来,通过对殷墟出土文物的甄别和研究,大量商朝时期用于占卜和蓍筮的证物和文献表明,处于奴隶社会晚期的中国商代,维持初民基本生产生活秩序而风行整个部族的制度,主要依靠人们对氏族部落图腾的崇拜和对神灵超然力量的服从。受战乱或自然灾害的影响,开拓疆域与举家迁徙在古代社会很常见。"谁第一个把一块土地圈起来,硬说'这块土地是我的',并找到一些头脑十分简单的人相信他所说的话,这个人就是文明社会的真正缔造者。"③ 区分不同家庭或家族的,除了确定的封地和人员身份外,"每个部落的名称、方言和领土都不相同,其中方言是区分部落时最为有效的标

---

① (汉)司马迁撰,(南朝宋)裴骃集解,(唐)司马贞索隐,(唐)张守节正义,中华书局编辑部点校:《史记》(卷二),中华书局1982年版,第89页。
② 张晋藩:《中国法律的传统与近代转型》,中国法律出版社2005年版,第116页。
③ [法]卢梭:《卢梭全集》第4卷,商务印书馆2012年版,第269页。

准，在语言还未出现差异时，部落也没有分化；随着人口的增加，部落的人口承载力到达极限时，多余的人就需要向他处转移，当这部分人面对完全陌生的环境，并发展新的语言，一个新的部落就产生了"①。与此相应地，家风也同时形成。经过周代皇帝分封而治，中国历史上与自给自足的农业生产、土地私有制和农奴制相联系，以父权制为代表的专偶制家庭，以及聚族而居的家族，就成为周代帝国建立的最为重要的社会基本组织单元。

随着生产能力的提高，经济得到了发展，相对发达的农业和畜牧业为人们提供了足够的食物，加之手工业的发展，商品贸易得以成形，专属世家大族的土地也开始流转。此时旧有的氏族或部落制度已经无法满足社会治理的需要，有必要设立完备的官僚系统来处理日常行政和司法事务。频繁的战争迫使军队常设而高度组织化，为了维护官僚系统和军队的开销，赋税机制也不可或缺地运作起来。按照人类学的研究方法，美国学者摩尔根把罗马、印度和中国古代这种氏族制度解体后形成的政权组织形式称为"国家"②。"国有六职，百工与居一焉。或坐而论道，或作而行之，或审曲面埶，以饬五材，以辨民器。或通四方之珍异以资之，或饬力以长地财，或治丝麻以成之。坐而论道，谓之王公；作而行之，谓之士大夫。审曲面埶以饬五材，以辨民器，谓之百工。通四方之珍异以资之，谓之商旅。饬力以长地财，谓之农夫。治丝麻以成之，谓之妇功。"③凡此诸多文献表明，中国周朝开始建立的基于土地分封私有制基础之上的宗法制度，使中国古代的社会组织，以天家之名走上了看似依靠血缘辈分的长幼尊卑序列维持秩序的国家统治之路。这样一来，皇帝"抚教万民而利诲之"，执政"能明驯德，以亲九族"等德行修养，便成为宗法血缘关系衍生而来的尊祖敬德、长幼有序、孝亲仁爱等基本家庭伦理和道德规范，下嫁穿透到寻常百姓人家，并经过圣哲贤达的提炼总结，最终拟定成为齐家教子的家训文本，周流布施为百姓人家各具

---

① [美] 路易斯·亨利·摩尔根：《古代社会》，商务印书馆1977年版，第116—117页。
② [美] 路易斯·亨利·摩尔根：《古代社会》，商务印书馆1977年版，第298—299页。
③ (清) 刘沅著，谭继和、祁和晖笺解：《十三经恒解》（笺解本），巴蜀书社2016年版，第211—212页。

特色的生活样法慢慢积淀为可被感知、可被定义的不坠家风。

四 中国古代家国同构的政治保障

第一，家国一体，首先表现为家庭与国家之间存在相似的政治治理结构和错落有致育人伦序需求，中国古代家国同构的政治制度不仅保障治家之道，而且褒掖育民新人家风。孟子所讲："人有恒言，皆曰天下国家。天下之本在国，国之本在家，家之本在身。……为政不难，不得罪于巨室。巨室之所慕，一国慕之；一国之所慕，天下慕之；故沛然德教溢乎四海……天下有道，小德役大德，小贤役大贤；天下无道，小役大，弱役强。斯二者天也。顺天者存，逆天者亡。"① 在中国古代家国同构传统社会，国家治理与社会和谐是建立在个人修养与家庭和谐基础之上的。"《易》曰：'天尊地卑，乾坤定矣，卑高既陈，贵贱位矣。'是以圣人法乾坤以作则，因卑高以垂教，设官分职，锡圭胙土。由近以制远，自中以统外，内则公卿大夫士，外则公侯伯子男。咸所以协和万邦，平章百姓，允厘庶绩，式叙彝伦。"② 正是明了其中的道理，故中国古代自天子至于庶人，皆以修身为本，入则孝，出则悌，谨遵伦序。然而，"自华夏乱离，绵积年代，人造战争之具，家习浇伪之风，圣人之遗训莫存，先王之旧典咸坠"③。正如家和万事兴，一国美俗有赖于天下太平，遇到祸端战乱甚至易主改制，坠毁先王懿训自不必说，原有淳厚民风亦自消亡。

第二，基于血缘关系而建立的家庭，以及宗亲关联家庭因上下世袭关系而形成的家族，是一个诸侯国家乃至整个皇朝天下人丁兴旺、家道隆盛的基础。梅因通过研究发现，家族作为国家扩张的原始集体组织，通过各个家庭的自身繁衍、收养接纳远房亲戚，以及吸附同化外族人等途径实现人口和地域扩张。与此同时，经由庞大而相互衔接的准官僚系统追根溯源，让一个国家中不断扩张的所有家庭或家族成员都自认为出自同一祖先，认为各家族成员之间不可置疑地有着天然的血脉联系，则

---

① （宋）朱熹撰：《四书章句集注》，中华书局1983年版，第278—279页。
② （唐）魏徵等撰，中华书局编辑部点校：《隋书》（卷二十六），中华书局1973年版，第719页。
③ （唐）魏徵等撰，中华书局编辑部点校：《隋书》（卷五十七），中华书局1973年版，第1410页。

是诸侯国以至整个王朝统一王教和治国经民的不二选择。"共同体成员对同一祖先的尊崇是凝聚这一集团的感情因素,祭祀祖先这一仪式对于共同体成员获得身份认同具有重要意义;即使随着家庭的扩大,成员将分属于不同的家族,但他们之间的血缘关系还是公认的,来自不同家族集团的人会每隔一段时间聚集在一起,参加共同的祭祀典礼、聆听祖先的故事、追忆自身的历史,从而使得团体,乃至整个社会保持稳定。"[1] 立足于家国一体,构筑中华民族共同体意识,中国古代统治者确实走出了一条成功之路。

第三,随着家族扩张,特别是人口众多和辈分层级拉大导致亲疏差别,挑战尊卑伦序,管理一个累世聚居的世家大户,如果没有家族权力、不依靠族长权威是难以奏效的,众多大夫家长中的有识之士,出于整齐门内和提撕子孙的考虑,纷纷作家训立家规守家风,允公允能,齐家而治国。"夫风化者,自上而行于下者也,自先而施于后者也。是以父不慈则子不孝,兄不友则弟不恭,夫不义则妇不顺矣。父慈而子逆,兄友而弟傲,夫义而妇陵,则天之凶民,乃刑戮之所摄,非训导之所移也。笞怒废于家,则竖子之过立见;刑罚不中,则民无所措手足。治家之宽猛,亦犹国焉。"[2] 因此,当年滕文公问治国之道于孟子时,孟子切要地提出:"民事不可缓也。诗云:'昼尔于茅,宵尔索绹;亟其乘屋,其始播百谷。'民之为道也,有恒产者有恒心,无恒产者无恒心。苟无恒心,放辟邪侈,无不为己。及陷乎罪,然后从而刑之,是罔民也。焉有仁人在位,罔民而可为也?是故贤君必恭俭礼下,取于民有制。……为民父母,使民盻盻然,将终岁勤动,不得以养其父母,又称贷而益之。使老稚转乎沟壑,恶在其为民父母也?夫世禄,滕固行之矣。诗云:'雨我公田,遂及我私。'惟助为有公田。由此观之,虽周亦助也。设为庠序学校以教之:庠者,养也;校者,教也;序者,射也。夏曰校,殷曰序,周曰庠,学则三代共之,皆所以明人伦也。人伦明于上,小民亲于下。有王者起,必来取法,是为王者师也。"[3] 此论与其说是治国之道,毋宁说是齐家之

---

[1] [英]梅因:《古代法》,沈景一译,商务印书馆1959年版,第87页。
[2] 檀作文译注:《颜氏家训》,中华书局2011年版,第34—35页。
[3] 方勇译注:《孟子》,中华书局2018年版,第90—91页。

法和德治风教。再者，出于家族管理和门内育人的强制性需求，"齐，以刀切物，使参差者就于一致也。家人恩胜之地，情多而义少，私易而公难，若人人遂其欲，势将无极。故古人以父母为严君，而家法要威如，盖对症之治也。"① 家庭或家族如此强化治权的结果，族人之间的原始亲属关系，便逐渐转化为社会政治关系，让父父子子、君君臣臣成为由自然血亲关系而延展出来的国家官僚机构和上下级别关系。

第四，家国同构，打通了家风私域鸿沟，培育出中国人鲜明的家国情怀。家国同构与家国一体，一方面强调家是国的基础，国是家的放大，治国犹如治家；另一方面，家国同构意味着礼仪之邦以血缘伦理为建国君民的制度内核，基于血缘宗法关系而建构起世代承袭的官僚组织机构，并将长幼有序、尊卑有别的宗法传统，以国家正式制度的形式确定下来，保障着中国古代修身、齐家、治国、平天下的经国大略和人生理想。因此，中国历史上最早、最完备、最持久影响封建社会稳定的周礼国制，便是以家庭或家族的存在为前提和基础，立意修身、齐家、治国、平天下而建构起来的。"夏、商以后，沿上世九州之名，各就其疆理所及而分之，故每代小有不同。周礼量人，掌建国之法，以分国为九州。……州有二名，舜典肇十有二州，禹贡九州，大名也。周礼大司徒，五党为州，州长注二千五百家为州。"② 完成灭商立周大业后，周武王姬发"封诸侯，班赐宗彝，作《分殷之器物》。武王追思先圣王，乃褒封神农之后于焦，黄帝之后于祝，帝尧之后于蓟，帝舜之后于陈，大禹之后于杞。于是封功臣谋士，而师尚父为首封。封尚父于营丘，曰齐。封弟周公旦于曲阜，曰鲁。封召公奭于燕。封弟叔鲜于管，弟叔度于蔡。余各以次受封"③。周代"天子之制，地方千里，公侯皆方百里，伯七十里，子、男五十里，凡四等。不能五十里，不达于天子，附于诸侯，曰附庸。天子之卿受地视侯，大夫受地视伯，元士受地视子、男。大国地方百里，君十卿禄，卿禄四大夫，大夫倍上士，上士倍中士，中

---

① （明）吕坤撰，王国轩、王秀梅整理：《吕坤全集》，中华书局2008年版，第636页。
② （清）顾炎武撰，（清）黄汝成集释，栾保群点校：《日知录集释》，中华书局2020年版，第1109页。
③ （汉）司马迁撰，（南朝宋）裴骃集解，（唐）司马贞索隐，（唐）张守节正义，中华书局编辑部点校：《史记》（卷四），中华书局1982年版，第126—127页。

士倍下士，下士与庶人在官者同禄，禄足以代其耕也。次国地方七十里，君十卿禄，卿禄三大夫，大夫倍上士，上士倍中士，中士倍下士，下士与庶人在官者同禄，禄足以代其耕也。小国地方五十里，君十卿禄，卿禄二大夫，大夫倍上士，上士倍中士，中士倍下士，下士与庶人在官者同禄，禄足以代其耕也"①。

周天子分封土地让各个同宗血缘家族和开国功臣家庭拥有采邑封地恒产，同时，最高统治者依然没有忘记治国平天下之家教门风的建设，为家国同构政治制度提供保障，"体国经野，设官分职"的周礼，官府首设天官"大宰之职，掌建邦之六典，以佐王治邦国。一曰治典，以经邦国，以治官府，以纪万民；二曰教典，以安邦国，以教官府，以扰万民；三曰礼典，以和邦国，以统百官，以谐万民；四曰政典，以平邦国，以正百官，以均万民；五曰刑典，以诘邦国，以刑百官，以纠万民；六曰事典，以富邦国，以任百官，以生万民。……以八则治都鄙：一曰祭祀，以驭其神；二曰法则，以驭其官；三曰废置，以驭其吏；四曰禄位，以驭其士；五曰赋贡，以驭其用；六曰礼俗，以驭其民；七曰刑赏，以驭其威；八曰田役，以驭其众。……以八统诏王驭万民：一曰亲亲，二曰敬故，三曰进贤，四曰使能，五曰保庸，六曰尊贵，七曰达吏，八曰礼宾。以九职任万民：一曰三农，生九谷；二曰园圃，毓草木；三曰虞衡，作山泽之材；四曰薮牧，养蕃鸟兽；五曰百工，饬化八材；六曰商贾，阜通货贿；七曰嫔妇，化治丝枲；八曰臣妾，聚敛疏材；九曰闲民，无常职，转移执事"②。既有国之大者，更保障黎民百姓立身治家。次设地官大司徒之职，专司人伦国教"而施十有二教焉。一曰以祀礼教敬，则民不苟；二曰以阳礼教让，则民不争；三曰以阴礼教亲，则民不怨；四曰以乐礼教和，则民不乖；五曰以仪辨等，则民不越；

---

① 方勇译注：《孟子》，中华书局2018年版，第196页。大国君田三万二千亩，其入可食二千八百八十人；卿田三千二百亩，可食二百八十八人；大夫田八百亩，可食七十二人；上士田四百亩，可食三十六人；中士田二百亩，可食十八人；下士与庶人在官者田百亩，可食九人至五人。次国君田二万四千亩，可食二千一百六十人；卿田二千四百亩，可食二百十六人。小国君田一万六千亩，可食千四百四十人；卿田一千六百亩，可食百四十四人。［（元）马端临撰，上海师范大学古籍研究所、华东师范大学古籍研究所点校：《文献通考》，中华书局2011年版，第1975页。］

② （清）阮元校刻：《十三经注疏》（清嘉庆刊本），中华书局2009年版，第1389—1392页。

六曰以俗教安，则民不偷；七曰以刑教中，则民不暴；八曰以誓教恤，则民不怠；九曰以度教节，则民知足；十曰以世事教能，则民不失职；十有一曰以贤制爵，则民慎德；十有二曰以庸制禄，则民兴功"[1]。周王分封诸侯，按照公、侯、伯、子、男等五个等级，在沿袭夏、商旧有的分封制度基础上，分封姬姓宗族子弟和诸位功臣为列国诸侯，其余的小部落分属于相应诸侯而为其附庸，最终建立和完善了中国历史上划分诸侯建立同姓子民诸侯国的封建制度。[2] 依照周礼，家是公、侯、伯、子、男等众多小国，国是公、侯、伯、子、男等众国辐辏之大家；父为公、侯、伯、子、男等众多家君，周王为公、侯、伯、子、男等天子国父，是其时最大的家长。当朝共主周天子对各诸侯国拥有较大的权威，不仅有权干涉各诸侯国内政，还可以向诸侯国派遣监国使臣。

一生长于三礼之学，发掘中国上古三代礼制，介绍其时上层社会"王及诸侯城郭之制"的北宋大儒陈祥道，在其《礼书》中提出，上古夏商周以"二百一十国谓之州，五党亦谓之州，万二千五百家，谓之遂，一夫之间亦谓之遂，王畿谓之县，五鄙亦谓之县"[3]。阐明随着人口的增长，相对独立与稳定的家庭（家族）数量也在不断涌现，当时一遂统天下的皇帝，便拥有一万二千五百多个家庭（家族）。根据《周礼》，其设"大司徒之职，掌建邦之土地之图，与其人民之数，以佐王安扰邦国。以天下土地之图，周知九州之地域广轮之数，辨其山林川泽丘陵、坟衍原隰之名物，而辨其邦国都鄙之数，制其畿疆而沟封之，设其社稷之壝而

---

[1] （清）阮元校刻：《十三经注疏》（清嘉庆刊本），中华书局2009年版，第1514页。
[2] 依照周代礼制，其"分封制"是建立在井田制土地所有与管理体制之上的，以普天之下的土地疆域均为皇帝所有为出发点，将其时最有价值的土地资源分封给各诸侯国家作为采邑管辖，自此建立了中国古代宗法社会的土地国有（皇帝私有）制度，这一制度在商朝时就有文字记载，到西周时得以发展成熟。井田，由于耕作道路和沟渠纵横交错，把土地分隔成大小相当的方块，形状酷似"井"字而被称作井田。从所有制角度讲，井田属周王所有，从管理使用和收益角度讲，仅仅分配给诸侯包括附庸庶民使用。受封领主不得买卖和转让井田，并且还要依律按期缴纳贡赋。领主役使庶民集体耕种井田，凡九块土地为一井，周边八块为私田，中间一块为贡赋公田。名义上，"普天之下，莫非王土"。实际上，在封建社会制度下，国家的全部土地并不完全归周室所有，而是分别由获得封地的诸侯所经营，他们拥有分封土地包括附属其上的人口等所有资源和收益，只需向周王室缴纳一定的贡赋即可。无独有偶，周王室与各诸侯国之间的关系，与中世纪欧洲王国与罗马教廷的关系一样，如同现代的联邦体制。
[3] （宋）陈祥道：《礼书》，海豚出版社2018年版，第14页。

树之田主"①。按照血缘亲疏和建国君民之功，分封国土到春秋战国时期，周天子地方千里，分为百县，县有四郡。周制微弱、王道渐绝，诸侯力政、强劫掠弱、众暴啧寡，百姓难安、莫之纪纲，礼仪废坏、人伦不理的春秋战国，诸侯并起，列强争霸，荡灭前圣苗裔，废封建，立郡县。春秋之世，灭人之国者，固已为县；六国未入于秦，而固已先为守令长矣。秦灭六国后，因袭旧制，分天下为三十六郡，其下以县统乡，以乡统里，"十里一亭，十亭一乡"。②秦始皇统一六国后，继续实行周代郡县制，共置三十六郡，以监其县。很显然，中国古代家国同构、家国同体，从制度上的确得到了有力保障。

第三节 中华传统文化特质

中华家风的核心精神，源自博大精深的中华传统文化，中华家风的形成，来自以家庭为场域，日积月累逐渐形成并世代传承不弃的生活行为习惯、家族人文素养和家庭道德风尚。相较而言，发端于古希腊和罗马的西方文化，除了有神意空灵和上帝真言的源头性启示外，受制于征服自然和改造自然的工具理性，在开拓疆域和向外探求的市场经济驱动下，人们把发现世界和改造世界作为获取自由和衡量人生价值的最高标准。与此相适应，建立在人为假定基础上的科学理论与哲学思辨，让西方文化具有依靠概念定义与逻辑推演的理性发生发展特性。相反，中华文化的生发和起始，从来不靠神仙皇帝的灵魂拯救或顿悟心启，而是完全依靠人民大众的生产和生活实践，慢慢淬炼成形于古代先民的人生历练和敏妙哲思。与此相适应，立足于以人为本的现实观照，遵从天人合一的自然法则，中国先民以独到的直观发现眼光和严谨的哲学思辨，在道法自然的生产生活实践当中，一以贯之地居家践行道德立论和教民化

---

① （清）孙诒让著，任少华整理：《周礼正义》，中华书局2015年版，第833—837页。
② （清）顾炎武撰，（清）黄汝成集释，栾保群点校：《日知录集释》，中华书局2020年版，第1128页。亭者，留也。盖指行旅宿会之所。《汉书》有注曰：亭有两卒，一为亭父，掌开闭扫除；一为求盗（亭长），掌逐捕盗贼。又必有城池，如今之村堡。[（汉）班固著，（唐）颜师古注，中华书局编辑部点校：《汉书》，中华书局1962年版，第6页。]又《韩非子》：吴起为魏西河守，秦有小亭临境，起攻亭，一朝而拔之。

俗的家风文化思想，将人性完善和人格塑造作为最高价值追求，走出了一条出则建国君民、教化为先，入则家国一体、伦理和洽的家风文化发展之路，为世界家庭文明史贡献了中国智慧，提供了中国方案。

一　中华文化人本主义价值取向，滋养着大众生活和家风

（一）中华传统文化对人生现实的关注，成为家风文化繁盛不衰的精神动力

中华传统文化之所以具有无比强盛的生命力，根本原因在于，它能够有效满足人民大众对文化育人的现实需求，因而成为人类历史上唯一一个上下五千年传承而不绝的古老文明形态。换言之，中华文化至今长盛不衰的价值基础，在于中华文化的生发本源，不是通过神灵意志力强加或使人虚灵顿觉，因而不像以欧洲为策源地的西方文明那样，不仅源流竭绝，而且在现代科技文明时代陷入了唯心主义泥淖而不能自拔。由此引发的信仰和价值危机，不仅导致人的精神空虚和价值异化，而且从根本上动摇和否定着人生的意义。相反，中华文化重视人、关心人的人本主义价值取向，决定了身处家国同构社会的中华民族，习惯于重家庭、重家教、重门风，普遍具有尊崇先王之道、怀抱家国情怀、信奉圣人之训的文化倾向，不论是"为天地立心、为生民立命、为往圣继绝学、为万世开太平"[1]的先哲达人，"先天下之忧而忧，后天下之乐而乐"的王朝官吏，还是"天下兴亡，匹夫有责"的庶人农夫，无不秉持"修身、齐家、治国、平天下"的家国一体人本理念，积极主动地通过营造人文关怀的生活化育人氛围、持守家风而致力于辈出人才。孔子居官，退朝而知马厩遭到火焚，子"曰：'伤人乎？'不问马"。[2] 圣人设教，贵人贱畜，理当如此。孔子绝非不爱马，只是担心伤人之意突出，而无暇顾及问马。与这种价值选择和文化倾向相一致的人民大众生活化样法，表现在家风育人日常生活实践当中，便是特别重视人、关心人、尊重人，重视人的道德品性，关心人的生活现实，尊重人的个性差异，将家风文化演绎成修身齐家治国平天下的中国风。

---

[1] 孙林译注：《菜根谭》，中华书局2022年版，第352页。

[2] 陈晓芬、徐儒宗译注：《论语　大学　中庸》，中华书局2015年版，第119页。

中华文化的这一人本主义价值取向，指引着人们应当选择什么样的现实生活，从而让中国人无一例外地成为中华家风文化的优秀传人，亿万家长更是用心教育家族子弟做人诚信宽厚、与人为善，追求人际关系的和谐；做事义以为上、平直公允，善于推己及人，谋求世界大同与天人合一。因此，发轫自远古时期三皇五帝对后继有人的用心选育，肇基于先秦家天下社会组织形式和家国同构政治架构的生活实践，发展成熟于汉魏六朝和隋唐统治者的治世忧思，盛极于宋元明清官府的旌表传布和先贤士绅的社会化普及，中华家风渐次成为中华传统文化中最接地气、最具生活气息、最能体现以人为本的重要文化组成部分。"礼之用，和为贵，先王之道，斯为美。小大由之，有所不行，知和而和，不以礼节之，亦不可行也。"① 即便是经纬国家、安定社稷、秩序民人的传统礼制法度，也无不出于人之本位而设、无不利于家人子孙后嗣而立。所以，仅就"和"这一儒家所倡导的最高伦理和政治原则而言，其实质与核心也体现着人本主义思想，家和万事兴、谐和众邦宁、太和天下平，无一例外均以人为本而展开。孟子提出的"天时不如地利，地利不如人和"思想，更是突出体现了把人和置于天时地利之上的人本倾向，其"民为贵，社稷次之，君为轻"②思想，更是把人民放在首位，建国君民的前提要有人民大众，建立国家是为了人民的利益，都集中表达了和谐人与人关系的人文关怀。中华家风文化建设虽然在近年以来出现了快速下滑趋势，并且在现代社会更是遭遇着价值多元和教育技术高端多样等严峻挑战。但是，当今小家庭时代其实更需要家训家风的文化滋养，家风文化传承在面对市场经济和现代社会转型冲击的同时，面临着夯实中华文化根基、重塑家风精神家园、找回包括社会主义核心价值观在内的中华文化自信等现实挑战与历史机遇，需要我们大力弘扬中华文化传统，为大众生活和家风文化的繁盛不衰提供精神动力。

（二）中华传统文化"内圣而外王"育人目标，落实在家风对德行人格的有效塑造当中

"如果把中国传统文化视为绵延不绝的历史长河，那末，其主流无疑

---

① （明）张岱著，朱宏达点校：《四书遇》，浙江古籍出版社2017年版，第70页。
② 方勇译注：《孟子》，中华书局2018年版，第289页。

是儒学。"① 以儒家思想为主脉的中华传统文化，致力于塑造"内圣而外王"的德行人格，不仅是个体通过诚意正心和反身内求，不断提升自我人格品性和内心定力的修养目标，而且是历代中国家长制作家训教诫子弟、秉持家风整齐门内、提撕子孙以求塑造家人子弟德行人格的家庭教育目标。

一是家风永续的文化传承历史，展现为中华传统文化通过家庭育人的德育目标实现过程。从教育塑造或人文教化的运行机制来看，中国式人格训育，不论是庠序学校、私塾家学等专门教育场所，还是占比更高的家庭教育，第一要紧的，是对受教个体进行文化植入即人文内化的养成，通过格致理论探索或生活实践体验，将特定的文化知识特别是价值观念通过外部灌输的植入方式，使受教者对社会普遍的价值原则和道德规范消化内化为理想的人格因子。中华文化的成人逻辑，更加注重发挥每个人返身内求的个体品德修养动能。与此相适应，中华文化"内圣而外王"的育人目标，展现在育民新人的官方正式教育制度当中，则如《大学》开篇所言："大学之道，在明明德，在亲民，在止于至善。知止而后有定，定而后能静，静而后能安，安而后能虑，虑而后能得。物有本末，事有终始，知所先后，则近道矣。古之欲明明德于天下者，先治其国，欲治其国者，先齐其家，欲齐其家者，先修其身，欲修其身者，先正其心，欲正其心者，先诚其意，欲诚其意者，先致其知。致知在格物。物格而后知至，知至而后意诚，意诚而后心正，心正而后身修，身修而后家齐，家齐而后国治，国治而后天下平。自天子以至于庶人，壹是皆以修身为本。"② 一个人只有确立至善的人格修养目标，知止而定，静心思虑以求善性精进，志有所向而心不妄动，安于问学而开启不昧虚灵，明人之所得乎天命善性而驱众理以得其道，修身齐家而后治国平天下，这才是最重要的。孔子教人"修己以敬""修己以安人""修己以安百姓"。孟子提出家风教化的理想人格，"居天下之广居，立天下之正位，行天下之大道；得志与民由之，不得志独行其道。富贵不能淫，贫贱不

---

① 杨国荣：《善的历程——儒家价值体系研究》，华东师范大学出版社2009年版，第1页。
② （明）张岱著，朱宏达点校：《四书遇》，浙江古籍出版社2017年版，第4页。

能移,威武不能屈,此之谓大丈夫"①。主张"穷则独善其身,达则兼济天下"。庄子总括:"是故内圣外王之道,阇而不明,郁而不发,天下之人,各为其所欲焉以自为方。"②都指向"内圣而外王"这一育人目标。"内圣"就是通过修身养德,成为一个有德行的人;"外王"就是齐家、治国、平天下。以仁安人,以义正我。这不仅是中国古代化民成俗之意,而且是学者修己治人之方。适应这一社会主流育人价值目标,中国先民教育成人的路径选择,亦即个体品德培育当有的学以成人正确理路,无不指向教人确立并孜孜以求"内圣而外王"的成人目标。中国古代社会的无数民人百姓家庭,虽然大小不一、贫富有别、文化迥异。但是,在传承家风,严格按照中华传统文化确立的"内圣而外王"成人标准培育家人子弟方面,无不表现得积极有为,即使有出格或落伍的歧路家风,显然早已被历史淘汰。

二是古代家国一体社会构造,凸显出家风对德行人格塑造的基础性作用。中国古代因为社会制度、文化传统和经济条件的制约,即使在太平盛世,官方所设立的庠序学校,一般情况下仅限于满足官僚士大夫子弟就学。历史和现实告诉我们,即便是庠序学校等这些育民新人的制度化主流教育场所和传统育人环节,中华文化所设置的"内圣而外王"育人目标,真正要全面实现,不仅要特别重视和注意发挥家庭教育的独到作用,注重家风文化的基础性、深层次德育价值。而且,整个教育的实施过程和育人目标的达成度,必须围绕家庭即整齐门内而延展开去。孔子教育"弟子入则孝,出则弟,谨而信,泛爱众,而亲仁。行有余力,则以学文"③。即使入学堂做生徒,也要清楚地认识到居家以进德修身为本,修身以诗书六艺为末。只有穷其本末而知所先后,方可以通过洒扫应对而渐次入德。孔子之所以要开启私学制度的先河,一方面,囿于中

---

① 方勇译注:《孟子》,中华书局2018年版,第109页。儒家提出的"父为子纲""夫为妻纲"家庭伦理规范,饱受国人特别是今人的诟病。其实,儒者本意,并不仅仅为了确立父权、夫权的冷峻权威,在古代只有男子享有受教育权的农业社会里,父亲与丈夫除了享有权力,更多地还要承担家庭的主要责任和义务,特别是为了实现家庭幸福与和谐,以及维持家庭秩序和搞好家庭教育的责任(蒙培元:《漫谈儒学与家庭伦理——从亲情关系说起》,《文史哲》2002年第4期)。

② (清)康有为著,楼宇烈整理:《论语注》,中华书局1984年版,第62页。

③ (明)张岱著,朱宏达点校:《四书遇》,浙江古籍出版社2017年版,第66页。

国古已有之且因循传承的选官制度；另一方面，与学而优则仕的官本位文化传统相适应。不仅雨后春笋般地催生出以私塾为代表的私学繁盛，而且孕育出庶人大众潜心为学以求仕进的家学风气。值得强调的是，"内圣而外王"的人格培育目标，让官学与私学殊途而同归，始终激励着一代又一代中国人怀着"天将降大任于是人也"的历史使命感，自觉坚持"苦其心志，劳其筋骨，饿其体肤，空乏其身，行拂乱其所为，所以动心忍性，增益其所不能"①而努力成就自己。因此，在中国古代家国同构社会组织条件下，中国人崇尚并致力于"内圣而外王"的育人实践，成效显著的背后，不得不承认，中华家风文化所发挥的民间大众化基础性作用。

三是中华传统文化的人本主义精神，经由家风崇尚道德修养得以升华。家风文化的现实活态，便是万千家长通过日常居家的生活化训育活动，是一个以精神传播和精神再生产为内容的德行人格生成过程。为了回应众多家长治家教子的自觉作为实践探索需求，助力实现塑造家人子弟"内圣而外王"德行人格这一育人目标，中国古代先哲们提出了许多规范人格修养的道德范畴。其中，记录万世师祖孔子教授生徒的教案式语录——《论语》，就集中提出了仁、义、礼、智、信、勇、忠、孝、廉、耻、友、悌、宽、恕、和、惠、敏、温、良、恭、俭、让、敬、爱、勤、节、谦、善等数十种道德规范。其中，仁、义、礼、智、信是中华传统美德的核心范畴，是中国人为人处世的基本道德观念，是人们在共同生活中应当遵守的行为准则，也是人们进行物质生产活动和自身生存发展所要遵循的基本道德规范，是人格训育不可或缺的核心德目。汉代大学士贾谊（前200—前168年）更是对中国古代道德规范进行了集中和归纳，在他的《新书》著作中提出了近60条修养人格的道术，并予以精辟的阐释：

亲爱利子谓之慈，反慈为嚚；子爱利亲谓之孝，反孝为孽。爱利出中谓之忠，反忠为倍。心省恤人谓之惠，反惠为困。兄敬爱弟

---

① （清）刘沅著，谭继和、祁和晖笺解：《十三经恒解》（笺解本），巴蜀书社2016年版，第369页。

谓之友，反友为虐。弟敬爱兄谓之悌，反悌为敖。接遇慎容谓之恭，反恭为媟。接遇肃正谓之敬，反敬为嫚。言行抱一谓之贞，反贞为伪。期果言当谓之信，反信为慢。衷理不辟谓之端，反端为䞃。据当不倾谓之平，反平为险。行善决衷谓之清，反清为浊。辞利刻谦谓之廉，反廉为贪。兼覆无私谓之公，反公为私。方直不曲谓之正，反正为邪。以人自观谓之度，反度为妄。以己量人谓之恕，反恕为荒。恻隐怜人谓之慈，反慈为忍。厚志隐行谓之洁，反洁为汰。施行得理谓之德，反德为怨。放理洁静谓之行，反行为污。功遂自却谓之退，反退为伐。厚人自薄谓之让，反让为冒。心兼爱人谓之仁，反仁为戾。行充其宜谓之义，反义为懵。刚柔得适谓之和，反和为乖。合得密周谓之调，反调为龃。优贤不逮谓之宽，反宽为厄。包众容易谓之裕，反裕为褊。欣熏可安谓之熅，反熅为鸷。安柔不苛谓之良，反良为啮。缘法循理谓之轨，反轨为易。袭常缘道谓之道，反道为辟。广较自敛谓之俭，反俭为侈。费弗过适谓之节，反节为靡。僶勉就善谓之慎，反慎为怠。思恶勿道谓之戒，反戒为傲。深知祸福谓之知，反知为愚。亟见窕察谓之慧，反慧为童。动有文体谓之礼，反礼为滥。容服有义谓之仪，反仪为诡。行归而过谓之顺，反顺为逆。动静摄次谓之比，反比为错。容志审道谓之傿，反傿为野。辞令就得谓之雅，反雅为陋。论物明辩谓之辩，反辩为讷。纤微皆审谓之察，反察为旄。诚动可畏谓之威，反威为圂。临制不犯谓之严，反严为软。仁义修立谓之任，反任为欺。伏义诚必谓之节，反节为罢。持节不恐谓之勇，反勇为怯。信理遂惔谓之敢，反敢为拼。志操精果谓之诚，反诚为殆。克行遂节谓之必，反必为怛。凡此品也，善之体也，所谓道也。故守道者谓之士，乐道者谓之君子，知道者谓之明，行道者谓之贤。且明且贤，此谓圣人。①

明代大儒王守仁（1472—1529年）提出："喜、怒、哀、惧、爱、恶、欲，谓之七情。七者俱是人心合有的，但要认得良知明白。……七

---

① （西汉）贾谊撰，（明）何孟春订注，彭昊、赵勖点校：《贾谊集》，岳麓书社2010年版，第92—93页。

情顺其自然之流行，皆是良知之用，不可分别善恶，但不可有所着；七情有着，俱谓之欲，俱为良知之蔽；然才有着时，良知亦自会觉，觉即蔽去，复其体矣！"① 圣人贤哲对理想人格的设计，虽然有时代变迁的印记，但出于人性本真而指向德行人格训育的目标未变，将中华文化所蕴含的人文关切，落实在万千家长们追求理想人格修养的日臻完善而得以升华。

（三）重视家风建设，广泛确立家国天下执政伦理的道德准则

在中国古代历史上，国家政治制度形成初期，家和国在实质意义上并没有完全区别开来，在其时存在的家庭主义文化产生发展的社会背景下，"家族实为政治、法律的单位，政治、法律组织只是这些单位的组合而已。这是家族本位政治理论的前提，也是齐家治国一套理论的基础，每一个家族能维持其单位内之秩序而对国家负责，整个社会的秩序自可维持"②。将治国之道寓于修身齐家治国平天下之人伦实务，是风教中国的政治智慧和乡土中国的生产生活道德准则。"人君之于天下，不能以独治也。独治之而刑繁矣，众治之而刑措矣。古之王者不忍以刑穷天下之民也，是故一家之中父兄治之，一族之间宗子治之。其有不善之萌，莫不自化于闺门之内；而犹有不帅教者，然后归之士师。然则人君之所治者约矣。然后原父子之亲，立君臣之义以权之，意论轻重之序，慎测浅深之量以别之。悉其聪明，致其忠爱以尽之。夫然刑罚焉得而不中乎？是故宗法立而刑清，天下之宗子各治其族，以服人君之治，罔攸兼于庶狱而民自不犯于有司。风俗之醇，科条之简，有自来矣。……法制禁令，王者之所不废，而非所以为治也。其本在正人心，厚风俗而已。故曰：'居敬而行简，以临其民。'"③ 中国古代"天子作民父母，以为天下王"的前提，在于"皇建其有极，敛时五福，用敷锡厥庶民。……予攸好德，汝则锡之福。时人斯其惟皇之极，无虐茕独，而畏高明。人之有能有为，使修其行，而邦其昌。凡厥正人，既富方谷，汝弗能使有好于而家，时

---

① 陆永胜译注：《传习录》，中华书局 2021 年版，第 501 页。
② 瞿同祖：《中国法律与中国社会》，中华书局 1981 年版，第 26—27 页。
③ （清）顾炎武撰，（清）黄汝成集释，栾保群点校：《日知录集释》，中华书局 2020 年版，第 334—440 页。

人斯其辜，于其无好德，汝虽锡之福，其作汝用咎。无偏无陂，遵王之义；无有作好，遵王之道；无有作恶，遵王之路。无偏无党，王道荡荡；无党无偏，王道平平；无反无侧，王道正直。会其有极，归其有极。曰：皇极之敷言，是彝是训，于帝其训，凡厥庶民，极之敷言，是训是行，以近天子之光"①。秉持中华传统德政思想及民本理念，一代代中国古代君王便乐此不疲地强调家国情怀，褒掖大小官吏和社会贤达，分别担当起父家长治家训教大任，以上率下，身体力行推进天下育民造士之大家风、大门风，使举国上下尊崇和践履家国天下的执政伦理道德准则。

（四）家国天下的政治统治需要，让家族式管理国家的治权运行机制，更多地保留并依靠家风文化发挥作用

"普天之下，莫非王土；率土之滨，莫非王臣。"② 为人君者，不论建国君民，还是治家教子，其举手投足或偏向喜好，往往如日月星辰昭然若揭，其训教叮咛家人子弟和训导教诫诸侯百官之言，自然成为其时社会通行的准则与风范。因为家国一体和家国同构的政治架构，帝王从心理上认为治国平天下与修身齐家目标一致且难分彼此，认为天下人才辈出，未尝不是人主陶冶的结果。围绕这样的人本理念，陶冶成人所依靠的，无非教之、养之、取之且任之有道。肇始于三皇五帝的中华家训以及后来形上升华而成的家风文化，发展到明清时期最为完备普及。两千多年史载封建社会历史当中，凡有为君王，无不克明俊德、念兹在兹于家国大事，无不克己复礼、勤训群臣子弟，以期国政清洽，民风淳厚。一方面，显示出中国人对以传统家风为代表的中华文化这一精神家园的珍视和不可别离；另一方面，表征着家风所代表的中华传统文化所具有的精神营养和人文价值。

距离现代社会最近，继承了千年中华文化滋养的明清最高统治者，分明是感受到了中华文化的立国治世生命力，因而自觉不自觉地表现出比前世诸朝统治者更自觉、更全面、更用心的家风呵护与道德训育倾向。其中，史官编撰的明太祖宝训，前两卷内容，以语录体的形式，分别记

---

① （清）刘沅著，谭继和、祁和晖笺解：《十三经恒解》（笺解本），巴蜀书社2016年版，第139—140页。

② （明）郝敬撰，向辉点校：《毛诗原解》，中华书局2021年版，第3页。

录了明太祖朱元璋（1328—1398年）所论敬天治道、孝思好尚、谦德兴学、经国封建，以及大量细致的教太子诸王正家道厚风俗、兴礼乐崇教化等圣谕训教之词，语词恳切，感情真挚，寓意高远。如吴元年八月其祀山川后应景及时教戒诸子曰："人情，贵则必骄，逸则忘劳，圣人所以戒盈满而谨怠荒。夫贵而不骄，逸而知劳，智周万物，心体众情，斯为人上之道。故天道下济而岁功成，人道克敏而德业盛。历观往古，取法于上而治化于下者，皆由于此。今国家初定，民始息肩，汝能知其劳乎？能谙人情，则不至骄惰。今甲士中夜而起，扈从至此，皆未食。汝可步归，庶谙劳逸，他日不至骄惰。"① 要求太子和随行诸子一律徒步前行，周围军士及执事官吏闻之，莫不感悦。在"刑不上大夫，礼不下庶人"的封建礼制核心层，身处至尊之位者教诫子弟知劳戒骄，体恤下士，表现出的人本关怀难能可贵。

礼者，所以美教化而定民志。成周设大司徒，以五礼防万民之伪而教之中。夫制中莫如礼，修政莫如礼，齐家莫如礼，故有礼则治，无礼则乱，居家有礼则长幼序而宗族和，朝廷有礼则尊卑定而等威辨。元兴，以夷变夏民、染其俗，先王之礼几乎熄矣，而人情狃于浅近未能猝变。今命尔稽考典礼，合于古而宜于今者，以颁布天下俾习以成化，庶几复古之治也。出于家国天下统治需要，在朝堂或政务间隙，注意因事而发，积极与诸子群臣讨论礼乐之事，处处用心于美教化、厚风俗之长远大计。"世之治乱，本乎人情风俗，故忠信行则民俗淳朴，佻巧作则习尚诈伪。京师，天下之统会万民之瞻仰，四方所取则者也，而积习之弊，卒以奢侈相高，浮藻相诱，情日肆而俗日偷，非所以致理也。……古者风俗淳厚，民相亲睦，贫穷患难，亲戚相救，婚姻死丧，邻保相助。近世教化不明，风俗颓敝，乡邻亲戚不能周恤，甚者强凌弱、众暴寡、富吞贫，大失忠厚之道。朕即位以来，恒申明教化于今未臻，其效岂习俗之固未易变耶。朕置民百户为里，一里之间有贫有富，凡遇婚姻死丧，富者助财，贫者助力，民岂有穷苦急迫之忧。又如春秋耕获之时，一家无力，百家代之，推此以往，百姓宁有不亲睦者乎。尔户部其谕以此意，使民知之。……移风善俗，礼为之本，敷训导民，教为之先。故礼教明于朝

---

① （明）余继登撰：《典故纪闻》，中华书局1981年版，第13页。

廷，而后风化达于四海。"① 不仅如此，朱元璋还在晚年主持编撰《皇明祖训》，"令翰林编辑成书，礼部刊印以传永久。凡我子孙，钦承朕命，无作聪明，乱我已成之法，一字不可改易"②。毕生致力于巩固大明皇权而对后世子孙有目的而及时训诫教导的同时，以制度的形式立为通用家法，以为教戒民人庶众之模板而风行天下，收到了教化乡民睦邻友好、淳化社会风俗的良好效果。

二 中华传统文化的道德属性，决定了家风文化的立德树人逻辑

（一）中华传统文化的道德属性，指引着中国人循道成德的人生理想

"道德"，在中华文化语境当中，原本是"道"和"德"两个关联性很高的哲学范畴。其中，先天地生而混成、独立不改、周行不殆者，是"道，可道，非常道；名，可名，非常名"。中国式回答哲学三问时，认为此"道生一，一生二，二生三，三生万物"。故而为"天地始"和"万物母"。老子所遗《道》《德》经阐释"道德"，虽然书不尽言，且言不尽意，对生生之物和生生之道的语词表述玄之又玄，却给人们通过认识自然、认识社会、认识人类，从而掌握并顺应自然法则完善人类自身的人性找到了"众妙之门"。按照先秦道家对人和人生的理性把握，"可道"之道并非玄而又玄的心理幻术，其妙处不在于道所生，而在道之所以生。由此去探究天人之所共通的联结与生发关系时，中国智慧化天道为人道的认识理路，便找到了正确的前进方向和不二法门，找到了"人法地，地法天，天法道，道法自然"③的循道而行进路。

具体而言，如果从认识论的角度出发，中国先民们发现，人之为人的高贵之处，第一要紧的当是洞察自然、社会和人自身生命的运行、发展和演变规律，并修养练就遵循这些基本法则来生存和发展的天命本性。正如老子所讲，人之为人，"不出户，知天下；不窥牖，见天道。其出弥远，其知弥少。是以圣人不行而知，不见而名，不为而成"④。如果从方

---

① "中央"研究院历史语言研究所校印：《明实录》（附录 明太祖宝训），1984 年，第 39—57 页。
② （明）陈建著，钱茂伟点校：《皇明通纪》，中华书局 2008 年版，第 299—300 页。
③ 张景、张松辉译注：《道德经》，中华书局 2021 年版，第 326 页。
④ 张景、张松辉译注：《道德经》，中华书局 2021 年版，第 332 页。

法论的角度讲，道德之于现实人生而言，重要性在于循其当行自然之道，而成人道天命玄德。"道生之，德畜之，物形之，势成之。是以万物莫不尊道而贵德。道之尊，德之贵，夫莫之命而常自然。故道生之，德畜之，长之育之，亭之毒之，养之覆之。生而不有，为而不恃，长而不宰，是谓玄德。"① 道家揭示的循道成德人生哲理，与儒家化天道为人道、转知识成智慧的生存与发展思想一脉相承，"仲尼祖述尧、舜，宪章文、武；上律天时，下袭水土。譬如天地之无不持载，无不覆帱；譬如四时之错行，如日月之代明。万物并育而不相害，道并行而不相悖。小德川流，大德敦化……溥博如天，渊泉如渊。见而民莫不敬，言而民莫不信，行而民莫不说，是以声名洋溢乎中国。施及蛮貊，舟车所至，人力所通，天之所覆，地之所载，日月所照，霜露所坠。凡有血气者，莫不尊亲"②。

显而易见的问题是，中国人绝非生而知之者，且其时大多数人鲜有机会获得官学教育，尤其是那些出生伊始便命定长久生活于特定家庭之中的孩童，其获取事物知识、参与社会交往、历练人生经验，无一例外均来自家人长辈，这样的社会生存现状，不仅是道德文化生发的人文环境，而且成为家长训育子弟家人以及家风文化存续的伦理逻辑。《易经》对亲其所近、信其所服化育之功赞誉有加的同时，昭示人们要循道前行、自立自强。"大哉乾元，万物资始，乃统天。云行雨施，品物流形，大明终始，六位时成。时乘六龙以御天，乾道变化，各正性命，保合太和。……天行健，君子以自强不息。"③ 象天类物，即便是足不出户的人，也明了自然的运行是多么刚强劲健，人当自强就应效法天地，刚毅坚定而不断进取。"地势坤，君子以厚德载物。"足不出户，人人尽知大地覆帱厚实顺和，有为君子，当明其明德而容载万物。天以阴阳五行化生万物，且各赋予气形之理。其中，给予人生禀赋仁、义、礼、智、信等五常之德，人只要各循其自然天命之性，则其日用事务莫不各有当行之路。然而，性道虽同，而人人气禀各异，身行言动自然不能无过和不及之差。面对这样的差别与冲突，中国哲学的高明之处，在于明天道而循人事、

---

① 张景、张松辉译注：《道德经》，中华书局2021年版，第333页。
② （汉）郑玄注，王锷点校：《礼记注》，中华书局2021年版，第695—696页。
③ （清）李光地撰，梅军校笺：《周易观象校笺》，中华书局2021年版，第6—9页。

化天道而为人道，举圣人之见来照亮人类当行之路，尊师贵傅尚学而加以品节利导，制礼作乐而颁行礼、乐、刑、政之法于天下，小德川流，大德敦化。"天命之谓性，率性之谓道，修道之谓教。道也者，不可须臾离也，可离非道也。是故君子戒慎乎其所不睹，恐惧乎其所不闻，莫见乎隐，莫显乎微，故君子慎其独也。"[①] 中华文化的道德属性，贯穿人之为人、道之为道、圣人为教三者之间，统一于天道有常而将天命人性赋予人。不论教者师长，还是学者生徒，只要明了天命善性在我，则努力遵照格物致知、诚意正心的伦理逻辑而内省修身，以求各自被后天遮蔽了的道心仁心，而致力于学且用功不已。

"道德"，合并作一词用，不仅是后来之说，而且渐次凸显出人文教化的功能体性——道德规范。中国人化天道为人道的实践与认识过程，一方面让天道落地，化玄德为人道。既然道生万物、养育万物，却不占有和主宰万物而显耀着生生之德，那么，面对人人欲其私的恶性，而求对人对己都有利，则现实地呼唤"道之以德、齐之以礼"的伦理节制和道德规范约束。"礼乐则修，分义则明，举措则时，爱利则刑。如是，则百姓贵之如帝王，亲之如父母，畏之如神明；故赏不用而民劝，罚不加而威行，是道德之威也。"[②] 好为人师的孔子明确指出："口欲味，心欲佚，教之以仁。心欲兵，身恶劳，教之以恭；好辩论而畏惧，教之以勇；目好色，耳好声，教之以义。"[③] 孔子不仅这样讲，而且更是身体力行，通过举办中国历史上最大规模私学，在教授中华传统文化知识的同时，提出了众多修身养性重要德目，旨在防邪禁佚，调和人的心志。另一方面，化玄德为人道，找回遮蔽了人本来所具有的，顺应变幻莫测而又深远悠长客观规律行事的天命人性这一内在精神，亲切而不失理性地提出了人伦化的自律手段——道德修养。这样一来，循道成德的人生探索或实践经验，上升到中华文化育人体系当中，则表现为教以成人的道德修养功夫。这不仅是中国古代家风文化兴盛绵长的道统和政统机制推行的结果，也是中国人循道成德的人生修养实践课程。

---

① （明）张岱著，朱宏达点校：《四书遇》，浙江古籍出版社2017年版，第21页。
② （汉）韩婴撰，许维遹校释：《韩诗外传集释》，中华书局1980年版，第233页。
③ （汉）韩婴撰，许维遹校释：《韩诗外传集释》，中华书局1980年版，第39页。

（二）中华传统文化的道德属性，影响着家风对个体品德培育的内容选择

与西方"智性文化"不同，中华传统文化是"德性文化"，道德始终处于文化的核心地位，占据着中国人的整个心灵，也充斥着整个家庭或家族发展的历史。中华文化道德立身的成人法则，反映在以家训为文化生活载体的家风运行实践当中，则突出地表现为中国传统家庭教育首先注重的，是对子弟家人贤哲气节和道德品性的培育，因而在传统立德、立功、立言这人生三大德养成中，立德是第一要紧的，教授学问还在其次。以儒家思想为主脉的中国古代哲学，围绕道德生活，直面社会现实，思考和解决何以成人的问题时，提出育民新人的教化目的，在于明人伦而让仁义礼智根于心，这不仅是中华文化道德立论的基础，也是中华家风文化坚持以修身为本的精神内涵。"天生烝民，有物有则。民之秉彝，好是懿德。"① 受这种文化精神指引，中国人最用心思考，并致力于提升和完善的文化财富就是道德，中华家风的德育本质，以及辈出人才的训教目标，归根结底就是致力于自我修养而完成德行人格的塑造。孟子提出："人之所以异于禽兽者几希，庶民去之，君子存之。舜明于庶物，察于人伦，由仁义行，非行仁义也。"明察人物之生，因天地之理为性而得天地之气为形，唯有人获得形气之正而仁义礼智根于心，故人之所行当出自德行使然，绝不是贪图虚名以仁义为美而后勉强遵行。因此，依照天命善性当为而为，使人以行德为乐，此之谓德行。"由是观之，无恻隐之心，非人也；无羞恶之心，非人也；无辞让之心，非人也；无是非之心，非人也。恻隐之心，仁之端也；羞恶之心，义之端也；辞让之心，礼之端也；是非之心，智之端也。人之有是四端也，犹其有四体也。"② 从这个意义上讲，中华文化的道德属性，体现在人之为人的根本在于有德，"仁义礼智，非由外铄我也，我固有之也。……求则得之，舍则失之"③。人生而有德，为防止有人抱着"不有德在身吗"的盲目自信，而放弃返身索求与自我修养，以家训为生活载体的中华家风文化，紧紧围

---

① 方勇译注：《孟子》，中华书局2018年版，第219页。
② 方勇译注：《孟子》，中华书局2018年版，第59页。
③ 方勇译注：《孟子》，中华书局2018年版，第218页。

绕人格训育,通过家庭生活让家人子弟成长为一个个有道德的社会性存在,当是家风文化对个体品德培育的不二选择。

《礼记》继之以宗法礼制的形式,将循道成德上升为通行的至道不凝治国之道。"大哉圣人之道,洋洋乎发育万物,峻极于天。优优大哉!礼仪三百,威仪三千,待其人然后行。"① 是故,"形而上者谓之道,形而下者谓之器,化而裁之谓之变,推而行之谓之通,举而错之天下之民谓之事业。是故夫象,圣人有以见天下之赜,而拟诸其形容,象其物宜,是故谓之象。圣人有以见天下之动,而观其会通,以行其典礼,系辞焉以断其吉凶,是故谓之爻。极天下之赜者存乎卦,鼓天下之动者存乎辞,化而裁之存乎变,推而行之存乎通,神而明之存乎其人。默而成之,不言而信,存乎德行"②。主张罢黜百家而独尊儒术的汉代哲学家董仲舒,明确提出人性本于天,主张"非道不行,非法不言"。在前人已有学说的基础上,他更是形象地提出:"为人者天也,人之人本于天,天亦人之曾祖父也,此人之所以乃上类天也。人之形体,化天数而成;人之血气,化天志而仁;人之德行,化天理而义;人之好恶,化天之暖清;人之喜怒,化天之寒暑;人之受命,化天之四时;人生有喜怒哀乐之答,春秋冬夏之类也。喜,春之答也,怒,秋之答也,乐,夏之答也,哀,冬之答也,天之副在乎人,人之情性有由天者矣,故曰受,由天之号也。为人主也,道莫明省身之天,如天出之也,使其出也,答天之出四时,而必忠其受也,则尧舜之治无以加,是可生可杀,而不可使为乱。"③

中华传统文化的道德属性,不仅体现在化天道为人道的客观现实主义生存与发展理性认识,而且展现为转知识成智慧的明其明德风教实践。因此,中华文明古国和礼仪之邦的美称,绝不是中国人炮制的政治标签,而是普遍存在于乡土中国的家风民风和社风国风的社会真实反映。不论是三皇五帝围绕王位禅让对继任者用心选育的端倪初现,抑或上古三代君王作诰训示诸侯勤政无逸,还是采邑士大夫立训教诫家人立身处世,

---

① (汉)郑玄注,王锷点校:《礼记注》,中华书局2021年版,第692—693页。
② (清)刘沅著,谭继和、祁和晖笺解:《十三经恒解》(笺解本),巴蜀书社2016年版,第216页。
③ (汉)董仲舒著,(清)苏舆义证,钟哲点校:《春秋繁露义证》,中华书局1992年版,第318—319页。

以及无数平民家庭口耳相传训育子孙持家守业,历代王朝,举国上下,无家不有训,无家不守家风。不仅如此,越是家业宏大、家风传承的责任越大、家人族众越繁多,家族长辈越是表现得重视有加,严守家规、恪守家风、勤勉家训。"敬胜怠者吉,怠胜敬者灭,义胜欲者从,欲胜义者凶,凡事不强则枉,弗敬则不正,枉者灭废,敬者万世。藏之约,行之行,可以为子孙常者,此言之谓也。且臣闻之,以仁得之,以仁守之,其量百世;以不仁得之,以仁守之,其量十世;以不仁得之,以不仁守之,必及其世。"① 以小邦周剪灭大邦殷的开国皇帝周武王姬发,其怵惕惊惧于易主天命合法性的同时,更加担忧的是,何以保子孙家天下之常者,为此开启了西周帝王"克明俊德""勤勉勿逸"等全面训教家风文化先河。在中国古代社会历史上,绵延传承数百年,甚至千年繁盛,至今依然不绝祀的家族,长葆子孙后辈安康无虞的,绝不是因为家财万贯,也不完全依靠绝技家传,靠的是以美德家风为内容而深藏不露的伦理道德。中国家长普遍尊奉"为儿女留金钱,不如遗一言"的至理名言,把独具特色的家风文化演绎在日复一日的家庭生产生活当中,走出了一条辈出有德贤子孙的中国道路。

(三)中华传统文化的道德属性,衍生出转识成智的家风文化育人理路

家风是一个家庭以至家族子孙代代恪守家训家规,长期积淀形成的具有鲜明特征的家庭文化。作为一个家庭或家族最宝贵的精神资本,不仅是每个家族成员引以为豪的心理自信,也是每个家庭或家族成员转经验性知识成人生智慧的道德教化熔炉。在漫长的中国古代社会,家庭(家族)是人生的第一所学校,中国古代社会最普遍、最基础、发挥作用最持久有效的文化育人活动,主要是家庭教育,所教内容和目标指向主要是道德教化和人格培育,在一定意义上讲,其转识成智的德行人格修养功夫,让家庭(家族)成为中华传统文化生发的重要肇始地和起步点。一方面,中国自古以来就是一个重视家庭教育的国度,传统家训文化及由此积淀形成的家风精神主要来自儒家经典。《礼记》云:"玉不琢,不

---

① (清)王聘珍撰,王文锦点校:《大戴礼记解诂》,中华书局1983年版,第104页。

成器，人不学，不知道。是故古之王者，建国君民，教学为先。"[1] 上行下效的结果，万千家长正身垂范，悉心施教于家，主动承担起各家没有机会进入官学深造的家人子弟的教育任务。"蓬生麻中，不扶自直，白沙在泥，与之皆黑。是故人之相与也，譬如舟车然，相济达也，己先则援之，彼先则推之；是故人非人不济，马非马不走，土非土不高，水非水不流。"[2] 中国古代的家长们深知，人以群分、物以类聚，物类所从各有来由，人之荣辱各象其德，以人格养成为主的家庭教育实践，自然成为家风养成的重要场所。另一方面，作为儒家经典的"四书五经"，所阐发的哲学思辨与文化精髓，很多都是传统美德教育和家风文化智慧。"所谓治国必先齐其家者，其家不可教，而能教人者，无之。故君子不出家而成教于国：孝者，所以事君也；弟者，所以事长也；慈者，所以使众也。……其所令，反其所好，而民不从。是故君子有诸己而后求诸人，无诸己而后非诸人。所藏乎身不恕，而能喻诸人者，未之有也。"[3] 孔子讲："其身正，不令而行；其身不正，虽令不从。"[4] 纵观漫长的人类历史，可以看出，中国传统伦理道德文化，基本上都是从早期族群或家庭生发出来的，中国先民坚持通过家庭教育影响和个人内省修炼，将经验性知识内化为人生智慧，成功地培养出品德优良、习惯入流、为人处世符合特定社会理想人格的一代代贤子孙，展现出中国人所具有的文化育人智慧，铸就了家风育人的中国方案。

经过百家争鸣和儒释道"三教"交融汇通，中华传统文化转知识成智慧的道德教化，普遍以家风文化的实践模式绵延传承开来。在中国古代社会历史条件下，除了少部分官学师傅专司教授礼、乐、射、御、书、数等"六艺"学统之技外，中国人道德修养的大多数任务，落实在万千家长秉持"人皆有之"的恻隐之心、羞恶之心、恭敬之心、是非之心，遵循道德川流与敦化客观规律，择善固执，坚持齐家教子以循道成人。

---

[1] （汉）郑玄注，王锷点校：《礼记注》，中华书局2021年版，第471页。
[2] （清）王聘珍撰，王文锦点校：《大戴礼记解诂》，中华书局1983年版，第90页。
[3] 陈晓芬、徐儒宗译注：《论语 大学 中庸》，中华书局2015年版，第270—271页。
[4] 陈晓芬、徐儒宗译注：《论语 大学 中庸》，中华书局2015年版，第153页。

儒家思想的代表人物孔子，以"有教无类"[①]而以万世师祖著称于世，就在于他崇尚因材施教，启发门徒弟子，认识天道流行所赋予人的天命善性，明天理、顺规律、行仁义。孔子以"天何言哉？四时行焉，百物生焉"之天命所当然，激发门徒众生体悟天德而不必明言，教育人们怀揣道心仁心而坚持不偏不倚、无过不及。在儒家道德教育思想的影响下，中国古代教育不论官学还是私塾家学，也不论是以家训为施教载体的家风文化，都特别强调对人的德行培养，注重对人性的矫正、修复和完善，"道之以德，齐之以礼，有耻且格"[②]。通过教化和自我修养转识成智，以求修造和完善德行人格。

第四节　家风恪守不坠传统

中国人所尊奉的最高人生追求或信仰，指向成人成圣的理想人格，实现这一"内圣而外王"的育民新人目标，不是仰仗宗教或彼岸超脱，而是仰仗良好家教对一般社会价值原则的尊崇和道德修习，仰仗"学而时习之"的家风熏育这一非宗教仪式性"教化"，以有效塑造家人子弟的理想人格。表面上看，中华传统家风文化广泛存在于大众家庭或家族的原因，似乎是为了弥补中国古代官方举办的学校教育不足，而将教育家人子弟的任务下移转嫁到了普通民众家庭。实际上，中华家风是中国人最接地气和最持久有效的道德教化活动，将最早产生于皇家贵族的齐家

---

① 有教无类，是世人称许孔子教育平等思想的用语代表。孔子弟子陈亢曾经以己私意揣度孔子，怀疑其教学众弟子时存在厚此薄彼现象。为此，他以孔子暗中偏厚其子伯鱼为念，求证于孔鲤，而让孔子家教过庭之训大白于天下——陈亢问于伯鱼曰："子亦有异闻乎？"对曰："未也。尝独立，鲤趋而过庭。曰：'学诗乎？'对曰：'未也。''不学诗，无以言。'鲤退而学诗。他日又独立，鲤趋而过庭。曰：'学礼乎？'对曰：'未也。''不学礼，无以立。'鲤退而学礼。闻斯二者。"陈晓芬、徐儒宗译注：《论语　大学　中庸》，中华书局2015年版，第204页。孔子教子，无异于门人，而且成为中国古代家长远其子教育现象最好的例证。《孟子》记曰："君子之不教子，何也？"孟子曰："势不行也。教者必以正；以正不行，继之以怒；继之以怒，则反夷矣。'夫子教我以正，夫子未出于正也。'则是父子相夷也。父子相夷，则恶矣。古者易子而教。父子之间不责善。责善则离，离则不祥莫大焉。"（方勇译注：《孟子》，中华书局2018年版，第142—143页。）当然，中国古代易子而教，原因在于规避世渎之弊，时至今日，父子讨论男女之道、授受阴阳和夫妇变化之事，往往语焉不详，仍然存在家庭相教不便之处。

② 陈晓芬、徐儒宗译注：《论语　大学　中庸》，中华书局2015年版，第16页。

范族之训，推延滋漫为普天之下所有家庭和家族施教于家而成教于国的风教文化范式，成为中国古代社会家风传承不坠的生活样法。

一 施教于家而成教于国，中国人的教化智慧

（一）家庭或家族对人的生养抚育，源自人类发展进步的文化选择

在人类社会的历史初期，大自然拥有压倒性力量优势，自身的渺小无助让人类生存危机四伏而感到怵惕恐惧。人类选择氏族部落、家庭家族等集体生活方式，既是被动之举和自然选择，也是主动而为的结果。在这一原始共产主义时期，西方以罗马教皇为首的天主教会通过传授教义，举办洗礼加冕、惩治异端等教仪活动维持和主张公共秩序。其中，以教会主办为主要形式的教育包揽了家庭当有的育人作用，家庭这个生命小集体完全不被重视，仅仅是情爱所系与人力生产的自然组织。随着中世纪西方战乱导致的社会迁徙与制度撕裂，大大削弱了天主教会的领导地位，不仅使个人主义大行其道，而且促使土地狭小、财富匮乏的西方人谋求发展工商业并向海外扩张，由此率先进入资本主义社会并完成工业化。个人至上突破了天主教集体主义原则，让现代民主制度和自由、平等、人权等思想逐步形成并上升为主流价值观。与此相适应，一家之中，父母子女以天主之子身份平等的朋友自居，形成了轻视经验、怀疑权威、让渡教化的西方现代家庭文明。

与近现代西方资本主义快速发展之路不同，以中国为代表，包括中东、印度、东南亚在内的大多数东方国家，受制于宗法专制集权或浓厚的宗教传统影响，社会发展变得缓慢而相对衰落。在古代中国，以土地为主要生产资料的农耕社会，最适合的生产生活经济形式，无疑是"三亩田，一头牛，老婆孩子热炕头"式的家庭或放大后的家族。最基本的家庭构造，一是基于共同生产生活的人口所需的土地、房屋、粮食、牲畜、农具等基本家庭构成要素；二是基于对农事经验的传授需求而产生的尊祖敬长传统；三是基于人生历练的传递而产生的家训教诫生活范式；四是适应封建社会体制和累世同堂家族管理需要的父家长制度。由于古代中国对土地交易限制较少，历朝太平年代都会因为治家有方、家风严整而逐渐发达，通过土地流转形成不少世代同堂的大家族型地主阶层。加之科举制、察举制的兴起，打破了贵族士大夫世袭垄断仕途而占有大

量土地资源的特权,"朝为耕田郎,暮登天子堂",平民百姓也可以通过考取功名出将入相。说明在中国古代社会,实际上一直存在强占土地以满足家庭家族需求、追求功名利禄实现个人价值的同时光宗耀祖的现象。这些社会现象的背后,一方面是所有家庭或家族长辈都在尽心操持家务来保证家业永续兴盛,所有家长都在用心教诫家人子弟以保证人才辈出和家风传承不坠;另一方面是大量平民由于各种原因失去土地资源而家道败落、举步维艰,甚至沦为佃农或委身为奴。更不用说朝代兴替、兵祸连天,自然灾害、祸起萧墙。即便是在正常情况下,一个家庭或大家族如果缺少可以长久支撑的精神力量,或者因为经营不善,或者因为出了败家子,都有可能导致败亡。正如《颜氏家训》所诫:"父兄不可常依,乡国不可常保,一旦流离,无人庇荫,当自求诸身耳。……夫风化者,自上而行于下者也,自先而施于后者也。是以父不慈则子不孝,兄不友则弟不恭,夫不义则妇不顺矣。父慈而子逆,兄友而弟傲,夫义而妇陵,则天之凶民,乃刑戮之所摄,非训导之所移也。"[①] 面对家有奔亡、国有舌灭、君臣无常的中国古代社会现实,最有效的常保家业之计,莫过于构建兴家立业的长效机制,并通过人才辈出的训育生活世代传承好这一家风文化。《易经》作者正是怀抱圣人先知之心,以先觉者觉后觉的高度责任感,参天两地而幽赞神明,俯观地宜以顺人性命之理和立人仁义之道,秉承天命,勇敢担当起教以成人的文化使命。中华传统文化育人的生活实践,就是沿着传统家风对人道德化育的设计理路而展开。

(二)家庭或家族对人的道德教化,得益于中国知识分子的精当提炼

面对中国早期生产力低下和科学不发达的社会现实,中国先民们尚无法对一些自然、社会和人自身存在的诸如日月随行、四季流转、风霜雨雪、生老病死等现象作出科学合理解释,出于懵懂无知和惊惧恐怖,把人力难以企及的某些现象归因于事物背后可能存在的神力支配。出于生存与安全需要,人们或转求超然力量的庇护,产生并延续起神灵和图腾崇拜;或寻求人神对话,在人们屡遭天灾人祸时,便借助神意预知未来走向,并指望以人类虔诚的祀神敬意达致趋利避害。"夫《易》,肇于羲皇,演于姬昌,申于素王。其为书则百家九流之先,其造作者则百王

[①] 檀作文译注:《颜氏家训》,中华书局2011年版,第34、98页。

之祖。其理则上下天地，出没鬼神。"① 探源中华传统，回看中华传统文化的活水源头，只要通过咀嚼位居群经之首的《易经》，不仅可以看出中国先民深邃博大的文化探究眼光，而且可以感受到中国先哲以天下为家而教民化俗的道心唯微。"伏羲氏仰观象于天，俯观法于地，观鸟兽之文、与地之宜，近取诸身，远取诸物，于是始作八卦，以通神明之德，以类万物之情。作结绳而为罔罟，以佃以渔，盖取诸离。包牺氏没，神农氏作。斲木为耜，揉木为耒，耒耨之利，以教天下，盖取诸益。日中为市，致天下之民，聚天下之货，交易而退，各得其所，盖取诸噬嗑。神农氏没，黄帝尧舜氏作。通其变，使民不倦，神而化之，使民宜之，易穷则变，变则通，通则久，是以自天祐之，吉无不利。"② 如果说在长期的经验积累和神灵崇拜实践中，人们逐渐形成了各种不同的人神交流以知吉凶祸福的预测方法，那么以伏羲、周文王、孔子等为代表的聪明贤达提炼总结，使其形而上为集中体现中国人生存与发展智慧的《周易》专书，却是中国知识分子对中国人立足家庭或家族对人实施道德教化的直观表述。"夫易，开物成务，冒天下之道，如斯而已者也。是故，圣人以通天下之志，以定天下之业，以断天下之疑。是故蓍之德圆而神，卦之德方以知，六爻之义易以贡，圣人以此洗心，退藏于密，吉凶与民同患，神以知来，知以藏往，其孰能与此哉。古之聪明睿知，神武而不杀者夫。是以明于天之道，而察于民之故，是兴神物，以前民用。圣人以此齐戒，以神明其德夫。是故，阖户谓之坤，辟户谓之乾，一阖一辟谓之变，往来不穷谓之通，见乃谓之象，形乃谓之器，制而用之谓之法。利用出入，民咸用之谓之神。"③ 家国天下，君王做民父母；一家之内，父母为严君。圣人以神道设教，赏爵刑罚设而不用；君子力行无穷之教，以保万寿无疆之民；父母严君上行下效，施教于家而成教于国。这一部古老的经典文献，堪称中华民族文化之圣经，不仅是"君子以教思无穷，

---

① （清）董诰等编：《全唐文》（卷八百九十六），中华书局1983年版，第9352页。
② （宋）王钦若等编纂，周勋初等校订：《册府元龟》（卷第四十），凤凰出版社2006年版，第422页。
③ （清）刘沅著，谭继和、祁和晖笺解：《十三经恒解》（笺解本），巴蜀书社2016年版，第212—213页。

容保民无疆"①，而且从源头上创建起了长于道德教化的中华民族精神家园。

（三）施教于家而成教于国的教化传统，孕育出中国人胸怀天下的"大同世界"理想

以《周易》等四书五经为代表的中华文化坟典，构建起了中国人的精神信仰，但它们绝不是宗教教义，中华民族固有的教化习惯与家教观念，也绝不是神秘莫测的宗教仪轨，中国人俗称的"儒教""佛教""道教"，分明传递着人们对宗教般的中国教化智慧的尊崇和认同。因此，与位居群经之首的地位相匹配，《周易》"幽赞于神明而生蓍，参天两地而倚数，观变于阴阳而立卦，发挥于刚柔而生爻，和顺于道德而理于义，穷理尽性以至于命。昔者圣人之作易也，将以顺性命之理。是以立天之道，曰阴与阳。立地之道，曰柔与刚。立人之道，曰仁与义。兼三才而两之"②。君子进德修业，仰观天象而俯观地法，察鸟兽之文与地之宜，近取诸自身而远取诸外物，以通神明之德而类万物之情。孔子指出："同声相应，同气相求。水流湿，火就燥；云从龙，风从虎。圣人作而万物睹。"③古代贤哲直观而不失理性地提出，礼制所出，经国家、定社稷、序民人而利后嗣，同样都是教化不可或缺的。"百姓内不乏食，外不患寒，则可教御以礼义矣。……百礼洽则百意遂，百意遂则阴阳调，阴阳调则寒暑均，寒暑均则三光清，三光清则风雨时，风雨时则群生宁。如是而天道得矣。是以不出户而知天下，不窥牖而知天道。……言相养之至于晦也。"④正因如此，中国人的教化之地，便从生养人的家庭开始，教化之初，自然从正家人起步。"家人，女正位乎内，男正位乎外。男女正，天地之大义也。家人有严君焉，父母之谓也。父父、子子、兄兄、弟弟、夫夫、妇妇，而家道正。正家而天下定矣。"⑤以此为基础，通天地万物之变而使民不困，神而化民知进退存亡而不失其正，教化之于家国天下和民人百姓，功莫大焉。"大道之行也，天下为公，选贤与能，讲

---

① （清）李光地撰，梅军校笺：《周易观象校笺》，中华书局2021年版，第203页。
② （清）李光地撰，梅军校笺：《周易观象校笺》，中华书局2021年版，第779—781页。
③ （魏）王弼撰，楼宇烈校释：《周易注》，中华书局2011年版，第5页。
④ （汉）韩婴撰，屈守元笺疏：《韩诗外传笺疏》，巴蜀社2012年版，第256—257页。
⑤ （宋）张载撰，刘泉校注：《横渠易说校注》，中华书局2021年版，第191页。

信修睦。故人不独亲其亲，不独子其子，使老有所终，壮有所用，幼有所长，矜寡孤独废疾者，皆有所养，男有分，女有归。货恶其弃于地也，不必藏于己，力恶其不出于身也，不必为己。是故谋闭而不兴，盗窃乱贼而不作，故外户而不闭，是谓大同。"① 华夏儿女不仅在生理上生生不息地遗传着炎黄血脉，满怀家国情怀，入孝出悌而致力于实现天下大同的社会理想，而且通过家庭教化活动在精神上塑造出德行人格，成功地走出了一条施教于家而成教于国的教化道路。一代代中国人对中华传统文化的赓续传承，不仅证明中华文化本身具有的科学价值，而且通过以文化人的家风文化源源不断地塑造出德行人格。身处礼仪之邦的中国人，也一贯表现得彬彬有礼、温和敦厚，国民举止有理有节、规矩方正，显得很有教养，其教化功夫当然以家风文化厥功至伟。

二 家国一体社会治理需要，衍生出施教于家而成教于国家风文化进路

（一）坚持施教于家而成教于国，有助于实现以德治国的政治理想

中华民族自古崇尚以德治国的政治理想，这种德治思想以修身、齐家、治国、平天下的家国同构目标价值的一致性为推衍逻辑，由近及远、推己及人、由内而外、推家及国，将以规范家庭血缘亲族人伦关系为基础的家风文化，推衍及于构建社会交往忠恕友爱关系和国家君臣上下关系的国家治理制度，同时，将以德治国的政治理想，转化为施教于家而成教于国的道德文化建设活动，走出了一条风教当先的以德治国之路。

一方面，以德治国的政治理想，有赖于施教于家而成教于国的文化实践。中国古代家长特别注重对家人子弟伦理道德的教化，旨在通过规范家人族众伦序关系，培育子弟家人处理与和谐社会人际关系的能力和德行，因而在各自日复一日的家训实践中特别注意对包括忠、恕、恭、惠、友等修养在内的社会公德培育，并由此形成了内容丰富而独具特色的和睦乡邻、乐善好施、尊德尚礼等社会公德思想，成为以德治国政治理想的有力支撑。在家国一体的中国古代社会，从小就生活成长于一家一族的每一个个体，学以成人往往各从其类，信其所亲，行其所服。这

---

① （汉）郑玄注，王锷点校：《礼记注》，中华书局2021年版，第290页。

不仅是家风文化需要面对的个体差异问题,也是家训微观场域问题。孔子说卦"飞龙在天,利见大人"之深义时讲:"同声相应,同气相求。水流湿,火就燥;云从龙,风从虎。圣人作而万物睹,本乎天者亲上,本乎地者亲下,则各从其类也。"① 人之本性,在于得其天命善性。人从其类,首先要从其天命本性之类。教育者教人从天之类,莫过于天行健,君子以自强不息;教人从地之宜,不外乎地势坤,君子以厚德载物;教人致天下平,则君子以立德为行。因此,不论施教于家,还是成教于国,善教者,使人通过学习和教育,能够居上不骄,在下不忧,必使人立大志而明大德。"学以聚之,问以辩之,宽以居之,仁以行之。……夫大人者,与天地合其德,与日月合其明,与四时合其序,与鬼神合其吉凶,先天而天弗违,后天而奉天时。天且弗违,而况于人乎?况于鬼神乎?"② 天地虽大,人物虽众,事物条理委曲繁杂,但一切总有规律可循,如果学不由渐次递进、教不以家训施与,一个人很可能知进而不知退,知存而不知亡,知得而不知丧。教人明大德、立大志、做大事,如此育民新人的目的,分明指向以德治国的政治理想。何况在家国同构的中国古代,最显见和最直接的教人者,集中体现在皇帝一身。所以,孔子的德政观,就明确指向国君的德育成败:"子为政,焉用杀?子欲善,而民善矣。君子之德风,小人之德草。草上之风,必偃。"③ 传统伦理道德化育的实践理路,一家一国达致天下,上有好者,下必有甚者,"虎有文而能神者也,豹有文而不能神者也。故大人为虎,君子为豹。非大人而革者,皆毁人以自成,废人以自兴,故人之从之也,必占其可从而后信。若大人之革也,则在我而已炳然日新,天下之所谓文者自废矣,此岂待占而后信者哉?"④ 上行下效,革故鼎新,为学当自强,君人者欲善则民善,一国教化之风使然。

另一方面,中华传统文化所设计的施教于家而成教于国的家风文化逻辑,直指以德治国的政治理想。被世人称为"初学入德之门"的孔子

---

① (魏)王弼撰,楼宇烈校释:《周易注》,中华书局 2011 年版,第 5 页。
② (魏)王弼撰,楼宇烈校释:《周易注》,中华书局 2011 年版,第 7 页。
③ 陈晓芬、徐儒宗译注:《论语 大学 中庸》,中华书局 2015 年版,第 146 页。
④ (宋)苏轼著,李之亮笺注:《苏轼文集编年笺注》,巴蜀书社 2011 年版,第 220 页。

遗书，所阐释的《大学》之道，就在圣哲王自昭明德而施诸天下国家，期冀实现以德治国的政治抱负。更为重要的是，《大学》全文详述古人受教为学的次第进程，为家长治家教子、学校师傅教授生徒和返身纳求学子指明了必由之路，成为历代有识家长训育家人子弟的根本遵循，开启了中国人施教于家而成教于国的家风文化正途。"古之欲明明德于天下者，先治其国；欲治其国者，先齐其家；欲齐其家者，先修其身；欲修其身者，先正其心；欲正其心者，先诚其意；欲诚其意者，先致其知；致知在格物。物格而后知至，知至而后意诚，意诚而后心正，心正而后身修，身修而后家齐，家齐而后国治，国治而后天下平。"[①] 治国有赖明德昭著，更立足于家齐而身修。孟子提出："天下之本在国，国之本在家，家之本在身。"[②] 中国人施教于家而成教于国的根本原因，正如教养兼成、政教合一，大学之道，在于新民而明其明德。"所谓治国必先齐其家者，其家不可教，而能教人者，无之。故君子不出家而成教于国：孝者，所以事君也；弟者，所以事长也；慈者，所以使众也。……一家仁，一国兴仁；一家让，一国兴让；一人贪戾，一国作乱；其机如此。"[③] 家齐于上而教成于下，一个人身修有德行则在家成教，出仕在外，事君事长使众人一样堪为人师而成教于国。

（二）家国一体的治世需要，催生了做民父母者教化家人和整齐宗族的帝王家风

在中国古代社会，相对于国而言的家，一般指的是家族。国是家的放大、家是国的微缩，绝不是单纯以大小做判别，而是以内在关系相照应。正是在这个意义上讲，正如家族是若干同一血统的家庭聚族而居，同姓宗亲共同生活、生相亲爱、死相哀痛一样，国家则是君主一家贵胄宗族执掌朝政，大宗、小宗和国戚采邑士大夫分封而治的宗法制大家庭。在中国古代这一宗法社会中，家天下，并非皇帝一人之天下，而是天下大众之天下，家国同构的治世逻辑，表现为在家事亲尽孝与在国事君尽忠的伦理一致性，落实在社会生活与家庭生活中便是国有国法，家有家

[①] （汉）郑玄注，王锷点校：《礼记注》，中华书局2021年版，第783—784页。
[②] 方勇译注：《孟子》，中华书局2018年版，第132页。
[③] 陈晓芬、徐儒宗译注：《论语 大学 中庸》，中华书局2015年版，第270—271页。

规，落实在教化文化领域，则是国有国风，家有家风。家族内部，父家长地位最高、权力最大，是整齐门内、治家教子和秉持家风传承不弃的实践者；举国上下，君王地位至尊、权力无边，君王做民父母，是治理天下、制衡权力、教化民众的最高执行者。

与乡土社会家国同构和家国一体的这一政治构造相适应，古代帝王的国家治理活动，首先是从整肃贵胄宗族、规范皇族伦序关系开始的，围绕培养大宗、小宗子弟以永续国脉和长葆皇权为基础的严格训教，便将施教于家而成教于国的家风文化推延及于天下大众。一方面，皇帝以天子至尊身份，因循传统帝王之道而建国君民，需要以极具象征意义但绝不失崇高的王者气象展现在世人面前，这意味着对君王最高等级的人格修养和道德规范标准。道理很简单，作为一国君王，修其身、齐其家、治其国，才能平天下。事实也的确如此，"内圣而外王"的德行人格和家风文化修养标准，原本就是君王形象的预设。如汉初大儒董仲舒所阐释的圣王标准和道德修为，便可见一斑："君人者，国之元，发言动作，万物之枢机。枢机之发，荣辱之端也，失之毫厘，驷不及追。故为人君者，谨本详始，谨小慎微，志如死灰，形如委衣，安精养神，寂寞无为，休形无见影，掩声无出响，虚心下士，观来察往，谋于众贤，考求众人，得其真心遍见其情，察其好恶，以参忠佞，考其往行，验之于今，计其蓄积，受于先贤，释其雠怨，视其所争，差其党族，所依为臬，据位治人，用何为名，累日积久，何功不成？可以内参外，可以小占大，必知其实，是谓开阖。君人者，国之本也，夫为国，其化莫大于崇本，崇本则君化若神，不崇本则君无以兼人，无以兼人，虽峻刑重诛，而民不从，是所谓驱国而弃之者也，患孰甚焉？"[1] 君王不仅享有至尊地位和至高无上的绝对权力，是国人仰慕与效法的楷模，也是中华传统文化对其修身养性和身行言动的理想化要求最高的原因。另一方面，君人者，万众瞩目，降礼尊贤而王；为人君，尊师贵傅，教民化俗而固。"上不知顺孝，则民不知反本。君不知敬长，则民不知贵亲。禘祭不敬，山川失时，则民无畏矣。不教而诛，则民不识劝也。故君子修身及孝，则民不倍矣。

---

[1] （汉）董仲舒著，（清）苏舆义证，钟哲点校：《春秋繁露义证》，中华书局1992年版，第166—168页。

敬孝达乎下，则民知慈爱矣。好恶喻乎百姓，则下应其上如影响矣。是则兼制天下，定海内，臣万姓之要法也，明王圣主之所不能须臾而舍也。"① 正因位高权重而责任重大，"君子终日乾乾，夕惕若厉"，故"君子以自强不息""君子体仁足以长人，嘉会足以合礼，利物足以和义，贞固足以干事""君子以成德为行""君子学以聚之，问以辩之，宽以居之，仁以行之""君子以厚德载物""君子敬以直内，义以方外""君子以容民畜众""君子以振民育德""君子以教思无穷，容保民无疆""君子以言有物而行有恒"以正家人，"君子以居贤德、善俗"②。君王教以成人的前提和基础，表面上看，在于正乎官位层级而致人伦敦厚，但从本质上看，治国最长效最重要的手段，在于美教化而厚人伦。

因此，按照《周易》治世推延逻辑，则无不顺应治国齐家修身而致民人育的家风教化理路。"凡三王教世子，必以礼乐。乐，所以修内也；礼，所以修外也。礼乐交错于中，发形于外。是故其成也怿，恭敬而温文。立大傅少傅以养之，欲其知父子君臣之道也。大傅审父子君臣之道以示之。少傅奉世子，以观大傅之德行而审喻之。大傅在前，少傅在后，入则有保，出则有师，是以教喻而德成也。……庶子之正于公族者，教之以孝弟、睦友、子爱、明父子之义、长幼之序。"③ 家天下之家长，众望所归的家风教化楷模，其所教，外施礼乐而内修乎德行。即便是太傅师保之设，学高为师，教之以事而喻之于德，身正为范，慎其身以辅翼而归诸道也。

在中国古代历史长河中，最早有文字记载且积极致力于良好家风门风建设者，当数周公姬旦。他不仅开启了以帝王将相训家为代表的家训文化先河，而且成就了重视和建设家风门风这一长效育人机制而成教于国的家训文化传统。"成王长，能听政。于是周公乃还政于成王。"但是"恐成王壮，治有所淫佚，乃作《多士》，作《毋逸》"教成王。周公曰："为人父母，为业至长久，子孙骄奢忘之，以亡其家，为人子可不慎乎！"

---

① （汉）韩婴撰，许维遹校释：《韩诗外传集释》，中华书局1980年版，第179—180页。
② （清）李光地撰，梅军校笺：《周易观象校笺》，中华书局2021年版，第9、12、15、23、24、32、43、89、197、203、371、547页。
③ （汉）郑玄注，王锷点校：《礼记注》，中华书局2021年版，第277—279页。

"自汤至于帝乙,无不率祀明德,帝无不配天者。在今后嗣王纣,诞淫厥佚,不顾天及民之从也。其民皆可诛。……作此以诫成王。"①《多士》取譬殷商兴旺衰败的例证,尤其强调商纣淫乐安逸,无所顾念天施显道与民人期望,而招致覆亡的历史教训,凸显着家风门风育人的重要,言明坠废家风可能招致的严重后果。"呜呼!君子所其无逸,先知稼穑之艰难,乃逸。则知小人之依,相小人。厥父母勤劳稼穑,厥子乃不知稼穑之艰难,乃逸乃谚。既诞,否则侮厥父母曰:昔之人无闻知。"②做人君当知艰难,毋以太平渐耽乐逸,便不知稼穑之艰难。对此,孔安国有注曰:"周公既致政成王,恐其怠忽,故以君臣立政为戒也。"③ 这也是古代王族以下诫上家风的力证。"昔在殷王中宗,严恭寅畏,天命自度,治民祇惧,不敢荒宁。肆中宗之享国七十有五年。其在高宗,时旧劳于外,爰暨小人,作其即位,乃或亮阴,三年不言,其惟不言,言乃雍。不敢荒宁,嘉靖殷邦,至于小大,无时或怨,肆高宗之享国五十有九年。其在祖甲,不义惟王,旧为小人,作其即位,爰知小人之依,能保惠于庶民,不敢侮鳏寡,肆祖甲之享国三十有三年。自时厥后立王,生则逸,不知稼穑之艰难,不闻小人之劳,惟耽乐之从。自时厥后,亦罔或克寿,或十年、或七八年、或五六年、或四三年。"④ 取譬古人远者如斯,近比自己的父祖德行,意在明昭祖德家风,化育后人。

周公述祖德教戒成王曰:"呜呼!厥亦惟我周太王、王季,克自抑畏,文王卑服。即康功田功,徽柔懿恭,怀保小民,惠鲜鳏寡。自朝至于日中昃,不遑暇食,用咸和万民。文王不敢盘于游田,以庶邦惟正之供。文王受命惟中身,厥享国五十年。"⑤ 周公所诫无逸,乃忧勤惕厉,以绝成王及后子嗣伐性戕生之害。"周公曰:呜呼!继自今嗣王,则其

---

① (汉)司马迁撰,(南朝宋)裴骃集解,(唐)司马贞索隐,(唐)张守节正义,中华书局编辑部点校:《史记》(卷三十三),中华书局1982年版,第1519、1520、1521页。
② (清)刘沅著,谭继和、祁和晖笺解:《十三经恒解》(笺解本),巴蜀书社2016年版,第186页。
③ 王世舜、王翠叶译注:《尚书》,中华书局2018年版,第289页。
④ (清)刘沅著,谭继和、祁和晖笺解:《十三经恒解》(笺解本),巴蜀书社2016年版,第186—187页。
⑤ (清)刘沅著,谭继和、祁和晖笺解:《十三经恒解》(笺解本),巴蜀书社2016年版,第187页。

无淫于观、于逸、于游、于田,以万民惟正之供。无皇曰:今日耽乐,乃非民攸训,非天攸若,时人丕则有愆,无若殷王受之迷乱酗于酒德哉!……古之人犹胥训告,胥保惠,胥教诲,民无或胥诪张为幻,此厥不听,人乃训之。变乱先王之正刑,至于小大,民否则厥心违怨,否则厥口诅祝。"① 周公作《无逸》训诰,一方面提醒和训教即将长大成人的侄子成王勤政毋逸、敬德爱民;另一方面,从殷商诸君的所作所为对应治世时间之长短,虽然难免以偏概全,难免唯心主义,但表明周公是清楚地看到了创建家风并保证代际传递不弃,对于治家教子的重要作用和皇位永保的深远意义。因此,周公更是放眼长远,师古鉴今,昭明家风不坠之功。"自殷王中宗及高宗、及祖甲、及我周文王,兹四人迪哲。厥或告之曰:小人怨汝詈汝,则皇自敬德。厥愆,曰朕之愆,允若时,不啻不敢含怒。此厥不听,人乃或诪张为幻曰:小人怨汝詈汝,则信之。则若时,不永念厥辟,不宽绰厥心,乱罚无罪、杀无辜、怨有同,是丛于厥身。……嗣王其监于兹。"② 王者以天下为家,有鉴于其"家人"近则相互摩擦轻慢,远则疏离相忘,期望君臣如父子,父子如君臣,最基础深沉、最持久有效的方法,当用治家教子和整齐门内之家风习染,以求君臣上下之位正,恩威并举而刚柔相济。推而广大使人交相爱、和睦邻、美风俗,成周门风,至此树立。

(三)圣哲君王以上率下,推衍铸就了施教于家而成教于国的中华家风文化

通过普及施教于家而成教于国的人文教化活动,树立和传承好家风好门风,最终实现天下大同的社会治世目标,是中国古代君王念兹在兹、协和万邦,政教修明、敦厚国风的治世传统。与此相适应,中国古代皇族建国君民的政治运行模式,不仅坚持以德治国、教化当先,而且做到了政教合一,从未分离。历史与现实的力证证明,古代王朝家风的这一王化推延机制,如春雨随风,经过士大夫家族以身示范和各级官府的助推传布,逐渐潜行传播到了民间大众之家。"子能食,食教以右手。能

---

① (清)刘沅著,谭继和、祁和晖笺解:《十三经恒解》(笺解本),巴蜀书社2016年版,第187—188页。

② (清)阮元校刻:《十三经注疏》(清嘉庆刊本),中华书局2009年版,第473—474页。

言，男唯女俞，男鞶革，女鞶丝。六年，教之数与方名。七年，男女不同席，不共食。八年，出入门户，及即席饮食，必后长者，始教之让。九年，教之数日。十年，出就外傅，居宿于外，学书记，衣不帛襦裤。礼帅初，朝夕学幼仪，请肄简谅。十有三年，学乐诵诗，舞勺、成童、舞象、学射御。二十而冠，始学礼，可以衣裘帛，舞大夏，惇行孝弟，博学不教，内而不出。三十而有室，始理男事，博学无方，孙友视志。四十始仕，方物出谋发虑，道合则服从，不可则去。五十命为大夫，服官政。七十致事。"① 古代家风文化场域当中的齐家之教，最根本的在于敬老尊长与恤孤，所有这些完全可以推延及于教国。

虽然齐家恃教而不恃法，施教于家不需要太多的外部力量参与，不同于治国恃教必须依赖恒政以保天下太平的同时，还需要官府组织和法制力量以求收纳民众于清明公正之道。但是，古代君王常常以循行大道天命流行者自居，以天下为公之名，让家国之教所关涉的风物地域和情理运道的差别得以类通。"盖自天降生民，则既莫不与之以仁义礼智之性矣。然其气质之禀或不能齐，是以不能皆有以知其性之所有而全之也。一有聪明睿智能尽其性者出于其闲，则天必命之以为亿兆之君师，使之治而教之，以复其性。此伏羲、神农、黄帝、尧、舜，所以继天立极，而司徒之职、典乐之官所由设也。"② 这样一来，教养兼成而政教同旨，施教于家而成教于国之理，一体贯通。正因如此，古代社会上的各个家庭家族争相模仿制作家训、定立家规、修葺家谱，万千家长以舐犊之情用心施教于家，便将道德教化与人格训育的家风文化相连成民风社风国风。"职分而民不慢，次定而序不乱，兼听齐明而百事不留。如是、则群下百吏莫不修己然后敢安仕，成能然后敢受职，小人易心，百姓易俗，奸宄之属，莫不反愨，夫是之谓政教之极，则不可加矣。"③ 以礼制健全和礼法完备著称的西周，统治者更是把维护皇族家庭家族中家长、族长的绝对权威与维护国家君主的专制权威合二为一，专设小司徒之职，"掌建邦之教法，以稽国中及四郊都鄙之夫家，九比之数，以辨其贵贱

---

① （汉）郑玄注，王锷点校：《礼记注》，中华书局2021年版，第385—387页。
② （宋）朱熹撰：《四书章句集注》，中华书局1983年版，第1页。
③ （汉）韩婴撰，许维遹校释：《韩诗外传集释》，中华书局1980年版，第204页。

老幼废疾。凡征役之施舍,与其祭祀饮食丧纪之禁令,乃颁比法于六乡之大夫,使各登其乡之众寡,六畜车辇,辨其物,以岁时入其数,以施政教。……乡师之职,各掌其所治乡之教。……乡大夫之职,各掌其乡之政教禁令。……州长各掌其州之教治政令之法。……党正各掌其党之政令教治"①。可见,中国人尚礼仪、讲德行、重教化的传统,礼制推延功不可没,中华民族尚和合、恒爱国、守家风,社会教化厥功至伟。即便是侧重格物致知的纯粹问学高级教育阶段,"大学始教,皮弁祭菜,示敬道也。宵雅肄三,官其始也。入学鼓箧,孙其业也。夏楚二物,收其威也。未卜禘、不视学,游其志也。时观而弗语,存其心也。幼者听而弗问,学不躐等也。此七者,教之大伦也"②。其所教习,依然是学做人第一,习问学还在其次。后来者如魏晋学"礼,年八岁出就外傅,明始可以加师训之则;十年曰幼学,明可渐先王之教也。"③

中国古代施教于家而成教于国的教化传统,不仅记录在包括《周易》等众多中华文化典籍当中,而且落实在伦序家人和整齐门内的家风建设实践当中。遵照《周易》家人卦的伦序规范,不难看出中国先哲施教于家而期望成教于国的育人初心:"正家,而天下定矣。象曰:风自火出。家人,君子以言有物,而行有恒。……九三,家人嗃嗃,悔厉吉,妇子嘻嘻,终吝。象曰:家人嗃嗃,未失也,妇子嘻嘻,失家节也。六四,富家,大吉。象曰:富家大吉,顺在位也。"④ 就一家之内而言,家道兴旺譬如引风吹火,火之所以盛者,原因在风。反之,火盛而风应然出,既是自然现象,也是家风传播的文化现象。《周易》以圣人之言教导人们,家之所以正者,在于男女正位,正家必须从自我做起,首先要求家长争做一家楷模。出于协调问学入心入脑浅,礼义运为给人印象深的矛盾,古代家风文化一般都强调闲习礼容,不如式瞻仪度,讽诵遗言,不如亲承音旨,重视和强调言传身教的作用。为避免家中小儿丢弃令淑之质而不闻道德之风,历代有识之士总是互相提醒,倡导家训以身示范,

---

① (清)阮元校刻:《十三经注疏》(清嘉庆刊本),中华书局2009年版,第1531—1546页。
② (汉)郑玄注,王锷点校:《礼记注》,中华书局2021年版,第473—474页。
③ (唐)房玄龄等撰,中华书局编辑部点校:《晋书》(卷四十九),中华书局1974年版,第1363页。
④ (宋)张载撰,刘泉校注:《横渠易说校注》,中华书局2021年版,第191—192页。

周旋诲接。

　　从实践的角度讲，治家教子之道，宽则伤义，猛则伤恩。君子无适不可的治家之道，便是坚持做到言之有物而行之有恒。诚能如此，虽有悍妇或暴蛮子弟，也莫敢不肃敬而废恩。一如曾子所言："君子所贵乎道者三：动容貌，斯远曝慢矣；正颜色，斯近信矣；出辞气，斯远鄙倍矣。"① 推夫妇之道以征天地化育之性，则知天覆于上而地仰于下，下气蒸上而上气降下，万物生生不息于其中。此论虽然难免生硬与机械化，但是，以父母每日养育、四旁匡正幼小孩子生长过程言说，完全可以阐明生养人道既有的教训之义。所以，孔子初到卫国，见民众繁多而顿生教化之念，绝非孔子好为人师，而是教化传统显见。"子适卫，冉有仆。子曰：'庶矣哉！'冉有曰：'既庶矣。又何加焉？'曰：'富之。'曰：'既富矣，又何加焉？'曰：'教之。'"② 人口众多而不富足，则民生不遂，通过调理制度，减轻税赋徭役以富之，则可彰显以德治国的民风教化之功。孔子以圣人之言，一语中的，民富不教则近于禽兽，国富不教则政治晦暗，民风乖张。不论是家风熏育还是官府设学，都无差别地指向明礼义、重教化的重要价值和深刻道理，也反映出中国古代社会崇尚教化的优良国风。受此影响的中国古代万千家长们，无不以子弟家人的启蒙老师自居，效法君王齐家范族之法，注重修身养性让自己成楷模的同时，积极制作家训而勤勉施教于家，带领一家族众从洒扫进退和待人接物做起，以言传身教为惯常生活样法的实践方式，坚持施教于家而渐次成教于国。

三　恪守家风不坠而成教于国，古代社会教化的真实写照

　　中华优秀传统文化数千年绵延传承，其生生不息的主要原因，既不是中国人对文化存储有方，也不是对文化播散有功，而在于这种文化本身所具有的通过育民造士辈出人才的道德教化潜质。作为文化的传人，中国古代对本民族苦心经营、始终坚持致力于持守家风作育新人的原因或动力，朴素而直观地认为：学以成人，天象现于上，教以成人，乃人

---

① 陈晓芬、徐儒宗译注：《论语　大学　中庸》，中华书局2015年版，第90页。
② 陈晓芬、徐儒宗译注：《论语　大学　中庸》，中华书局2015年版，第154页。

事应于下。"昔者燧人氏作，观乾象察辰星而出火，作钻燧别五木以改火。岂惟惠民哉？以顺天也。"①法天则地不仅是人类早期认识世界以顺势应变的生存需要，更是人类教育后生掌握规律以顺应自然天命的文化自觉，如燧人氏教人钻木取火四时五变、榆柳青则春取、枣杏赤则夏取、桑柘黄则季夏取、槐楢白则秋取、槐檀黑则冬取，各因所钻木之性，自然可以救时疾。"为人主也，道莫明省身之天，如天出之也，使其出也，答天之出四时，而必忠其受也，则尧舜之治无以加，是可生可杀而不可使为乱，故曰：非道不行，非法不言。此之谓也。"②统治者坐享其成、无为而治的原因，除了天命有自和大道流行外，君人者自有至纯德行和因人天命善性施于社会教化的敏妙洞见。中华家风文化劲吹，分明是有德圣王或睿智先哲看到了这一点，并积极付诸行动而收到的回馈效应。一方面，在中国古代漫长的历史时期，农耕不仅是中华民族赖以生存的主要物质生产方式，也是古代农业和农耕文明的演进方式，自天子、士大夫以至庶人之家，无不重视农耕。从一定意义上讲，出于对农事经验的珍视和对安土重迁周期性生产生活秩序的维护，演化形成了尊老敬祖、道德伦理和勤劳节俭等优秀家风文化。另一方面，显性而直观的士家大族重教好学家风，其背后的驱动力量，一如流行至当今时代的"知识改变命运"硬道理。从孔子庭训孔鲤"不学诗，无以言""不学礼，无以立"，到曾国藩勤写家书给子侄以祖训"书蔬鱼猪，早扫考宝八字教之"③，而求一门之风气自盛，除了学以育德而提升家人子弟德行修养外，学优则仕成为古代社会施教于家而成教于国的最直接的动因，也促成了中国人普遍重视的"尚学"家风。

综观千年古代中国，家是小小国、国拥千万家，"先王见教之可以化民也，是故先之以博爱，而民莫遗其亲；陈之于德义，而民兴行；先之以敬让，而民不争；导之以礼乐，而民和睦；示之以好恶，而民知禁"④。

---

① （清）顾炎武撰，（清）黄汝成集释，栾保群点校：《日知录集释》，中华书局2020年版，第1264页。
② （清）康有为著，楼宇烈整理：《春秋董氏学》，中华书局1990年版，第142页。
③ 曾国藩著，革文军编著：《曾国藩家训》，中国纺织出版社2004年版，第142页。
④ （清）刘沅著，谭继和、祁和晖笺解：《十三经恒解》（笺解本），巴蜀书社2016年版，第9页。

中国作为世界上最重视德育的国家,中国人对教育特别是以家风文化为主要精神力量的家庭教育,有着独到的认识。"天地之性,唯人为贵。明其有中和之心,仁恕之行,异于木石,不同禽兽,故贵之耳。然性无常守,随化而迁。化于敦朴者,则质直;化于浇伪者,则浮薄。浮薄者,则衰弊之风;质直者,则淳和之俗。衰弊则祸乱交兴,淳和则天下自治。治乱兴亡,无不皆由所化也。……夫化者,贵能扇之以淳风,浸之以太和,被之以道德,示之以朴素。使百姓亹亹,中迁于善,邪伪之心,嗜欲之性,潜以消化,而不知其所以然,此之谓化也。然后教之以孝悌,使民慈爱;教之以仁顺,使民和睦;教之以礼义,使民敬让。慈爱则不遗其亲,和睦则无怨于人,敬让则不竞于物。三者既备,则王道成矣。此之谓教也。先王之所以移风易俗,还淳反素,垂拱而治天下以至太平者,莫不由此。"[1] 与西方国家教育的标准在于培养人的理智德行不同,中国传统的育人标准在于培养人的伦理德行。"天命之谓性,率性之谓道,修道之谓教。道也者,不可须臾离也,可离非道也。……喜怒哀乐之未发谓之中,发而皆中节谓之和。中也者,天下之大本也;和也者,天下之达道也。致中和,天地位焉,万物育焉。"[2] 人作为天地阴阳五行化生之精灵,诚能各循其自然禀赋行事,则其日用事物和言行身动,莫不各有当行之道。然而,人人性道虽同而气禀天赋或有差异者,则有聪明睿智者应运而生、担当而出,顺应中国古代家国一体和家国同构的政治、经济、文化要求,著书立说并致力于不同人物之所当行而品节诱导,此举经由官府旌表或治世传布而成为通行法则。于是乎,原本产生于帝王皇家的齐家范族和治家教子之训,推延奉行为士大夫家族的家法族规,最终滋漫通行为一国的训俗新民礼制,都一以贯之地围绕道德人伦关系施教于家而成教于国,演绎出中华民族传统家庭生活的日常样法,成为中国古代数千年家风文化传承不坠的历史写照。

---

[1] (唐)令狐德棻等撰,中华书局编辑部点校:《周书》,中华书局1971年版,第383—384页。

[2] (汉)郑玄注,王锷点校:《礼记注》,中华书局2021年版,第673—674页。

第六章

中华优秀家风传承文化创新

家庭是构成社会的基本单元，根植于中华优秀传统文化土壤的好家风，是育人兴家的文化形态，是一个家庭的精神内核，也是涵养社会好风气的重要基础。随着改革开放的不断深入和社会生产力水平的加速提升，现代中国在物质文明建设方面取得举世瞩目的成绩、稳步跻身世界第二大经济体的同时，在社会主义精神文明建设尤其是公民思想道德建设方面却存在着一定差距，包括以家风传承为内容的社会文明发展的不平衡不充分，成为人民日益增长的美好生活需要和不平衡不充分的发展之间矛盾的一个方面。在有些人身上表现出理想信念弱化、社会诚信滑落、道德伦理淡漠、价值观念混乱等社会问题，与中国的综合国力和相应的大国地位明显不符，迫切需要我们从中华文化精神汲取智慧和力量。对包括优秀家风传承在内的实践创造，做出创造性的理论概括，不仅是重视家庭注重家教、建设文明家庭的需要，而且是新时代中华民族伟大复兴战略全局和世界百年未有之大变局发展的现实需要。"在新的时代条件下，我们要进行伟大斗争、建设伟大工程、推进伟大事业、实现伟大梦想，仍然需要保持和发扬马克思主义政党与时俱进的理论品格，勇于推进实践基础上的理论创新。"[①] 弘扬中华优秀家风文化，立足于回答新时代家庭建设问题，重视家庭建设，重视家教家风，探寻家风传承的文化创新路径，创造性转化家风传承模式、创新性发展家风传承文化，开现代家风建设与传承新局。

[①] 《习近平谈治国理政》第二卷，外文出版社2017年版，第72页。

第一节　精神文化创新

家风是一个家庭文化的精神延续和生活传承样态，也是社会主义核心价值观在社会大众生活中的微观缩影与实践方式。好家风不仅可以引发家庭成员的内心共鸣，让核心价值观念更容易被人自觉接纳和情感认同，而且有助于激发践行社会主义核心价值观的情感自觉。加强家风建设，珍惜和用好中华民族世代相承的这一文化传家宝，迫切需要把马克思主义同中国家庭建设实际相结合、同中华优秀传统家风文化相结合，坚持在实践的基础上创新和发展家风文化，自觉用马克思主义立场、观点、方法，指导建设中国特色社会主义家风文化建设，让千千万万家庭好家风成为家庭和睦、人民幸福、社会和谐的重要基石。

一　现代家风观念创新

从广义文化视域看，现代家庭也好，古代家族也罢，客观上都是人化或人文化的人类生存和发展形式。承认家风也好，否认家风也罢，都是人的主观判断。为了直观感受人们对家风传承的认识和态度，课题组成员通过选择山东、重庆、贵州、甘肃等地群众参与调研，重点访谈颜氏、曾氏、闵氏、李氏等宗亲族人传承家训精神和持守家风经验，选择部分家族企业主进行访谈，并结合课题组成员自己的家庭生活体验，就人们对现代家风建设与传承的认识问题进行了研讨。结果发现，进入新时代，人们对家风及其传承创新的认识总体比较模糊，对家风建设的重视程度普遍较低，即便是有一定认知的人，也对家风的认识观念守旧、应对乏力，存在明显差距。其中，文化和受教育程度对家风传承的影响最为明显，普遍表现为学历越高者越认识到家风传承对家庭对社会对国家的重要意义；在事业单位或政府机构就职的从业人员，普遍表现出具有家风传承的认识和自觉；出于功利性考量，家族企业主是受访者中最看重家风，并以家传悠久的家族品牌为荣，成为最具传承家风自觉性的人群。马克思指出："批判的武器当然不能代替武器的批判，物质力量只能用物质力量来摧毁；但是，理论一经掌握群众，也会变成物质力量。理论只要说服人，就能掌握群众；而理论只要彻底，就能说服人。"① 正如有人说"没有家风也是一种家风"，既不能视而不见，否认家风的存在事实，也不能认识模糊，甚至错误看待家风现象。创新家风观念，从认识上正确把握家风的根本属性，才能形成14亿中国人重视家庭建设，注重家教、注重家风的强大动员力量。

（一）明确家长角色定位，增强家风传承的使命感和责任心

中华民族顺应历史发展规律，能够在四大古代文明演进中独善其身，至今仍然保持着旺盛生命力的根本原因，一方面，在于中华文化本身具有的认识自然、构建社会、把握人生的科学理性价值，为中华民族生生不息和发展壮大提供了丰厚的文化营养；另一方面，还突出表现为中国人以自己独特的家庭（家族）风教模式，通过人民大众"施教于家而成教于国"，培养出一代代贤子孙的同时，坚持与时俱进、推陈出新，成功实现了对凝结着民族精神追求、印刻着中华民族基因的中华文化的传承。从这个意义上讲，家风不仅是揭开中华五千年文化传承的密码，也影响中国未来发展的内在逻辑，因而同样是中华文化的根脉。在社会生产力高水平发展的当今时代，生产生活物质资料的极大丰富，完全能够保证国家对教育和人才培养的高额投入。古代家长们忧心子女后辈成长成人教育无着、长葆家业不坠于世的约束规范不全，因而自觉行动起来立家规、定家训、教子弟、传家风的社会历史条件发生了根本改变。然而，伴随着国家对教育特别是对基础义务教育的免费制保障不断完善，以及其他社会公共教育资源的极大丰富，却让当今很多父母或家长在孩子的教育问题上，滋生不负责任的思想，很多家长或以工作忙、社会压力大为由，或以自己学科专业不对口、夫妻关系不和等，有意无意地将家长通过家庭教育塑造孩子德行人格的重要责任，或寄养转嫁给亲邻，或直接转嫁给自己的父母，甚至将自己分内当有的家教责任完全转嫁给学校和社会。

一方面，家风对于治家教子而言，意味着子不教父母过的责任。如果说因为生儿育女的自然选择，让父母成为人生的第一任教师，那么，因为治家教子的社会分工，则让家长无可厚非地成为家风建设与传承的

---

① 《马克思恩格斯文集》第1卷，人民出版社2009年版，第11页。

第一责任人。面对现代社会普遍存在的家庭观念淡漠、家教不严、家风传承意识不强等不良现状，试问近5亿新生代家长，没有了持守家风的责任心，怎么帮助孩子扣好人生的第一粒扣子？家庭这个人生港湾的安全拿什么来保证？每个人都是家庭最宝贵的一分子，每个人在家庭当中的身份和角色，决定了他对这个家庭的责任和义务。其中，建设和传承好现代家风，就是家长的分内之事。一方面，只有明确角色定位，认识到家长当有的责任，才可能将创造性转化和创新性发展结合起来，厘清中华优秀传统家风文化丰富内涵的同时，坚持在实践中创新、在实践中发展的原则，改造原有家风的表现形式，赋予家风新的时代内涵和现代表达形式。另一方面，弘扬中华优秀传统文化，通过家长不断涵养和汲取家风中的文化精华，扬善抑恶、移风易俗，绝不是喊一两句口号就行，而是继承了无比丰厚的中华优秀传统文化遗产的新生代家长，当有的责任和使命担当。创新家风传承观念，需要每一个父母或家长从思想认识上变被动为主动，化无心插柳为有意为之，改变过去因为不太重视家教养成和家风传承的漠然心态，做一个家庭生活的有心人，切实从重视家庭建设、重视家教养成、重视家风传承等方面，增强家庭建设责任感，主动担当起梳理拟订家训、主要提炼家庭生活经验、以身示范治家教子、在家培育和践行社会主义核心价值观的主体责任，不断将家庭长期以来积淀形成的生活风尚和价值追求凝练总结、创新升华为各具特色的家风形式。

另一方面，家庭的存在和对社会的基础性支撑，表现在家庭不仅是家人日常活动与休养生息的空间，是家风育人的家教场所，而且，家风传承意味着家庭以其各具特色的家风文化才能支撑起整个社会的好风气。家庭作为社会基本单位和建构细胞的组织性质，决定了只有千千万万个家庭的家风好，子女教育得好，家庭生活幸福美满，整个社会才能和谐稳定，国家才能长治久安，整个中华民族才能凝聚起伟大复兴的磅礴力量。站在新的历史起点上，珍惜并用好中华民族世代相承的传家宝，创造性转化和创新性发展中华优秀传统家风，既要特别重视挖掘中华五千年文明中的思想精华，大力弘扬中华优秀传统家风文化，又要把中华文化中的精华同马克思主义立场、观点、方法结合起来，树立和传承中国特色社会主义家风，让千千万万家庭好家风成为家庭和睦、人民幸福、社会和谐的重要基点。

（二）坚定中华文化自信，消除对家风的认识偏误

家风，承载着一个家庭的过去，更预示着一个家庭的未来。"积善之家，必有余庆；积不善之家，必有余殃。臣弑其君，子弑其父，非一朝一夕之故，其所由来者渐矣，由辩之不早辩也。"① 那些历史上累世繁盛、富甲一方的世家大族，不论是浙江郑氏义门、山西乔家大院、福建土楼客家等历史上的名门望族，还是范仲淹、王夫之、张英、梁启超等人才辈出的家庭，长葆家族繁荣昌盛的通行密码，都不外乎家风正而保家运昌。正是从这个意义上讲，家风是一个家庭最为珍贵的传家宝，绝不能忽视家风建设，丢弃这个宝藏，要从思想上消除对家风建设与传承的错误认识。

一是以社会经济基础发生了根本改变，片面地认为现代家风失去了现实支撑。一方面，坚持认为中国古代社会数千年来，长期发挥道德风教和净化社会风气作用的传统家风，存续的经济基础是自给自足的农耕社会经济，相应的社会组织架构，是家国一体的家族式政治设置和建构。随着小农经济完全被社会主义公有制经济取代，传统的家庭宗法制度存在的经济基础瓦解、消失。工业革命催生的行业分工细化与职业交叉融通，将古代社会广泛存在的家族无情分割和打散。不仅造成新生代家庭在空间位移上的分散别居，而且随着血缘亲属关系的疏离，必然导致家族凝聚力下降，族人宗亲的家族意识淡化，否认家风存在的前提，家风传承则不知所终。当然，由于维系传统家庭或家族存续的经济基础解体，导致家风的作用和地位下降，这是不争的事实。加之与现代小家庭相伴而生的市场经济体制，提倡个性自由、优胜劣汰，让身处市场经济大潮中的很多人满脑子的功利意识，不仅影响传统家风的集体主义人文精神，而且冲淡了个体对家庭的责任与义务观念，严重影响了家庭伦理道德的养成。然而，正如以特定形态的社会经济基础发生变化来否定社会上层建筑的存在，是极其错误的一样，以社会主义公有制经济取代封建土地私有制、否认现代家风存在的现实基础，同样极其错误。无论何种社会经济形态，也无论身处哪一个时代，家庭都是人生不可或缺的基本社会

---

① （清）李光地撰，梅军校笺：《周易观象校笺》，中华书局2021年版，第42页。

组织单位。建立在人类历史发展最高阶暨社会主义公有制经济基础之上的现代家庭，必然是借鉴吸收了一切人类优秀文明成果的最新组织形态，家庭建设是个人幸福、社会进步和国家发展的重要基础。除去传统意义上的物资生产、人口生育、家庭硬件建设和生活消费等基本家庭职能，育民新人和齐家范族等家风实践，同样是特定社会经济生产与生活方式决定的，推动现代家庭培育良好家风，对于一个人从出生时起便在家庭生活中成长成人的思想道德教育而言，不仅是满足家庭成员身心健康和德行养成的德育学校，而且是每个家庭成员的精神归宿。另一方面，认为家风传承与存续的家庭组织发生了改变，家风传承的功用和价值消解。随着市场经济体制的确立和快速发展，现代中国社会已经步入小家庭时代。很多人认为，中国古代家风产生和传承的根本原因，是过去父家长制度和保证嫡庶立嗣代际延续的宗法制家族权力结构。由于现代社会的发展推动了家庭小型化转变，让过去的父家长制已经不复存在，以父亲为代表的家长权威也失去了像过去那样的强制性制度保障，让与此相适应的传统宗法观念消失的同时，导致家风传承的家庭或家族组织结构发生了根本性改变，最终影响家风传承的作用和价值发挥。毋庸置疑，中国长期计划生育政策的执行，催生了大量三口之家，甚至出现更小的丁克家庭和单身贵族家庭，传统制度下的多代同堂联合家庭和主干家庭越来越少，家庭小型化造成子女成长和接触的亲戚越来越少，这一家庭组织变化引起的社会化人际交往关系，的确冲淡了家庭伦理道德教化观念，也弱化了家风传承的功用和价值。"家庭是由夫妻之间、父母和子女之间的关系组成……这个社会是以简单的家庭和复杂的家庭作为自己的前提和基础。"[①] 马克思恩格斯所揭示的构成社会的组织基础——家庭，人员结构以及由此产生的伦理关系，依然满足中华优秀家风存续的所有要件。实际上，现代农村社会依然有几世同堂的大家庭，因为较好保持家风传承而成为地望显族，也有民族聚居村寨和农村聚族生活的多民族家庭、城镇部分与父母一起生活的三代同堂家庭，以及与父母共居一地互为照应的血亲家庭等组织形式普遍存在。现代家庭的组织结构的确变得形式多样，但是，重视家庭建设、注重家教，家长想方设法为子女提供

[①]《马克思恩格斯选集》第 1 卷，人民出版社 2012 年版，第 159—167 页。

最好教育的良苦用心，却是每一个中国人高度认同的现代家风。这一现象足以证明，变的是家庭组织结构，不变的是望子成龙望女成凤的家风功能指向，主观臆断现代家风建设与传承非必要的言论，显然是向壁之说。

二是为表面现象所迷惑，怀疑现代家风存续的文化现实。随着现代社会的飞速发展，受价值多元的冲击，有些人囿于社会表面现象的迷惑，片面地认为家风似乎已淡出人们的视野，由此造成很多家庭的家长基本没有意识到家风会对家庭建设，以及对孩子的人格塑造、价值取向和行为习惯养成具有的深远影响，随波逐流而认为现代家庭没必要有家风。有些人则习惯于崇洋媚外，以国外平等友朋式家庭为时尚模式，而将中华传统家庭组织及其观念，当作对人的限制和禁锢。在生活实践当中，对家庭建设重视不够、精力投入不足，导致家训遇冷、家教不振，中华优秀传统家风在"文革""破四旧""打砸抢"等活动中被严重破坏，造成的影响至今远未恢复。历史过往造成的时过境迁，以及现代家庭组织的小型化、家庭结构多样化，以及城乡居民自由移动造成大量人员游离于家族和城市居民之间，参与市场竞争让急功近利、利己自私等极端个人主义思想盛行的同时，让听长者言、照祖训行逐渐为自由主义与叛逆独断所替代。甚至有人怀着市场经济条件下追名逐利导致的猜疑冷漠、规避利用的伪诈和矛盾心理，认为未来社会家庭存续尚有疑虑，家风传承更显虚幻。一叶障目，不见泰山，这些错误观念和心理认知的产生，都是受现代家庭建设的表面现象所影响，没有看到由血缘纽带和亲情关系所维系的家庭本质，否认家风建设对完善国家治理的重要依托，必须加以纠正。

三是认为家风只代表迂腐落后和封建守旧，没有看到家风在维护家庭稳定特别是传承文化方面的巨大价值。近代以来，中国在推进西学东渐、打破封建保守观念和陈腐思想的过程中，由于缺乏辩证看待传统与现代问题的理论准备，部分人简单地选择了对中华传统文化的全盘否定，不仅将中国传统家庭美德等同于封建和落后的东西，而且更为可惜的是，对千年传承至今的家训、族谱、宗庙等在强力收族、维系家庭（家族）和睦稳定，以及训育家族人才辈出的优秀传统家风，也没有顾念其所具有的与时俱进、兼蓄传递不同价值观的齐家范族和培育新人作用，简单地一概加以否定并"打烂"抛弃。经过百年历史的淘洗和反思，现在让我们理性看待家风，则不仅发现一家一风意味着传统家风传承的独到与重要，而且更加清楚家风对家庭建设与家业兴衰的基础性作用。古有包拯提出"不从吾志，非吾子若孙"的家训，教育祖孙三代践行居官清廉、克己奉公而树立严正家风，后世子孙一代接一代赓续传承，演绎出包氏一族清介持家的家风传统；今有钱氏豪门钱学森、钱伟长、钱三强三位科技泰斗树起探究科学的典范，积淀形成《钱氏家训》，传承勇攀科技高峰的问学家风，塑造出钱门一百多位科学家。诸如此类的家风建设与传承模范，如果同迂腐落后和封建守旧相关的，仅仅是时代印记，而辈出人才和精神指引才是家风最大的共性。透过这些表象，显然可以看清家风的本质，也才能正确看待家风传承与家庭建设、家业兴衰之间的辩证关系。

四是注意优化家长家风建设思想，纠正重智轻德和急功近利教育观念。现代家庭的年轻父母对家风育人的主观判断，一味强调孩子对知识掌握和课业学习，实际行动方面则体现在他们选择家庭教育内容和方式时，愿意花大价钱为孩子选报各类课外学习辅导班，并不惜花费大量时间和精力陪伴监督孩子学习文化知识，或额外选修各类特长技艺。"当整个社会被嵌入一个以人与人之间的激烈竞争为最显著特征的市场之内的时候，教育迅速地从旨在使每个人的内在禀赋在一套核心价值观的指引下得到充分发展的过程，蜕变为一个旨在赋予每个人最适合于社会竞争的外在特征的过程。"[①] 当今社会比较典型的家庭教育，家长一般都被焦虑和贪婪役使，急功近利、揠苗助长，早已将家庭教育和家风化育演变成分数竞赛的主要部分。其实，重智轻德家教是家长转嫁教育责任的一种表现，长期重智轻德的结果，导致文化教育过度与家风德育不足并存。现代家风建设，普遍存在文化教育过度和德育养成不足的矛盾问题。一方面，家庭教育从不能让孩子输在起跑线上的胎教早教、0岁方案，到变味的陪伴学习、虎妈狼爸教子，不同版本的家庭教育示范案例很有市场，各种宣扬高效成功的家风化策略令人眼花缭乱。另一方面，现代家庭教

---

① 杨红星：《功利化目标不该是教育的全部》，2023年7月27日，中国教育新闻网，http：//www.jyb.cn/2016-11-11。

育完全围绕学业成绩和考试排名展开，家长只重视智力培养，无视孩子的非智力德行培育。说明在竞争日趋激烈的当今社会，家庭正在变为学校的第二课堂，父母沦为学校教育的助手，真正的家风化育价值被埋没，很多家长变成了在校学生的作业和课业辅导员，家庭教育应有的功能也被遮蔽。对于学校和家庭而言，如果出于人才培养的共同目标、遵照功能划分而走到一起，自当可以被社会广泛接受。然而，时下因为学校教育的绝对强势而导致家庭跟从附庸的一边倒格局，不仅与家庭教育规律相悖，也让家风化育的基础地位受到冲击。在"望子成龙、望女成凤"等急功近利心理驱使下，一些家长成天为了孩子的教育急得团团转，不断地跟周围的人作比较，生怕自己的孩子学得少了、学得晚了、学得差了，不断提高对孩子学习的要求和期望，也让不少家长变成了虎妈狼爸，限制子女课余自由，遏制孩子的兴趣诉求，最终忽视了孩子自身的发展需要，教育孩子的目标变成了实现父母自己的梦想。德才兼修才是建设良好家风的前提和基础，也是克服重智轻德偏误的有效出路。转变家长教育观念，认清以家庭教育为主的家风化育，注重人格塑造，以学校教育为主的人才培养，重在认知储备，以治生处世为主的社会教育，偏重公民养成，搞明白家风化育在一个人成长成才和成人成德中所具有的奠基作用。《易经》所称许的"蒙以养正，圣功也"就是在突出强调教子婴稚、勿失时机的同时，莫大之圣功在于养正。蒙以养正，家长最需要做的就是对孩子进行道德教育，通过进退洒扫庭除等生活实践，注意言行举止训导，培养孩子的良好行为习惯，而教孩子学习文化技术倒在其次。因此，以趋利为基本特征的市场经济及由此决定的利益至上社会价值取向，造成现代家风建设与传承出现比较严重的认识问题，现实中很多急功近利的短视行为，不仅助长了褊狭的应试教育，而且加剧了分数至上的实用主义潮流，很多家庭存在道德训育和人格塑造真空，甚至出现违反人道和教育基本规律的家风异类。

（三）奉行"家和万事兴"治家理念，增强现代家风建设与传承的文化自信

家风既是一个家庭或家族的核心精神，也是一个社会价值追求的缩影。中华优秀传统文化崇尚天人合一、亲仁善邻，爱好和平、协和万邦的和合精神和处世理念，铸就了中华民族传统文化以和为贵的基因谱系，

不仅体现着亿万家长期冀长葆家业不坠的良苦用心,也反映在中国人数千年乐此不疲地通过治家教子和坚持传承家风的生活实践,演绎着中华民族千年秉持"家和万事兴"的治家理念。传承是家风的本质特性,表面上看,奉行"家和万事兴"治家理念的家风,外显为一个家庭(家族)长葆瓜瓞绵绵、家业兴旺。实际上,世人所见此情的根本,就是这个家庭(家族)和合家人关系、团结一心谋发展家风传承的现实成果。为人父母者只有对这个道理心知肚明,才能自觉做到和谐家庭关系、凝聚家人力量,以自己的言行诠释和践行"家和万事兴"治家家风,让这一最美家风如阳光和空气一样,时刻萦绕在家人族众心中,始终不可或缺。

"家和万事兴"治家理念指导下的好家风,必定是一个家庭或家族长辈经历沧桑岁月,用智慧和心血建树出来的治家教子精神财富,值得后辈子孙一代代传承下去。如果说有什么样的家庭就有什么样的孩子是结果呈现,那么有什么样的家庭就有什么样的家风则是前置诱因,其中内含着有什么样的家风就有什么样的传承这样一条硬道理。因此,与家风的传承性相一致,作为一个家庭(家族)长期积淀形成的生活样法,家风自然内在地具有尊奉"家和万事兴"治家理念的稳定性特征,由此才能保证累世而成的传统家风在家族内部世代相传。从家风承袭的时间纵向看,一个家庭(家族)的家风在相当长的历史时期内传承不弃,不会发生根本性的变化,必定有明晰的指导思想贯穿始终;从家风传承的社会影响面看,一个家庭或家族的家风不会轻易受到周围其他家族或家庭家风的影响而发生根本性改变,也是"家和万事兴"治家理念保持定力的结果。从这个意义上来讲,只要一个家庭正常存在并保持繁衍不绝,这个家庭就有"家和万事兴"治家理念指导下的家风在传承,只是没有被存心认识到罢了。家风是无痕的塑造力量,古今历史上出现的大量长期保持繁盛不衰的世家大族,无一不是模范奉行"家和万事兴"治家理念,依靠日积月累形成的足以培育家庭成员精神品德、养成良好行为习惯,并具有保持这种传统风尚和德行传承的内心定力。受现代高效运转的社会生活节奏裹挟,很多人特别是年轻新生代忙于工作而无暇顾及家人孩子,也不注意调协家庭人际关系,不是因为时间紧张、距离阻隔和能力危机,而是太多的人忽视了家风的作用和存在必要。一方面,如果说"三岁看大,七岁看老"的人格预判,直观反映出中国人对一个人接受家风熏陶重要性的认识，那么，"富不过三代"的魔咒，却是建立在治家理念消亡导致家风更迭的合理性基础之上，也说明家风建设之不易，远比保持家风传承不坠的难度小。另一方面，奉行"家和万事兴"治家理念，就是从满足新时代城乡居民家庭的生产生活和精神塑造的需求出发，坚持以人为本、促进身心健康，深入挖掘中华优秀家风精神，创设和睦家风文化别开生面的传承方式，让"家和万事兴"优良传统转化为全新的家风运行方式。

近年来，特别是党的十八大以来，习近平总书记在不同场合，反复强调要重视家庭建设，注重家教、注重家风，党的组织和各级政府部门积极引导，组织开展政策理论学习和家风创建活动，各级新闻媒体围绕寻找家风、讲述家风故事、传播家风知识展开宣传推介，广大社会科学工作者尤其是教育工作者深度挖掘中华传统家风文化精神、阐释家训家教家风建设理论、积极投身家风建设与传承创新实践。但是，真正将"家和万事兴"治家理念转化为家教家风精神，树立为家庭文化风尚和价值追求，切实将和谐家风文化贯彻落实到家庭日常生活当中的家庭却为数不多。家风建设和传承，仍然停留在观念转变阶段，因为缺乏理念支撑，社会上层出不穷的各类书写家教格言楹联、背诵家训警句范文、家族寻根问祖活动、电视网络讲家风故事等创建活动，都难免形式主义。那些零星散见于各地的建家风馆、绘家风墙、创家风村、树家风碑等文化旅游项目，虽然粗线条勾勒出了家风建设的四梁八柱，但是，还没有落实到人们的生产生活实践，要让家风精神真正入脑入心，尚需时日。需要强调的是，同在一片天空下，没有家庭教育、不需要家风门风传承而能长久延续下去的家庭，是不可想象的。

家风的形成，既可以是有意识培育的结果，也可以是无意的实践积累。搞好现代家风建设与传承，一方面，亟须从观念上引导人们理性对待家庭物质利益追求与精神品德养成，摈除功利主义、个人主义、小富即安等不良家风建设倾向，真正打心底重视家庭精神文化建设，让每一个中国人以谋求家庭幸福为旨归，坚定"家和万事兴"家风建设理念。另一方面，与推进中华文化自信自强和提升社会文明程度同步，久久为功，坚持创造性转化和创新性发展中华优秀传统家风文化，坚定家风文化自信，推动明大德、守公德、严私德，转变观念，真正激发起大众创新家风建设的热情，引导建设和秉持家风代际相传的行动自觉。

二 现代家风理论创新

家风是一个家庭或家族独特的治家教子文化形态，家风传承则是这种家风文化的生产和再生产实践过程，本质上属于以文化人的家庭教育。自古倚重家庭生活的中国人，不仅重视家庭、重视家教，而且特别看重家风传承。人类历史的发展事实表明，世界上没有哪一个民族像中国人这样重视家风养成，重视支撑家道繁盛不衰的长效机制——家风传承，现实中表现为无数家长坚持"施教于家"而"成教于国"，自觉担当起在家育民的德育风教责任。中国古代家长们正是这样做好了自己当做之事，从而以无言的教诲，风化训育出一代代贤子孙，成功走出了一条中国特色的家庭德育之路。但是，中国古代家长们却很少花心思去思考进而探明家风育人的内在机制，这一重德育实践轻理论阐释的家风文化传统，即便是到了知识大爆炸的21世纪，依然表现为当今教育界对包括家风传承在内的家庭教育理论与实践研究的不足。补齐这一文化短板，创造性开展家风理论研究，推动中华优秀传统家风创造性转化和现代家风建设创新性发展，成为广大哲学社会科学工作者不可推卸的紧迫责任。

（一）努力探究中华优秀传统家风有效育人的内在机制，为现代家风建设与传承提供有益借鉴

家风及其文化现象，是一个家庭或家族成员的德育方式和生活风习，对这一文化形态的理解和把握，一般要通过对这些人在特定的时空活动过程中的言说表达或意识认知进行把握和描述，然后才可能被人感知、被人接纳，才可能得以传承。因此，弥补家风理论缺憾，一方面，要注意运用教育学最新成果探明家庭教育基本理论的同时，阐明家风治家教子的理论和实践问题；另一方面，对家风这一极具生活特征的大众文化形态的创造性转化和创新性发展，要特别注意把学术性话语转化为人民大众能懂易记、愿讲爱听的朴素话语，不仅做到以事言理、以理统事、事理融通，而且让语言生动活泼、表述通俗易懂，以此保证家风文化的有效传承。

"纸上得来终觉浅,绝知此事要躬行。"① 如果用南宋诗人陆游家训诗《冬夜读书示子聿》诗句,来描述中国古代先民重视家庭教育、注重制定家规家训教育后代,而以家风缜密为世人所瞩目,则最为恰切。但不无遗憾的是,虽然中国古代社会成功建立起了一套完整有效的家庭德育机制,以家风传承这一民间大众教育实践范式,在立德树人和齐家范族方面获得了极大成功。可是,中国先民们对自己世代尊奉的家风文化在道德传家和培育新人过程中的作用机制却很少进行专门探究,很多家长制作家训"正欲其浅而易知,简而易能,故语多朴直。使愚夫赤子,皆晓然无疑"②。大量流传至今的优秀传统家训,虽然为古代家庭德育和社会教化提供了教科书,也注意语言表达的适应性,但缺乏有效使用和施行教化的理论指导。这一缺憾的存在,致使中国古代万千家长们尊奉家训遗韵照着做得非常到位,但言明就里讲清训教道理的几近阙如,让中华优秀家风传承缺乏科学论证和理论支撑。中国古代摸着石头过河的家教传统,至今依然影响较大,表现为中国理论界对家庭教育的理论研究起步较晚,对包括家风传承与作用发挥机制在内的家庭教育理论阐释和实践提炼,对中国现代家庭教育出现的诸如重智轻德和攀比之风,只关心子女的学习成绩、忽视对孩子的道德品质和人格培育,以及影响未成年人成长成才的拜金主义、急功近利等不良现象,有效说理严重不足。

毋庸置疑的是,虽然家风潜行于一家一族,却可以被家族以外的民众感知到家风的存在,说明家风是一个家庭(家族)成员在长期生活延续发展过程中,形成的道德风尚和生活习气,虽然隐于无形,却又体现在每个家庭成员的举手投足之间,久而久之则固化外显为独具特色的家风。因此,家风绝不是一家独有和神秘莫测的锦囊妙计,凡在历史上传承不衰和绵延不绝的优秀家风,往往都致力于倡风教、去奸邪、立义庄、助困厄、办学校、兴水利等济众义举,通过敦化一方乡民、整饬一地乡土的同时,保持德风劲吹。也让家风在生活现实当中走出了家门之外,以门风敦厚人才辈出、家风传承繁盛不衰,真实而不失神秘地外显为众人所向和名望所归的可被感知、可被定义、可被借鉴传承的居家典范、

---

① (宋)陆游著,杨雪编著:《陆游诗词集》,江苏凤凰文艺出版社2020年版,第113页。
② 庞尚鹏:《庞氏家训》,上海古籍出版社1985年版,第1页。

行为准则和价值取向，在家风文化传播中，发挥着重要的辐射和带动作用。随着中华传统文化热的不断升温，学界对家风探究的热情也被点燃，近年来井喷式出现的关于家风家训家规家教的著述很多，有的通过家风小说以文化叙事的形式展现家国情怀，有的综述家风所蕴含的博大精深中华优秀传统文化精神，有的着力解析中国著名家族家风文化传统，有的博采众长推介中国杰出家风家教有效故事，有的展现新时代新家风家教创建活动等，不一而足。研究成果涵盖的领域的确很广，但是，缺乏聚焦家风文化传承微观视域探究家风运行与作用发挥机制的研究，而且大多呈现为坐而论道的意义阐发，尚未落实落细落小到可资借鉴的家风实践操作层面，更少有针对优秀家风传承创新路径的专门研究。

（二）创新家风传承理论，为深入开展现代家庭教育提供精神指引

按照现代教育学理论体系所给出的结论，家庭教育泛指人类所进行的所有旨在增进家人关系、保障家庭功能的各种精神生产与再生产的以文化人实践活动。由于家庭场域的私密空间，以及家庭施教者家长的人生经历、知识水平、家教理念不尽相同，决定了有什么样的家庭，就有什么样的家教，就有什么样的家风，也就会养育出什么样的人。这一人类生存与发展共有的现象充分表明，以家风外显的家庭教育，其生活化育人齐家的风教内容和方法，虽然都涵盖如何成为称职家长的亲职教育、明晰儿女职责与义务的子职教育、基于性别认知的两性生理健康教育、男婚女嫁爱情教育、男女有别和长幼有序的伦理教育，以及家庭资源与管理等家庭教育事项，可是，不同的家庭，却有着各自截然不同的家庭教育和生活风尚。正因为家长个性化地对家庭教育当有的丰富内涵有所取舍，由此铸就了以家风外显的家庭教育的各具特色。需要强调的是，理论研究工作的实质，就是透过现象看本质，家风文化的异彩纷呈，绝不能成为自古至今人们对家风建设与传承现象研究不足的借口。相反，遵循理论研究和实践总结的科学规律，透过异彩纷呈的万千家风气象，厘清家风建设与传承的基本理论和实践范式，是家风理论研究的关键所在。

创造性转化和创新性发展现代家风文化，要在科学梳理和认真总结中国优秀传统家风化人理论和成功经验的基础上，打开家风育人的道德生活灰箱，厘清家风训育作用发挥机制，探究符合现代家庭实际、体现

时代特色的优秀家风传承创新路径，为新时代亿万家庭创建好家风，提供有益借鉴和选择模式。与此相适应，通过深入细致的研究，重点阐明家风育人的核心要领，为创新发展现代家庭教育提供精神指引。一是揭示家风生命教育的理论与方法。围绕一个人生老病死对家庭的生命需要和生活依赖，揭示家庭教育何以通过保障个体生命安全和心理健康，给人的成长成才以家风熏育的内在机制。二是阐释家风立德树人的理论与方法，探明学以成人、修德立身的生活化、常态化人格塑造过程，揭示家风育人的他律和自律机制。三是明晰家风处世为人的理论与方法，从人的社会化发展进路，探究家风化育如何成功搭建起个体和社会往来的纽带和桥梁，阐明家庭教育的理论与实践基础。四是探析"家和万事兴"的风教治家之道，将中国家长寄望子女顾家兴家管家、防止不幸而败家的居家平常心理，提炼升华为创新性传承家风的文化自信。

（三）继承和弘扬中华优秀传统文化精神，夯实现代家风建设与传承创新实践的理论基础

家风的理论价值，绝不在于人们有意或无意地文化提炼与创设，而在于教化后生的功夫和创新性传承接续；家风好坏的关键，取决于家庭（家族）文化环境的健康存续和对子子孙孙的有效化育。与系统性和规范化的学校教育相比，家风教育润物无声、和风化雨的长处，体现在潜行于日常生活而不自知的常态化、个性化、生活化的一些细小，具体表现为以家长耳濡目染的训育实践，传授家长对人生的历练感悟和对世界的独到把握。施教过程可以取譬家人身边的实例、借用史料鉴别，也可以引经据典以求感化家人子弟，启发其获取道德体悟。

变的是形式，不变的是精神赓续。传统家风源远流长，我们无论如何都不应该忽视中华优秀传统文化宝库里的家风家教家训传统和风教经验。弘扬中华优秀传统文化，批判地继承中国传统家风育人的优良传统，在分析中国古代重家风而成教于国这一民间大众育人社会风尚及成因的基础上，立足于正确处理好传统家风文化的继承与创新关系，廓清家风传承这一中华优秀传统文化泽被大众的民间育人通途，厘清家风作用发挥的有关理论与实践问题，探析现代家风传承创新的文化路径、实践路径和社会路径，为新时代好家风建设提供可资借鉴的德育生活范式，引领现代家风建设创新发展。

因此，家风传承必须立足新时代新使命新要求，坚持与时俱进，守正创新，注意将马克思主义理论与中华优秀传统文化结合起来，将社会主义核心价值观融入现代家风精神当中，赋予家风文化以新的时代内涵。完善和优化理论体系，让现代家风"以社会主义核心价值观为引领，以中华优秀传统文化为根基，包容多元文明，以实现国家富强、民族振兴、社会和谐、人民幸福的中华民族伟大复兴的中国梦为终极目标，致力于实现人与人、人与社会、人与自然的和谐统一。具体应表现在爱国敬业、明礼守信、孝亲爱幼、团结友善、勤俭持家等方面"[1]。重视家庭教育，研究设计和推广符合现代家庭实际、能够体现时代特色的优秀家风传承创新模式，推动家风建设理论创造基础上的实践创新，开启现代家庭教育新局面。

三 现代家风内容创新

家风是中华文化历经上下五千年历史积淀形成的，能够体现一个家庭或家族精神风貌与品性气质的集体生活风尚，既有文化精华，又有历史糟粕。家风文化的主要内容，可以分为家庭（家族）成员共同的价值认同，以及与此相适应的生活方式两大方面。"家风主要传承价值观、与价值观相关的伦理观和道德观，以及实现这些观念的基本方法与规矩。"[2]完成家风文化的内容创新，一方面，要正确认识二者的相互关系。价值认同是生活方式的精神指引，只有长期秉持既定的价值认同，一个家庭（家族）的生活方式才能相对固定地得以表现出来，并以可感知、可改良的方式加以创新性传承。任何一种价值观念，要真正发挥作用，必须将其融入社会生活，让人们在实践中感知和领悟到这一价值观存在的同时，将其转变为人民大众"日用而不觉"的基本生产生活规范，才能保持家风传承与践行社会核心价值观的理想目标相一致。另一方面，要及时调整完善家风文化的局部与整体之间的关系。如果将特定家庭（家族）家风中所包含的价值认同和对应的生活方式，看作整个社会文化生态当中

---

[1] 王娟：《培育和传承优良家风的探索及实践》，硕士学位论文，西南科技大学，2017年，第12页。

[2] 张颐武：《家风与当下中国》，《前线》2014年第5期。

的小众局域文化，那么，这个家庭（家族）的家风文化，则必须与其时整个社会的文化背景和文化生态相一致。换言之，家风文化传承创新的前提，必须处理好小众家庭和大众社会文化之间的关系，将家风文化的个体性置于社会文化的共性精神当中，才能保证家风文化传承被社会接纳和认同。创造性转化与创新性发展现代家风，必须坚持与时俱进，主动适应家风精神从过去崇尚忠孝节义到注重个性自由开放、家风文化从儒学独尊到价值多元化的新变化、新要求，扬弃中华家风文化传统的同时，创新发展红色革命家风，借鉴一切人类文明优秀家风成果，赋予其合乎社会文明发展的时代新内涵，以现代好家风经营好家庭、涵养好家教，努力使千千万万个家庭成为国家发展、民族进步、社会和谐的重要基础。

（一）正确把握家风的传承性与时代性特征，创造性转化中华优秀传统家风文化精华

"中华文明源远流长、博大精深，是中华民族独特的精神标识，是当代中国文化的根基，是维系全世界华人的精神纽带，也是中国文化创新的宝藏。"[1] 中国古代家国一体和家国同构的制度文明和组织架构，铸就了中华文化五千多年繁盛不衰的社会组织基础。与此相适应，以孔子创立的儒家思想为主脉，在中国先秦诸子百家争鸣和两汉独尊儒术的基础上，经过魏晋南北朝玄学衍生阐发、隋唐儒释道三教勃发并育、宋明理学启发心智等漫长历史时期的理论创新与实践探索，最终纯粹积淀为中华优秀传统文化。这一植根中华厚土的文化智慧，一经产生，便以鲜明突出的人文精神、丰富玄妙的哲学思想，"途之人皆可为禹"的成人成圣教化理念，以及尊卑有序的等级礼仪制度和崇高普适的仁、义、礼、智、信道德观念等，高瞻远瞩地确立起中华民族独有的德行人格目标。同时，以生活化和大众化普及的文化滋养，将一般道德原则如《周易》提出的"自强不息""厚德载物"、孔子主张的"仁民爱物""遵祖崇德"等形上思想，通过家庭德育的风教生活实践，深深烙印成为中华民族最深沉最基础的精神基因，支撑着中华民族生生不息和发展壮大，成为中国人永

---

[1] 习近平：《在十九届中央政治局第三十九次集体学习会上的讲话》，2023 年 7 月 23 日，人民网，http://www.people.com.cn/2022-05-30。

远不可别离的精神家园。① 中华民族固有的刚健自强、遵德守礼，勤劳善良、责任奉献等传统家风美德，正是通过亿万家长的修身齐家生活践履，在成功培育出一代又一代贤子孙的同时，还以范导辐射和争相效仿的外溢效应，在社会层面积淀形成整个中华民族修齐治平的核心价值观念，成为保持自己民族特色的精神支柱，也铸就了我们勇于博采众长的家风文化自信。自古以来，优良家风所蕴含的刚健有为的生活态度、恭俭仁让的处事准则、爱家爱国的家国情怀、廉洁奉公的高尚节操，正是中华民族大家庭文化精神的缩影，也是中国礼仪之邦的社会发展基础。"家风好，就能家道兴盛、和顺美满；家风差，难免殃及子孙、贻害社会。"② 关于如何正确认识和对待中华优秀传统家风文化问题，习近平总书记多次讲话中指出，不忘本来才能开辟未来，善于继承才能更好创新。提醒我们，对于灿烂辉煌的历史文化，特别是先人以家风门风的形式遗留下来、散见于各种家训当中的育民新人价值理念和道德规范，必须坚持古为今用和推陈出新的原则，有鉴别地加以取舍，有扬弃地予以继承，努力将中华民族创造的一切优秀精神财富承续下去，通过创新现代家风门风文化内容和模式，实现风化成俗、以文化人、以文育人的家庭教育新目标。

家风是通过一个家庭（家族）世代口耳相传、文字记载和族谱家训等多种形式，将其时社会通行的思想观念、道德规范和价值原则以训育贤子孙的传承方式，久久为功积淀而成的家庭风教文化样态。中国人历来重视家庭家教家风，恪守家风不坠于世，始终将家风传承作为持家之本，从先秦到清末，历代先民均模范践行富含良好家风思想的家规家训，为我们留下了无比丰富的家风传承资源。一方面，展现为以有形家训如殷商《尚书·康诰》、周公姬旦的《训伯禽书》、汉太史公司马谈的《命子迁》、三国谋臣诸葛亮的《诫子书》、北齐颜之推的《颜氏家训》、唐太宗李世民的《诫皇属》、宋臣包拯的《包拯家训》、明末朱伯庐的《朱子家训》、清康熙的《庭训格言》和李毓秀的《弟子规》等，明确构成

---

① 马建欣：《中华家训文化传承与创新》，中国社会科学出版社2019年版，第44—45页。
② 《十八大以来，习近平这样谈"家风"》，2023年7月21日，新华网，http://newsxinhecanet.com/2017-03-29。

了家风训教文本；另一方面，体现在以孔、孟、颜、曾等世家大族为代表的名门显族家风文化精神，以及广泛存续于普通大众人家的父母或家长耳提面命、言传身教、祖训尊奉等常态化生活训育实践，表征着中国古代历史上家风的存储媒介和传承方式的丰富多样。纵观中国古代历史，与家国同构政治制度相辅相成的，是"人必有家，家必有训"的家国一体家风门风文化类型，因而以多种形式流传至今的家风遗产可谓汗牛充栋、精深宏富。钱穆先生曾研究指出："今所谓门第中人者，为此门第之所赖以维系而久在者，则必在上有贤父兄，在下有贤子弟，若此二者俱无，政治上之权势，经济上之丰盈，岂可支持此门第几百年而不弊不败？……他们所希望于门第中人，上自贤父兄，下至佳子弟，不外两大要目，一则希望其能具孝友之内行，一则希望其有经籍文史学业之修养。此两种希望，并合成为当时共同之家教。其前一项之表现，则成为家风。后一项之表现，则成为家学。"[①] 在中华五千年的文化历史长河当中，上至帝王将相、世家大族，下至世人百姓、普通庄户，家风的形成与传承始终围绕着道德伦理这一根本和育人灵魂展开。无论是行为规范、生活习性上的扬善抑恶还是人格追求、处事为人上的崇真贬假，道德价值观的教化与渗透，从来都是家风传承永恒的主题和内核。透过千年家风传承不绝的历史，足以洞见中华家风传承的核心要义和精神本质，可以发现绵延数十成百年繁衍不绝的古今家庭（家族），确保辈出人才和家业不坠的教子持家方略，所需要的家风精神和育人要领，不仅高度一致，而且具有跨越时代、地域、民族和宗教的文化生命力量。

　　传统的力量是巨大的，对于拥有百万年人类史、一万年文明史、五千多年文化史的中华民族而言，科技的进步绝不意味着传统的式微甚至消亡，厚重的历史文化给当代文明进步留下的家风文化遗产，在新时代仍然具有鲜活的生命力。必须珍视中华民族世代传承留给我们的优良家风精神遗产，坚持与时俱进，立足于创造性转化与创新性发展，重视建设和传承现代家风。"人们自己创造自己的历史，但是他们并不是随心所欲地创造，并不是在他们自己选定的条件下创造，而是在直接碰到的、

[①] 钱穆：《略论魏晋南北朝学术文化与当时门第之关系》，《新亚学报》1963年第2期。

既定的、从过去承继下来的条件下创造。"① 进入新时代，开启实现中华民族伟大复兴新征程，我们亟待建设与中国式现代化强国建设要求相适应的新家风，需要从历史的文化宝藏中挖掘可用资源，将时代精神融入中华优秀传统家风文化当中，创建新时代的优良家风。当然，对中国先民创造和传承下来的家风育人价值理念、道德规范和人格追求，应当以推陈出新的方式加以创造性转化和创新性继承。例如，我们今天倡导的爱国，根本不同于中国古代传统的忠君爱国，而是对人民当家做主的社会主义国家的热爱；现在提倡的孝亲敬老，并非传统社会对家族长辈的无条件顺从，而是平等、友爱条件下对先人长辈的尊敬与赡养。同样的道理，正如古代优良家风指向修齐治平治世理想，而将以儒家思想为核心的仁义道德作为教育家人子弟立身处世的社会核心价值观念，我们今天创新现代家风建设与传承，则必须将社会主义核心价值观，这一马克思主义与中国社会实际和中华优秀传统文化相结合的文化精华，作为治家教子和承袭祖业的现代家风核心理念，一代代延续传承下去，家风劲吹春风化雨，让中华优秀传统文化落地生根，氤氲化生出中国人不可别离的精神家园。

（二）创新性发展红色革命传统，为现代家风建设注入新的文化内涵

近现代以爱国主义为主要内容的红色家风，集中表现为中国共产党人在风雨如晦的峥嵘岁月里，始终不忘为中国人民谋幸福、为中华民族谋复兴的红色家庭文化传统。

一是老一辈无产阶级革命家和早期共产党人在长期的革命实践中，形成和倡导的以坚定信仰、不怕牺牲、排除万难、艰苦奋斗、廉洁奉公、遵纪守法等为主要内容的家庭生活价值原则和家人行为规范。中国共产党人在带领亿万中国人民推翻三座大山的血腥革命实践当中，创造性地将马克思主义同中国革命实际和中华优秀传统文化相结合，积淀孕育出独特的红色革命文化和社会主义先进文化，指导树立并坚持传承红色革命家风，彰显着中国共产党人的信仰力量、精神内核、革命传统。这种以坚持斗争、无私无畏、不怕牺牲的革命精神，以及坚定的社会主义和共产主义理想信念，塑造出公而忘私、先大家后小家、舍小家为大家的

---

① 《马克思恩格斯文集》第2卷，人民出版社2009年版，第470—471页。

革命家风准则，成为我们党百年壮阔征程中锤炼构筑的精神谱系中的生动华章。这些红色家风在不同时期不同家庭有不同的表现形式，如毛泽东为家人亲属确立的"三原则"，周恩来订立的"十条家规"，陈云坚持的"三不准"，习仲勋教育子女要"勤俭持家，低调做人"等优秀家风。"红色家风是中国共产党人伟大精神谱系和优良传统的深刻体现和重要组成部分，集中体现了中国共产党人的生活作风、理想信念、道德情操与精神风范。"① 中国共产党人对红色家风的恪守和传承，不仅是对家庭负责的具体体现，更是对党对人民高度负责的重要表现，在红色家风的熏育下，绝大多数共产党人的家人子女都表现不俗，为现代家风创新性建设和社会风气优化注入了新的精神内涵。

二是新中国成立以来积淀形成的红色家风。中国共产党从成立之日起，就把为人民谋幸福、为民族谋复兴、为世界谋大同确立为自己的初心和使命，团结带领全国各族人民，通过浴血奋战、百折不挠，创造了新民主主义革命伟大成就。依靠自力更生、发愤图强，创造了社会主义革命和建设的伟大成就。坚持解放思想、锐意进取，创造了改革开放和社会主义现代化建设伟大成就。坚定自信自强、守正创新，开启新的伟大工程，创造了新时代中国特色社会主义伟大成就。中国共产党人在社会主义建设和改革开放的历史实践中，始终保持清醒的头脑，继续保持谦虚谨慎、不骄不躁的作风，继续保持艰苦奋斗的作风，积淀形成的家庭文明、行为准则、处世之道和工作作风等，成为正确引领全社会家庭生活走向的集中体现。有的党员世家热心公益、积极助人，有的党员家庭爱岗敬业、甘于奉献，有的家庭敬老孝亲、传承孝道，有的家庭重视言传身教、诚实守信，有的家庭在恬淡生活中涵养朴实无华的良好家风，等等。正如革命主题电影《地道战》中区长赵平原的原型之一，河北省饶阳县西南张苑村老党员韩玉书，继承中华传统美德，制定"耕读堂训"，继承先辈在苦难和战火中树立起的耕读红色家风，确保每个家人都必须具备四个条件："一是成年人须是共产党员；二是每个人都要遵纪守法，不能给大家庭抹黑；三是每个人必须敬畏职业，当先进、做模范；

---

① 于安龙：《红色家风与社会主义核心价值观培育：要义、理路与策略》，《社会主义核心价值观研究》2021年第3期。

四是每个人必须低调做人、踏实肯干。"① 传承这样的家风，拒绝物欲诱惑，不受功名利禄羁绊，克勤克俭、热爱劳动。韩氏子孙后辈传承这一红色家风不动摇，从20世纪三四十年代到现在，家中几代成年人都是共产党员，在当地树立起传承红色家风的好榜样。

三是新时代红色家风精神。党的十八大以来，以习近平同志为核心的党中央把实现人民对美好生活的向往作为奋斗目标，在幼有所育、学有所教、劳有所得、病有所医、老有所养、住有所居、弱有所扶上持续用力，全方位改善人民生活。到2022年10月，国内生产总值达到114万亿元，稳居世界第二位；人均国内生产总值增加到8.1万元，城镇化率达到64.7%；制造业规模、外汇储备稳居世界第一；人均预期寿命增长到78.2岁，居民人均可支配收入增加到3.51万元；建成世界上规模最大的教育体系、社会保障体系、医疗卫生体系，基本养老保险覆盖10.4亿人，人民群众获得感、幸福感、安全感更加充实，共同富裕取得新成效。② 所有这些，都和人民大众追求家庭幸福的家风建设目标高度一致。我们有理由认为，中国共产党团结带领全国各族人民，着力促进全体人民共同富裕，不断把人民对美好生活的向往变为现实，就是对中华民族大家庭追求家庭幸福家风的模范践行和带头传承。这既是毋庸置疑的历史事实，也是共产党人念兹在兹、一再强调加强家庭家教家风建设的理论逻辑和衷心嘱托。对于推动现代优良家风建设，消除当前社会出现的唯利是图、急功近利，拜金主义、享乐主义、利己主义，以及唯我独尊、诚信缺失、假面伪善等不良家风文化倾向，意义深远。

随着时代进步和社会生产力水平的提高，人们的物质生活极大丰富起来，但是，也频繁出现住高档房、开名牌车、吃山珍海味餐、花钱大手大脚、铺张浪费等不当高消费行为，一些别有用心只想赚取流量费的网络平台，也纷纷制作和发布宣扬拜金主义、享乐主义等不良社会风气的短视频，为高消费推波助澜，大搞攀比享乐之风。说明时下提倡和坚持传统家风当中俭以养德的家教文化，尤其是继承和发扬勤俭节约、艰

---

① 马新景：《恪守"耕读堂训" 传承红色家风》，《河北日报》2021年6月18日第8版。
② 习近平：《高举中国特色社会主义伟大旗帜　为全面建设社会主义现代化国家而团结奋斗——在中国共产党第二十次全国代表大会上的报告》，人民出版社2022年版，第8页。

苦奋斗红色革命家风，具有极强的理论和现实意义。一方面，有助于消除奢靡之风的诱惑与破坏。将勤俭节约精神运用在家庭生活实践中，推动养成新时代的朴素家风，孩子未来长大了，即使面对金钱诱惑与灯红酒绿，依然能坚守自己的俭约本色，不被利益迷惑。另一方面，对于当代社会所提倡的戒奢戒贪和党员干部节俭养廉，具有重要的现实意义。勤俭节约家风训育出的人，身居高位而不会搞金钱交易，不会轻易发生贪污腐败行为，不仅有助于保证党风政风清明，而且有利于促进社会风气的和谐与清朗。

（三）借鉴吸收人类不同文明优秀家风理论成果，创新建设中国人不可别离的精神家园

文明因交流互鉴而丰富多彩，中华文化繁盛不息的强大生命力，铸就了中华优秀家风文化开放融通的文化自信。人类文明发展进步的历史表明，一种文化能够通过与其他文化交流碰撞和冲突融合，不仅是保持其生命力长青的内生动力，还是其实现自我更新和发展的重要条件。"每一种文明都是美的结晶，都彰显着创造之美。……各种文明本没有冲突，只是要有欣赏所有文明之美的眼睛。我们既要让本国文明充满勃勃生机，又要为他国文明发展创造条件，让世界文明百花园群芳竞艳。"[①] 推动现代家风文化创造性转化和创新性发展，不仅要"各美其美，美人之美"，更要"美美与共"；既要注意在文明交流互鉴中坚守自身具有的优秀传统精华，也要注意积极吸收和借鉴其他先进文明的有益家教成果。

借鉴和吸收人类文明优秀家风建设成果，必须秉承正确的态度和科学的方法，既要大胆吸收和借鉴人类家风文明的积极成果，又要掌握好鉴别取舍的标准，善于在鉴别中吸收、吸收中消化，把人类家庭教育的优秀文明成果通过创造性转化，变成自己家风文化体系的创新组成部分。从宏观角度讲，当今世界，经济全球化催生的信息化、高效率、即时性，让生活在不同文化、宗教、种族和不同社会制度体系中的全世界地球村居民，形成了你中有我、我中有你的命运和文化共同体，每一个民族、不分大小的每一个国家，都有自己独特的优良文化传统，对人类文明的繁荣进步尤其是家庭德育的发展做出过各自的贡献。从微观视域看，当

[①] 本书编写组：《思想道德与法治》，高等教育出版社2023年版，第157—158页。

今世界，不同肤色、血缘和生活在不同社会体制当中的全世界 80 亿人口，家庭组织依然是现在和今后人们休养生息的基本组织和社会单元，每一个家庭，不分男女的每一个家庭成员，一样不乏超越时代、国度、民族乃至阶级界限的真知灼见，都有对各自家庭建设、子女教育、家庭管理和环境氛围保持与传承的文化贡献。相较于中华民族突出德行教育的家风理念，西方国家普遍选择以理性教育为主要内容的国家或社会教育范式，旨在培养具有理性精神和宗教信仰的自由公民。虽然所有的家长都对子女很关心，体现出人类共有的特性，但西方国家的家长或父母对家庭教育的目标指向，却具有十分明显的多元化特征。其中，特别注意对子女独立生存能力的养成，以及在家庭教育当中尊重子女的意愿，鼓励子女自我选择、个性化发展等。所有这些国家和民族的家庭教育以及由此形成的家庭生活风格，都为人类在家庭教育当中促进人的德行成长提供了丰富资源，理当成为中国现代家风创新性建设的文化资源。

古往今来，中华民族的优秀传统家风不断通过与其他文明的交流互鉴中获得过丰富营养，也为人类文明进步特别是家庭德育作出了重要贡献。不忘本来，吸收外来，做大做强自己才能面向未来，中华文明特别是创造了中国奇迹的家风文化，才能同世界各国人民创造的丰富多彩文明一道，不断为人类社会共同进步做出新贡献。随着新的经济体制推动下的政治体制改革方兴未艾，现代小家庭不仅要直面家庭结构单一条件下文化多元、价值观多元的影响，经受住西方不良思潮对理想信念和价值观念的冲击，更要应对物质条件极大丰富后出现的见利忘义、贪污腐败，浮夸攀比、好逸恶劳等社会不良习气的干扰，我们应当积极挖掘中华优秀家风文化资源，为现代家庭强基固本锻造家风精神。在这个乱风正欲迷人眼的关键时期，坚定中华文化自信，站稳自己的脚跟，理性应对家庭建设和家风传承遇到的诸多问题，是解决问题的关键所在。"中华文明 5000 多年绵延不断、经久不衰，在长期演进过程中，形成了中国人看待世界、看待社会、看待人生的独特价值体系、文化内涵和精神品质，这是我们区别于其他国家和民族的根本特征，也铸就了中华民族博采众长的文化自信。"① 正如习近平总书记在 2015 年春节团拜会上，引用唐代

---

① 习近平：《在敦煌研究院座谈时的讲话》，《人民日报》2020 年 1 月 31 日第 1 版。

著名诗人孟郊《游子吟》所表露的家庭情结，提醒国人，不论时代和生活格局发生多大变化，我们都应当重视家庭建设，注重家庭、注重家教、注重家风。进入小家庭时代，不断壮大的社会被分割为更小的家庭单元，但并不意味着家庭教育失去空间，家庭作为人类社会的基本构成单元，即使三口小家也要有规矩，讲究长幼有序，小家庭父母一样需要注重家庭教育，从小教会孩子做人做事的基本道理；家庭教育所形成的无形家风，仍然是未成年人进入社会的前置道德标准和行为规范。传承好既有的优良家风，努力使万千家庭成为中国人梦想启航的地方，成为国家发展的重要基点。

博大精深的中华文化造就了龙的传人，培育出了共同的民族情感和价值追求，并以华夏民族的集体认同积淀成为中国人不可别离的精神家园。一个家庭（家族）的家风就像长期生活中形成的磁场，静默无声地向每一位家族成员传递着被族人普遍认同的价值观念和行为准则，以日用不知的陶铸和亲情凝聚力筑起家庭的精神家园，昭示着家人子弟以慎独自律的方式立德修身、成人成才。不仅如此，优良家风在齐家范族和辈出人才的同时，还可以成为增强一个家庭或家族抗风险的能力和本领，表现为当家庭遭遇危机或不幸时，所有家庭成员往往能够正视困难、统一认识、团结友爱、凝聚力量，使家庭走出困境，成为社会安全与发展保障的重要基点。家庭不只是人们身体的住处，更是每个人心灵的归宿，是中华文化传承的重要精神空间。从教育学语境理解中华家风文化，就是将中华文化精神置于家庭（家族）空间，通过父母或家族长辈将家庭教育所要实现的道德和礼序目标，依托文化传播社会经验的重要手段和育人载体，将中华美德与礼仪规范融入家训、家规之中，使忠孝仁义之道成为子孙后代谨守遵行的道德规范，随着代际血脉的自然传承，家风便历史地转化为一个家庭（家族）内部的精神纽带和传家宝，拥有家风的家庭或家族则相应建构起了家人族众不可别离的精神家园。

第二节 物质文化创新

自古至今，无论是博大精深的中华优秀传统门风，还是与时俱进的现代家风，存续的介质主要包括三种物态文化形式。一是依托家训文本、祖传老物件、族谱、门头照壁等物质载体将优良家风无形化有形，以指代外显的文化形式，让家风精神成为可以触摸和直接感觉到的物化符号，生动形象地灌输给下一代。二是利用家族故事、祖先功德、习惯忌讳等家风文化人格特性，以文化内隐的祠堂宗庙、居所建筑等物理传播手段，通过增进和激发家人族众集体认同和血缘亲情，创设先人祖辈与家人族众共同的生活场域，以期实现沉浸式化育新人目的。三是表现为遵从家法族规、乡规民约、乡风民俗等强制性公共力量或集体权威的公共建筑、乡民组织等综合文化形式，以外显内隐兼备的日常生产生活形式，将家风亲情感化的润物无声与家风精神的齐家范族有机结合起来，以利于推动家人子女的社会化。建设和传承家风，必须借助于文化符号手段，才能让家风精神得以沿袭和传播，作为精神性存在，家风文化也必须借助物理形态的存取介质来呈现，创造性转化和创新性发展现代家风，仍然要重视创新家风的物质文化形式。

一　现代家风传承介质创新

从文化表现形式上讲，代表一个家庭或家族精气神的家风是无形的，但家风的传承除了依赖有形的家庭教育活动代代相传外，还必须借助于有形的物理介质才能流芳百世而得到发扬光大。这些具体而有形的家风，有的表现为潜心育德者家长用心制定的家训家规，有的树立为功名显赫祖辈道德榜样，有的书写成家长博采众长的人生历练，有的是真诚待人和踏实做事的生活样法……这些家风的表现形式，正如其起源的多样与复杂，连同称谓均有着不同的物质载体或刻画存在方式。

（一）创造性转化成文家风传承介质

从文化发生学的角度讲，作为家风文化载体的中国古代家训，除了口耳相传的祖训遗规和父母家长的生活示范以外，很多家训往往以有形的专门文本、综合性呈现家庭（家族）风貌的谱牒、简约直观的楹联和碑刻、祖上功德或特殊贡献牌匾等物理介质保存并在家庭（家族）内部代代相传，因而成为一家一族挂在墙上或特殊珍藏着的人生教科书。这一主流家风文化存在形式，制式家训是历经世代接续传承的训教文本，以家训、家范、家诫、家令、家规、家言等相对规范的文本典籍流存于世；也有以家语、格言、内训、遗言、家书等简单易行的方式传承于百姓人家；还有的以先辈的人生经历、家学绝技、警醒后人的惨痛教训等文本记载的形式流传于一方。与此相对应的家风，则是一个家庭或家族世代遵从这些家训规范、践行家教思想的传统生活化风习，是经过累世相传而内化于族人之心的精神约束和人格塑造力量的活态表现。

纵观中华五千多年文化史，用以呈现家风、反映家庭或家族生活与精神风貌的物态家训，先后形成了五种不同的存在形式。一是表现为父母或家长生活化、常态化的耳提面命口头训教，这是一种产生时间最早、应用范围最广、持续时间最久、作用效果最为基础入微的风教家训形式。也是成文家训的肇始雏形，透过它，今人可见早期先民如何将生产生活经验口耳相传给子孙后辈，作为现代家风存续的基本形式，依然成为每一个孩子成长成人不可或缺的社会化训育活动。二是戒律铭文家训。包括上古社会先民以铭文、勒石遗令呈现出来的成人戒律，如商周时期的族内《伊训》《保训》、昭告天下民众的《康诰》《酒诰》，以及秦汉时期的诫书，如汉高祖刘邦临终前给儿子刘盈所作的《手敕太子文》、刘向的《戒子歆书》、东汉经学家郑玄的《诫子益恩书》和班昭的《女诫》、魏武帝曹操的《诫子植》等训教文书。三是家训专书。如《颜氏家训》《包拯家训》《朱子家训》《郑氏世范》《袁氏世范》等，是专门化系统设计家庭教育实践的专书。四是诗文家训。如西汉东方朔的《戒子诗》、西晋潘岳的《家风诗》、东晋陶渊明的《命子》《责子》、宋代陆游的《示儿》《冬夜读书示子聿》和胡铨的《家训》、现代鲁迅先生的《我们现在怎样做父亲》等。五是书信家训。如魏三国时期蜀汉丞相诸葛亮所作的《诫子书》、北宋欧阳修的《诲学说》、清代纪晓岚家书《训大儿》，以及现代作家《傅雷家书》等，是昭示后人重视家庭建设，注重家教、注重家风的最直观文化参照范本。这些一家一族之内的文本家训及其指导下的教育活动，最终积淀固化为良好的家风，成为一个家庭（家族）现实生活当中最鲜明的传统习惯和生活方式。

时至今日，家庭依然是我们绝大多数人不可或缺的生活与成长场所，如果很多家庭没有家训，缺少家风传承的制式文化，家风传承创新便成了无本之木、无源之水。即使有泛化意义上的家庭教育，但很容易陷入随波逐流的形式主义操弄来装饰门面，最终导致家风消弭。意识到家训缺失对子女教育和家庭建设的不利影响，很多人尤其是一些社会有识之士主动响应党和政府的号召，纷纷行动起来续家训、定家规、严家教、树家风，恢复以文本家训为显性代表的家风文化，不仅推动了家庭的蓬勃发展，而且为社会风气的优化奠定了基础。例如，以"地上文物看山西"著称的山西省闻喜县礼元镇裴柏村（宰相村）的裴氏家族，至今依然坚持用裴氏祖传12条成文家训、10条成文家规教诫后人，积淀形成的"重教守训、崇文尚武、德业并举、廉洁自律"的传统家风，历经数百年传承而历久弥新，不仅深深印刻在后世子孙的骨子里，而且外溢成为县域传统文化资源，对今人创制家训文本、推动培育和践行社会主义核心价值观，极具传抄借鉴和推广应用价值。

家训发展的历史告诉我们，家训虽然起始于治家教子和整齐门内，但是，家训只有走出家门、走向社会，通过社会评价与拣选而顺利上升为全社会认同的公共道德规范和主流社会价值观念，才具备传承不坠的文化生命力，这也是文本家训最大的优势所在。"一时之语，可以守之百世；一家之语，可以共之天下。"① 当然，家训是家风的文化或文字凝练，这些家训家规的功能远远超出对本家族成员的教育作用，对当时社会乃至当今社会仍然有着深远的影响，很多家训文本已经成为社会教化的民间范式，为社会大众提供了家庭教育的范本和模板，这些家训家教对作训家族的繁衍发展起到了繁盛保障作用，容易引起社会上更多人的关注和效法。不忘本来才能开辟未来，善于继承才能更好创新。对于先人以家风传承遗留下来、散见于各种文本家训当中的育民新人智慧的精华部分，必须坚持古为今用和推陈出新的原则，有鉴别地加以取舍，有扬弃地予以继承，通过创造性转化传统成文家风精神，创新发展家训文化介质，为创新现代家风模式、实现以文化人家庭教育目标提供全新的文本教材，是现代家风建设与传承的基础工作，必须引起高度重视。一方面，要注意挖掘整理和创新转化中国著名世家大族、名人志士的家训文本，引领现代家庭注重制定家训的制度化建设。同时，加大力度整理挖掘区域和地方名门望族、好人乡贤家训资源，利用身边的榜样力量感召民众制定各自的家风家训。另一方面，要更多关注普通民众家庭的家训创建活动，将制定家训融入社会主义核心价值观培育实践，通过开展树立好

---

① 陈来：《从传统家训家规中汲取优良家风滋养》，《人民日报》2017年1月26日第9版。

家规家训、讲好家庭美德故事、营造优良家风家训活动，积极推广征集和总结提炼普通民众家庭的首创家训。

(二) 创新性利用家传老物件传承家风

中华传统文化语境当中的家风，指一个家庭或家族的精神内核或生活风尚。从呈现家风的有形或物态视角看，这种代代传承和接续于无形之中的优秀家风，有很多是以祖传老物件来指代和呈现的。说明中国先民十分重视家风传承，睿智而巧妙地对看不见、摸不着的家风传承介质加以利用和拓展，不仅让家风精神通过家庭成员的言行举止和待人接物活脱脱地表现出来，而且注重利用象征意义鲜明的有形物态方式让人更容易记住，更能有效传承。这些物态的家风存在形式，除了专门刊印成像《诫子书》《颜氏家训》《曾文正公家书》等成体系的规范家训文本外，其余家庭（家族）用以传承家风的物态表征形式，或是一方碑刻、一条牌匾、一副对联，或是几件衣物、一样兵器、一件农具，或是家传生活用具、先辈迁徙流转信物、祖传家法遗存等。作为寄托深埋在家人心底的家风文化圣物，这些弥足珍贵的老物件，虽然不总是展现在家人族众面前，甚至有的家族成员从未见过它们。但是，这种平时难以见到的祖传老物件，所指代的家风精神，所具有的道德感召力量和教育激励作用不仅从未减弱甚至消失，而且平添了家风训育的神圣特性，与家人对祖传老物件的印象一样，深埋在每一个家庭或家族成员心底的家风荣誉感、责任感，随时都有可能被唤醒，对人修养化育的自觉性更高，风教作用更持久有效。

中国人重视家庭建设，注重家教、注重家风的优良传统，不仅表现在古代家长们对家人子女口耳相传的谆谆教诲当中，而且反映在家长们赋能特定物件，力图建立起家风传承不弃的长效之计，让业已养成的理想家教门风在生活实践中传承的同时，还能够公开地让家人族众和乡里乡亲可识别、可描述、可借鉴，因而成为一个家庭或家族的家庭标签和家风标志。以家风昭示文化含义明显的门楣楹联为例，放眼中华大地，看看城乡国人民居，除了烘托节日气氛，应景性地张贴对联外，中国人一般都十分讲究选用或创制固定模式的门楣楹联装饰房屋。细究其中的原委，那些寓意深刻、造型庄重的门楣楹联，分明是以"状物叙事、抒情寓意、砥砺教化"为目的，自古以来，始终成为体现中华民族家风精神的一张文化名片,家风昭示的意味,"深深地扎根在国人的心中,流淌在中华民族的血液里,化为中华民族的文化之魂。"① 不论在古村落庄户人家,还是城镇居民人家的门口、廊柱、客厅、书房,往往有不少的楹联,"家和万事兴""钟灵毓秀""成事成名成伟业,立人立德立家风""认认真真行事,堂堂正正做人""耕读传家久,诗书继世长"。不仅是一道亮丽的文化风景,很大部分实际上都是家传祖训。楹联家风的意蕴,或耕读传家、勤俭持家,或忠孝传家、光耀门庭,或信义传家、知书达理,饱含着家传祖训的激励教诫与苦心劝勉之意。这些各具特色的门楣楹联,一般不会轻易更改,因而成为凝结着家风建设内核的家传老物件,所传递的信息绝不仅仅是期盼美好、寄托愿景,更多的是无声教导和提醒劝勉。创造性转化和创新性发展现代家风形式,通过展示蕴含在门楣楹联等家传老物件中的家风故事,感知先辈的祖德,创新性发展现代家风精神。

(三)创新性发展房屋建构的家风传承作用

家风的形成,源于家长或家族长辈治家和训导教育子女成人成才的孜孜追求和反复实践,因而与一个家庭或家族的发展演化历史紧密相关。正如颜之推在《颜氏家训》开篇序致所言:"吾家风教,素为整密。昔在龆龀,便蒙诱诲;每从两兄,晓夕温清……每常心共口敌,性与情竞,夜觉晓非,今悔昨失,自怜无教,以至于斯。追思平昔之指,铭肌镂骨,非徒古书之诫,经目过耳也。故留此二十篇,以为汝曹后车耳。"② 中国古代家风的形成与沿袭不绝,往往与一个家庭或家族的发展历史息息相关,甚至可以将家风看作家庭或家族历史的文化再现。因此,以家训为代表的家风常常被纳入家谱或祠规当中,成为家庭或家族历史传承不可或缺的重要内容,也让家风融入家谱、家乘、家传、宗谱、祠规等固化的物态存续介质当中。家谱的作用,表面上看似乎重在记述家族发展和演变的历史,实际却重在收族,与家风齐家范族的目标完全一致。家谱是中国先民在漫长的生活实践中积淀形成的,记录家族血缘世系、家业田产和族内重要人物事迹的图文谱籍,详述家族以及各门支系的代际渊

---

① 李桂宁、沈素华等:《临桂村名凤头联》,广西师范大学出版社2013年版,第11页。
② (北齐)颜之推撰,张霭堂译注:《颜氏家训译注》,齐鲁书社2009年版,第1页。

源和迁徙流变，记载族人字号、祖辈生卒、姻亲继嗣、功绩科名，以及祖德令名、家训族规等重要内容，不仅对后世子孙发挥着家族身份认同、聚合血缘亲情的收束作用，而且成为凝练家族精神，传承家风门风的实物载体。"一代人有一代人的使命，修家（族）谱不仅是为了让子孙后代追根溯源，更重要的在于传承好家风家教，弘扬好优秀传统文化，一代讲给一代听，一代做给一代看，代代相传。"① 中国人的家庭观念很强，许多人家都有流传数百上千年的家谱，其中大部分都有成形文本的家训或家规收藏其中。如江苏常熟翁氏家谱就有教诫后辈的家训，"富贵不足保，而诗书忠厚之泽可及于无穷，著为先训，以示子孙而告我族人，俾世世代代永为式"②。中华民族素有"乱世藏金，盛世修谱"的习惯，每逢太平盛世，抑或家业兴盛之时，往往集聚全族人力、物力、财力修谱，以这样的方式传承祖先英名伟业，激励后世子孙提振家族门风。新中国成立以来70多年家庭建设，特别是改革开放和社会主义现代化建设取得的伟大成就，除了极大提高人民群众的物质生活水平外，更使得大家有足够的余暇和经济实力满足精神追求。所以，随着中华文化研究的持续升温，近年来有大量家庭（家族）自觉发起寻根问祖、续修家谱、睦亲宗族等现代家风传承创新活动，激励着越来越多的家庭重新续修家谱。

坚定文化自信，创新性发展房屋建构等实物家风传承的作用，我们有足够的理由和信心，对包括修谱改训在内的新时代家风传承前景保持乐观的态度。以宗祠或家庙的建设与作用发挥为例，宗祠或家庙是中国人祭祀祖先和安顿先人灵魂的地方，更是呈现一个家庭或家族家风传承不绝奥秘的所在，因而成为凝聚家族精神的家风祖产，也是家族荣衰的物理"晴雨表"。从家风传承的视域细化分析，那些门头、照壁是宗祠或家庙建筑必不可少的精神性昭示，也是集中展现家风文化的重要载体，一般印刻在门头或照壁上的题字内容，便是一个家庭或家族核心价值观的凝练，也是家人族众最基本的行为准则。进入宗祠，不仅能够让每一

---

① 吴静芳等：《诗礼袭遗训　家世重儒风——漳州朱子后裔家风传承见闻》，《闽南日报》2022年6月6日第6版。

② 卞孝萱、武黎嵩：《解读翁同龢——〈海虞翁氏族谱〉资料的发掘利用》，《古典文献研究》2009年第十二辑。

个族人从了解祖辈走过的艰辛路,明了自己从何处来往哪里去,而且通过追念祖上先辈的功德和情怀,可以随时沉浸式地感受冥冥之中的祖先对一个好儿孙的召唤和期许,激发起家人族众传承家风精神的使命感和责任担当。除了完全由陌生人生活在一起构成的城市新区外,即便是一些大城市的老城区居民同广大乡村庄户人家一样,都有宗祠或家庙这一家风精神的集散地。例如,坐落于福建青阳的庄厝祠堂,不仅以庄严肃穆而不失美感的祖宗象征让人顿生庄重安和之情,而且以实物形象和祭祖活动等门内集体仪式,昭告家人族众当有的家庭精气神。阅读祠堂简介可知,青阳庄氏祖先,源自甘肃的天水郡,出于生活的窘迫,起先逐水草向东迁移到河南固始县,唐代末年为避中原战乱,继续南下迁徙之路。南宋年间迁移到福建泉州立足,后迁居晋江之畔的青阳安定下来。遍观宗祠内建筑上悬挂着的历代先祖"状元""会元""榜眼"等功德匾额,历览先人唐宋战乱行伍、明清书香传家德行,青阳庄氏族人先后考取进士15人、举人16人、贡生8人。其中,明嘉靖八年(1529)青阳庄氏就有"一榜三龙"三人同中进士的显赫功绩。宗祠祖龛前,明万历状元宗亲庄际昌所撰楹联对传承家风的告诫显得掷地有声,堪称保持家风不坠于世的万古纲常:"自祖宗积德百余年忠孝休声贻我后,愿子孙承家千万世诗书文采向人前。"不论闲时游走驻足,还是参与节庆祭祀专门活动,身为直接参与活动的族人,则以己之力维护家族声望的自豪感和责任感油然而生,身为沉浸式体验的异乡游客,也足以感受优良家风的昭示力量。

随着城镇化发展的提速推进,让越来越多的人离开世代生活成长的故乡,进入高楼大厦的住房环境,压缩了家谱和祠规这些申明家族来历的文化介质存续空间。但是,中国人的根脉和灵魂依然萦绕在内心的乡愁当中,每个人都清楚自己的家世和来历,每个人都保留着对家庭的我心归处。创新性发展家谱和祠规等这些居所建筑的家风传承作用,不是简单的复古守旧,也绝不是封建迷信,而是中华传统文化当中不忘本来、吸收外来,以利于更好传承的家风精神体现,应该大力提倡和积极推进。

二 现代家风传播手段创新

按照社会学和人类学所揭示的文明演进理路,家风文化的产生与发展,同人类社会的历史演进同向同行,传承好家风,应注重在传播中采用让受众喜闻乐见的方式和手段。创新现代家风传承形式,做到深入浅出、贴近生活,不仅要注意激发人民大众的首创精神,更要注重传播手段的创新。

(一)家风传承最有效的手段,莫过于家人族众的亲情感染力

中国人长葆家风不弃的深层原因,在于有组织地扩散和传播家风,不仅能够维系家人族众这一社会基础组织的和谐稳定,而且符合通过治家教子敦睦人伦关系的亲情需要,因而在家庭或家族内部接续传承家人高度认同的道德规范、价值观念和行为习惯等家风不动产。古往今来,通行的治家之道是:"上治祖祢,尊尊也。下治子孙,亲亲也。旁治昆弟,合族以食,序以昭穆,别之以礼义。人道竭矣。"[1] 在这些人情味十足、亲情悉心关照的家庭或家族当中,不只是德高望重的长者抑或功名昭著的先祖以身示范,仅就按照尊卑伦序所指向的尊长说教,基于舐犊之情的无声感染和同吃同住同劳动的生活默契,伴随着日复一日的个性化家训教诫,家风文化通过亲情感染,便如春雨润物,周流于整个家庭或家族。以风教缜密著称的《颜氏家训》作者颜之推所言,可谓一语中的:"夫同言而信,信其所亲;同命而行,行其所服。禁童子之暴谑,则师友之诫,不如傅婢之指挥;止凡人之斗阋,则尧、舜之道,不如寡妻之诲谕。"[2] 奠基于家风这一文化实操的成功与有效基础之上,"这个对中国人成长成才具有永续熏陶习染作用的民间大众教化方式,经过历代家长为子女家人计从长远而惯常施予的家庭教育活动,将修齐治平的社会治世理想转化为治家教子的训育长效机制,便历史的铸就出中国人世代传承家训思想、自觉遵循家教仪轨而养成的不坠家风"[3]。伴随着人口增长而分户别居、宗亲辈分差序多级而血缘关系疏离等现象的大量出现,让家训这一生活化家风发挥作用的范围,超出了核心家庭而不得不用于教诫和规范其他同姓宗亲时,以往作用范围仅限于核心家庭或单个家庭的训教文化便历史地推延发展成了族规,在家族组织的强制接续传播力量保障下,使族规这一原本基于亲情诱导的家风文化形态,演绎上升为

---

[1] (汉)郑玄注,王锷点校:《礼记注》,中华书局2021年版,第445—446页。
[2] 檀作文译注:《颜氏家训》,中华书局2011年版,第1页。
[3] 马建欣:《论中国优秀传统文化的家庭德育》,《甘肃社会科学》2017年第3期。

有一定强制力的家族法规。"齐以刀切物,使参差者就于一致也。家人恩胜之地,情多而义少,私易而公难,若人人遂其欲,势将无极。故古人以父母为严君,而家法要威如,盖对症之治也。"① 家风文化走出的一条自下而上、自小而大、由内而外的民间大众化传播之路,亲情感染力是维系的纽带。

(二) 重视城乡公民规约建设,推动家风社会化传播

近年来,城乡区域内不同族人合意自治的乡规民约,使用来齐家范族的家风文化传播遍及训俗庶民的现代社会。综观中国古代家风文化的传播流变,家风外溢,或因异族通婚和地缘相接等社会交往活动,或由本宗流入外戚,或由一地名门望族辐射渗透进入周边普通人家。中国社会"百里不同风,千里不同俗",表面上强调风俗的差异,这一现象背后的实质,却隐含着一个地方有一个地方的文化共同体——民风文化共同体。出于解决共处一地复杂地缘和血缘关系的需要,在皇权止于县的古代社会,同处一地的不同家族庶众,迫于现实生活的需要,人们之间并不是鸡犬声闻而不相来往,为了谋求"德业相劝,过失相规,礼俗相交,患难相恤"的社会理想秩序,由一地乡民大众自发制定出乡规或民约,用以处理民众之间的各种公私关系和必须共同面临的实际问题。从文化产生与发展的历史源流考察,乡规民约本质上是家风文化的社会化传播。一方面,表现在保护乡村集体既有的利益特别是公共利益,致力于守护山林、保护耕地、保障乡村公共安全等,对所属个体的人身与财产保障,主要体现在对乡民或村民身份的确认与担保,进而以乡村组织的名义对乡民个体承担责任。另一方面,有利于保持城乡长期的和谐与稳定,维护脱贫攻坚和乡村振兴的发展基础。乡规民约通过涵养衣食住行与婚丧嫁娶习惯、化解士农工商与行业百工危机、呵护年节岁时与人情往来礼俗,不仅为城乡居民成长提供行为标准,而且为脱贫攻坚和现代化国家建设提供精神保障。

时至今日,随着发展生产、易地搬迁、生态补偿、发展教育和社会保障兜底等脱贫攻坚任务的全面完成,坚持因地制宜,通过适时修订完善乡规民约,为每一项脱贫攻坚工程取得的成就提供大众习惯性质的制

---

① 方向东:《大戴礼记汇校集解》(上),中华书局2008年版,第685页。

度维护，为实现乡村振兴和城镇化发展战略凝聚民心。"从本质上讲，乡规民约虽然是一方乡民自治的制度化体现，其仍然是家训文化的社会化存在形式，对中国古代社会秩序的建构维护和民众教化发挥着深刻而广泛的基础性作用。……由于自愿受约的乡民无一例外均置身于其生产生活的家族规范约束范围，而乡民立约原本就是以家庭或家族为单位建立起的命运共同体，所以能够收到比官府强权和王法规范所建立的正式制度更显见的自律规范效果。"① 中国人在生产生活实践中，慢慢摸索和自愿选择的乡村包括城市社区治理方案，让跨出门户而行于四方的家人族众手足有所措，秩然一方社会而敦厚一方民风，与国家教民化俗官方制度相呼应，渐次走出了一条家风文化社会化的民间大众传播之路。

（三）借力文学艺术手段，助推现代家风传播

在中华文化视域当中，风教之出，上承"文以载道"的儒学正统思想，"道沿圣以垂文，圣因文而明道"，"孔子之时，上无明君，下不得任用，故作《春秋》，垂空文以断礼义，当一王之法"。② 借用文学艺术手段，落地发挥文化艺术含蓄蕴藉而又感化人心的精神力量，实现以文化人目标，历来是家风文化传播的重要手段。在利用文学艺术的传播功能，克服和解决国家发展或社会现实中的实际问题方面，中西文化都把文艺作为训导人和构建社会秩序的一种重要力量。"只有在戏院的池座里，好人和坏人的眼泪才融汇在一起。在这里，坏人会对自己可能犯过的恶行感到不安，会对自己曾给别人造成的痛苦产生同情，会对一个正是具有他那种品性的人表示气愤。……那个坏人走出包厢，已经比较不那么倾向于作恶了，这比一个严厉而生硬的说教者痛斥一顿要有效得多。"③ 正如西方文艺启蒙运动时期所提出的寓教于乐主张，将戏剧等文艺作品教化民众的作用，放大到哪怕是截然相反的人身上，都能收到相同的感化效果，因而被广泛引入家庭教育当中。中国古代文艺更加重视对家风文化的描绘与传播，从四书五经、唐诗宋词，到歌舞绘画、明清小说，都

---

① 符得团：《中华家训文化的社会化基础与演进》，《甘肃社会科学》2020年第1期。
② （汉）司马迁撰，（南朝宋）裴骃集解，（唐）司马贞索隐，（唐）张守节正义，中华书局编辑部点校：《史记》（卷一百三十），中华书局1982年版，第3299页。
③ ［法］狄德罗：《论戏剧诗》，张冠尧译，载《狄德罗美学论文集》，人民文学出版社1984年版，第137页。

有大量关乎道德礼仪和家庭伦理的精妙著述，让家风成为中华文化体系当中的重要方面。如明代思想家王阳明（1472—1529年）提出戏曲有益风化的主张，不仅推动戏曲曲艺日趋平民化，而且大量增加了传播贤孝等家风文化的戏曲内容；文学家汤显祖（1550—1616年）应邀撰写《宜黄县戏神清源师庙记》，他不拘泥于命题，另辟蹊径，写成了一篇论述戏曲艺术感人至深的教化文章。"一勾栏之上，几色目之中，无不纡徐焕眩，顿挫徘徊；恍然如见千秋之人，发梦中之事。使天下之人，无故而喜，无故而悲；或语或嘿，或故或疲，或端冕而听，或侧弁而咳，或窥观而笑，或市涌而排；乃至贵倨弛傲，贫啬争施；瞽者欲玩，聋者欲听，哑者欲叹，跛者欲起；无情者可使有情，无声者可使有声，寂可使喧，喧可使寂，饥可使饱，醉可使醒，行可以留，卧可以兴；鄙者艳，顽者欲灵。可以合君臣之节，可以浃父子之恩，可以增长幼之睦，可以动夫妇之欢，可以发宾友之仪，可以释怨毒之结，可以已愁愦之疾，可以浑庸鄙之好。然则斯道也，孝子以事其亲，敬长而娱死；仁人以此奉其尊，享帝而事鬼。老者以此终，少者以此长。……岂非以人情之大窦，为名教之至乐也哉。"[①] 近年来，在利用文学艺术手法传播家风方面气象更新，不仅有很多的文学作品问世，而且以家风为主题的文化类电影电视节目，屡出新招。"你家的家风是什么""讲述名人故事""到各地走访家庭""邀请观众讲述家风""家风中华"等多种专题，面向大众讲好家风故事，立意向更多民众传播家风精神，有效推动了现代家风的社会化传承。"当三代人都在说着一句话、做着一件事时，其影响力就会更持久：它会从一家人在做一件事，转变成一种姓氏现象。姓氏影响着姓氏，地区影响着地区……由点及面，它的力量会尽可能地影响到更多人。"[②] 借助多样化实践题材和生活案例广泛宣传优良家风建设，不仅可以让家风现象家喻户晓，而且有利于推动优良家风深入人心。

（四）注意利用学校等教育结构，开展家风传播与研究开发

各级学校和文化研究单位，要积极行动起来，通过引优秀家风文化

---

① 邓子勉编：《明词话全编》，凤凰出版社2012年版，第2122页。
② 于安琪、王梦茜：《〈家风中华〉：展家风传承，讲中国故事》，《广电时评》2017年第23期。

进课堂、组办家风宣传专栏和征集家庭教育特色故事，开展优良家风经典和传统家教故事讲解，邀请学生家长入校互动，推动全社会人员都来关心家风建设，积极传播各种社会正能量。科教文化专刊注重深度挖掘和分析家风理论与实践问题，将各种典型家风故事引入报刊，充分展现家风传承价值，引起社会大众的强烈共鸣。注意突破家庭文化局限，创新发展文学艺术传播家风的表现形式。采用口述历史记录和传承家风，打破一家人的文化水平或受教育程度限制，让更多的普通民众通过口述自己的家庭故事和家族历史、展示家族发展脉络、总结家门风尚，探寻反映中华优秀传统文化精神的闪光家风。口述家风故事时，可以综合运用家风文本、家族礼仪音频、重要家教活动视频等数字化技术手段，讲述家风建设相关的家书家信手稿、家庭活动老照片、祖传老物件等珍贵历史资料所承载的事件背后的故事，不仅可以再现家风家教故事、回溯家庭或家族历史，而且有利于推进优秀家风传承方式和成果的多样化，推动好家风顺利融入民众的日常生活。

（五）适应信息时代要求，创新家风传播载体与路径

随着信息时代的快速发展，新媒体具有的交互式大数据与主体自主参与度、信息来源的全球化与即时性、传播内容的数字化与交互性等特点，彰显新媒体以极广的普及面和极高的使用率，深刻而广泛地影响着家风所系的价值观念，改变了家风传承的现代生活方式。中国互联网络信息中心发布第49次《中国互联网络发展状况统计报告》显示，截至2021年底，中国网民规模达10.32亿，比前一年同期增长4296万人，互联网普及率达73%。"截至2021年12月，我国网民人均每周上网时长达到28.5个小时，较2020年12月提升2.3个小时，互联网深度融入人民日常生活。……我国网民使用手机上网的比例达99.7%，手机仍是上网的最主要设备；网民中使用台式电脑、笔记本电脑、电视和平板电脑上网的比例分别为35.0%、33.0%、28.1%和27.4%。"[1] 新媒体时代，包括无数家庭在内的每个社会成员既是信息员，又是信息收发的连接点，早已跨越了历史与现实、国际与国内、真实与虚拟的界限。每个社区公

---

[1] 《我国网民规模达10.32亿，人均每周上网时长28.5小时》，2023年8月11日，光明网，https://m.gmw.cn/baijia/2022-02/25/1302820899.html。

民都在借助自媒体终端,在超越家庭(家族)人际关系的信息网链上自主传达和分享着各种治家观念和思想,也有不少与家风相关的家庭建设家庭教育信息交流。由于新媒体信息在传播时空和资讯方面的过滤审查机制尚不完善,导致一些不良思潮乘虚而入,其中不乏腐朽反动的价值观念和政治主张,不仅对继承和弘扬中华优秀家风文化精神造成不良冲击,而且影响人们对社会核心价值观的认同度。有鉴于此,必须加强对密切关涉意识形态建设的宣传媒体监管的同时,注重对这一家风传播载体与路径的创新利用。

一是注重发挥新媒体对家风的传播作用。通过政府监管机构的主动作为,加强管好和用好全媒体教育服务网络,打破过去局限于家庭(家族)内部传承家风的保守传统,利用新媒体向整个社会推介宣传经典家风,让互联网成为传播中华优秀文化、弘扬正能量的重要载体。第一利用微信、微博、抖音、快手等拥有大量受众的 App,围绕家风制作短视频,加强经典家风的传播力度与影响范围的同时,拓宽社会主义核心价值观教育信息来源,彰显时代精神,加强正面宣传,引领道德教育新风尚。第二发挥主流媒体正面宣传和舆论引导作用,如中央电视台推出的《家风是什么》《记住乡愁》《谢谢了,我的家》《守望家风》、河北卫视《中华好家风》、湖南卫视《儿行千里》、山东卫视《齐鲁家风》、安徽卫视《家风中华》等大型专题文化节目等。第三以讲述为主,创新家风文化大众传播模式,将文化类综艺节目的内核延伸至家庭文化中,既有饱含家国情怀的责任担当,又有百姓喜闻乐见的人间烟火;既有对前辈们敢为人先的尊敬,又有对后辈传承(家风)的认同和弘扬。[①] 打破以往文化类电视节目高冷雅致的定式化设置,从百姓身边的凡人逸事说起,演绎出一个个极具中国特色、饱含家国情怀的动人家风故事,不仅有利于提高电视受众的接受度,而且有助于增强广大观众的民族自豪感和坚定家风传承的文化自信。

二是注意发挥传统媒体和社会组织对家风的传播作用。近年来,随着党和国家对家风建设与传承工作的重视,各种传统平面媒体持续加大报道宣传力度,推动家风传播向更广泛的领域发展。《中国妇女报》长期

---

① 张环:《安徽卫视〈家风中华〉创新讲述新时代家风故事》,《科技传播》2019 年第 20 期。

关注家风家训家教话题，不断专题登载家风传承文章，报道家风创建和传承先进事迹。全国妇联将每年5—6月定为各级妇联组织家风家教主题宣传月，连续3年集中开展家风家教主题宣传活动。各地妇联以"家家幸福安康工程"为抓手，全方位、多层次、立体化推进家庭家教家风建设，打造"乡村文明之星"，结合庆祝中国共产党成立100周年，2021年5月至6月，各地区各部门成立2万多个宣讲团，会聚16万名宣讲员，开展11.3万场红色家风故事宣讲活动，直接参与群众达3400多万人。河北省委开展"红色家风故事征集宣传展示活动"，面向社会公开征集红色家风故事，《河北日报》开设"红色家风故事"专栏，陆续刊发部分投稿作品，提高了家风文化的传播广度和育人价值。广东肇庆市通过打造家风主题文化街、文化墙，在家风传播手段和方式上大胆创新、不拘一格，为家风文化在当代环境的传播作出了有益的探索。地处黄浦江南岸的上海奉贤区，据说系孔子弟子言偃（前506—前443年）、当地百姓尊称为"南方夫子"[1] 晚年回乡江南传道讲学的最后一站，清雍正四年（1726年）奉贤设县时，为纪念这位受人崇奉的贤人，故起名为"奉贤"，取意"敬奉贤人、见贤思齐"。经过数百年传承积淀，逐渐形成了以自立、诚信、友善、和睦、勤俭、孝老、爱亲为特点的"贤文化"。近年来，上海市奉贤区把这一文化传统作为地区发展的"根"和"魂"，倡导"做贤人、建贤城、扬贤风"的文明社风，广泛发动群众寻根文明、传承祖训、践行社会主义核心价值观，以此促进家风、村风、民风和社会风气建设。

三是推动家长对家风传播手段的创新应用。为了维护家庭稳定、调整和处理好家庭内部的各种关系，最终将子女培养成人，保证家庭得以承继和绵延，客观上需要家庭长辈通过创新应用传播手段，顺利将家风精神和治家理念传递给全体家庭成员。面对日新月异的现代传播媒体，广大父母或家长要勇于接受现实的挑战，既不能坐视不理，也不能因适应不了瞬息万变的融媒体而自甘落伍于信息时代的前进步伐。只有激流勇进，才能通过驾驭各种新媒体手段而防止被淘汰。面对信息时代传承

---

[1] 《大戴礼记·卫将军文子第六十》。孔子称许言偃曰："欲能则学，欲知则问，欲善则讯，欲给则豫。当是如偃也得之矣。"参见（清）王聘珍撰，王文锦点校《大戴礼记解诂》，中华书局1983年版，第111页。先成其虑，及事而用之，是故不忘，是言偃之行也。

现代家风文化的新要求，每一位父母或家长也要成为玩转现代新媒体的行家里手，并能充分利用网络空间，积极置身包含主流媒体发布，浏览微博、微信和微视频等终端，光顾手机彩信、手机报、电子杂志、网络视频、网络论坛、微信和QQ空间、网络贴吧等新媒体发布平台，及时把握最新网络动态，以年轻人喜闻乐见的方式，通过日常参与人生问题讨论、共同规划成长发展、解决日常生活问题，有选择地传承属于自己的家风文化。

三　现代家风生活创新

家风是一个家庭代代相传、接续沿袭下来的表现在每一个家庭成员身上的精神风貌、道德品质、审美格调，以及反映在家庭整体形象和生活习惯当中的家庭文化风尚，也是区别不同家庭的重要标志。自古以来，数十成百年繁盛不衰的世家大族，保持家业传承不衰的根本，不是依靠财富支撑，而凭借的是德行涵养。如果说有家教潜行于千家万户，通过家长们的言传身教而培养出一代代贤子孙，那么，世守这一家风而保持长期繁盛不衰的名门望族，令世人望其项背而影响久远的，莫不是风教缜密而辈出人才的独特家风生活。前车之鉴，后人之师。从家风生成与传承的现实基础入手，改革创新和丰富发展现代家庭文化生活，不失为谋求家风建设与传承的一条创新路径。

（一）体察社会生产方式的转变，主动调适新时代家庭生活方式

相较于中国古代基于农耕文明发展形成的传统家庭（家族），现代家庭不仅有别于传统累世同堂共财的大家族，而且本质上已经不再是与古代自给自足农耕文明相一致的最基本生产单位。现代家庭更多地表现为父母子女两代共同居住和一起生活的小家庭，成为现代社会分工制度下的多功能复合体，个人的成功不再取决于家庭或家族的支撑，个体也不再像过去那样必须承担对家庭或家族的责任和义务，这也是促使现代家风文化创新的社会物质基础。从家庭应当具有的政治功能和社会功能两个方面来看，相对于中国古代家国同构的政治建构和家国一体的社会治理体系而言，现代家庭不仅因为规模小型化而弱化了齐家治国平天下的组织功能，而且随着国家治理体系和治理能力的提升与法治化发展，现代家庭在和睦乡里、维护一方社会秩序方面的功能也大大降低，从一定

程度上影响着人们对现代家风建设与传承的信心。

主动适应现代家庭生活方式的转变,积极应对家风建设与传承新挑战。首先,高度发达的现代交通运输网络与信息时代互联网的蓬勃发展,让社会成员的流动性增强,人们不再像先辈那样世世代代生活在特定的熟人社区内,背负着家庭(家族)的寄望参与社会活动、生活竞争,而更多的是独立于家庭,独自生活在国家单位或社会组织当中,表明家庭不再是一个人生老病死、祸福安危的单一依靠,因而体现在家庭精神风貌和传承家风文化的社会性显著增强。其次,随着现代人生活节奏的加快,家风用来维系家庭生活方式的良好礼仪和行为规范发生了根本改变,文化多元、价值多元引发家庭规范变得富有弹性,家庭的伦序意味降低,现代家庭生活对平等、自由、个性等利益的观照,成为新型家庭生活方式的主流,要求人们的家庭伦理道德观念、思维方式和对人情事态的评价标准等,必须做出较大改变,以日常生活外显的现代家风的私人属性,因为现代社会化高水平而越发统一和透明。最后,一些地处偏远的古村落、部分城镇有为家族,存在改良或按照新风尚重建宗族祠堂、家法族规的习惯,这些家庭或家族通过有组织地承办新式婚丧嫁娶仪式,间或象征性举办祭祖或家教训示仪式,奖励有功、劝勉族人自强精进,起到了团结全族、维护和谐、传承家风的作用,应该大力提倡。

一个家庭养成的生活习惯,可以凝结成一段家庭独有的过往记忆,不仅可以是现代家风的文化载体,而且应当由家庭生活起居规范、文明餐桌礼仪、待人接物风尚等表现出的现代家风生活实践样法,在潜移默化中凝结成为家人族众人格成长的 DNA。家风绝不是束之高阁的名言警句和心灵鸡汤式的感化说教,而是亿万家长真情用心的言传身教和一代代家人子弟认真切实地遵照执行。家门之内,家风精神於穆不已、家风践履至诚无息,将一家人惯常的言行举止、待人接物和处事准则等内心定力,氤氲升华为每一个家族成员对各自家风文化的精神寄托和心理认同,经过长期生活积淀,终生铭刻在家人族众灵魂深处,成为潜行周流于特定门户之内的精神家园。

(二)遵循人生成长与发展规律,创设和睦友爱的家风生活环境

人是环境的产物,主动适应现代社会城乡一体化环境要求,创新性开展现代家风建设和传承。一方面,随着城乡一体化国家发展战略的快

速推进，新型城镇化推动了农村人口大量流向城市，明显改变了城乡社会人口的比例结构，引发城乡文化交流与碰撞的同时，对城乡家庭家风建设与传承也带来了前所未有的冲击和影响。很多农村有文化、有想法的年轻人或进城务工、自谋职业，或行走城乡从事小商小贩、养家陪子女上学，或易地搬迁、远走他乡，离开祖祖辈辈繁衍生息的故土，分散到各大中小城市生活。过去以血缘宗族关系或姻亲联合家庭为主的生活方式，以及保持家风传承不弃的地缘交往关系都不复存在，家长或父母在核心家庭组织当中的权威性、凝聚力也被削弱，与农耕文化相适应的淳朴乡风民俗淡化，这些新加盟城市家庭的家风，亟须创造性转换和创新性发展，才能凤凰涅槃、重整旗鼓。另一方面，近些年城镇化建设加快发展，除了促动原有大中城市扩张增容、连片集群外，不少新型城镇快速发展、人口集中，加上乡村振兴战略的实施，让众多世居深山溪谷的农户迁居进入新农村集中生活。从特定意义上讲，这种以经济拉动人口迁徙的发展战略，在有效推动城镇化快速发展的同时，对文化建设和传承的直接影响，突出地表现为让包括家风建设在内的家庭行为商业性和功利性凸显。反映在家庭教育为主的家庭文化生活实践当中，家长过度关注孩子的学识和智力，教育孩子以谋取职业、获取钱财、制备物力为第一追求，过去关注以和为贵、相亲相爱、睦邻友好等德育内容的家风传承被叠层深埋，已经对原有优良家风传承的驱动力和稳定性造成了明显冲击。家风建设与传承的文化生活环境，是一家一族人众生于斯长于斯的生命活动场所，"传统家风场域是基于中国古代社会结构，在基本遵循儒家家庭伦理和道德规范的前提下所形成的家族或家庭成员之间的关系性网络构型"[1]。正如荀子《劝学》所言："蓬生麻中，不扶而直；白沙在涅，与之俱黑。兰槐之根是为芷，其渐之滫，君子不近，庶人不服；其质非不美也，所渐者然也。故君子居必择乡，游必就士，所以防邪僻而近中正也。"[2] 中华家风文化非常注重选用居所中的具象实物，营造浓厚的教化氛围，时至今日，这个家风场域，依然是绝大多数人生活

---

[1] 杨威、刘宇：《中国当代家风构建的新范式探究——基于"场域—惯习"论的架构分析》，《观察与思考》2017年第1期。

[2] 梁启雄著：《荀子简释》，中华书局1983年版，第3页。

成长不可或缺的物理环境，只是主人们的生活方式发生了根本的改变。一方面，对于家风传承的内部环境建设来讲，延续着中华优秀传统文化血脉的中国人，无不寄望家人相亲相爱、家庭和睦美满。自古以来，置身幸福生活中的家人子女，无不自信满满，倾心致力于营造一个和谐融洽的家庭环境和血浓于水的亲情氛围，这一温馨和美的家庭生活环境，就是家风积淀形成的文化生发条件，对家人子女的养成教育，所具有的作用无比重要和弥足珍贵。"人在年少，神情未定，所与款狎，熏渍陶染，言笑举动，无心于学，潜移暗化，自然似之；何况操履艺能，较明易习者也？是以与善人居，如入芝兰之室，久而自芳也；与恶人居，如入鲍鱼之肆，久而自臭也。"[1]颜之推在《颜氏家训》中强调家庭熏育环境对个体尤其是青少年成长的重大影响，足以说明，不论是传统社会还是当今时代，影响家风传承的家庭成长和生活环境建设，即便是时过境迁，但是一点都不容忽视。尤为重要的是，和睦友爱的家庭文化环境建设，对于实现了男女平等和婚姻自由的现代社会而言，夫妻关系的和谐与否还突出地成为决定家风环境的核心要素。一家之内，夫妻双方自觉遵守婚姻家庭生活的法律法规和道德规范，相互支持、相互理解，共同学习、敬老孝亲，就能为孩子的健康成长树立好榜样，成功营造出友好和睦的家庭氛围和生活环境。另一方面，就家风传承的外部环境而言，如果说古代先民整齐门内、治家教子的目的，在于确保自家儿女长大后能够立身处世、被世人接纳而顺利融入社会，那么，长期处于相对固定的熟人社会，历代家长谨守家风的初衷和原因，在于人们非常在乎他人特别是左邻右舍对自家门风的评价，此理古今相通，应该引起时下人们的足够重视。

　　实物形态的家庭环境建设很重要，可以通过将物态器件植入家居美化环境，也可以悬挂家训、设置家庭书屋书柜，建家庭照片、荣誉墙，在家养花、养宠物，让家庭硬件环境舒心宜居，让家庭的每个角落柔软亲切，充满生机与活力。但是，却难以改变世人对一家门风的固有认知，"生命不是一个可以孤立成长的个体，它一面成长，一面收集沿途的繁花茂叶；它又似一架灵敏摄像机，沿途摄入所闻所见，每一分每一寸日常

---

[1] 檀作文译注:《颜氏家训》，中华书局2011年版，第85页。

小事，都是织造人格的纤维。环境给一个人的影响，除有形的模仿外，更重要的是无形的塑造"①。时至今日，原先传统的家族格局早已不复存在，现代家风的传承丧失了原有大家族这一稳固的场所，甚至有的家庭成员之间往往不在一起生活，长辈也逐渐失去了固有的权威地位。不仅反映出家风场域对子女教育的稀缺性，而且凸显出家庭环境建设的紧迫性。"我能有今天的成绩，离不开我父母的教导，离不开家庭环境的影响。"出生和成长于工人世家，两代6人有5人是车工，新中国成立以来，继父亲之后产生的又一个国家级技能大师、全国劳动模范、云南冶金昆明重工有限公司高级技师耿家盛，这样告诉记者。耿家盛父母共同选定当一辈子车工的人生道路，先后到昆明重机厂当普通车工。一方面坚守靠技术吃饭的人生信条，先后攻克机械行业技术难关421项，其中3项达到国际水平，1989年获评全国劳模的父亲耿鼎，离休后接受公司返聘继续当总工艺师到70岁，用自己一生的事业追求与工匠精神，为子女树立了学习的榜样。另一方面，通过以技术受益的现实范例，教育自己的4个孩子靠技术安身立命。榜样的力量就是最好的家风，3个儿子父承子业，先后到昆明重工当车工或钳工，先后脱颖而出成为技术能手，耿家盛就是其中最突出的。"父亲要求我们做人要踏实、厚道，他自己就是我们的榜样！"②家庭生活环境对人的影响是润物细无声的，靠技术吃饭、做事踏实、做人厚道，干一行爱一行干好一行，一家工匠，人人带伤痴心不改，相信耿氏优良家风还将长期影响后辈儿孙们。

（三）创新现代家风传承方式，构建社会和谐人际关系

中国人不仅有天人合一自然观，更有民胞物与和四海之内皆兄弟的人伦关系理念，"弟子入则孝，出则弟，谨而信，泛爱众，而亲仁"③。敬祖爱亲、父慈子孝、兄友弟悌、夫妻和睦、朋友有信，是传统儒家倡导的五伦人际关系，成为中华传统家风建设与传承的重要方面。风教缜密的《颜氏家训》提出："夫风化者，自上而行于下者也，自先而施于后者

---

① 邵爽：《略论中西家风教育：比较与借鉴》，《长江论坛》2019年第3期。

② 张勇：《工匠世家精技艺　忠厚家风传世长——国家级技能大师耿家盛的家风传承故事》，《时代报告》2018年第1期。

③ （明）张岱著，朱宏达点校：《四书遇》，浙江古籍出版社2017年版，第66页。

也,是以父不慈则子不孝,兄不友则弟不恭,夫不义则妇不顺矣。"① 家长教育家人子女做人谦卑低调,以平等之心待人,以求人与社会的和谐相处。健康的现代家庭伦理关系,应该是家庭成员在平等、宽松、民主的文化氛围中,不断完善自我,互相帮助、互相促成,以健康的家庭人伦关系助推良好家风的形成,构建新时代家庭道德建设新局面。首先,要注意优化家庭中的亲子关系。针对现代小家庭家风建设与传承实际需要,既要防止和纠正独生子女"小公主""小皇帝"的一家独大心理认识和不良表现,帮助孩子树立正确的集体观念,又要观照老人对"家和万事兴"的看法和贡献,推动构建和谐家庭人际关系。其次,注意增进家庭成员间的团结互信。通过营造互敬互爱、宽松民主的良好家庭环境,尊重每个家庭成员的主张和想法,鼓励大家为家庭建设和家风传承各抒己见,注意通过交流谈心增强彼此的信任,增进家庭成员之间的感情。最后,要重视对以邻里关系为代表的社会和谐人际关系的建立。"共通的畏惧和崇敬就更加可靠地维系着和平的共同生活和劳作。"② 同一地域内人际关系的亲密程度,有助于人们形成共同的集体认知,正是这一外部环境的价值评价与促进作用,激励着家风建设与传承数千年延绵不衰。

在和谐人际关系,促进优良家风传承方面,我们可以借鉴的历史经验很多,能够永续流传至今的,自然是现代优良家风建设创造性转化的重点。例如,福建省漳州福塘朱氏聚居之所南阳楼,西侧有一条狭长的巷道仅容一人通行,因为一侧是排水沟,而在楼宇墙面上,每隔数步就有一块可容单脚踏足的凸出石条——"让路石",凡是狭路相逢的行人,只要轻跨一步,孩童让老者、轻便者让挑子,错行时相视一笑,不仅让出了通畅,体悟到知礼谦让的中华传统美德,而且自然感知楼主与人为善的良好家风。与此风格相得益彰,在相邻的古民居院落,还有"共享井"便是再自然不过:一墙之下仅现半口井,另一半与邻居的院墙相连。相邻两户人家共享一口井,人们在惊奇之余,自然体会到邻里和睦、乡风和美的风教美俗。它留给我们的,除了惊叹,还应当有看齐的行动自觉。在政府部门的支持倡导下,朱氏后裔更是以现代大众化的打开方式,

---

① 檀作文译注:《颜氏家训》,中华书局2011年版,第34页。
② [德]斐迪南·滕尼斯:《共同体与社会》,林荣远译,商务印书馆1999年版,第97页。

以"祠堂＋文化"网络手段激活祠堂文化，为以古祠堂为代表的实物建设传承优良家风注入更多新动能，创新性发展了家风传承新手段。

（四）创新家庭风教生活习惯，改进现代家庭教育方式

学校教育的发展普及与社会教育的功能强化，让现代家庭不再是中国古代历史上曾经"施教于家而成教于国"的育人主阵地。但是，在家庭、学校和社会三种教育形态对人所产生的影响，通过优势比较，发现家庭教育对人的世界观、人生观、价值观影响最为深远。相较于古代有家法族规作为家风传承的保障力量，现代社会广泛存在的小家庭，不仅没有宗族制定的家法对家人言行操守的约束和惩戒，而且没有学校和社会教育那样有形的权威组织保障。现代家庭对子女的教育和品德养成，实际上处于学校教育附庸的地位，父母或家长传承家风仅限于对孩子的经验性说教，以及言行示范作用的有限发挥上。然而，在现代社会条件下，随着学校、社会、家庭三方在育人职能方面的分工进一步明晰，从一定程度上强化了家风建设的道德化育功能和要求，突出强调好家风不仅是文明道德的涵养地，优秀家风能引导孩子自觉遵守社会公德、承担社会责任、履行家庭义务，而且好家风还能够培育孩子知荣辱、乐奉献、懂合作的良好公德品格。一是坚持与时俱进，主动适应现代社会条件下悄然变化了的家风建设与传承新变化，积极创设和营造良好家庭育人风教环境，通过制定家庭教育规划、凝练家风文化精神、组织家庭教育讨论、召开家庭会议共商风教家事等全新方式，让孩子也作为家庭一员参与家庭大小事务，以此创设民主、平等、融洽的家风环境，为有效开展家庭教育打好基础。二是彻底改变过去父家长制在家庭风教活动中的个性化、一言堂、独断权威等封建遗规，开展现代家庭教育要在开诚布公、礼让尊重、保护孩子自尊心的前提下随机开展。遇到子女犯错时，家长不能一味责打或谩骂孩子，而是要在搞清是非缘由的基础上，通过摆事实、讲道理，让孩子认识到错误所在，不能冤枉孩子，更不能偏听偏信、主观武断，帮助孩子提高厘清原委、明辨是非的处世能力。反之，则会使孩子养成说谎的坏习惯，或者造成孩子的性格孤僻、心理封闭。三是积极创造条件，从陶冶孩子性情的角度出发，选择适当的体育运动项目，强身健体、坚韧自控；可以让孩子选择课外学习琴、棋、书、画等中华传统技艺和文化，适当培养孩子的一些爱好。四是注意提高现代家庭教

育的技巧。提及家庭教育，人们想到的往往是父母或家长对孩子的说教。其实，"随着科技尤其网络技术的发展、思想观念的多元化和人们个性的张扬，现代家庭教育出现了反向社会化——年青一代将自己的价值观、生活态度和行为方式等传授给年长一代，年长者向年青者学习的社会化"[1]。家庭教育也要讲求教学相长，这既是新时代家庭教育的新气象，也是现代家风传承创新的增长点。

创新发展现代家庭教育方式，以全新的家庭风教生活实践促进家风建设与传承，应当充分发挥那些走在时代前列的优秀家庭家风建设的示范作用，通过选树和表彰和谐家庭、"五好"家庭、时代楷模、中国好儿媳等家风建设模范，加强舆论宣传，以示范引导等柔性方式鼓励人们把修身齐家落到实处。《中华人民共和国国民经济和社会发展第十四个五年规划和 2035 年远景目标纲要》明确要求，全社会都必须自觉主动关心教育工作，通过健全学校、家庭、社会协同育人机制，努力构建全员育人、全过程育人、全方位育人的社会大格局。切实发挥家庭德育和家风传承在育民新人方面的独特作用，解决学校教育后顾之忧，为青少年成长成才营造良好家庭成长环境。各级政府和城乡社区要积极补位，坚持以寻找榜样、发现榜样、学习榜样等宣传教育为主线，通过挖掘本土古今典型的良好家风传承案例，树立家风榜样，发挥榜样的无穷力量，营造家风建设与传承的区域社会氛围。

第三节　制度文化创新

制度所具有的权威性、强制性及其执行力，不仅有利于将家风精神层面的伦理道德和约束要求转化为制度规范，而且有利于形成对道德规范的敬畏心理，保证人们在行动上自觉践履。探寻家风文化的根脉，管窥中国古代风教制度渊薮，可见历史上最早以诗歌为载体的文艺讽喻模式，极具中国特色道德教化的浪漫主义风格，展现出古代统治阶级对文艺讽喻的功利性制度把控。这种采用大众文艺歌舞的形式而建立起来的宣明政教之法，借助文化传播的风行于世和各级官府的传布旌表，很快

---

[1] 刁桂梅：《论反向社会化与成人教育创新》，《湖北大学成人教育学院学报》2005 年第 5 期。

滋漫下穿渗透百姓人家，经年累月，慢慢积淀成为古代家庭"风教"制度。然而，不论是传统社会还是现代中国，中华优秀传统家风中的道德规范，终究没有真正上升为国家法律，违反家风的道德惩罚代价低廉，造成人们对伦理道德的自觉遵守程度参差不齐。在家风说教不能完全奏效的情况下，经过官府默许，中国先民选择通过强制性家教手段，借助于家规来治家教子，让适用于整个家族的家训族规历史地上升为通行古代社会的强制性家法，铸就了古代传统家风精神的威严。传统家风以民众自治的方式，秉持严慈相济、注重严教的规矩意识，因地制宜开展的齐家范族治乱实践，留给我们最显见的启示，便是如何有效实现家风建设与传承的法治化。

创造性转化和创新性发展现代家风文化，必须坚持与时俱进，批判和去除过去普遍存在于传统家庭或家族内部、反映古代封建家长制权威而动用家法私自责罚家人的错误做法，直面现代家庭建设与家风传承实际问题，厚植明礼仪、孝亲老、崇勤俭、守法度等中华传统文化价值精髓，选择吸纳自由、民主、法治、协同等现代道德规范要求，积极推动家风与现代法治相互促进与配合，让家风精神与法律制度共同植根于每个人的内心，打牢人格塑造的思想道德基础，提高公民道德法治素养，以社会治理体系和治理能力的现代化，建立起确保良好家风发挥道德教化和行为规范功能的法治体系。可喜的是，随着《中华人民共和国民法典》《中华人民共和国家庭教育促进法》《中华人民共和国非物质文化遗产保护法》等系列法律法规的正式颁布和施行，顺应建设法治中国的新时代新潮流，推动家风建设与传承法治化进程，将中华优秀家风中的伦理精神和德育规范上升为相应的法律法规，伴随着同步建立的相应制度执行和落实，必将有助于推动人们对家风精神的自觉践履，有助于促进现代家风传承的法治化。

一　建立纪念节日制度，助力中华优秀家风文化传承与保护

一个国家或一个民族的强盛，总是以文化兴盛为支撑，实现中华民族伟大复兴，同样需要以中华文化的发展繁荣为基础和支撑。为了促进中华优秀家风文化的传承与保护，提醒并点燃广大民众重视家庭建设、注重家教和家风传承的热情，彰显中华文化传人浓郁的家国情怀，可择

选合适的时日，设立家风或家庭建设相关的纪念日，以制度化节庆模式，定期不定期举办形式多样、内容丰富的寓意风教活动，提醒和昭示一族一地乃至全国人民做好家庭建设，注重家风传承。

选择确立家风传承纪念节日，可以借用春节、端午、清明、中秋等重要时节，赋予这些中华民族传统节日以家风传承新的内涵，可以时令节气、春耕夏耘、丰收渔获等生产生活欢庆活动依托，寓教于勤劳致富、家和万事兴的家风传承当中，也可以挖掘各个民族或地方特有的非物质文化遗产，创新开展特色家风建设与传承纪念活动，提振家风传承在公民道德建设中的无声化育之力。正如2022年1月1日起正式实施的《中华人民共和国家庭教育促进法》明确规定，确立"每年5月15日国际家庭日所在周为全国家庭教育宣传周"[①]。要求各地通过组织和开发宣传产品、开设家庭教育专题专栏、刊发研究文章和解读视频等多种方式，推动《中华人民共和国家庭教育促进法》家喻户晓的同时，选树推介科教家风典型，引导家长把法律规定转化为自觉家教行动，帮助孩子扣好人生第一粒扣子。

适应价值多元化和开放性发展的现代社会新要求，现代家风建设，绝不能局限于一家之私，而要以开放的姿态交流互鉴，创新传承方式。通过拓展"六一国际儿童节"制度内涵，围绕儿童权利保障和立德树人目标实现，重点关注困境家庭、留守儿童、涉案未成年人，以及孤儿和失管未成年人等家庭的家风建设与传承，组织未成年人的父母或监护人学习家庭教育知识，接受家庭教育指导，创造友好和睦、健康文明的家庭环境。注意利用和强化纪念节会的制度化设计，强调通过发扬中华民族重视家庭教育的优良传统，引导全社会注重家庭、家教、家风，以立德树人为根本任务，以增进家庭幸福与社会和谐为目标，培养德、智、体、美、劳全面发展的社会主义建设者和接班人。为了推动构建和谐社会，倡导世界和平，共建全球爱心互助大家园，上海市将每年的6月16日设定为"兄弟节"，旨在"大力倡导和合之思想，努力推动世界和平之大业"，并力争以"6月16日兄弟节"向联合国申请设立成为世界永久节日，号召全球爱好和平的人士关注参与，为推动世界和平，构建美好

[①] 《中华人民共和国家庭教育促进法》，中国法制出版社2021年版，第3页。

家园尽献全力。① 浙江杭州和山东青岛设立"邻居节",通过富有特色的地方文化创建活动,继承和弘扬中华优秀传统家风精神,促进形成仁亲善邻、和睦融洽的新型邻里关系。贵州苗家村寨将每年农历三月十五到十八日确定为"姐妹节",族人们通过歌舞聚会、祭拜先祖,走亲访友、交互往来,展现当地族人姐妹一家亲的传统风尚,凝聚族内人心,增进族人亲情,也让建设和传承家风融入人们的日常生活。

二 大力普及法律知识,提高国民家风建设法治素养

家庭建设与家庭生活虽然属于私人领域,但家风文化在治家范族和培育新人等方面的社会影响很大;进入小家庭时代,意味着不断壮大的社会被分割为更小的家庭单元,但并不意味着家庭建设和家风化育失去空间。正如习近平总书记在2015年春节团拜会上强调的:"不论时代发生多大变化,不论生活格局发生多大变化,我们都要重视家庭建设,注重家庭、注重家教、注重家风。"因此,家风的好坏关乎社会风气的优劣,关乎国家的长治久安,说明家风建设与传承是一个系统工程,不仅需要长期坚持、久久为功,而且需要全国上下一体联动。一方面,关乎家风建设与传承的方向与政策等方面的举措,需要国家和政府的力量推动,适时制定出台有利于将社会主义核心价值观融入家风传承的规章制度与法律条例,不断完善市民公约、社区公约、乡规民约等大众刚性约束制度。另一方面,防止社会主义核心价值体系免受不良家风或社会风气的侵害,也需要国家公权力对人民群众反映强烈的道德失范、急功近利、封建迷信、贪污受贿等伤风败俗、违规出格突出现象进行规范和整治,破除陈规陋习和不良家风遗毒痼疾,营造积极向上和风清气正的良好家庭生活风尚。

没有规矩,不成方圆。坚定文化自信,站稳自己的脚跟,理性应对家庭建设和家风传承遇到的诸多挑战,"坚持走中国特色社会主义法治道路,建设中国特色社会主义法治体系、建设社会主义法治国家,围绕保障和促进社会公平正义,坚持依法治国、依法执政、依法行政共同推进,坚持法治国家、法治政府、法治社会一体建设,全面推进科学立法、严

---

① 胡晓辉:《"六一六国际兄弟节"启动仪式召开在即》,2023年7月17日,央广网,http://www.cnr.cn/2016-06-16。

格执法、公正司法、全民守法，全面推进国家各方面工作法治化。"① 近些年，特别是党的十八大以来，以习近平同志为核心的党中央高度重视家风建设，积极回应人民群众对家庭建设和家风传承的美好需求，认真研究现代家庭面临的新情况新问题，积极推动包括家庭家教家风政策法规建设，党和国家密集出台了许多关于家庭家教家风建设的制度规范，为加强家庭家教家风建设提供了广阔而坚实的基础。中办、国办印发《关于实施中华优秀传统文化传承发展工程的意见》，指出要"挖掘和整理家训、家书文化，用优良的家风家教培育青少年"②。2018年8月中共中央印发新修订的《中国共产党纪律处分条例》规定："党员领导干部不重视家风建设，对配偶、子女及其配偶失管失教……情节严重的，给予撤销党内职务处分。"③ 中共中央印发的《中国共产党纪律检查委员会工作条例》，明确将"家风家教"宣传教育纳入廉政教育内容。中办印发的《关于加强新时代廉洁文化建设的意见》明确要求，把家风建设作为领导干部作风建设的重要内容。2019年10月，中共中央、国务院印发的《新时代公民道德建设实施纲要》提出："用良好家教家风涵育道德品行。"④ 党的十九届四中全会报告明确提出："注重发挥家庭家教家风在基层社会治理中的重要作用。"2021年3月，《中华人民共和国国民经济和社会发展第十四个五年规划和2035年远景目标纲要》第五十章提出，"保障妇女未成年人和残疾人基本权益"，设立"加强家庭建设"⑤ 专节，专门规划家庭家教家风建设。2021年11月，党的十九届六中全会通过的《中共中央关于党的百年奋斗重大成就和历史经验的决议》强调："注重家庭家

---

① 习近平：《高举中国特色社会主义伟大旗帜　为全面建设社会主义现代化国家而团结奋斗——在中国共产党第二十次全国代表大会上的报告》，人民出版社2022年版，第40页。

② 中共中央办公厅、国务院办公厅：《关于实施中华优秀传统文化传承发展工程的意见》，2023年4月11日，中国政府网，https://www.gov.cn/zhengce/2017-01/25/content_5163472.htm。

③ 中共中央：《中国共产党纪律处分条例》，2023年4月16日，中央纪委国家监委网，https://www.ccdi.gov.cn/2018-08-26。

④ 中共中央　国务院：《新时代公民道德建设实施纲要》，2023年4月16日，中国政府网，http://www.gov.cn/2019-10-27。

⑤ 《中华人民共和国国民经济和社会发展第十四个五年规划和2035年远景目标纲要》，2023年4月17日，中国政府网，http://www.gov.cn/xinwen/2021-03-11。

教家风建设，保障妇女儿童权益。"2021年1月1日开始实施的《中华人民共和国民法典》第一千零四十三条规定："家庭应当树立优良家风，弘扬家庭美德，重视家庭文明建设。"① 以立法的形式引导全社会注重家庭家教家风，依法建立健全家庭学校社会协同育人机制，明确了家庭教育相关主体责任。2021年6月，中宣部、中央文明办、中央纪委机关等七部门联合印发的《关于进一步加强家庭家教家风建设的实施意见》提出："以培育和践行社会主义核心价值观为根本，以建设文明家庭、实施科学家教、传承优良家风为重点，强化党员和领导干部家风建设，突出少年儿童品德教育关键，推动家庭家教家风建设高质量发展……要强化制度保障，把新时代家庭观的要求体现到法律法规、制度规范和行为准则中，体现到各项经济社会发展和社会管理政策中，彰显公共政策价值导向。"② 以家风传承为精气神的家庭教育正以家规、家训、家书为载体的传统模式，转向以法律制度引领驱动、以培育和践行社会主义核心价值观为主要内容的现代家风建设与传承新模式，将家风立德树人的传统家事逐步上升为新时代的重要国事。

随着党和国家对家庭家教家风问题的日渐重视，以《中华人民共和国家庭教育促进法》为代表，已经将家风问题上升到了法律的高度，部分家风建设内容已经写入党内法规，为家风建设与传承提供了有力法治保障。全面落实国家和社会为家庭教育和家风传承提供指导、支持和服务的要求，各级人民政府指导家庭教育和家风传承工作，公安、民政、司法行政、人力资源和社会保障、文化旅游、卫生健康、市场监督管理、广播电视、体育、新闻出版、网信等相关部门各司其职，国家工作人员带头树立良好家风、履行家庭教育和家风传承责任，依法健全家庭、学校、社会协同育人的全面工作责任制度，通过行政执法和教育普法活动，注意将民主法治观念渗透到每个民众对家风传承的认识和理解当中，努力提高国民家风建设法治素养。一要明确家长在家风建设中的主体责任，

---

① 《中华人民共和国民法典》，2023年4月23日，中国人大网，http：//www.npc.gov.cn/2020-06-02。

② 中宣部、中央文明办、中央纪委机关等：《关于进一步加强家庭家教家风建设的实施意见》，2023年4月23日，国家教育部网，http：//www.moe.gov.cn/2021-07-23。

发挥每一任家长都能发挥好家风建设者的主人翁精神，动员优良家风建设的中坚力量和主力，既要承上启下、创新型转化父祖辈留给自己的家风精神，更要紧跟时代脚步，创新性发展能留给子孙接续传承的好家风。二要直面中国现代家风传承存在的突出问题，准确把握现代民主对家风建设主体的共育共建新要求，由政府主导，创新建设中国特色社会主义家风建设与传承制度，广泛发动和组织每一个家庭及其成员重视家庭建设，依法合规创出一条家风传承新路。三要适应现代家风建设与传承需要，建立完善以和谐家庭关系为主的家庭矛盾调解制度，为优秀家风建设与传承提供秩序与法治保障。

三 完善家庭、学校、社会三位一体联动机制，推进全民参与家风创新传承

一个人的成长成才，需要家庭、学校、社会三方共同发力，一套家风建设与传承的良法善治，更需要大众参与方可落实落细落小。家庭是人生的第一课堂，注重对子女的品德培育，也是家风制度的最大获益方；学校是知识和技能传授的主渠道，侧重学生的文化课业学习，更是家风建设与传承的优劣批判方；社会作为全方位人生历练的大舞台，通过培养和检验个体为人处世的实际能力，以社会接纳与排斥成为家风建设与传承的实践检验和选择导引方。随着家庭小型化和社会治理体系的细密化，传统家风传承的很多职能逐渐让渡给了学校和社会（单位），需要学校和社会的共同参与。在现代家风建设与传承活动当中，要适时走出仅限于家庭内部运行的狭隘思维和实践模式，把家风传承与学校德育、社会主义核心价值观践履有机统一起来，构建家庭、学校、社会三位一体联动机制，动员全体民众自觉参与家风传承与创新实践中来，推动构建家风建设与传承系统化、规范化、法治化。

（一）重视发挥家庭在现代家风建设与传承中的主阵地作用

意在治家教子的家风，从来就不是一阵风，而是家族长辈日积月累、代代接力的不懈传承。"在道德教育和思维影响方面，父母对子女的影响程度远超过教师对学生的影响。"[①] 治家教子也是一样，家风建设与传承

---

① 杜玉珍：《重建乡村和谐之基：伦理道德》，《前沿》2009年第7期。

制度对于家庭或家族建设,不可或缺。作为一个家庭（家族）在长时期生活实践中形成和积淀下来的独特生活方式和文明道德风尚,家风传承还是一个复杂的系统工程。从制度层面看,通过建立家庭或家族规章,不仅可以通过家规或家训的形式将好家风固定下来,便于传习,而且以常态化、生活化的实践范式,潜移默化地发挥着风教育人的长效规范作用。从教育层面看,家族成员对家风的心性感悟远远多于社会感知,家风传承的意会成分远远多于言传。如果说家风传承通过一个词语、一句格言、一段故事能够轻易被世人感知和传诵,那么这些语词背后所包含的家庭记忆,只有家风所属的家族成员才能心知肚明、念兹在兹。虽然让他们描述,未必达到准确全面,但绝对比最权威的研究者和最细心的观察家要丰富得多。从文化层面看,在物质文明极大丰富基础上追求精神文明提高的现代社会,良好的家风对社会文明的进步具有至关重要的意义,如果把反映家风文化的语词、格言、家庭故事看作家庭教育和教化家人子弟的教科书,那么,挖掘书本中教人如何立身处世、持家治国的精神力量,进而找到约束家庭成员在文明、健康、和谐、向上的生活氛围中繁盛发展的作用机制,就是把握住了家风传承创新的文化要领。

教育需要家庭、学校、社会形成合力,家风建设与传承同样如此。剔除中国封建社会的政治属性,从更宽泛的社会治理和人民幸福追求指向来看,古代家国同构的制度架构与今天追求和谐发展的社会目标,是完全一致的。这也是我们弘扬中华优秀传统文化精神,重视家庭家教、重视家风文化建设、注重家风传承的深层原因和基本认知。落实立德树人根本任务,培养德、智、体、美、劳全面发展的社会主义建设者和接班人,以家风文化成功育人而享誉全球的家庭德育不可或缺,只有将家风家教融入学校教育和社会教育,才可以凝聚起育民新人的强大合力,走出一条中国特色社会主义全员、全过程、全方位育人道路。

（二）注重发挥学校在现代家风建设与传承中的主渠道作用

学校不仅是人们接受教育特别是知识和技能教育最系统、最高效的专门场所,而且学校教育还是推动学生健康成长的专门场所。如果说中国古代因为学校教育的社会供给量不足,事实上催生了以家庭教育传承中华优秀文化为精神内核的家风文化,那么,今天高度发达起来的学校教育,更没有理由轻视家庭教育,特别是长于品德养成和人格塑造的家风熏陶。学校教育增设家风教育内容，不仅有利于弘扬中华家风传统文化，而且有利于学校知识传授的系统化、大众化，学校教师应当及时更新学生德育内容，创新教育方式，把家风文化教育纳入学校教育教学大纲中，切实发挥学校在现代家风建设与传承中的主渠道作用。第一，学校应当开设家风类学习文化课程，采用如家风文化讨论、家风经典阅读、家风典范分析等形象化、趣味性强的教育教学方法，聘请文化名家或专业老师给学生上好中华优秀传统文化课。第二，在教育教学形式上，不仅注重理论知识灌输，而且要组织指导学生投身家风课后实践活动。通过定期开展家风教育主题班会，分享学生个人在家庭中的所见所闻所感，有计划开展学家风、说家风、树家风、续家风等实践创新活动。第三，要办好家长学校，通过召开家长会、家长开放日等特色活动，邀请学生家长参与学校开放育人过程，分享家长对学生进行教育的感想和得失，优化并推动提高家长家教水平，增强长辈在家教育的权威性。第四，做好家风建设与传承相关问题的理论和技术培训工作，全面提高学生家长的理论认知水平和实践操作能力，促进学校德育教学水平提升的同时，激励和推动家长科学有序建设和传承好各自的家风。第五，学校教育工作者不仅要善于教学家风文化知识，而且要努力成为指导家风建设的专门人才，积极围绕培育和践行社会主义核心价值观，开展现代家庭家教家风相关问题研究，并能针对学生反馈的家风建设与传承突出问题，答疑释惑，有针对性地提出改进和完善的应对举措。

坚持正确的政治导向，注重学校在红色家风文化方面的教育，弥补家庭和社会教育功利主义造成的短板。一方面，积极推动中华优秀传统文化进校园。通过研读家风经典，把握家风传承的过去、现在和未来。中华民族家族本位的价值选择，反映在无数的中华传统诗教经典中，往往蕴含着深厚纯正的家风情愫，读懂经典、体悟传统，挖掘深藏在经典文本当中的传统家风精神，让优良家风传统进教材、进课堂、进学生头脑的同时，为社会主义核心价值观的培育和践行打牢文化基础。另一方面，将学校教育和红色家风传承有机结合，要求教师在课堂教学中加强红色家风教育。如通过讲述毛泽东投身革命后，带着家人变卖家产，教育儿子毛岸英树立平民思想，多为国家做贡献，对杨开智等亲属从未特殊照顾等领袖家风，助力学生领悟中国共产党的人民立场。借用周恩来少年时便立志"为中华崛起而读书",新中国成立后成为全心全意为人民服务的好总理,教育家中晚辈"要艰苦朴素,不能讲吃讲穿,更不能追名逐利……选择学业、工作都要从国家利益出发,以国家需要为标准,尽量到基层、到边疆、到最艰苦的地方,为国家多做贡献"①。激发学生学习动力,引导学生自觉抵制拜金主义和享乐主义错误思想。讲述刘少奇如何做自立、正直和诚实的人,朱德怎样怀抱理想、艰苦朴素,教育子女"接班不接官",让学生明辨为人和为官之道。列举彭湃践行马克思主义而走上革命道路,将"鸦飞不过的田产"还给农民,以大爱无私的革命精神感化了整个家族,八位家人先后为民族解放事业献出宝贵生命"②。教育学生认识到家风门风的重要性。也可以列举当今好官焦裕禄因儿子看了一场"白戏"而做"十不准"家规,杨善洲坚决不让家人搭顺风车,不用手中权力为家人转户口等家风故事。让广大学生感受到共产党人坚毅的国家意识和对共产主义忠贞不渝的红色家风,读懂老一辈无产阶级革命家不仅自己做表率,而且谆谆告诫子女们廉洁做人、干净做事,精忠报国、一心为民而积淀形成的好家风,自觉将老一辈无产阶级革命家当作学习的榜样,增强思政课程和课程思政教育实效,不断提升思想觉悟和道德素养。

(三)不断优化现代家风建设与传承的社会实践环境

建设和传承优良家风,不仅事关一个家庭的幸福安康,影响每个人的成长成才,而且事关国家的长治久安,事关社会的和谐安宁。随着经济社会的快速发展,中国传统家族聚居、家庭联合的生产生活方式发生了根本改变,家庭或家族的社会管理功能弱化,家风传承的很多需求保障已经由家庭或家族转移到了社会。现代社会提供的公共福利设施以及培训机构的日渐增多,逐步取代了家庭原有的部分教育职能,让包括家庭教育在内的家风传承趋于社会化。换言之,现代家风的建设与传承,在很大程度上需要置身社会大环境才能顺利推进,这也是新时代统筹推进城乡精神文明建设融合发展,提高全社会文明程度的应有之义。因此,建立完善家庭、学校、社会三位一体联动机制,明确以政府为代表的社

---

① 周秉德:《忆周恩来生活中如何厉行节约详解11条家规》,2023年4月19日,中国共产党新闻网,http://dangshi.people.com.cn/n/2013/0301/c85037-20648704.html。

② 张天清:《红色家风》,百花洲文艺出版社2018年版,第103页。

会力量职责任务，积极引导家长转变家教观念、改进教育方法，配合家庭开展家庭教育、营造良好的社会舆论氛围，帮助群众改善家庭关系、增进邻里和谐，协助学校举办文化交流和优良家风建设公益讲座，丰富家风教育形式，营造家风建设与传承的良好社会环境。有关社会力量通过组织相关专家学者和家长代表，一起研究编写适合现代家庭需要的家风传承与创新指导教材和普及读物，明确家风传承与创新的目的、对象和范围，分析现代家风建设与传承面临的问题与挑战，总结推广家风建设与传承好经验好做法，为现代家风建设与传承提供可资借鉴的实施方案。

为配合落实家庭教育促进法等家庭家教家风建设法律规范实施，响应党和国家重视家庭家教家风建设制度安排，各地各部门各单位应当积极行动起来，聚焦构建好家风的新时代新要求，创造性地把优良家风建设与各行各业的制度规范和行为准则紧密结合，通过调整完善行业职业规范和社会组织章程，修订社区市民公约和村镇乡规民约，大力推广网络文明公约等，促进常态化优良家风传承长效机制建设。中央文明委出台《关于深化家庭文明建设的意见》《全国文明家庭评选标准和评选办法》等，对文明家庭创建和评选做出规定；中央国家机关联合多部门制定实施家庭教育工作五年规划，创新实施《全国家庭教育指导大纲》《家长家庭教育基本行为规范》；全国妇联持续实施"家家幸福安康工程"，全面推进家庭建设和家风传承工作。北京市妇联联合市教委、市关工委依托市妇女儿童服务中心、朝阳社区学院建立家庭学校，为广大家庭提供家庭教育指导、科学育儿辅导、家庭文化倡导等家庭综合服务，推动提升家庭发展能力。[①] 依托上海开放大学和上海家长学校，上海市妇联通过组织各级家庭文明建设指导中心、妇女之家、儿童服务中心等，帮助家长就近就便获取家庭教育指导服务。湖南湘潭市围绕父母该如何依法带娃问题，组织开展家庭教育促进法政策理论宣讲活动，解开家长们心中关于家风传承的疑惑。在国家和政府的大力倡导和持续支持下，近年来全国各地积极行动起来，因地制宜，各种家风建设与传承创建活动蔚

[①] 耿兴敏等：《建设文明家庭　实施科学家教　传承优良家风——各地妇联开展丰富多样的国际家庭日活动》，《中国妇女报》2022年5月16日第3版。

然成风。例如，四川省宜宾市南溪区挖掘本土文化资源，打造巴蜀家风传承示范基地教育平台，走出一条家风文化与旅游产业发展有机融合的宣教推介之路。当地政府充分利用南溪历史上积淀形成的孝善传家、良心处事、忠义报国、文明礼宾的巴蜀家风文化优势，以裴石镇裴农社区"月亮湾"为核心，倾力打造以"孝善良心、忠义文明"为主题的巴蜀家风传承示范基地，实现以良好家风正党风、清政风、促行风，推动形成家风带乡风、淳民风的社会新风尚。① 坚持将巴蜀家风传承示范与乡村振兴战略相结合，常年举办以"传家训、立家规、树家风""传承优良家风，培育乡风文明"系列主题活动，广泛开展家训诵读、我的家风故事征集，以及表彰好家风示范户、文明家庭等活动，并以打造"十里荷塘、缕缕清风"等文化景观，注重家风文化与社会主义核心价值观的内涵衔接，通过广大游客以参与体验的方式将社会主义核心价值观教育贯穿到活动各个环节。各地社区适时跟进，组织辖区各单位定期举办传承和践行好家风宣传和志愿服务活动，开展家庭联谊和家风建设亲子活动，评选文明家庭和最美家长等活动，为家风传承制度落实营造良好社会氛围。

四　完善奖惩和家庭档案管理制度，持续加强党风廉政建设

现代家庭身处社会转型时期，新时代新征程上发生的巨大变化，造成人们按照传统社会所要遵循的家风规则失灵现象。其中最主要的方面，就是包括有关家风教化的伦理规则失序，以及家长施教于家的权威性减弱。这种失灵抑或家教失范状态，一方面，导致很多人不清楚传统家风规则如何沿用；另一方面，新的家风规则还没有完全树立起来，让齐家教子活动处于无所适从的混乱状态。这些实际问题反映在家风建设与传承当中，则表现为人们不懂得哪些传统家风文化内容应该继续传承下去，也不明白哪些家教内容应该转换成新的社会需要。针对这一现实窘境，党和政府适时出台《中华人民共和国民法典》《中华人民共和国家庭教育促进法》《新时代公民道德建设实施纲要》等法律法规和政策，倡导和支持中华优秀传统家风的创新性传承，大力推进创造性现代家风建设活

---

① 雷翠：《以优良家风促和谐乡风——宜宾市南溪区巴蜀家风传承示范基地建设实践》，《乡村振兴》2021年第8期。

动。加强党风廉政建设，选择以党政公职人员，特别是以党员领导干部家风建设为抓手，就是找到了工作的突破口。因为党政干部尤其是党员领导干部的家风，虽然主要涉及关键少数人群，但他们的家风建设与传承却不单单是个人私事，也不仅仅是少数人一家小事，而是事关人心向背和党的生死存亡的大事。仅党的十九大以来，中纪委通报受到党纪政纪处分的中管干部，违纪行为涉及家属和亲属的比例高达60%，有一半以上违纪行为属于利用职务上的影响和便利为亲属谋取利益。"领导干部的家风，不仅关系自己的家庭，而且关系党风政风……各级领导干部要带头抓好家风……做家风建设的表率，把修身、齐家落到实处。"① 事实上，通过近年来正风肃纪查处的党员领导干部严重违纪违法案件，分明看见，正是由于这些关键少数干部普遍存在家教不严和家风不正的突出问题，放任家人亲属相互影响、沆瀣一气，酿成家族式腐败，最终沦为阶下囚，不仅毁了自己和整个家庭，更严重破坏了党风和政府的形象。所以，共产党人尤其是党的领导干部要带头传承优良家风，坚持做到廉洁修身、清廉齐家，让廉洁从政、秉公用权上升为家规，使戒贪止欲、克己奉公积淀成为家教，以清廉家风防止腐坏"枕边风"，防止子女及其配偶打着自己的旗号非法牟利，防止身边人将自己"温水煮青蛙""拉下水"。

（一）注重统一家风建设与传承的思想认识

风清气正良好社会建设，既要靠党纪国法匡正，划定不敢贪、不敢腐的高压红线，更要重视思想道德建设，建设清正廉洁家风，营造不敢贪、不想腐的心理认知。正如习近平总书记强调指出的，"不忘历史才能开辟未来，善于继承才能善于创新。……要坚持古为今用、以古鉴今，坚持有鉴别的对待、有扬弃的继承、而不能搞厚古薄今、以古非今，努力实现传统文化的创造性转化、创新性发展，使之与现实文化相融相通，共同服务以文化人的时代任务。"② 领导干部的家风建设，离不开中华优秀传统家风文化的滋养，这些优秀传统家训文化内容丰富、意蕴深厚，对解决新时代家风存在的问题、建设良好家风具有重要现实意义。"不论

---

① 中共中央党史和文献研究院：《习近平关于注重家庭家教家风建设论述摘编》，中央文献出版社2021年版，第24—25页。

② 《习近平谈治国理政》第二卷，外文出版社2017年版，第313页。

我们国家发展到什么水平，不论人民生活改善到什么地步，艰苦奋斗、勤俭节约的思想永远不能丢。"① 加强党风廉政制度建设，重视发挥红色家风榜样示范和制度引导作用，弘扬和传承红色家风中的清正廉洁为官思想，教育广大党员干部进一步增强纪律意识，敬畏党纪国法、敬畏手中的权力，抵制诱惑、防微杜渐，努力营造清明党风政风，引导全国人民自觉树立并传承勤俭节约优良家风，美化民风、淳化社风。习近平总书记在十八届中央纪委六次全会上强调："我们着眼于以优良党风带动民风社风，发挥优秀党员、干部、道德模范的作用，把家风建设作为领导干部作风建设重要内容，弘扬真善美、抑制假恶丑，营造崇德向善、见贤思齐的社会氛围，推动社会风气明显好转。"② 发挥家风育人的基础性作用，着眼于筑牢党风廉政建设长远文化风教机制，公检监察机关应当联合工会妇联组织倡行"立家规""树家风""美社风"等社会主义文明创建活动，推动全社会厉行节约，将廉洁自律、洁身自好等中华优秀传统文化精神融入现代家风建设，让清白做人、廉洁从政成为现代家风传承的应有之义。

（二）建立健全党风廉政制度体系

以党风强政风促民风、引领现代家风建设与传承，必须以制度建设为基础和保障，向制度要成效。改革开放以来，特别是党的十八大以来十多年时间里，围绕党风廉政建设，制定出台了许多政策法规，限制权力的制度笼子编得日渐紧密。2016 年起开始实施的《中国共产党廉洁自律准则》，不仅把弘扬中华民族传统美德作为各级党员领导干部必须遵守的规矩，而且特别强调要"廉洁齐家，自觉带头树立良好家风"，要求党员领导干部自觉带头树立良好家风，立足正面引导，从廉洁自律方面为党员领导干部确立了家风建设的制度高标准。2018 年修订颁布的《中国共产党廉洁自律准则》新增第一百三十六条，规定"党员领导干部不重视家风建设，对配偶、子女及其配偶失管失教，造成不良影响或者严重

---

① 习近平：《在参加十三届全国人大二次会议内蒙古代表团审议时发表的讲话》，2023 年 7 月 19 日，中国政府网，http：//www.gov/cn/.2019-03-05。

② 习近平：《在中纪委第六次全体会议上的讲话》，2023-07-14，新华网，http：//www.xinhuanet.com//politics/2016-05/03/c_128951516.htm。

后果的，给予警告或者严重警告处分；情节严重的，给予撤销党内职务处分。"① 有利于促进党员领导干部带头注重家庭家教家风建设，在管好自己的同时，严格教育、管理、监督配偶、子女和自己身边的人，发现问题及时提醒、坚决纠正，从源头上防止腐败问题发生，以优良家风推动党风政风、社风民风持续向好。这既是更好培育和践行社会主义核心价值观的重大举措，又充分体现了全面从严治党的纪律要求。2019 年 1 月 31 日发布的《中共中央关于加强党的政治建设的意见》强调："领导干部特别是高级干部要带头加强党性修养，……明大德、守公德、严私德，……注重家庭家教家风，自觉做廉洁自律、廉洁用权、廉洁齐家的模范。"以党内文件的制度性规定，进一步织密并扎紧制度的"笼子"，教育引导广大党员干部必须做到修身齐家双管齐下，用严明的纪律管全党、治全党，有力推动党风和党员干部家风不断向上向好。

（三）注意完善家风建设奖励与惩罚机制

中华民族历来重家风、崇蒙养，反映在中华文化语境当中，一旦提及家风，人们必然想到家教缜密、民风淳朴；落实到家风建设实践当中，人们自然倾向于选树优良家风的正面创建活动。近年来，与中华家风文化热一起兴起的，除了有识家长主动挖掘家风文化资源、自觉创建家风的积极行动外，由政府主导，以工会、共青团、妇女联合会、行会商会等为组织主体，普遍建立起通过引导提倡现代家风建设、表彰城乡居民在家风建设与传承方面表现突出的家庭、选择树立家风典型等激励机制，为新时代家风创建注入了正能量。例如，全国妇联常态化开展寻找"最美家庭"、"五好"家庭创建等活动，截至 2021 年底，共评选全国最美家庭 6808 户，推选出 539.89 万户各级各类最美家庭，累计表彰全国"五好"家庭 9912 户。② 肯定社会组织和人民大众的首创精神，将符合时代要求的家风建设成果以制度的形式固定下来，成为法治中国建设的当务之急。第一，要注意建立和完善家庭内部赏罚制度。体现家风制度的内向规制，要求家庭内部做到长幼平等、赏罚分明。重视并鼓励每一个家

---

① 《中国共产党廉洁自律准则》，法律出版社 2019 年版，第 7 页。
② 姜洁、杨昊：《千家万户都好，国家才能好，民族才能好》，《人民日报》2022 年 5 月 15 日第 1 版。

庭成员参与家风建设与传承，通过日常探讨交流求同存异、集思广益，共同找出解决问题的最佳方案。无论哪位家庭成员，只要为家庭做出贡献，均应受到物质或精神奖励；反之，对于家庭成员不正确的言行，家长要及时指出并恰当地指导改正，对于差池犯过者，均应据实批评责罚。第二，建立完善居家处世的外向奖惩制度。注意发挥榜样的激励、示范、引领作用，依托工会、妇联等社会组织，选树一些有社会影响力的模范人物、贤妻良母，评选好人好物、模范家庭等推广典型，在反复试验和精选打磨的基础上，将其制度化、品牌化，引导全社会广大家庭见贤思齐。第三，完善防范和打击社会不良家风制度。在深入挖掘中华优秀传统家风文化资源，推进现代家庭建设长足发展的同时，要看到一些不良家风的存在和对社会风气的负面影响。尤其是当今社会上少数党员领导干部上梁不正下梁歪，自己行为失范、官德失守，纵容妻儿家人幕后收钱敛财，更有甚者利用自己处心积虑经营的"人脉"和"圈子"大发不义之财，不仅破坏从严治党、风清气正的政治生态，违背党的执政理念的为官纪律、抹黑党的形象，而且严重败坏了社会风气。激浊扬清，惩治诸如金钱至上、急功近利、恶意离婚、家暴等严重破坏清明家风家规的家庭或个人，以罚则保持家风建设与传承的权威性，以制度确立言行风标，势在必行。

（四）依法完善家庭和家风档案管理制度

回望千年中华传统家风传承历史，中国先民为保家业不衰而计从长远的家风传承智慧，为全人类所叹服和仰慕，家风周流个性化、常态化、生活化育民新人的实践范式，有很多至今依然十分有用。例如，以明示和记录家庭成员善恶功过的功过格，便是以制度化宣示家庭成员日常言行的方式，在家风传承实践当中发挥着文化记忆的重要作用。正如现代社会常见的户籍档案、学籍档案、人事档案能够清晰准确地记载一个人成长与发展的历史过程、反映一个人之所以成功或失败的实践规律一样，家庭（家族）档案不仅可以记录家业兴衰、家人繁衍的存续经历，而且档案本身就是家风建设与门风传承的真实写照。正因如此，随着时代变迁和社会进步，人们越来越认识到学习历史、了解过去对今天实现更好发展的意义，对档案工作的重视和投入也快速增加。但是，对于家庭档案的建立完善，还没有提高到应有的重视程度，以致缺失现代家风创新性传承的有效抓手。按照《中华人民共和国档案法》规定，各级政府要发挥引导作用，通过政策鼓励和引导，广泛发动群众，选树家风典型示范等方式，大力支持和教育推广家庭（家族）档案建设工作。有关社会群团组织应当积极行动起来，联合学术机构、社会公益组织为家庭（家族）档案规划设计呈现模式，创新发展电子家谱、口述档案、声像档案等存储新形式，构建家风银行、家庭档案馆、村史馆等多种存储与服务平台，通过便捷迅速与开放共享的现代信息渠道，弥补传统形式下家风传承的硬件建设不足。同时，注意联合新闻媒介，大力宣传和呼吁人们自觉建立和完善家庭（家族）档案，养成重视家庭（家族）档案的意识和习惯，助力每一个家庭做好优良家风建设，让好家风在信息时代获得更加长久和广泛的传承生命力。

五 发挥社会评价导向功能，优化家风传承宣教制度

随着中国城市化进程的加速推进，古代家族式家庭比邻而居的传统结构形式，已经被小区住宅代替，以往熟识的乡村邻里被上下楼层的钢筋水泥土分割，共居一幢建筑中的邻居之间大多不熟悉，加之城市化带来的生活快节奏与学习和工作等方面的压力，使得大家没有更多的时间与邻居走动往来，于是便以冷淡的常人姿态各自生活在固定的小家庭当中，漠视邻里的同时，少有对他人以及相互间家庭风尚的评头论足，一家之内的生活隐私也限制了他人的好奇心，大大降低了家风评价的大众参与程度和热情。现代城乡社会普遍存在的"不孝子""啃老族""弃老族"等不良现象，以及家中晚辈欺侮虐待长辈、父母在家打伤、打死子女等诸多危害优良家风传统的不当行为，虽出自家庭内部，却是不容忽视的社会问题。这些问题的出现，分明告诫人们，由于社会约束机制不完善、社会疏导机制匮乏，受各种庸俗文化的侵蚀，必然招致各种不良风气对家庭建设和家风传承的腐蚀感染，不仅与国家治理体系和治理能力现代化发展目标相左，而且违背中华优秀家风制度。

凸显家风文化的精神形塑地位，建立完善多元社会评价机制，发挥教育评价所具有的鉴别诊断、激励导向、监督纠偏等功能，通过评价调动每一位家长带领全家参与家风建设与传承的积极性，确保家风建设与传承沿着正确和健康的方向发展。首先，要完善家庭成员开展家风自我评价机制。发挥家风自我评价的纠偏与建设功能，借助于长时间一起生活、彼此了解，以及因接受同样的家风熏染而拥有相似的性格气质等榜样比照，通过与身边亲友生活交往的心有灵犀和道德实践，或照见自己的是非曲直，或得到家人长辈的好坏评判，不仅有利于家庭成员道德品格的训育，而且有助于良好家风的建设与传承。其次，发挥评价导向功能，优先做好党员家风评价。发挥党员干部家风建设"头雁效应"，创新建立现代家风传承的社会评价制度，将家风建设纳入党员考核评价标准，将党章和《中国共产党廉洁自律准则》作为家风建设的根本遵循和评价标准。对家风的有无、优劣，对家风传承的持守、废坏，以及对家风传承的未来前景等问题，依托专门机构和专业人士，区分不同地域特色和生活传统，有组织地进行权威分析和评价，褒奖先进、鞭策后进，树立典范、推广经验，引领广大家庭建设好家风。最后，广泛发动社会力量，以国家公职人员家风建设与传承监督评价为主，以制度化推进的方式对全国亿万家庭开展家风评价。在中国古代社会，家风不仅是一个家庭或家族的大众口碑和社会荣誉，而且注重通过官府的旌表褒掖，彰显评价标准和家风传承导向。因此，以官府褒奖为代表的家风评价，不仅成为决定一个家庭或家族在社会上的政治、经济、文化地位，而且能够转化成为影响一个家庭或家族兴衰成败的内生动力，持久而深刻地发挥着激励和导向作用。搞好现代家风建设与传承，除了建立和完善政府主导、大众普遍参与的家风评价体制机制，还要广泛发动社会团体和民间组织积极探索家风评价工作，以明确有效的标准评价家风传承，推动全社会家庭好家风建设。

  现代家风建设与传承的式微，除了物欲横流引发的片面价值追求，以及家庭结构小型化导致的人际交往关系单一外，还与我们对中华优秀传统家风文化以及现代家风建设与传承的宣传不够有关。回应现代家风建设的突出社会问题，通过制定完善新闻媒体宣传家风就是开展家风教育的制度，明确媒体宣传报道家风家教家训的责任与义务，确立媒体宣传报道家风传承的规范与标准，扩大家风传承社会影响面和传播力的同时，助力全社会开展家风建设与传承教育。一是运用电视台、电台、报纸、期刊、新闻网站等官方传播渠道，加大力度和频次，正面引导和宣传推广优秀家风，选树凸显时代特色的新型优良家风典范，以寻找榜样、发现榜样、推介榜样的叙事方式，增加新闻宣传的可读性、亲和力、感染力。二是及时跟进报道家风建设与传承的社会大众创新实践活动，大力宣传群众身边的家教家训家风事迹，营造向模范家庭看齐和学习的良好社会氛围，形成以德立家、以学兴家、文明治家、忠厚传家的良好社会风尚。利用新媒体推进新型优秀家风建设在千家万户落细落小落实的同时，打破优秀家风仅在家庭内部传承的封闭和限制，让优秀家风进入更多寻常百姓家。三是创新家风传承宣教形式，构建现代网络特别是青少年容易接受的话语体系，利用微信、微博、抖音、快手等各类手机App，围绕家风建设与传承制作发布表情包、微视频、动图、漫画等大众喜闻乐见的视听产品，开发构建新的宣传图式，讲好家风故事，增强宣传的趣味性和对受众的吸引力、感染力。四是制定出台宣传制度及采取相应媒体管控措施，增强大众传媒推介家风正能量的同时，注意防控非主流媒体为了博眼球和赚取点击率而扩散负能量。最大限度消除和防止"男尊女卑""三纲五常""明哲保身""投机取巧"等封建旧有的不良家风习气，克服家风传承容易滋生的狭隘家庭（家族）集体观念，摒弃封建家长制和"一言堂"等与社会主义核心价值观相背离的家族主义倾向，引导家风传承始终朝着正确的方向发展。

第四节　风俗文化创新

中国是一个历史悠久和民俗风情富厚的国家，有许多独特的风俗习惯，演绎出独具特色的中华风俗文化。"周虽旧邦，其命维新。"赓续中华优秀传统文化血脉，需要我们继承先辈明德新民、风教美俗历史传统，在马克思主义中国化最新理论指导下，立足现代社会发展实际，围绕现代家庭建设和家风传承创新需要，将中华优秀传统文化精神与现代家庭物质生活条件、家风制度规范建设紧密结合起来，创新现代风俗文化，为推动现代家风创造性转化和创新性发展，创造良好的社会文化环境和资源条件。

一　坚持风俗文化创新传承，赓续知古鉴今历史传统

梳理一个国家或民族风俗文化的形成、发展和变迁历史，是研究一

国或一个民族社会历史和文化发展的重要窗口。通过表象反映出的风俗文化，是一种源于社会基层民众创造、传承和遵守，并以人民大众自觉生活践履的形式存在传承和发展着的文化样态。通过本质内涵考察，风俗文化则是最基础而深沉地反映着一个国家或民族的共同理想、价值追求、行为规范的社会心理。"以文化人""移风易俗"不仅是中国历代统治阶级的教化目标，也是"成风美俗"的社会风尚，既是中国人生生不息的生活传承样法，也成为千百年来身处社会上层的文人贤士推行文治教化和创新风俗文化的历史传统。

（一）风教美俗，中国古代以文化人的理想愿景

风俗文化从远古走来，随着人类社会的出现而产生，只要有人类群体，就会有依靠无形的自然约束力维护社会秩序的生活风尚，就有风俗文化。可见，风俗文化是人类文化意识的基石，是人类文化之母。"人类最初的文化是风俗文化，政治、礼法、原始宗教、道德、艺术、语言……都是在风俗文化的母腹中孕育、诞生的。"[1] 天覆地载，日月明照，四时流行，天道化生，继之者善也。按照中国古代成人哲理，化民成性贵在自然天成，经过自上而下的政教和自下而上的家教，便可以积淀形成理想的社会教化风俗，将以文化人目标落实在风俗文化生活当中，便可以成风化人，这是中国古代以文化人的社会理想图景。中国古代先民直觉而理性地认为，人作为阴阳化生万物之精华，相较于"水火有气而无生，草木有生而无知，禽兽有知而无义，人有气、有生、有知，亦且有义，故最为天下贵也"[2]。人乃天地化生之所出，其接受天地氤氲之息，醇化万物之灵秀的结果，便是继天之於穆不已之善性而成的结果。天有四时，其化可见，其为化者不可见。人贵有自知之明，人之贵于其他实物者，盖因其能有效承接於穆不已之自然天命，最终继之者善，成之者性。效法天地不言而四时行、百物生，天地和阴阳化生的自然过程，便是人独能偶对天地，约定成俗、触地而生的结果。这既是

---

[1] 韩养民：《21世纪中国风俗文化研究走向》，《西北大学学报》（哲学社会科学版）2000年第1期。

[2] （清）王先谦撰，沈啸寰、王星贤点校：《荀子集解》，中华书局1988年版，第164页。

古代无为而治、不言而教的治世理想，也是因地制宜、以文化人的社会愿景。

(二) 邦异国殊，情习不同，教化正俗，总有取舍

"百里不同风，千里不同俗。"在一定意义上恰当地反映了风俗及其文化具有稳定性和封闭性，又有因地而异的区域性特点。同时，风俗文化是一种社会生活传统，某些一时流行的时尚、习俗，久而久之定有变迁，原有风俗中的不适宜部分，也会随着历史条件的变化而改变，所谓"移风易俗"正是表达着这一含义。相较于西方受制于绝对精神的神意禁忌，以及大量与宗教相关的神秘风俗文化对未来世界的寄望，中华优秀传统文化突出的道德教化实践精神，展现为古代统治者宣明政教的最主要目标，在于形成和长期维护现实的社会教化风俗。因此，以风俗之美化，成流芳千古之教化的明主贤君治世追求，也是人们歌功颂德、称许有为君主的风向标。"圣人出则日月记其初，王泽深则风俗传其后。故少昊著流虹之感，商汤本玄鸟之命，孟夏有佛生之供，仲春修道祖之箓。追始乐原，其义一也。……上明玄天光启大圣，下彰皇化垂裕无穷。异域占风，同见美俗。"[①] 人情世故和风物传统，体现着特定社会的道德规范和生活风尚，明了这些，是中国古代历届统治者建章立制、推行风教，努力实现国家治理目标的前提和基础，也成为维系政统、匡正人心、垂训万世的社会风俗文化标准。即便是人民百姓智巧愚顽不均，但人之天性往往难以泯绝，故而未有不知爱戴君亲者。之所以有狂悖无礼之徒，非为不知圣人之德和天子之意，实由官府宣传未遍，没有将朝廷所颁政令，以及关涉风教民事旨意通过乡约宣示，统一风俗而成治世之功的前提，必须按照时势所需对原有风俗文化有所取舍。

(三) 变革风俗文化，推动社会进步

风俗及其文化样态，系指特定时期生活在特定区域的人群，长期相沿、积久而成的生活风尚、通行礼节、固有习俗。如果说风俗文化的传承性有利于既有社会制度的稳定和延续，那么变革风俗文化很可能导致社会政治变化。"至若号令之行，风教之出，先及于府，府以及州，州以及县，县及

[①] （清）顾炎武撰，（清）黄汝成集释，栾保群点校：《日知录集释》，中华书局2020年版，第755页。

乡里。自上而下，由近及远。譬如身之使臂，臂之使指，提纲而众目张，振领而群毛理。"① 以西周旧制为代表，古之太师陈诗以观民风，人民百姓听之，则知其国之兴衰。天子"岁二月东巡守，至于岱宗，柴而望祀山川。觐诸侯，问百年者就见之。命大师陈诗，以观民风；命市纳贾，以观民之所好恶，志淫好辟；命典礼，考时月定日。同律、礼、乐、制度、衣服，正之。山川神祇，有不举者为不敬，不敬者君削以地；宗庙有不顺者为不孝，不孝者君绌以爵；变礼易乐者为不从，不从者君流；革制度衣服者为畔，畔者君讨。有功德于民者，加地进律"②。上古三代，教出君王，淳风美俗的结果，是太平治世。中国古代盛世修文、乱世礼崩乐坏的历史铁证，足以说明通过变革风俗文化，推动政治和社会变革的事实。明末清初著名学者、大思想家顾炎武（1613—1682 年）通过对比春秋与战国时期乡风民俗、社会风气的差异与变化趋向，就周末风俗变化表象之后的深层原因，提出"论世而不考其风俗，无以明人主之功，余之所以斥周末而进东京，亦《春秋》之意也"③。春秋时期尊德尚礼、醇厚风俗的政教努力与社会收效，可见一斑。

二 创新传承风俗文化，彰显中华优秀传统文化价值

从文化生发和文化内涵双重角度分析，风俗是特定社会文化区域内生活的人，经年累月、世代延续时空环境中共同遵守的行为规范和生活模式，一般将自然条件的差异所造成的行为倾向之别称为"风"，将社会文化因素所形成的生活规则之异称为"俗"。与中华文化历史久远、中国地大物博、华夏民族多样性相适应，中华传统风俗及其文化存在形式丰富多彩且特色鲜明。虽然作为文化在现实生活当中的实景反映，风俗文化有着比其他行为规范和价值取向更突出的稳定性、传承性、社会性特征，然而每一个中国人都心知肚明并自觉做到的"入乡随俗"要求，绝不能给中华传统风俗文化贴上排斥创新、缺乏与时俱进变革精神的保守

---

① （清）顾炎武撰，（清）黄汝成集释，栾保群点校：《日知录集释》，中华书局 2020 年版，第 481 页。
② （明）王夫之著，杨坚总修订：《礼记章句》，岳麓书社 2011 年版，第 312—313 页。
③ （清）顾炎武撰，（清）黄汝成集释，栾保群点校：《日知录集释》，中华书局 2020 年版，第 676 页。

或顽固标签。以最具中国范儿的春节风俗文化为例,扫尘、祭灶神、贴门神春联、吃年夜饭、守岁等约定成俗的年节活动,没有一项习俗不含革故鼎新的寓意。春节扫尘既是除陈布新之举,也是扫除晦气和霉运、寄望来年诸事顺遂;祭灶以火送灶王上天述职,总结一年得失,意在开启来年新局;"爆竹声中一岁除,春风送暖入屠苏。千门万户曈曈日,总把新桃换旧符。"① 贴门神和春联,除了美化家园环境、驱邪无虞外,本身就代表着推陈出新、焕发精神;春节吃年夜饭以及延续进行的守岁活动,既是中国人最重要的年节风俗,也是聚拢亲情、提振精神、寄望来年好运的心理新生过程。在科技文化高度发达、信息传递和资讯获取准确便捷、物质和精神文明极大富裕的现代社会,中华传统风俗文化千年传承,至今不绝于世,反而展现出新的强大生命活力,说明风俗文化作为土生土长的中华优秀传统文化部分,不仅有各自独具特色的产生和发展背景,有内容和形式迥异的文化表现形式,更有体现中华优秀传统文化精神的道德寓意,无不崇尚社会和谐、家庭和睦,寄望吉祥如意、诸事顺遂,追求国泰民安、淳风美俗。历史和现实告诉我们,人既是风俗的创造者、传承者,也是风俗文化的人格活态与生活样法,风俗需要长期相沿、积久而成,风俗文化的人格活态与生活样法长期传承沿袭,彰显着中华优秀传统文化的育人价值。

创新风俗文化,既不能指望圣人贤哲为我们准备百科全书式的选择菜单,也不能乞求在异国他邦找到适合自己的现成模式。风俗文化的形成和选择是群体行为的结果,创新风俗文化,也必然通过社会大众的生活实践,只有和人民群众一起选择适合中国国情的风俗文化传承创新模式,才是唯一正确和有科学预期的可行路径。围绕汉族风俗文化的缘起、发展和变迁历史轨迹,关联考察全国 56 个不同民族的风俗文化,可以看出,融合了中华各民族精气神的风俗文化,本质上是最基础和具体化的中华优秀传统文化存在形式,创新风俗文化,本质上是继承和弘扬中华优秀传统文化的精神体现。纵观中华文化发展的历史,中华民族大家庭中各民族风俗文化你中有我、我中有你的多元一体历史真相表明,即使

---

① (宋)王安石著,(宋)李璧笺注,高克勤点校:《王荆文公诗笺注》,上海古籍出版社 2010 年版,第 1037 页。

是汉族的风俗文化，也是在继承优秀传统精华的同时，不断汲取和借鉴各少数民族风俗文化营养，推陈出新、壮大成长起来的。经过数千年历史淘洗和择优拣选的风俗文化，以生活实践的大众选择方式，创新传承着中华文化的精神血脉，生活在广布风俗文化的现代社会，我们更有理由坚定中华优秀传统文化自信。一是汉民族风俗文化多元，原因在于千百年来多民族杂居共生、交流融合、取长补短、创新发展的结果；二是以农为本，却又兼收并蓄，南稻北粟、东渔西牧，汉胡并蓄、礼俗互动的文化创新历史，便是中华传统风俗文化植根中华厚土的传承发展过程；三是尊儒崇善，既神秘又亲民、既守正传统又开放包容、与时俱进；四是中华传统风俗文化影响领域广泛，从衣、食、住、行等日常生活到婚丧寿诞等人生礼仪风俗，从四时节令等生产关节到巫祝奉祀等宗教信仰风俗，从家庭邻里等社会交往到职业行风等从业风尚，每个中国人身上都具备风俗文化元素。创新风俗文化，就是要将中华优秀传统文化精神与马克思主义中国化发展统一起来，培育和践行社会主义核心价值观，助力中华优秀传统家风创新传承。

创新传承风俗文化，挖掘中华优秀传统文化时代价值。中国人的文化自信，深埋在人民大众日用而不自知的风俗文化生活实践当中，体现在中华民族与时俱进、开放包容的创新传承文化精神层面。纵观历史，中华文明以独具特色的风俗文化形式，支撑和滋养着中华民族生生不息，中国人刚健有为和守正创新的生活实践，让中华优秀传统文化大厦宏阔壮美，成为中华民族不可别离的精神家园。当然，强调风俗文化创新，绝非抛弃传统、反对古旧，相反，极具中华传统特色的礼仪、服饰、美食等风俗文化形式，如果与现代社会生活要求很好衔接，将会焕发出新的文化魅力。以近年来唐装汉服走红现象为例，"服章之美，背后是礼仪与文化的底蕴。传统服饰的面料、花纹、图案、形制，以及织造刺绣工艺，无不传承着绵延的文化，诉说着古老的文明。……很多爱好者不仅重视穿着体验，还会仔细了解不同时期服饰形制及其历史背景，探寻其承袭的礼仪，并把这样的文化分享给身边的朋友甚至外国友人。从这个角度来说，人们喜欢传统服饰，正是对中华优秀传统文化认知不断深入、文化自信越发坚定的鲜明体现"①。无独有偶，集中反映风俗文化状况的社会风尚，作为特定时期人们生活状况最直接的反映，引导和规范着其时社会生活的实际样法，也表征着风俗文化的价值取向。创新现代风俗文化，既是时代的新要求，也是坚定中华优秀传统文化自信的生活新实践。除了主动适应经济发展和人口流动等造成风俗习惯、行为倾向、价值选择变化而引起的生产生活变化外，更应当以积极主动的姿态，反对裹足不前和封建保守，倡导富强、民主、文明、和谐，倡导自由、平等、公正、法治，倡导爱国、敬业、诚信、友善，倡行健康向上的社会道德风尚，积极培育和践行社会主义核心价值观。

三　创新风俗文化，为现代家庭建设和家风传承创造良好社会环境

文化即生活，风俗文化可由不同地区和民族独特的饮食、服饰，以及生活起居习惯来表征，反映共居一地的人集体生活中长期持守的既有传统、道德风尚、交往礼节和生活习性，是经过长期的历史实践形成的关乎公共利益的行为规范和生活习惯，它对既定的社会成员有着非常强烈的行为导向和心理暗示作用。"凡民函五常之性，而其刚柔缓急，音声不同，系水土之风气，故谓之风；好恶取舍动静无常，随君上之情欲，故谓之俗。"② 从本质上讲，风俗及其文化不是一般的习尚流俗，而是人们在长期生活实践中积淀形成的文化心理，它的形成、发展和创新变化不仅取决于人的性格气质、文化观念、行为习惯等教育成长的综合效应，而且受自然环境、社会环境和历史文化传统的制约和影响。

（一）全面贯彻习近平生态文明思想，大力加强社会文化建设

长期生于斯长于斯之人，受特定水土地气熏育陶染，其秉性独特而天成。根植中华生态沃土，创新传承中国古代"道法自然""天人合一""耕耨以时"等生态文明智慧和自然文化传统，彰显中华优秀传统文化精神的习近平生态文明思想，为新时代人类社会可持续发展条件下创新现代风俗文化，提供了通过改善自然生存环境促进风俗文化创新发展的实践方案。

---

① 燕陆：《从服章之美感悟文化之韵》，《人民日报》2023年8月4日第5版。
② （宋）司马光编著，（元）胡三省音注，标点《资治通鉴》小组校点：《资治通鉴》，中华书局1956年版，第1800页。

"生态环境是人类生存和发展的根基,生态环境变化直接影响文明兴衰演替。"① 以建设人与自然和谐共生的美丽中国为目标,坚持人与自然和谐共生创新原则,团结全国人民协同推进人民富裕和国家强盛伟大事业,通过加快推动经济社会发展全面绿色转型,将碳达峰碳中和纳入生态文明建设整体布局和经济社会发展全局,优化产业、能源、运输行业布局结构,以高水平环境资源保护促进社会经济高质量发展,不断满足人民大众对优质生态环境和产品的需要,为创新风俗文化创造高品质社会生活条件。

值得注意的是,自然条件的好坏,不一定与风俗文化的优劣成正比;相反,拥有得天独厚的自然环境,更容易使人产生坐享其成、懒惰苟安,甚至消费环境的不良习性。例如,古代楚人拜日,因为楚人对自己是日神的后裔坚信不疑,楚地先人祝融曾任日神炎帝的"炎正"而获封灶神。与天上悬日、地上存火,以及在远古时代用太阳与火象征楚人征服自然的力量、刀耕火种生产方式相一致,历经时代的变迁,楚人拜日、崇火的习惯便演化出楚人火辣性格,以灶神的传人自居,也显见出楚人麻辣鲜香的饮食口味和以火锅著称的生活习惯。楚人性格强悍、能歌善舞,每逢盛典节庆,巫祝穿戴艳服载歌狂舞,以娱诸神。而今楚地流行的歌舞,依然讲究服饰华丽,展现了荆楚地域风尚和审美观念。尤其是川剧变脸艺术国粹,分明是楚人与时俱进,更新古老楚地传统风俗文化的结果。然而正如史料所载:"楚有江汉川泽山林之饶,江南地广,或火耕水耨。民食鱼稻,以渔猎山伐为业,果蓏嬴蛤,食物常足。故呰窳偷生,而亡积聚,饮食还给,不忧冻饿,亦亡千金之家。信巫鬼,重淫祀。而汉中淫失枝柱,与巴蜀同俗。"② 说明人虽然是环境塑造的结果,但还是社会群体性的生命存在,千万不能简单地认为以山川秀美、地大物博的自然环境,必然会滋养出淳风美俗。要清楚地认识到,作为社会化和道德行的存在,与成人成才息息相关的优美环境,除了推进天更蓝、地更绿、水更清,万里河山更加多姿多彩的自然生态环境建设外,必须高度

---

① 习近平:《共同构建地球生命共同体》,2023年4月11日,央广网,http://www.cnr.cn/2022-05-22。

② (汉)班固著,(唐)颜师古注,中华书局编辑部点校:《汉书》,中华书局1962年版,第1666页。

重视和大力加强包括政治、经济和社会等人文地理环境因素的影响。一方面，推进社会主义现代化建设，是新时代中国最大政治，也是中国共产党得民心、顺民意、厚民生、行民主的执政理念和价值选择。坚持党的领导，发挥集中力量办大事的政治优势，经济推进生态文明建设，解决生态环境问题，为实现人与自然和谐共生和构建人类生命共同体，创设全新的人文地理环境。另一方面，要牢固树立和践行"绿水青山就是金山银山"理念，站在人与自然和谐共生的高度谋划社会经济发展，坚持高水平环境保护原则，不断推动形成发展新动能和新优势，把经济社会发展建立在资源高效利用和绿色低碳发展的基础上，让自觉维护良好生态环境、坚持可持续经济发展成为新时代风俗文化建设的重要内容。

（二）主动适应社会环境发展要求，创新传承现代风俗文化

人是环境的产物，社会环境对人的形成和发展所起的重要作用，表现在人类自身在适应环境和改造环境的过程中不断发展成长的同时，通过人类活动深刻影响着自身赖以生存的社会环境。随着改革开放的不断深入和市场经济的快速发展，伴随着全球经济一体化和网络信息技术的迅速普及，中国社会正在发生着日新月异的变化，以市场化、工业化、全球化、城市化和信息化为主要内容的现代化理论和实践浪潮，成为现代风俗文化创新发展的强大冲击力量，也为现代风俗文化创新营造出全新的社会环境。作为人类生存与发展的生活化形态，风俗文化的诞生、发展和变迁，与历史学、考古学、语言学、社会学、心理学、宗教学、经济学、艺术学，以及所有自然科学所属研究对象有着先天的血缘关系，这些学科为风俗文化创新和建设提供了基本理论和方法，风俗文化创新在吸收这些学科研究成果的基础上，互相补充、彼此影响，这是创新风俗文化当有的学理精神。

一是在经济全球化背景下，一国的政治、科技和文化等环境不仅拓展到全球范围，相互间的影响也让世界事实上成为风俗文化形成发展和传承创新的大环境。"中国最重三纲，而西人首明平等；中国亲亲，而西人尚贤；中国以孝治天下，而西人以公治天下；中国尊主，而西人隆民；中国贵一道而同风，而西人喜党居而世处；中国多忌讳，而西人重高度评。其财用也，中国重节流，而西人重开源；中国追淳朴，而西人求欢

虞。其接物也，中国美兼屈，而西人多发舒；中国尚节文，而西人乐简易。其于学也，中国夸多，而西人尊新知。其于祸灾也，中国委天数，而西人恃人力。"① 毋庸置疑，随着近代西学东渐的影响，迥异于西方宗教、科技、文化和历史传统的中华风俗文化，伴随着"至尊至贵"天朝声威的消失，昔日风俗文化浓厚的泱泱大国神威一朝而变成处处不如人。面对球籍不保强烈打击，向来有极高尊严感的中国传统风俗文化首成人们反思的对象，也成为生活实践中改革的头等对象。当然，我们不能认同胡适等人主张的"改造国民性""再造文明"等全盘西化主张，全面否定包括风俗文化在内的中华传统文化。但不能小觑1919年"五四"前后新文化运动开启的批判创新之法，正是选择了评判的态度，才开启了中国对风俗文化大刀阔斧改革创新之路。无论是中华优秀传统文化整体，还是风俗文化部分，坚持自主与外来文化交流互鉴，既是历史发展的必然趋势，也是我们当有的认识和作为。进入新世纪，全人类的社会生活方式正跨越国家和地区界限，在全球范围内展现出全方位的沟通联系和相互影响。即使不能提供拯救风俗败坏、道德沦丧的济世良方，但至少要在消除物欲之弊和重塑人生观价值观的基础上，在倡导风俗文化的现代化方面做出努力。发扬当今以改革创新为核心的时代精神，我们更应该以开放包容的文化心态，运用马克思主义科学世界观和方法论，借鉴吸收全世界先进风俗文化智慧，批判地继承中华优秀传统风俗文化精华，创新性传承符合现代社会要求、有利于满足人民群众日益增长的美好生活需要的新型风俗文化。

二是以国家经济政策主导的社会经济环境，不仅是一个国家或地区生产企业营销活动的社会环境和制约条件，更是包括所有消费者在内的人以收入消费倾向、消费结构、消费水平、生活时尚与精神追求等方式展现出来的社会风俗文化的重要决定因素。"仓廪实，则知礼节；衣食足，则知荣辱；上服度，则六亲固。四维张，则君令行。故省刑之要，在禁文巧，守国之度，在饰四维，顺民之经，在明鬼神，祇山川，敬宗庙，恭祖旧。不务天时，则财不生；不务地利，则仓廪不盈；野芜旷，则民乃菅，上无量，则民乃妄。文巧不禁，则民乃淫，不璋两原，则刑

---

① 《石峻文集》，武汉大学出版社2013年版，第334页。

乃繁。"① 华丽奇巧、文饰巧辩之风不禁，则民无所游食，风尚莫能守正。自古以来，注重文化传承的中国人，分外重视以生产生活条件为环境的风俗文化建设和守正，成为现代风俗文化创新性传承的历史龟鉴。党的二十大报告指出，中国"经济结构性体制性矛盾突出，发展不平衡、不协调、不可持续，传统发展模式难以为继，一些深层次体制机制问题和利益固化藩篱日益显现"。为了实现 2035 年"建成现代化经济体系，形成新发展格局，基本实现新型工业化、信息化、城镇化、农业现代化"的宏伟蓝图，"要坚持以推动高质量发展为主题，把实施扩大内需战略同深化供给侧结构性改革有机结合起来，增强国内大循环内生动力和可靠性，提升国际循环质量和水平，加快建设现代化经济体系，着力提高全要素生产率，着力提升产业链供应链韧性和安全水平，着力推进城乡融合和区域协调发展，推动经济实现质的有效提升和量的合理增长"。② 构建高水平社会主义市场经济体制，建设和完善现代经济产业体系，坚持农业农村优先发展，全面推进乡村振兴，为现代风俗文化创新性传承和创造性转化提供了社会经济基础环境。以农村风俗文化创新传承为例。中国是一个农业大国，解决 14 亿多人口的吃饭问题，需要大量的劳动力从事农业生产，围绕依附于土地的生产生活实践需求，积淀形成的风俗文化不仅有鲜明的地域特征，而且整个农村社会风俗和生活结构也以地缘、血缘、宗法关系为基本传承和发展纽带。随着现代农业经济市场化、产业经济规模化、生产手段技术化、农业产出品牌化，以及脱贫攻坚任务完成后国家实施美丽乡村建设方略的稳步推进，以城镇化建设为中心的城乡人口分布结构，正以前所未有的速度、广度和深度引发农村风俗文化的大变局。首先，随着城市化进程的加速和农村劳动力锐减，土地和农业资源已经开始集中成为大规模现代农业企业和农业合作社经营资本；其次，随着科技文化的不断进步，现代农业已经实现了运用先进农业技术和高端设备提高生产效率和农产品质量的目标，围绕提高产量和

---

① （唐）房玄龄注，（明）刘绩补注，刘晓艺校点：《管子》，上海古籍出版社 2015 年版，第 1 页。

② 习近平：《高举中国特色社会主义伟大旗帜　为全面建设社会主义现代化国家而团结奋斗——在中国共产党第二十次全国代表大会上的报告》，人民出版社 2022 年版，第 5、24、28 页。

质量能够精确管理土壤、水源及相关农作资源；最后，现代农业经济的市场化，现代农业必须注重品牌建设和市场推广，注意通过网络和现代信息交换方式扩大销售渠道，占足市场份额。创新现代风俗文化，必须适应和利用好现代交通和信息交流高效便捷有利条件，将农业生产高效和规模化引起的农业经济市场化、农村劳动力和生活所需农产品商品化，以及城乡结构一体化、生活节奏快捷化引起的城乡风俗文化融合，坚持开放包容、合作共赢，以健康向上的乡村文化新风尚，助力现代风俗文化建设。

　　三是创新家庭环境，夯实风俗文化建设组织基础。家庭是构成国家和社会组织的基本组成单元，家庭环境不仅决定生活条件改善、社会公共环境美化，更是在深层次文化层面影响一地甚至一国人民大众的人格秉性、人事风物，最终影响风俗文化的形成与创新发展。自古以来，满怀家国情怀的中国人，重视家庭建设，注重家风家教的原因，分明是看到了家庭建设特别是家庭环境对于一地、一族，甚至一国社会风俗文化的基础性作用。如果说"环境造就人"是今人基于现代综合分析手段拥有的大概率文化判断逻辑，那么，中国"古之欲明明德于天下者，先治其国；欲治其国者，先齐其家；欲齐其家者，先修其身；欲修其身者，先正其心；欲正其心者，先诚其意；欲诚其意者，先致其知；致知在格物。物格而后知至，知至而后意诚，意诚而后心正，心正而后身修，身修而后家齐，家齐而后国治，国治而后天下平"[①]。展现了古代贤哲学人对包括风俗文化在内的大众文化心理积淀成形过程的精微哲思，古代统治者为了有效推进风化育人，往往从确立家庭建设标准的角度，压实包括家风在内的社会环境和组织建设基础，充分发挥家庭教育在子女"三观"的形成、生活方式的选择、兴趣意志的养成等过程中至关重要的作用，因为直观而生活化的榜样就在身边，受教子弟只需"听其言而观其行"，不用刻意设身处地和换位思考，其范导教化子弟和族人的家风训育自然见效，中国人正是在这些看似平淡的榜样风化当中，无意间塑造出了家人子弟的德行人格。

[①] 陈晓芬、徐儒宗译注：《论语　大学　中庸》，中华书局2015年版，第250页。

（三）尊古不泥古，守正不守旧，创新运用历史传统对风俗文化的影响

中国数千年历史长河中一以贯之的教化传统和伦理文化，集中反映在中国古代天人合一的哲学思想，以及崇德向善的人生观念当中，深刻而持久地影响和制约着中华民族传统风俗文化的发展与变迁，自然成为现代风俗文化创新的重要影响因素。创新极具地域和民族特色的风俗文化，当然要彰显时代特征，融入现代科技和网络文化元素，让传统风俗文化转变成为符合时代要求、展现中华优秀传统文化魅力、能够留住乡愁的新型生活方式，成为现代家风传承创新的文化灵魂和环境氛围。以立春祭农风俗为例，按照中国农历纪年法确立的二十四节气中，立春为一年中的首个节气，自古及今依然保留着祭农迎春的传统习俗。时至今日，与古代中国农业经济相适应的立春祭农风俗，不论精神内涵还是活动形式，都发生了明显改变，但是寄望新的一年风调雨顺、五谷丰登、吉祥如意的寓意一脉相承，现代家庭父母家长也注意教导家人子弟立春早起，更是创新性传承着"一年之计在于春"的勤劳家风。但是，在风俗文化传承实践中，一些狭隘的民族主义，以及墨守成规的守旧观念往往异常突出，很多人总是习惯于眷恋历史孕育出的古老风俗文化氛围，喜欢停留在祖先积习和守成的历史光环之中，甚至固守落后愚昧和封建迷信等陈规陋习，干扰风俗文化现代化、多元化创新发展实践，需要我们多加甄别和反思。

创新性传承现代社会包括端午文化在内的传统风俗，早已成为继承和弘扬中华优秀传统文化中最鲜明的中国精神——以爱国主义为核心的民族精神、以改革创新为核心的时代精神的集中体现。风俗文化的意义，绝不仅仅在提醒国人记住特定的时间要搞特定的活动，抑或在固定的时间怀念民族英雄、祭祀某方神灵，祈求吉祥安康、风调雨顺，更为重要的是，风俗文化以特殊的活动方式，展现着与时俱进的中国人的创新精神。以纪念战国时楚国大夫、伟大的爱国诗人屈原（约前340—前278年）忠于国家、爱民如子，虽流落荆州依然忧国忧民、闻鸡起舞，最终因无法忍受祖国颓废、实现抱负而投江自尽为例。人们为了避免屈原的身体被鱼虾啃食，自发地在江中撒下粽米和艾叶，久而久之，便在屈原以身殉国的农历五月初五，相对固定地举办赛龙舟、吃粽子，借以驱邪

避恶、祈求健康。历经两千多年改革创新，在中国传统风俗文化中，端午节俗已经不单单是包粽子、赛龙舟、挂艾草等民俗活动形式，现代人的端午节还有清明祭祖、踏青扫墓、修葺陵园、走亲访友等一系列与敬祖重亲、驱灾避祸、祈求平安等相关的风俗文化。当然，中国不同地区、不同民族端午庆祝方式多少会有差异，但共同的目标是继承屈原爱国主义精神、弘扬中华优秀传统文化，并祈求好运和平安。实际上，历史文化底蕴浓厚的各种风俗习惯，便是新时代人们继承和发扬爱国主义精神，培养感恩奋进、团结友爱良好品质的重要文化载体。针对现代社会每每出现的摆阔气炫富、讲究吃穿高消费，以及奢侈浪费、金钱至上、实用主义风潮等不良社会风气影响，防止豪门贵室导淫导奢、贫弱粉丝接踵相效的流风煽动，注意发挥改革开放、人口迁徙、劳动力转移，以及经济发展、文化变迁、网络与信息化等综合因素对风俗文化的发展和创新变迁的影响作用，厘清相互关系，有针对性地运用舆论宣传、文化教育，尤其是建设和发挥好现代家风文化的潜移默化作用，坚持正面教育引导，防止和消除负面影响，为风俗文化创新营造良好社会环境。

第七章

中华优秀家风传承实践创新

中华家风赓续不弃的文化生命力，既取决于中华优秀传统文化生生不息的精神养分，更取决于中国人守正创新的风教生活实践。重视家庭建设、注重家教家训、看重家风世泽而寄望家族繁盛和人才辈出，不仅是中华优秀传统文化的鲜明特性，也是中华民族与时俱进、创新传承家风文化的历史写照。进入新时代、迈步新征程，筑牢培育和践行社会主义核心价值观的群众文化基础，有赖于广大家庭对中华优秀传统家风的创造性转化和创新性发展。只有一代代中国人满怀中华文化自信，注重家庭、注重家教、注重家风，以家风不坠的生活实践和行为创新，自觉承担起家风文化传承的历史责任，才能激发现代家庭立德树人的生机与活力，使千千万万个家庭成为国家发展、民族进步、社会和谐的重要基点。

第一节　育人实践创新

家庭是人生的第一所学校，通过世代口耳相传、文字记载和族谱家训等多种形式，将特定社会通行的思想观念、道德规范和价值原则以辈出人才为传承目标，久久为功积淀而成的家庭德育文化样态，就是一个家庭（家族）的家风。父母是孩子的第一任老师，家风外显为约束家庭成员日常言行的准则，而家风的生活化、常态化存续形式，现实地表现为父祖长辈家庭育人的身体力行和言传身教，以及为长葆家风传承不弃而适时创新的文化行为。

一 符合时代要求的言传身教习染

(一) 现代家庭教育所需，子女不教，父母有过

家风育人绝不单单是家长所属的资格本分，还熔铸成中华文化落实个人对家庭（家族）、民族和国家的责任与义务。身为家长，人人都要重言传、重身教，教知识、育品德、身体力行、耳濡目染，帮助孩子扣好人生的第一粒扣子，迈好人生的第一个台阶。否则，便是家长的过错。家风无言而身教有形，中国古代先民居家处世，非常重视以身示范的不言之教，为我们树立了好榜样。可在当今社会，越来越多的父母自甘有过，意识不到作为家长言传身教和耳濡目染对孩子成长的示范和熏陶作用，迷信平等自由等普世价值观，放弃父母和家长的榜样角色，推脱施教责任。尤其对众人瞩目的各级领导干部来说，家风建设的责任更为迫切和重大。所有的违法乱纪和贪污腐败现象，归根结底都是为官者作风不正，不重视家教和家风，在儿女人格养成的关键时期，没能尽到父母责任，对自己和家人自由放纵，最终导致"全家齐上阵，贪污父子兵"。①甘肃省工业和信息化厅原党组成员、副厅长李某贪污受贿案背后，是其从人生开始的物质贫困到人生辉煌期的精神贫困，自始至终都没能走出的"贫困"。② 不仅将母亲从小叮嘱自己纵使生活贫穷清苦也不要想着占便宜的谆谆教诲抛于脑后，将父祖勤恳干农活、踏实做本分的人生示范置若罔闻，而且自身不正带坏家风，老子当官掌权，儿子经商发财，甚至手把手传授其子请客送礼、拿钱开路的"围猎之术"，利用自己的人脉为其子经商搭桥铺路，在违法乱纪的泥潭里愈陷愈深，最终落得个父子二人双双被查的下场。自身不正，何以正人。言传身教对于家风建设和传承而言，一方面，需要父母经常进行自我教育，在思想上清楚自身所承担的在家教育孩子的重任，自觉以模范的言行举止给孩子树立榜样，以己正人、以行正言，营造潜移默化、耳濡目染的风教生活环境。另一

---

① 《正风反腐就在身边（第四集）严正家风》，2023 年 9 月 19 日，央视网，http://www.haiwainet.cn/2021-01-25。

② 财经杂志社：《落马厅官听闻自己被查仍买 3 套房等拆迁》，2023 年 4 月 11 日，新浪网，https://news.sina.com.cn/c/2022-01-14。

方面，为人父母者要勇担责任，在行动上自觉做到言传身教。"匪手携之，言示之事。匪面命之，言提其耳。"① 好的家庭教育，家长可以从孩子身边的天下事入手，也可以从孩子熟知的家事入手，给孩子讲清家事、国事、天下事的同时，动之以情、晓之以理，切忌空洞说教，甚或动辄打骂、强词夺理。赓续言传身教家风，要注意建立平等友好的家庭沟通环境，采取民主协商的信息沟通方式，构建温馨平和的家教氛围，让言传身教成为家风传承最基本和常用的生活方式。

（二）掌握子女成长规律，嘉言懿行渐熏染

家风内在的言传身教育人力量，就是通过耳濡目染和潜移默化的无形影响，以及辈出人才和家业兴旺的有形建造而被人感知和景仰。家庭教育最重要的是如何做人的品德养成，家长应该把美好的道德观念从小就言传身教给孩子。家风传承的世代积累、嘉言懿行的代际沉淀，能让后辈子弟在迷茫时坚定自我，在困顿时振奋起来。"给子孙留金钱，不如留一言。"这一说法分明告诉后人，以好言相劝的形式传承家风的意义。无怪乎每一个中国家庭的父母，无论一生平庸，还是飞黄腾达，无论终生谨言慎行堪称楷模，还是功过参半难以盖棺论定，可是到了弥留之际，一般都会对家人子弟做最后的叮咛和交代，留下让后继者刻骨铭心的记忆，成为最具中国特色的家风传承方式。"鸟之将死，其鸣也哀；人之将死，其言也善。君子所贵乎道者三：动容貌，斯远暴慢矣；正颜色，斯近信矣；出辞气，斯远鄙倍矣。"② 正如三国时期著名政治家、军事家诸葛亮（181—234年）临终前"嫌其早成，恐不为重器"而写给自己8岁儿子诸葛瞻的《诫子书》，不仅留下了家长教子修身立志的千古名篇，也成为广受中国人推崇的不坠家风。"夫君子之行，静以修身，俭以养德。非淡泊无以明志，非宁静无以致远。夫学须静也，才须学也，非学无以广才，非志无以成学。淫慢则不能励精，险躁则不能治性。年与时驰，意与日去，遂成枯落，多不接世，悲守穷庐，将复何及。"③ 当拉着小手

---

① （明）郝敬撰，向辉点校：《毛诗原解》，中华书局2021年版，第556页。
② 陈晓芬、徐儒宗译注：《论语 大学 中庸》，中华书局2015年版，第90页。
③ 郭齐家、李茂旭主编：《中华传世家训经典》（第一卷），人民日报出版社2009年版，第187页。

的大手即将撒手人寰，诸葛亮以自己的人生品格，终生践行先正己、重身教、再教人的家风精神，崇俭尚德、奉儒尊道，留给儿子的遗书情真意切，成为中华民族的家风标杆。"君子居其室，出其言善，则千里之外应之，况其迩者乎。居其室，出其言不善，则千里之外违之，况其迩者乎。言出乎身、加乎民、行发乎迩、见乎远。言行，君子之枢机。枢机之发，荣辱之主也。言行，君子之所以动天地也，可不慎乎。……君子之道，或出或处，或默或语。二人同心，其利断金，同心之言，其臭如兰。"[1] 中华传统"家文化"的鲜明风教特征，以及"自天子以至于庶人，皆以修身为本"的成人实践，让中华民族以家风传承闻名于世的同时，意味着新时代选树家风拥有的富集文化资源。"要以礼敬自豪的态度对待中华优秀传统文化，充分发掘文化经典、历史遗存、文物古迹承载的丰厚道德资源，弘扬古圣先贤、民族英雄、志士仁人的嘉言懿行，让中华文化基因更好植根于人们的思想意识和道德观念……让美德在家庭中生根、在亲情中升华。"[2] 中国古圣先贤不弃不离和孜孜以求的理想人格，激励着世人执事发愤忘食，处己乐以忘忧，学道不厌而诲人不倦，修身养德而成教于国，并由此衍生出家庭风教传统。

（三）家长们坚持言传身教，必定久成家风

榜样的力量是无穷的，有什么样的家长，就有什么样的孩子。善于模仿是孩子的天性，一家之众朝夕相处，父母或家长的一言一行自然都是孩子模仿的对象，大到父母家长怎样关心应对天下大事、秉持什么样的人生理念、怎样关注社会和集体诉求，小到父母家长怎样穿服戴帽、与人交流，怎样看待别人、品头论足，怎样纾解情绪、化解危局……父母或家长的一颦一笑、言语口气、动作缓急等神色态度的变化，无时不在默默地影响触动着子女家人。父母以身作则、品行端正，子女便容易养成良好的道德情操和行为规范；反之，父母品行不端、观念错误，家人子女则会直接受到不利的影响，甚至出现价值观扭曲等严重问题。"是以与善人居，如入芝兰之室，久而自芳也；与恶人居，如入鲍鱼之肆，

---

[1] （清）李光地撰，梅军校笺：《周易观象校笺》，中华书局2021年版，第708—709页。
[2] 中共中央宣传部：《新时代公民道德建设实施纲要》，人民出版社2019年版，第2—4页。

久而自臭也。"① 近朱者赤，近墨者黑。如果说父母的言传身教在日积月累中积淀形成了独特的家风教科书，那么家长一以贯之的言行教诲就展现为家庭风教场域的生活化实践范式。《朱柏庐治家格言》首推家庭起居和环境卫生习惯的养成，"黎明即起，洒扫庭除，要内外整洁"②。如果一家父母，每天早起，仔细打扫整理房间，拖地除灰、整理案几，养成了习惯，在外人眼里显见的便是一家人衣着干净，生活简约平实，在家庭内部则自然成为无声的家风家教，很容易让家人子弟明了"一屋不扫，何以扫天下"的朴实道理。"身教是把身子作个榜样，与儿女看。自己事父母孝，承颜养志，没个不尽心竭力；待弟兄友，同心急难，没个不笃爱致敬。夫妻和，相敬如宾，绝无反目；朋友信，切磋砥砺，久要不忘。至于一做臣子，便忘身殉国，不顾身家。至做人正直，却不是傲狠；做人谦厚，却不是卑谄；处家节俭，不是鄙啬；处家备整，不是奢侈。大智若愚，大巧若拙，也不为世所轻，也不为世所忌。子孙肯像贤者，做去自没有过差。还有言教。言教是把言语去化诲他，指引他。道理不明白的，为他剖发；世故不通晓的，为他指点。有好事好人，教他学样；有不好事不好人，叫他鉴戒。不惮再三，勤勤勉励。"③ 言传身教作为人类最基本的家风文化范式，既以身示范教人有样可学，又言明照做的人生大道理。

对于没有旧时大家族生活经历，也没有显赫出身的绝大多数新生代来讲，父母呵护和家长的言传身教，越发显得珍贵和重要。苏联教育家马卡连柯（Антон Семёнович Макаренко，1888－1939）写给家长们必读的话强调："不要以为只有你们同儿童谈话，或教导儿童、吩咐儿童的时候，才教育着儿童。在你们生活的每一瞬间，甚至当你们不在家的时候都教育着儿童。你们怎样穿衣服、怎样跟别人谈话、怎样谈论其他的人，

---

① 檀作文译注：《颜氏家训》，中华书局2011年版，第85页。
② （清）朱柏庐：《朱子家训》，中国少年儿童出版社2017年版，第1页。
③ （清）顾炎武撰，（清）黄汝成集释，栾保群点校：《日知录集释》，中华书局2020年版，第714页。其中所载《周末风俗》有："隋尚书令杨素，昔在本朝，早荷殊遇，禀凶邪之德，怀谄佞之才，惑乱君上，离间骨肉。摇动冢嫡，宁唯掘蛊之祸。诱扇后主，卒成请隧之衅。生为不忠之人，死为不义之鬼。身虽幸免，子竟族诛。斯则奸逆之谋，是其庭训，险薄之行，遂成门风。"表明家长特有的言传身教，天长日久遂成门风。

你们怎样表示欢欣和不快、怎样对待朋友和仇敌、怎样笑、怎样读报……所有这一切对儿童都有很大意义。你们态度神色上的一切转变,无形中都会影响儿童,不过你们没有注意到罢了。"① 即便是留守儿童或单亲家庭,哪怕仅有只言片语,抑或只是记忆中的一个短暂瞬间,父母家长的教诲都在用独有的方式影响着下一代,这未尝不是属于我们每个普通人的家风。"家长应注重言传身教的重要性,在潜移默化的引导中,让孩子自然养成优秀的道德品质,以此帮助孩子们走上正确的人生之路。"② 要实现"惜物养德"教育,往往是父母家长爱惜粮食、不容浪费的言行示范在前,发现家人孩子洒落饭粒,或者吃剩倒掉饭菜,父母家长援引"一粥一饭,当思来之不易;半丝半缕,恒念物力维艰"传统祖训晓之以理,培养家人孩子爱惜粮食、简朴节约的家庭生活观念,日积月累自可成为勤俭家风的活态。后辈子弟走出家门走上工作岗位,自然便有讲卫生、守规矩、担责任的好作风。

(四)紧跟时代发展步伐,共同化解人生难题

以道业诲人谓之教,躬行于上、风动于下谓之化。创新发展现代家风,绝非局限于对各自家庭或本宗祖先遗风的传承,而是要站在新时代开启新征程的新的历史起点上,按照现代社会对家风建设和传承的新要求,以博大的胸怀和世界目光,有效汲取名人先贤嘉言懿行,为现代家风传承提供正能量。中国改革开放事业的总设计师邓小平从不娇生惯养孩子,而且经常用自己16岁赴法国勤工俭学的经历勉励晚辈勤苦练就过硬本事;带领华西村走上致富路的改革先锋吴仁宝,给自己定下"不住全村最好房子,不拿全村最高工资,不拿全村最高奖金"的"三不"政策以示高风亮节,坚持用"家有黄金数吨,一天也只能吃三顿。豪华房子独占鳌头,一人也只占一个床位"③ 教育子女和村民;福州市"五好"家庭中"热爱生活的金仕良接过母亲助人为乐的家风传承,用实际行动

---

① 吴式颖等:《马卡连柯教育文集》(下),人民教育出版社2005年版,第558—579页。
② 习近平:《在会见第一届全国文明家庭代表时的讲话》,《人民日报》2016年12月15日第1版。
③ 宋连生、吴仁宝:《建设共同富裕的"天下第一村"》,《党史文汇》2010年第8期。

垂范着家人,温暖着邻里,感动着周围"[1],让好家风好家训成为四世同堂的传家宝,扶危济困,主动帮助邻里解决困难,孝亲友爱,亲自制定84字家训格言教育家人,"做人应当少务虚名,多务实;宁亏自己,莫亏人"。凡此种种,都是以身示范,让鲜活的家风熏染融入家人子女的日常生活,让嘉言懿行家风代代相传的育人楷模。同时,创新立德树人家风实践,还要求每一个家庭都要主动适应现代信息化条件下传承家风的新要求。一方面,现代传播媒介的广泛运用,极大地方便了父母或家长随时随地开展言传身教,并能够及时掌握子女家人的信息回馈,同时需要父母或家长顺应时代潮流,建设好各自的小家庭,时刻不忘自己"学高为师,身正为范"的家长身份,注意养成并保持既有的家风传统,熟练掌握多媒体技术,用心用情对家人子女施以教诲。另一方面,利用好便捷高效的沟通媒体,增加信息交流频次和数量的同时,虚心接受来自家人,尤其是来自孩子的回馈意见,并注意在海量信息中甄别和汲取有价值的家教家训因子,增强家风建设与传承的时代感和透明度。

二 家教仪规约束

(一) 家风无言,家教有方,注意创新现代家教方式

中华传统家风的永续传承,主要原因不仅有固定形式的家庭训教活动、有成文或实物形态的体系化家规来明鉴和展示在一家族众人面前,更有各自独到的治家教子方法,通过对每一个家庭(家族)成员的言行举止发挥方向性、达成度的量身裁判,故而所起的教诫与范导作用立竿见影、具体明确。直面现代家庭教育实际,不仅社会上少有新出的治家教子成形家训及其风教范式,即便是形式上家训上墙、家教有样的家庭,都显得凤毛麟角,拥有反映传统家风文化精神的《颜氏家训》《朱子治家格言》《曾国藩家书》等专门出版物的家庭,更是少之又少。家风作为一种精神力量,它既能在思想上约束家人,又能促使家庭成员按照特定的隐性文明形态和风尚习气不断发展;家教作为家风传承的成果显现,除了表现为一家一族专门的家训活动和特定的家教仪式教导子弟外,更多

---

[1] 吴军华、李菁雯、卓志恬:《好家风好家训 四世同堂"传家宝"》,《中国妇女报》2021年11月1日第6版。

地表现为家长或族内长辈对子孙后代随时随地都可施与的日常教导，言真意切，感情真挚，易于理解和接受，作用发挥也更加深入持久。近些年来，见诸报端的教子有方成功案例、图书出版的育儿宝典，以及各种家教技能培训与高人支招，在纾解家长育儿焦虑和提供针对性方法方面，虽然发挥了及时雨般的应景作用。但是，距离规范治家和文化育人的家风长效机制建设目标，还存在较大的差距，发挥深层次、基础性作用的生活化、常态化的家风训育规则还未完全建立起来。有些家长虽然意识到了家教有义方的家长身份要求，但不是耳提面命的方式不当，就是以斥责代替疏导，或以偏私溺爱剥夺孩子自我成长历练，或以狼爸虎妈式暴力施教期冀"棍棒底下出孝子"的家风传承，或以隔代教育、放养模式指望家风奇迹再现……凡此种种的家教，以及家风传承的文化教育效果难以令人满意的现实表现，不仅让竞争高压之下的亿万家长焦虑抓狂，而且引起了社会科学工作者的担心和疑虑。

训育后生以辈出人才是家风传承的不竭生命力，倡导重视家风建设、注重家风传承，并不是要让现代家庭整齐划一地采用中国古代社会的传统风教模式，而是强调每个家庭应当更加积极务实地面向未来；强调家风文化的育人效能，并不是说家风一经形成便自带新民教化和促进发展动能，实际上，家风熏染的无声作用，不仅有赖于有识家长诲人不倦的生活化教诫与舐犊深情的日常训育，更奠基在家人族众呵护家风不坠于世的规则建立基础之上。家风传承的意义，除了接续父祖辈的学识技艺，更重要的是对长葆做人精神品格的规则认同与遵守。在科技和文化迅速发展的新时代，人们越来越重视家教，其中最应当注重建设的，就是确保家人子弟对发挥自我控制和永续效应的规则意识的养成。注重家教，让每个中国家庭都参与进来，让每个中国人的心中都树立起一个尺度，什么值得提倡传承、什么必须禁止惩戒，都有明确的标准界限，不需要过多说教，让规则融入我们的举手投足与处世往来中，便是让每一个中国人都有了家教。

（二）家教风化，贵在约定俗成

家风传承的力量，可以没有耳提面命，没有刻意传授，有的是在约定俗成的传统习惯和潜移默化的日常言行当中，以精神指引的方式润物无声地一代接一代走进后辈心田，约定俗成为一个家庭的生活风尚，并让其一代接一代坚持传承下去。颜之推在《颜氏家训》序致篇回顾"吾家风教，素为缜密"。言明身处一个重视家教和家风传承的家庭，对自己产生的深远影响。即使生逢乱世导致父母早亡，颜之推非但没有太多地受外界不利影响，反而稍有逾越便"今悔昨失，自怜无教"[①]。这种自我反思的"悔"与"怜"，便是颜之推做人做事迈腿起步的内心定力。家教的约定俗成，除了明确每个人在家庭中的角色和地位，更重要的在于培养家人子弟的责任意识，形成自尊自爱、刚健有为的精神与骨气。约定俗成谓之宜，长期实践而惯习。家教的文化建造功能，还表现为一家之内面对重要的时间节点、应对重大家庭事务时的习惯性行为选择，更容易让一家族众达成情感和行动上的一致认同。一般认为，只有父母或家长同儿女有目的有指向地谈话，或正式教导子女家人、明确指令行动的时候，才算家庭教育或父母家教。其实，家风家教即家庭生活的实际样法，在家庭生活的每时每刻、有无父母家长在场，都一样潜移默化地习染教育着子弟家人。

（三）家教仪轨，创新家风育人的仪式感

根据人类学对人的活动现象考察发现，仪式感是一种艺术性显见的教育体验。通过举办家庭读书会、召开家庭会议，组织举家外出文化游、集体参与义工服务等有环节、有组织的家庭成员协作互助完成同一任务的沉浸式家庭活动，无形中便会培养出家人子弟的合作精神、角色和责任意识，有助于家人子弟的社会化发展。以配合学校教育的家教为例，家庭举行入学仪式自古成风。古代学人和家长最为看重的"入学礼"，与成人礼、婚礼、葬礼并称为人生四大礼仪，其通行的仪式包括正衣冠、拜师长、净手净心、朱砂开智等固定环节，仪式感很强，不仅让入学子弟终生难忘，而且体悟仪式所映射的郑重为学意蕴，以及体验到学习成人的规矩意识。按照现代学制，孩子进入小学一年级，由以玩为主的幼儿生活，转向以学为主的少年成长生活的重大转变，很多学校组织开展有仪式感的开学活动，目的是让孩子在认识上重视，内心油然而生一个学生当有的责任感和荣誉感。可是，每到开学季，凡今有孩子入小学的家庭，除了家长们共有一个相同的隆重送孩子入学的公开行为外，各家

[①] 檀作文译注：《颜氏家训》，中华书局2011年版，第3页。

还分别有着各自的特色活动。因为一家老少都把孩子上（小）学看得很重要才搞仪式，这些仪式反映出众多家长对孩子上学的不同期许，所以很多家庭表现得非常重视且审慎对待，既想让孩子明了上学的不同和变化，同时表达父母对孩子入学的良好祝愿，理应成为家教仪式感很强的风化范式。然而，以《欢送进行曲》和"好好学习、天天向上"大横幅为背景，孩子身着绶带，面前摆满寓意礼物，挨个儿接受家庭成员发红包、送礼物、讲寄语等环节进行的入学仪式，却难免陷入急功近利的泥淖。如果将此仪式作为家风传承，那么，在孩子未来的人生中，还有很多诸如过生日、入少先队、升学等人生重要关口，家有这样的风气该如何传承，倒成为一个严肃的问题。因此，入学或开学仪式不能想怎么搞就怎么搞，而是以行为互动的方式理解有礼貌、爱学习、肯探索等"好样的小学生"这一定位或导向问题，而不是确立当学霸、考第一、争百分等功利导向。在孩子的成长和发展过程中，特别是人生的重大跨越或重要转折点上，中国人历来非常重视和创设这种仪式感。只是随着新文化运动的破旧立新，认为传统礼仪是繁文缛节的论断，让很多家教变为虚无烦琐，将包括家风家训家教在内的仪式，连同仪式所要展现的中华传统道德规范，均一起抛入了历史的垃圾堆。"家之兴替，在于礼义，不在于富贵贫贱。"①试想一下，一个人如果不能以礼待人、我行我素，在家，一不顺心便大发雷霆，在外，轻微剐蹭便拳脚相加，人人如此，社会将会失序，国家将会不国，家教仪轨，不可偏废。

三　修谱改训昭示

（一）盛世修谱改训，保障家风传承时空延续

从传播学和文化人类学的视域分析，家风传承的实质，表现为风教育人文化记忆的时空延续。家风传承的生活化与过程性特征，决定了家风文化的人际（代际）传播需要突破时间的壁障，才能在历史的发展长河中赓续和留存下来，最终以辈出人才的文化记忆成果，彰显家风建设与文化传承的历史价值。中华民族历来重视家庭建设，注重通过家风传承育人兴家，也让家风文化深度融入中国人的血脉基因，成为支撑中华民族生生不息、

---

① 杨伯峻：《春秋左传注》，中华书局1981年版，第35页。

薪火相传的重要精神力量。一个家庭或家族阶段性地集中人力物力财力续修家谱、续写家训，就是以物态为表象或存储媒介的家风文化传播与接续活动，意在通过家庭或家族成员相互之间、不同代际之间的信息传递与风化授受，促成家族群体身份和成人标准自我认知的同时，将日复一日周流于家庭或家族生活当中的人格塑造精神传承不弃，故而能够以代出人才的风教成果被世人感知。一方面，从时间延续的纵向度延展家风，保持晚辈对逝者先辈文化记忆联结的同时，以便在接下来的家庭或家族生活场域继承先辈遗留下的文化生活风尚。另一方面，从环境空间的建设存续向度推衍家风，从而以家族成员集体记忆的文化演进方式，外显为成文或不成文的家训家规、家谱祖庙等物态性质的族人共同身份确认空间和人格塑造环境，让祖辈盛德与世长存。在快节奏、大数据、多媒体著称的"互联网＋"新时代，随着多种储存手段的出现，以及多种信息获取渠道、多元价值观念碰撞冲突等变化发展，带来了家庭信息储存代价小型化、家风文化记忆时空缩短等利好变化的同时，让"得来全不费工夫"的信息便捷获取手段，淡化了通过修谱改训实现家风建设的历史沉淀与厚重感，导致家风传承的文化创新贬值。这是造成当今很多家长不重视家庭建设，轻视家风，忘却修谱改训，导致对家风建设与传承不力的现代病因，应当引起各级政府和社会工作者们的高度重视。

(二) 修谱改训，家风生机勃发的文化创造

家风给家族成员带来的影响延绵不绝，但家风文化及其育人方式却不是一成不变的，它必须随着时代的变迁而不断地改变和调整。唯其如此，通过修谱改训突破常规，才能不断焕发新的生机，也才能确保整个家族有更好的发展。以"诗礼传家"的著名孔氏家族，坚持与时俱进，适时修谱改训，两千多年来始终对中华家风文化发展发挥着引领和示范作用。孔子第七十五代孙、孔子博物院院长、山东曲阜孔祥林最新总结提出的"诗礼传家一脉深，文章道德圣人家"[①] 特色家风，不仅蕴含着中

[①] 孔祥林：《曲阜孔氏家风》，人民出版社2015年版，第2页。孔子教人，主张"兴于诗，立于礼，成于乐"。(陈晓芬译注：《论语》，中华书局2016年版，第98页。)实践当中具体施教时，应注意先后顺序，"先之以《诗》《书》，而道之以孝悌，说之以仁义，观之以礼乐，然后成之以文德"(廖名春、邹新明校点：《孔子家语》，辽宁教育出版社1997年版，第31页)。

华民族深厚的文化底蕴和家风精神，而且昭示着孔氏子孙秉承祖训，通过设立家学、续修家谱、颁布祖训箴规、举行家族祭祀、创新家庭礼仪、悬挂楹联匾额等多种方式和手段，在教化子孙成人成才的现实生活中传承着孔门家风。清代康熙、雍正年间，由湖南入川世居成都市东郊五凤溪长达300余年的贺氏家族，秉持"国风之本在家风"的立身处世家训理念，坚持与时俱进，用锄头和诗书培育子孙后代新法，至今传承耕读家风而不弃。新中国成立以来，先后培养出清华大学原党委书记贺美英，中国工程院院士、清华大学环境学专家贺克斌，以及以勤劳踏实展现良好家风的银行职员、心灵手巧置家业的小木工、五凤溪家风文化学院的管理人等现代十里八乡有名的乡贤。坐落在成都市杨柳沟畔的五凤溪家风文化学院，就是一座贺氏族人集中修谱改训的宅院，除了门匾上的"心园"昭示着贺氏族人牢记祖德不弃外，院内中庭的"锄经"匾额分外显眼①，是贺麟先生烈祖父贺景升在清代嘉庆十九年（1814年）七十大寿时创新所制。贺氏家族长葆"锄经种德"家风不衰的原因之一，在于对祖传家教教训的定期续修。据贺麟故居纪念馆服务人员介绍，贺氏家谱每隔30年续修一次，家规家训一直在家谱的谱首位置，时过境迁只对家训有所增删，但精要内容始终保持不变。"维家风，保族誉，以相勖勉；崇硕德，追远祖，训导子弟，抚育后昆，熏陶于无形，维系于不坠，其于培养族人之品格而蔚为良好之风气，所补岂浅鲜哉！"②贺氏家族通过续修族谱、增删家训，在保持优良家教传统的同时，不忘与时俱进，创新性发展了现代家风的传承方式，在当地影响深远。正如贺氏家规所言，"子女教育，必自幼小。我族重视，家族兴旺。他族仿效，族族如斯，则家兴国盛矣"。经过开发，游人如织，每一位造访者无不被贺氏"锄经种德"家风感动，对修谱改训传承家风的做法感悟良多。

---

① （汉）班固著，（唐）颜师古注，中华书局编辑部点校：《汉书》，中华书局1962年版，第2628—2630页。"锄经"之典出自《汉书卷五八·列传第二八·兒宽》。"兒宽，千乘人也。治《尚书》，事欧阳生。以郡国选诣博士，受业孔安国。贫无资用，当为弟子都养。时行赁作，带经而锄，休息辄读诵，其精如此。以射策为掌故，功次补廷尉文学卒史。……宽为人温良，有廉知自将，尤善属文，然懦于武，口弗能发明也。……宽既治民，劝农业，缓刑罚，理狱讼，卑体下士，务在于得人心；择用仁厚士，推情与下，不求名声，吏民大信爱之。"

② 曾那迦：《三百年锄经种德，金堂贺氏家风传承不息》，《廉政瞭望》2022年第7期。

（三）修葺宗祠家谱，家风跨时空场景育人的实践创新

宗祠家谱的育人训教意义，在于构建起逝者先祖与活在现世的族人共同生活的空间，既方便后人祭祀祖先，又可以时刻教育后辈家人。一方面，与祖先有灵的思想认识相一致，中国人不仅崇尚祖先崇拜，而且坚持事死如事生的孝道传承，对已逝先人和已成过去的文化往事，虽然承认无法重现和难以长葆，但仍然坚持将祖先过往的物理痕迹、生活影响予以保留，并通过作用于当代人的记忆中而长期留存。另一方面，拥有崇德敬祖精神的中国人，非常重视祖德传承，而家庭祭祀便成为遵从祖训、规范家人族众的家风传承活动，祭祀仪式便是跨时空场景的育人实践，宗祠祭祖活动通过制作或安放象征家庭或家族长辈灵魂归处和居所等物态符号，向后辈子孙展现先人身躯已逝，但昭示家人子弟的文化精神和祖德风范犹存。"夫祭之为物大矣，其兴物备矣，顺以备者也，其教之本与。是故君子之教也，外则教之以尊其君长，内则教之以孝于其亲。是故明君在上，则诸臣服从；崇事宗庙社稷，则子孙顺孝。尽其道，端其义，而教生焉。"[①] 与祭祖仪式的庄严整肃和凝重气氛相一致，让祖先牌位或神龛上的题字标识，与沉浸式活动现场所述话语相配合，使参与和观看仪式者同样受到精神启悟，自觉不自觉地触动其内心的言行拷问和道德检视，推动家人族众的宗族归属感、情义获得感、成长确认感等油然而生，最终成为训育作用和精神影响极其深刻有效的家风文化传承方式。

宗祠除了昭示家人族众香火血脉延续源流，以此修明伦序和整齐门内外，更重要的还在于无声地警醒族人后辈勿忘祖德、慎终追远，因而具有开放性的家风传播与教育扩散功能。位于福建漳州九峰镇的平和朱子公园，实际为始建于明代正德年间的朱氏大宗祠堂，创新加入现代文化公园建设理念，《朱子家训》石雕、功德石牌、仰德念祖亭、孝友敬贤路，以及祠堂内的匾额楹联、雕饰装潢，各自蕴含着动人的家教故事，处处展现着厚重的朱子家风，成为当地传承中华优良家风、传播文明乡风的重要阵地，游人涉足其间，无不心有戚戚，勾起每个人的家风记忆和文化乡愁。此外，祠堂作为一个家族举办祭祖活动的重要场所，也是

[①]（汉）郑玄注，王锷点校：《礼记注》，中华书局2021年版，第625页。

家族组织的标志和代称，参与祭祀的家族成员在置身纪念逝者活动的同时，还作为一个亲历实践者参与和体验祭祀的庄严仪式，包括执行家规族法、评断族内纠纷、支持延续族学等事务，不仅有利于将祖训内化于心而外化于行，切实起到震撼内心的风教化育作用，而且有利于明确家族内部长幼尊卑伦序，达到敬宗爱族、增进家族成员间尊老爱幼的亲情的目标，领悟先人祖辈的谆谆教诲，强化家族成员对既有家风的认同。因此，整修宗祠、修订家谱族谱或应时改训堪称"恶以诫世，善以示后"的家风传承典范，俨然以俱归黄泉的先祖姿态和口吻传教后世子孙，成为跨时空沉浸式育人实践。

四 防止家教偏颇

（一）防止因溺爱少教而造成的励志教育缺失

一方面，中国古代家训及其家风文化，非常重视对子女家人的励志教育。《颜氏家训》的制作与模范实践者颜之推，对此便一针见血地指出，"吾见世间，无教而有爱，每不能然；饮食运为，恣其所欲，宜诫翻奖，应诃反笑，至有识知，谓法当尔。骄慢已习，方复制之，捶挞至死而无威，忿怒日隆而增怨，逮于成长，终为败德。孔子云：'少成若天性，习惯如自然'是也。俗谚曰：'教妇初来，教儿婴孩。'诚哉斯语！凡人不能教子女者，亦非欲陷其罪恶；但重于诃怒，伤其颜色，不忍楚挞惨其肌肤耳。"[①] 舐犊情深，人皆有之；爱子之心，古今同比。然而要使子女能自立于世，成为社会有用之才，仅仅付之以爱是远远不够的。需要引以为戒的家风是溺爱少教，因为爱的畸变，才有育的少教；因为溺爱少教，才只顾眼前，势必造成对子弟家人励志教育的缺失。以中国现代农村留守儿童为代表的未成年人，是中国经济转型期农村城镇化或劳动力转移过程中产生的一个新型社会弱势群体，伴随着越来越多农村劳动力的转移进城，农村留守儿童的教育问题日益突出，严重影响着留守儿童的成长成才。由于农村经济发展相对落后，学校教育和社会教育的发展也较为滞后。加之农村家庭的教育环境相对封闭，对外部信息的输入量少，一年到头父母外出务工，亲子之间心理和感情沟通明显不足，

---

① 檀作文译注：《颜氏家训》，中华书局2011年版，第7—10页。

对幼小儿童的品行养成、人格完善、心理健康教育基本空白，极易造成孩子性格怪僻和行为偏差，甚至出现心理疾病或性情闭塞。从近几年频繁见诸报端的留守儿童恶性事件看，由于缺乏必要的关爱呵护与教育引导，除造成许多留守儿童非正常死亡等恶性事件外，还让很多无辜的孩子沉沦为少年犯罪概率较高的问题人群，他们中既有性情暴躁的施暴者也有羸弱的受害者。

另一方面，满足一个孩子的成长成才，除了物质需求，还有精神需求，特别是对于不谙世事的幼小孩童，更需要父母的关爱，需要亲情呵护和温暖的沟通引导。为了弥补父母陪伴式家风化育的缺憾，家长往往将留守儿童交由祖父母看管和养育，作为监护人则试图以挣到更多的钱、提供更好的物质保障加以弥补，实际却加深了隔代溺爱的程度。很多父母或祖父母过分地关爱和照顾孩子，甚至包办代替子女的课业学习和生活起居等一般事务，不仅打乱了家庭成员角色定位，而且阻断了子女接触现实生活、培养自理能力的实践渠道，更遑论励志教育。好的家风训育，家长应当注意鼓励孩子在他们遇到困难和挫折时，不论在思想认识，还是在学习生活中，都能够努力克服困难，勇于接受失败考验，增强孩子面对困难和挫折的耐受力，练就分析问题和战胜困难走向胜利的实践本领。因此，面对大量存在溺爱少教家风的现实挑战，除了加大学校品德教育力度、净化美化社会环境外，动员全社会力量参与家庭建设和创新家风传承，避免溺爱少教造成励志教育的缺失。

（二）遵守教育规律，注意避免家教方法失当

家风训育的生活化、个性化、具体化施教方式，是中国古今家风及其文化长盛不衰的生命力所在，其中，具体实际又宽严有度的家庭教育方法，更是为学校教育和社会教育所不及。家风周流以及家庭教育的有效性，主要依赖家长以亲情关切的感染力，辅之以家长的耳提面命和以身示范等切实有效的风教方式，将社会一般的道德规范和价值原则不知不觉地渗透到家庭生活当中，便于寻常日用间培育出了家人子弟的德行人格。家风训育"家人之道，宽则伤义，猛则伤恩。然则是无适而可乎？——君子以言有物而行有恒。至矣，言之有物也，行之有恒也！虽有悍妇、暴子弟，莫敢不肃然，而未尝废恩也，此所以为至也。曾子曰：'君子所贵乎道者三：动容貌，斯远暴慢矣；正颜色，斯近信矣；出辞

气,斯远鄙倍矣。'如是,何间之有?"① 在家庭教育场域当中,家长既可以和孩子一起谈论某个具体事件的对错得失,也可以针对家人已经完成或即将进行的某一类事务,适时提出指导意见或预设行动方案,而父母家长教诫训育宽严适度的施教方式方法尤其重要。时至今日,父母对孩子的期望值也越来越高,家长对子女教育的重视程度不断加强,受日益攀升的教育期望驱使,各种不当家教方法纷纷登场,其中最突出的,便是恨铁不成钢的严教方法。由于很多家长依然信奉"不打不成器""棍棒底下出孝子"的家风古训,一方面,让望子成龙、望女成凤变成了逼子成龙、逼女成凤,家长无视孩子的爱好和自尊,习惯于把自己的意愿强加在孩子身上,动辄采取简单粗暴的方式责打谩骂孩子,很容易导致孩子形成极端性格,严重者让孩子走上违法犯罪的道路;另一方面,受高期望值和狭隘功利追求驱使的重智轻德家庭教育,让家庭关系充满了金钱观与火药味,家园不再美好,很多家长受社会盲流和培训市场行情驱使,常年处于中高度焦虑之中,甚至导致家庭婚姻关系和亲子关系紧张,最终让家长和孩子都变成了受害者。

合理选择家庭教育中的化育之法,是中国传统家风家训的难题,也是现代家风建设与传承实践创新的难点。一要注意去除负面影响最深的简单粗暴型家庭教育方法。《颜氏家训》便提出:"笞怒废于家,则竖子之过立见;刑罚不中,则民无所措手足。治家之宽猛,亦犹国焉。……世间名士,但务宽仁;至于饮食饷馈,僮仆减损,施惠然诺,妻子节量,狎侮宾客,侵耗乡党,此亦为家之巨蠹矣。"② 虽然亲情感化的教育方式是家庭教育中最常用的有效方法,但唯德教并不是传统家教家风的唯一选择。颜之推甚至主张治家须"训导""笞怒""刑戮"并重,说明家风训育有效的诸多方式方法中,家教宽严尺度的把握十分重要。现代家庭中,有的家长在家教育孩子时,语言尖刻、冷嘲热讽,不仅伤及孩子的自尊,而且容易导致孩子的仇恨心理和暴力倾向,极易导致学龄儿童出现校园暴力事件。二要防止溺爱包办的育儿方法。很多独生子女家长爱子女心切,恨不得常常把孩子捧在掌上或含在口中,上下学来回车接车

---

① (宋)苏轼著,李之亮笺注:《苏轼文集编年笺注》,巴蜀书社2011年版,第191页。
② 檀作文译注:《颜氏家训》,中华书局2011年版,第35—38页。

送、不让孩子外出和干家务，甚至越俎代庖，替孩子穿衣喂饭、洗脸洗衣、代写作业，限制了孩子动手动脑，闲置了孩子的手脚，最终坏废了孩子潜能发挥。三要摒弃金钱至上家教方法。有的家长讲排场、摆阔，影响到对孩子的教育也一样讲究吃穿、追求奢华，养成了孩子的不良生活习惯。四要反对只养不育的错误方法。有的家长以养儿女不易的现实，推卸育儿女的责任，对子女教育采取不闻不问、大撒手的家教方法，或者对待家教缺少原则和标准，要么无端指责，要么凡事夸奖，容易使孩子自暴自弃或变得自以为是。

（三）加强家庭教育指导，推动健全家风化育规范

随着信息时代的快速发展，不论家庭教育的社会普及，还是家庭教育培养社会公民的公共成果属性，无不都在以越来越公开透明的标准要求并检视着过去一直被认为是私人空间的家庭教育活动。受文化价值取向的影响，西方主流文化认为，家庭和家庭教育完全属于私人领域，象征公共权力的国家或政府不应干涉，因而除了社会舆论和学者研究性引导外，没有哪一个国家专门制定针对家庭教育的制度或法典。相反，中国传统文化一直在深层意义上认为"家作为私法意义上的存在的同时，还是公法意义上的存在，即亦是通过国家权力掌握人民的单位"[①]。中西文化的这一差异，决定了中华传统文化尤其是家庭教育具有为国家育民造士的隐性公共特征，因而中国人不认为家和家庭教育是完全排斥国家规范和法治干预的纯私人领域。其实，立法规范家庭关系与家庭伦理始终是中国数千年来的民间家法族规等传统家训文化的重要方面。中国历史上有关家族长上教诫子孙的立法史可以前推到秦汉时期，其时很多源于皇家世族的家训家规都具有极力维护家庭伦理秩序和尊卑上下等级差别、注重子女对家长的顺从义务，同时也十分注重在立法上防止家长教令权力滥用的特点。[②] 其中，具有"中国封建社会法典楷模"之称，中华法系成文最早的典型代表——唐律，就有很多详备而完善的有关家长族

[①] ［日］滋贺秀三：《中国家族法原理》，张建国、李力译，法律出版社2003年版，第40页。

[②] 孙家红：《关于"子孙违犯教令"的历史考察：一个微观法史学的尝试》，社会科学文献出版社2013年版，第43页。

长和地方官吏一道管教民人子弟的法律条款。①"部内有笃学异能闻于乡间者，举而进之；有不孝悌，悖礼乱常，不率法令者，纠而绳之。其吏在官公廉正己清直守节者，必察之；其贪秽谄谀求名徇私者，亦谨而察之，皆附于考课，以为褒贬。若善恶殊尤者，随即奏闻。若狱讼之枉疑，兵甲之征遣，兴造之便宜，符瑞之尤异，亦以上闻。其常则申于尚书省而已。若孝子顺孙，义夫节妇，志行闻于乡间者，亦随实申奏，表其门间；若精诚感通，则加优赏。其孝悌力田者，考使集日，具以名闻。"②礼法并用，褒贬有别，官方倡导与家训德育同向而行，令行禁止而民人向善。自此以降，宋元和明清时期都基本延续了唐律中规定家长教诫子孙的律法原则。

近代以来，家庭教育立法也逐渐从过去的附属条文法形式逐步发展到制定家庭教育专门法典的新型模式。例如，中国晚清时期在1903年颁布实施的《蒙养院及家庭教育法》、南京国民政府教育部在1938—1945年8年间，先后颁布了7部关于家庭教育的法令，……中国台湾地区延续了重视家庭教育的传统，在2001年4月通过"家庭教育法（草案）"，2003年初正式颁布了"家庭教育法"，2004年公布实施了"家庭教育法施行细则"，③以比较严整的形式，通过公共权力调节和保障家庭教育开展得规范有序。

目前，面对各类问题频繁出现的窘境，开展家庭教育指导，通过立法等途径加强家庭教育规范化建设的呼声越来越高。基于家庭教育规范建设重要性的考虑，中国自1992年《九十年代中国儿童发展规划纲要》明确提出要制定"家庭教育法"以来，希望通过立法促进家庭教育已成为全社会的共识。全国妇联在近几年就家庭教育问题进行的公众调查数

---

① 乔伟：《唐律研究》，山东人民出版社1985年版，第48—49页。
② （唐）李林甫等撰，陈仲夫点校：《唐六典》，中华书局1992年版，第747页。
③ 姚建龙：《从子女到家庭：再论家庭教育立法》，《中国教育学刊》2018年第9期。根据台湾地区家庭教育法实施细则第二条的界定，家庭教育法所指的家庭教育活动：一是亲职教育，即履行父母职能的教育活动；二是子职教育，即明确子女本分的教育活动；三是性别教育，即辨别家庭成员性别的教育活动；四是婚姻教育，即调谐夫妻及姻亲关系的教育活动；五是单亲教育，即针对因故未能接受父母一方或双方教养的未成年子女的家庭认知教育；六是伦理教育，即增进家庭成员融洽尊卑长幼关系的教育；七是多元文化教育，即旨在解决家庭成员理解和尊重多元文化的教育；八是家庭资源管理教育，即针对家庭共有资源的运用及管理的教育。

据显示，在全部接受调查的民众当中，高达74.3%的人认为有必要或非常有必要通过法律来规范家庭教育服务和管理工作。① 2016年5月27日，重庆市第四届人民代表大会常务委员会第二十五次会议正式审议通过《重庆市家庭教育促进条例》②，实现了家庭教育地方立法和依法调节管理家庭教育工作的重大突破。2017年8月3日，贵州省第十二届人民代表大会常务委员会第二十九次会议也审议通过了《贵州省未成年人家庭教育促进条例》③。充分说明，随着学校教育和社会教育立法工作的先行先试，已经为家庭教育立法奠定了认知基础。现在，万事俱备，亟待通过立法规范家训家教活动和确认家庭教育应有的地位，通过专门法规明确国家、社会、学校和家庭等相关责任主体在家训和家庭教育中的权利与义务，以规范家训家教活动。

第二节　治家实践创新

家庭是由婚姻、血缘或收养关系构成的基于满足生产生活需要的社会基本单位，建设好、治理好这一家庭组织，既有全人类共同解决问题的普遍做法，更有中国人为全世界提供的中国方案。重视家庭建设，注重家教、注重家风，围绕治家教子而长久天然地存续于家庭（家族）内部的生活风尚，既是中华家庭主义文化生生不息的摇篮，也是现代家庭治家实践创新的社会基础。

一　坚持文化守成和文化反思相统一，创新传承家风门风

（一）以扬弃的态度恪守家风门风，建立治家长效机制

家风门风的周流不息，必然会以特有的精神力量承担起内修家务、外治族落以长葆家业不衰的自我管理、自我服务、自我评价等家庭自治

---

① 《全国妇联提交相关提案　家庭教育需要立法支撑》，《中国妇女报》2016年3月10日第A1版。
② 《重庆市人大常委会公报》（2016年第3期），2023年4月19日，重庆人大官网，http：//www.ccpc.cq.cn/2016-08-19。
③ 贵州省人大常委会：《贵州省未成年人家庭教育促进条例》，《贵州日报》2017年8月10日第4版。

任务。良好家风的形成与传承，会让一个家庭的家人、家族的族人，乃至整个社会民众都从中受益，因而成为中国人数千年世代相传的宝贵家庭财富。纵观历史，家风的成因，一方面，是很多人家因为祖上有人科举出仕为官，或征战沙场有功，或勤苦有道经营发家，那些饱尝艰辛的创业者，结合各自的人生历练，很容易生发出谋求家业永续的思想和情愫，于是乎，深孚众望的家长期冀家族兴旺和辈出人才以继长世，每每自觉行动起来作家训、立家规、兴家教，并将自己独到的家庭管理经验，提炼创设成为经世致用的治家教子传世法宝。另一方面，历史和现实也告诉人们，世事无常、人生多舛，唯有家风门风传承不弃，才是提撕子孙、整齐门内以激发家庭内生动力的长效机制。例如，古代制作《颜氏家训》的颜之推，就出身于南梁士族官僚家庭，早年受过良好的家庭教育，官至北齐黄门侍郎。可颜之推的一生大多处于社会动荡时期，以致其"三为亡国之人"。历经磨难坎坷，更耳闻目睹其时社会上许多士大夫家破人亡的残酷现实，使其感受到了社会生存的险恶处境和长葆家庭繁盛的危机四伏，所以站在保护世家大族安康的长远利益角度，结合自己的人生经历和治家体验，在创新原有祖训的基础上，撰写出中国古代社会第一部最为系统完整的治家教科书，自此树立起的缜密家风，长葆颜氏一族繁盛不衰。作为一种文化现象，如果说一个家庭的家风形成具有偶然性，那么，恪守祖训家风代代相传以长葆家业不坠，则明显地具有必然性。重家教、守家风的中国人最清楚，保持家风传承不衰，才是支撑家道不灭的长效机制。古往今来，无数曾经的世家大族很多湮没在历史长河之中的事实证明，一时的成功难保永远的荣华富贵，唯有寄望延续家业繁盛的精神力量——家风长效机制。不仅如此，保持优秀家风精神传承不弃，还能随着族人迁移或男婚女嫁等人员的社会流动，一如随身携带作物良种，把家风从各自生长的家庭带出，便可能让其顺利地在新的家庭环境里生根发芽，从而将一个家庭或家族特有的治家兴家文化播撒到更广阔的社会领域，推动家风文化的社会化发展。"书靡范，曷书也？言靡范，曷言也？言书靡范，虽联篇缕章，赘焉亡补。乃北齐颜黄门家训，质而明，详而要，平而不诡。盖序致至终篇，罔不折衷今古，会理道焉，是可范矣。……夫振古渺邈，经残教荒，驯至于今，变趋愈下。岂典范未尝究耶？孰谓古道不可复哉？乃若书之传，以禔身，以范俗，为今代人文风化之助，则不独颜氏一家之训乎尔！"① 如同《颜氏家训》的社会化普及，自古至今，以点带面、竞相传抄，无数的治家好传统被成功带出原生家庭，交流互鉴、创新转化，不断催生和营造出和谐美好的中国社会好风气。

(二) 顺应时代潮流，注重现代家风文化建设

文化即生活，文化的进步，必然引起人类生产生活方式的改变。恩格斯明确指出："人们自觉地或不自觉地，归根到底总是从他们阶级地位所依据的实际关系中——从他们进行生产和交换的经济关系中，获得自己的伦理观念。……对同样的或差不多同样的经济发展阶段来说，道德论必然是或多或少地互相一致的。"② 以道德立论的中华优秀传统文化，植根于家国同构的社会经济关系，当社会存在发生改变之后，同属于社会意识的价值观念也会或快或慢地发生改变。

考察中国不少地方的古村落，分明是时代进步、文化革新推动了古村落生活样法的改变，同时或出于主动作为或出于被动适应，显而易见地推动了古村落家风门风的改变。如果说这种改变是村落居民自适应的外因驱动，结果在日用不觉间自然而然调适着家风传承的内容和形式，那么，重视家风文化建设，创造性转化和创新性发展现代家庭建设与治理模式，应当成为新时代的家庭生活新风尚；厘清家风创造性转化和创新性发展变故机制，或予推广革新、或加干预，积极推动现代家风文化建设，则成为所有社会工作者和各级政府的职责。以耕读传家古训所蕴含的自立自强精神、俭以养德所倡导的朴素治家家风为例。虽然，现代社会的绝大部分家庭，尤其是大量城市居民家庭，既没有田可以耕作，也没有耕读家风可以传承。可是，考察古代先民重视耕读传家，祖辈的良苦用心除了满足古代很多家庭（家族）耕者有其田、读书为仕进的生产生活实际需要外，更重要的是因为农业耕作可以帮助树立家族成员自食其力的刚健自强精神，如《颜氏家训》就有言教诫："父兄不可常依、乡国不可常保，一旦流离，无人庇荫，当自求诸身耳。谚曰'积财千万，

---

① （北齐）颜之推撰，王利器集解：《颜氏家训集解》，上海古籍出版社1980年版，第453页。
② 《马克思恩格斯选集》第3卷，人民出版社1995年版，第434页。

不如薄伎在身'。伎之易习而可贵者，无过读书也。"① 读书能让家族子弟学习礼仪，以期成长为对社会有用的谦谦君子。从这个角度挖掘和传承耕读传家古训内涵，则可以获得物质和精神两方面的自立自强家风资源。同样，以农耕文明著称的中国人，不仅把勤俭看作起家之本和立业之基，而且将其作为家风治家兴家的传世之宝。"勤而不俭，则财流于奢；俭而不勤，则财终于困……传家二字，曰读与耕。兴家二字，曰俭与勤。"② 如果说"耕读传家"古训着眼于自立自强、创造财富的生产建设立论，那么，"俭以养德"则是站在理性消费的经济立场来教育家人子弟如何治家。其实，奢侈浪费现象古已有之，中国人俗话所讲的"富不过三代"，主要是揭示此类败家行为之害的。创新发展现代好家风，如果不能将勤劳节俭作为一种家风传承下去，子孙后代很可能认为只有自己的吃喝玩乐重要，不懂得珍惜一时富足后的美好生活，则难免骄奢淫逸、坐吃山空，只顾自己、超前消费，有多少家财都能败个精光。勤俭家风，可不慎欤！

（三）继承中华优秀传统文化精神，创新现代治家实践

回溯中国古代漫漫历史，可以发现，那些长期保持繁盛不衰的名门望族，无一例外都有各自独特的家风精神，在深深根植于每个家人族众内心深处的同时，潜移默化地影响着他们的持家行为，并以辈出人才的风教成果，支撑起家族繁盛、家业不坠的世传家风。就史料和文献所载来看，中国古代家庭（家族）家风传承不弃的条件，一是能够应对风浪冲击而延绵长存的世家大族；二是相对稳定的长期拥有谋生职业或私有产业的家庭；三是家庭（家族）文化氛围比较浓厚，家长计从长远而重视对子女家人的教育；四是家庭（家族）成员普遍认识到家风传承所具有的经世致用价值的新生家庭。所有这些，都可以成为创造性转化中华优秀传统家风的实现路径和精神源泉。

反观现代遗留下来的古村落，历史的痕迹难以寻觅，既没有"日暮乡关"的古旧建筑，也没有日出而作、日落而息的生活样法。即便是受文化保护工程支持保留下来的"同德里""仁义里""孝悌里"等，已浑

---

① 檀作文译注：《颜氏家训》，中华书局2011年版，第98页。
② 管仁富：《河南家规家训》，中州古籍出版社2016年版，第1、202页。

然转身为现代气息杂陈的村落大集市，鹤立鸡群或一如孤岛，人们在视觉上可以穿越历史、置身古屋，但无法穿透文化的迷障，眼见上了墙的家训、家规、家传"文物"，却难找到家风遗韵。这一现象表明，我们所处的时代已经完全改变，所不变的，只是因为曾经的弃绝，导致中华文化的传人对"自己是谁""从哪儿来""要到哪里去"这些基本问题都认识模糊，对各自处居的心灵之所——家庭关注不够、重视不足，甚至对家庭建设的责任也一推了之。马克思指出，"哲学家们只是用不同的方式解释世界，问题在于改变世界"[①]。进入新时代，我们在快速更新文化传承与记忆方式，切实感受到互联网＋信息手段获取和传播中华传统文化便捷利好的同时，却发现有很多人已经释然于家风文化易得的岁月静好——以拿来主义消解了家风治家实践的负重前行。当然，新媒体这把双刃剑的优劣，表现在让人们不费吹灰之力便可饱览天下家风大观的同时，更让中华优秀传统家风文化记忆可以不用治家教子生活实践而得以传播。信息交流互通可以自欺欺人，但子孙后代不可没有家教，以治家教子实践为生命传承的家风，应当有别于网盘信息的便捷存取。历史是最好的老师，也是警人自警的"清新剂"，如果说中国先民历经数千年秉持家风传承精神，施教于家而成教于国，以大历史观的宏阔视野，洞见治家教子对于中国人持家立业、成长成才的独特效用，那么，承袭中华优秀传统文化的新生代，对中华优秀家风的文化自信，不仅深埋骨髓，而且当展现为创新性发展家风门风的行动自觉。

二 突出现代家庭建设需要，创新利用家传祖训劝勉

（一）家传祖训，治家典范

旨在"整齐门内、提撕子孙"的家传祖训，以其对规范家庭或家族成员言行所具有的倾心劝勉和柔性约束力量，让家训历史地成为中国古代社会的齐家范族之法。就其氤氲生发一个家庭或家族成员自觉遵循特定社会道德要求、遵从世传处事行为习惯、养成特色家庭或家族生活风范的以文化人实际作用而言，则表现为家传祖训劝勉的日用不息，不仅积淀形成一个家庭或家族特有的道德情操和文化风尚，并且外化成可被

[①] 《马克思恩格斯选集》第1卷，人民出版社1995年版，第57页。

世人识别和感知的不坠家风,为现代社会创造性转化和创新性发展好家风,提供了可资借鉴的文化典范。执着于家传祖训的劝勉教化,中国古代家长们乐此不疲地定家训、立家教、守家风的事例不胜枚举。其中,最具代表性的,当数"北齐黄门颜之推家训二十篇,篇篇药石,言言龟鉴,凡为人子弟者,可家置一册,奉为明训,不独颜氏"①。分析颜氏家族尊奉家训精神、恪守门风长传不衰的根本原因,正如秉持祖训成规遗志而又创制《颜氏家训》的颜之推所言,是"吾家风教,素为整密"的结果。

文化守成需要创新变革,只有求新求变才能更好服务于时势所需,保持家风传承千年不弃的法宝,就是颜氏族人珍视并不断创新发展家传祖训。前事不忘后事之师,弘扬中华优秀家风文化精神,继承家传祖训治家的劝勉传统,对于创造性转化和创新性发展现代家风,启示良多。回溯历史可以看出,颜氏家族门风严正、英才辈出的原因,在于历代族人不仅有家传祖训劝勉行为之实,更有与时俱进新创家训家诫之文。颜氏族人特别注重制作和修订祖传家训,从祖述颜回箪食瓢饮、好学、不迁怒、不贰过等高尚德操发端,颜回第 27 世孙颜含立《靖侯成规》祖训、第 30 世孙颜延之撰书《庭诰》劝勉训示文本,到第 35 世孙颜之推制作体系完备的《颜氏家训》、第 67 世孙颜光敏作《颜氏家诫》适时教训子孙道德传家,分明可见颜氏家族历代宗长对后世子孙的劝勉教诫活动从未松弛和放弃,训教家人子弟所依据的家传祖训,也不是照搬旧制和固守传统,而是坚持与时俱进、代出新规,将辈出人才以继长世的治家忧思,牢牢奠基在有章可循的创新性家训基础之上,故而以笃行不息的生活化训育活动,保持着祖训家风千年不坠于世。"在儿童社会化的过程中,家长的世界观、人生观、价值观、道德观及为人处世、待人接物方面的表现,会对子女产生潜移默化的影响,在子女身上打上深深的烙印。"②随着经济、社会、文化和政治制度的改革与发展,传统社会的大家庭(家族)模式已经转变为现代社会的小家庭模式,家长权威失落、家风传承参差不齐,反映出现代家庭族长尤其是父母不再像过去那样重

---

① (北齐)颜之推撰,王利器集解:《颜氏家训集解》,上海古籍出版社 1980 年版,第 1 页。
② 陈万柏:《思想政治教育学原理》,中国人民大学出版社 2013 年版,第 72 页。

视家风传承，有的家庭主要成员特别是家长，甚至完全没有这个意识。据不完全调查，71%的"00后"大学生对家风家训的认知是通过学校课堂教育获得的，其次占比高的是网络媒体。① 创造性转化和创新性发展现代家风传承模式，必须紧跟时代变迁的脚步，以全新的理念和实践范式，开启现代治家新生活。

（二）家传祖训齐家范族的治理智慧，在现代治家实践中仍然部分有用

以家训为代表的家庭生活样态，既要保证家庭生产生活的正常运行，又要助力家人子弟塑造人格品性，美化社会风俗。"古之王者，不忍以刑穷天下之民也，是故一家之中父兄治之，一族之间宗子治之。其有不善之萌莫不自化于闺门之内。而犹有不帅教者，然后归之士师。然则人君之所治者约矣。然后原父子之亲，立君臣之义以权之，意论轻重之序，慎测浅深之量以别之。悉其聪明，致其忠爱以尽之。夫然刑罚焉得而不中乎？是故宗法立而刑清，天下之宗子各治其族，以服人君之治，罔攸兼于庶狱而民自不犯于有司。风俗之醇，科条之简，有自来矣。"②《颜氏家训》在教诫子孙后辈修身治家、处世为学等方面，就是围绕立德树人根本任务，分章节依次展开劝勉训育。主张积财千万或依附权贵，不如薄技在身；提倡学业精进，反对锦衣华服、不学无术；强调学贵能行，拒斥清谈高论、不务实际；注重环境形塑和朋辈影响，认为与善人居、久而自芳，与恶人居、久而自臭。正是颜氏家长处心积虑的务实家训劝勉，既坚持儒学道统，注重教育家人子弟掌握安身立命和成家立业所需才艺，确保德艺世家门风历经千年百世而不绝。强调家传祖训的治家劝勉作用，绝不是要今人照搬古训，而是创造性转化和创新性发展现代家风传承，要在汲取先辈齐家范族的治理智慧。

保存有三百多处明清古建筑的古村落群，安徽省黟县西递村，家家户户都把祖传的家风楹联高挂在家中大厅墙壁之上，成为典型的传统家

---

① 严玥：《传承优秀家风对践行核心价值观作用的调查研究——以广东科学技术职业学院"00后"大学生为例》，《现代交际》2021年第20期。

② （清）孙希旦撰，沈啸寰、王星贤点校：《礼记集解》，中华书局1989年版，第917—918页。

风传承典范而被誉为"家风村",不仅保留着明清村落建筑古貌风格,而且彰显着中华优秀家风传承的厚重历史。"传家有道惟存厚,处事无奇但率真""遇事虚怀观一是,与人和气察群言""粗茶淡饭真有味,窗明几净是安居"……西递村数百副楹联,各具特色,但齐家范族和风教育人的精神要旨,莫不围绕着仁义礼智信、温良恭俭让等中华传统文化精神而大放异彩,家风楹联传递出的人生哲理和持家教子理念,均为中华优秀传统文化的成人智慧和治家谋略。建设以"家风村""家风馆""家风路"为代表的中华文化传承创新示范基地,不失为创新传统家风精神的文化典范。

(三) 创新转化家传祖训,为现代治家教子发挥劝勉功能

在一般世人眼里,家风传承的结果,表现为一家族众普遍而稳定的家庭生活作风、居家习惯、治家方式。与家庭或家族提供衣食住行、保障家人族众生命延续的生产生活需求相一致,家传祖训劝勉的成功有效,则以代出贤子孙的分枝开叶,展现出家风传承不坠于世的文化生命力。一家一族特有家风的形成,是以其家庭长辈为代表的家庭(家族)主要成员自觉持守既定祖训,坚持对家人子女居家处世言传身教、潜移默化的结果。"夫同言而信,信其所亲;同命而行,行其所服。禁童子之暴谑,则师友之诫,不如傅婢之指挥;止凡人之斗阋,则尧舜之道,不如寡妻之诲谕。"[①] 中国人笃定家传祖训具有劝勉功能,既用心治家,又用情劝勉。正如颜氏一族高擎孔门大弟子颜回尚德好学树立的复圣美誉风标,力行家训遗规,有针对性地教育子孙后辈修身齐家、德艺兴家。从颜回清苦好学到颜盛兄弟德艺兴家,从颜师古注《汉书》、颜勤礼参校经史、颜元孙硕儒,到颜真卿书法,从颜峻忠孝显世、颜杲卿满门忠烈,到颜斐哀矜折狱、颜之仪谅直无私等,族人贤能累世辈出,表征着家传祖训治家的长效劝勉功能。自古胸怀天下、渴望建功立业者,无不把正家看得很重,出仕则思忠,居家则思存,凡民则思信,坚持为人的根本不放松。

坐落在山西灵石的王家大院中,石刻《王氏家训》有:"见善如己出,见恶如己病。"这个绵延数百年的家族,由农及商,人丁渐旺,继而

---

① 檀作文译注:《颜氏家训》,中华书局2011年版,第1页。

读书入仕,遂"以商贾兴,以官宦显",成为当地望族。据现存《静升村王氏源流碑记》,早在明朝天启年间,静升王家已是"士者经史传家,英辈迭出;农者沃产遗后,坐享丰盈;工者彻通诸艺,精巧相生;商者逐利湖海,据资万千"。时至今日,有些原本拥有良好家风传统的领导干部,却在权力和利益的诱惑面前失守初心,治家不严,最终败坏了祖上传下来的珍贵家风。2019年5月因严重违纪违法被中央纪委国家监委审查调查,2020年6月因受贿罪被判处有期徒刑15年的湖南省人大常委会原副主任向某力,他的父亲曾经是湖南衡东县的老县长,一辈子清廉正直,治家严谨,在当地有口皆碑。[①] 向某力从政后,其父曾经常教他怎么从政和怎么治家,教育儿子从政一定要有自我牺牲的意识,要有一种踏踏实实为民做事的作风。可是,向某力利用职权在土地性质变更、房地产开发、项目承揽审批方面为其弟和一些老板谋取利益、收受贿赂,把经商的弟弟也牵连到案件中,不仅没能把父亲的精神继承下来,而且落得个家败名裂。罔顾家传祖训的劝勉,很可能在治家实践中破壁犯过。

三 严慈相济,注意家规树纪范导

（一）家规树纪范导,旨在养成家人子女规则意识

自在不成人,成人不自在,是颠扑不破的家规。家长深爱孩子的同时,必须树立向规则要成效的治家观念,让自己的孩子家人被温暖抱持的同时,通过规则约束培养良好的规矩意识。从文化养成的角度分析,家风是保持一个家庭（家族）成员一以贯之的行为倾向和为人处世的惯常做法等独有的行为规范,因而又称为"家规"。一方面,家规是立足于"家本位"的儒家道德思想指引,而以家庭为固定场域,和合血亲关系、维系家族差序格局的家庭日常行为准则。另一方面,家规以祖宗庇佑家庭繁盛为信念支撑,以家族长者终身学习积淀与人生历练所获的丰富经验为宝藏,以事无巨细的悉心教导和经验分享生活实践,鲜活生动地展现为一家人修身养性、居家处世的家庭（家族）风习规范。家规的范导指向,有的是一事一规、一时一规,有的是一家一规、一代一规,有的

[①] 《正风反腐就在身边（第四集）严正家风》,2023年7月21日,央视网,http://www.haiwainet.cn/2021-01-25。

是治家教子、轨物范世。家规的内容具体，结果显豁，针对人生方方面面，成为特定家庭或家族在世代相传过程中不断延续着的，规范家庭成员言行的精神约束力量。创造性转化和创新性发展现代家风，除了批判地继承祖先遗训规范，立足现代社会条件下家风传承的新要求，在家人协商一致的基础上，平等民主、协商一致，订立现实可行的家规家诫，确保家风传承的方向与路线不偏不倚。可以设立家庭会议制度，通过定期不定期的家庭沟通日活动，让一家人围坐谈心，分享言行得失的同时，比照家规互相勉励、互相提醒，有助于提振家人心气，增进家庭共同体意识，推动现代家风建设与传承。

（二）创新传承家规精神，坚持依法合规建设和治理家庭

以治家严谨确保家风传承不弃，需要亿万家庭的实践探索，与中华传统文化热度一起不断升温的，除了为人父母者对以家庭建设和教育为主的家风自觉呵护传承、各级政府和民间机构倡导支持外，需要国家围绕现代家庭治理和教育工作专门立法。《中华人民共和国家庭教育促进法》的出台，就是以国家意志的方式，不仅明确了政府负有的促进家庭建设和教育良性发展的职责，而且通过法律手段告诉人们如何当好合格家长，指引新时代的家庭按照科学的方法和理念去治家教子。伴随着《中华人民共和国未成年人保护法》等法律法规的不断出台和完善，以国家意志的形式解决了因为缺乏家规，家庭治理行为失序、存在随意性和盲目性，家庭生活散漫无序、男女老幼伦序紊乱、言谈举止率性恣肆，家庭教育是非曲直难辨、善恶标准不明，以及治家目标低级，惩戒手段难以落实等现代家庭建设与治理难题，通过法律的形式，规定了家长在家风传承实践中遇到困难和问题时如何获取帮助。同时，对治家失范、家教不严的父母，政府可依据已经发布实施的《家庭教育促进条例》《未成年人保护法》《中华人民共和国家庭教育促进法》，通过发出《家庭教育令》《责令接受家庭教育指导令》《督促监护令》等法律文书，视情节轻重予以训诫、罚款、行政拘留，对治家失范构成犯罪的，依法追究刑事责任，开启了中华家风依法传承的实践创新路。

（三）家规树纪范导，注重发挥党员领导干部这一"关键少数"的头雁效应

家庭建设与治理，是家事，更是国家之事，家规树纪范导获得实效，

党和政府公职人员，尤其是党员领导干部治家，是"关键少数"。《中国共产党廉洁自律准则》要求，党员干部要廉洁齐家，自觉带头树立良好家风。中国共产党《关于新形势下党内政治生活的若干准则》规定：领导干部特别是高级干部必须注重家庭、家教、家风，教育管理好亲属和身边工作人员。《中国共产党党内监督条例》规定：中央政治局委员要带头树立良好家风，加强对亲属和身边工作人员的教育和约束，严格要求配偶、子女及其配偶不得违规经商办企业，不得违规任职、兼职取酬。党的十九届四中全会明确提出"注重发挥家庭家教家风在基层社会治理中的重要作用"。党的二十大报告更是站在提高全社会文明程度的高度，强调"加强家庭家教家风建设，加强和改进未成年人思想道德建设，推动明大德、守公德、严私德，提高人民道德水准和文明素养"①。强调党员干部特别是领导干部的家庭治理和家风不是小事、家庭私事，而是影响党风政风和社会风气的国家大事，抓住这些直接关系党的形象的"关键少数"，就是找到了家规树纪范导作用发挥的突破口。当然，从作用发挥的普遍性、自觉性和大众化角度分析，家规所具有的规范性，表明家风传承本身当有的树纪立规和警示教诫实践特性。面对传统家族格局不复存在、家风传承没了大家族稳固场所、家庭成员长期不在一起生活、家庭或家族长辈逐渐失去家长权威的现代家庭建设新形势，更需要广大家庭增强法治观念，通过家规树纪，全面提升家庭成员法治素养，保障家庭建设和家风传承。

（四）坚定中华家风文化自信，坚持以柔性化育创新家规树纪范导

延绵五千多年，至今从未中断的中华文明，犹如大江大河奔腾不息，是世界上任何其他民族文明所不能比拟的。"当今世界，要说哪个政党、哪个国家、哪个民族能够自信的话，那中国共产党、中华人民共和国、中华民族是最有理由自信的。"②与古代"皇权止于县"的乡民自治需要相适应，那些极具家风特征的家庭或宗族制定的家法族规，对家人族众的约束力非常大，如有家族成员违反家规者，家族宗长有权对其施行家

---

① 习近平：《高举中国特色社会主义伟大旗帜　为全面建设社会主义现代化国家而团结奋斗——在中国共产党第二十次全国代表大会上的报告》，人民出版社2022年版，第44页。

② 李鹃：《坚定历史自信　把握历史主动》，《中国纪检监察报》2021年12月30日第1版。

法、做出惩罚，对失节妇女或忤逆长辈者，家风的强制性制裁也远远高于劝勉教化。"齐以刀切物，使参差者就于一致也。家人恩胜之地，情多而义少，私易而公难，若人人遂其欲，势将无极。故古人以父母为严君，而家法要威如，盖对症之治也。"① 对于曾经普遍存续于中国古代家庭、由宗法制家长决断而用于责罚家人的家法，以及与此相应的传统强制性家风部分，在当今社会是必须严加批判和祛除的。但是，先民们坚持严慈相济、注重严教的家规治家立意与家教作风，确有值得我们省思和创新借鉴的成分，尤其针对当今普遍存在的家长溺爱孩子和偏袒少教现象，采取适度惩罚才能让家风化育更有力量。中国人对延续了数千年而传承不弃的家规古制，特别是潜行于普通百姓人家的治家风尚，应当保持自觉的历史传承和坚定的文化自信。弘扬中华优秀家风文化精神，不仅是中国人发自内心的文化自觉，更是从历史的长河中找寻家庭建设与治理答案的生活实践样法。时至今日，中国的家庭建设和家训文化发展问题较为突出，造成家庭建设的社会基础地位不是很稳固，家庭道德建设有所滑坡，家庭或家族少有家规制度，治家教子家风不正。更为严重的是，一些家庭人员关系不和，家族晚辈欺侮甚至虐待长辈之事屡有发生；父母或家长在家打伤、致死致残子女等家庭暴力事件屡见不鲜。这些问题虽出自家庭内部，但绝对是不容忽视的社会问题。批判地吸收传统家规树纪文化精神，以适应现代家庭成员人格和地位平等、家人关系融洽、家庭生活尊重个性、崇尚自由等实际需要，重塑现代社会良好新家风，做到居家文明、治家有方，切实建设好现代小家庭，必须摒弃古代治家杀伐惩戒的旧做法，采用以柔性化育为主的家庭范导方式，创新传承以家庭治理为生活载体的家规树纪范导实践模式。

第三节　处世实践创新

一个国家或民族，如果想要始终走在时代前列，保持先进，则必须既要弘扬本民族优秀传统精神，又要创新培育时代精神。同样，一个家庭或家族，如果期冀家族繁盛不衰，家业兴旺，则必定既要恪守祖传家

---

① （明）吕坤：《呻吟语》，崇文书局2017年版，第33—45页。

风不坠于世，更要积极投身居家处世生活实践，创造性转化和创新性发展符合时代要求的新家风。

一　树立婚丧嫁娶新风尚

（一）婚丧嫁娶，民生大事

婚丧嫁娶的主角，虽然是特定的行为个体，但是此类活动过程的社会实践特性，表现为婚丧嫁娶往往把亲友邻里朋友邀约在一个特定场合，或通过参与男子结婚或女子出嫁仪式并随礼喝喜酒等，让每个人成家立业；或通过丧事助殓和出殡抬棺、送葬仪式活动等，让每个人结束一生。不仅事关人的生死存亡，而且关乎家庭（家族）的兴衰荣败。加之婚丧嫁娶活动的参加者人员关系比较复杂，既有家族老少亲属，又有邻里友朋和共事同人，参与活动的社会面也比较广，对家风门风传承的影响大，故而成为人生大事。这种有形无形地渗透在惯常生产生活当中，由家人族众的共同经历的传宗接代、生老病死、人际往来等活动，以特定的言行举止有声有色地展现在众人面前的意义或价值，与其说是古代家族式的治理行为，不如说是在更广泛意义上的族内日常教化，久而久之，不但积淀并凝固成一种独特的家族风气，而且滋漫演变为一乡一社乃至整个国家的风教文化，深深地影响着每一个中国人。常言道，"婚姻乃人生大事。"婚姻不单单是两个人的终身大事，而且关系着两个人身后两个家的家族大事。中华文化的道德风教传统，反映在"男大当婚，女大当嫁"这一成人大事的选人育人标准上，更多的在于关注人品，而不是将门第高下、财富多寡、面相俊丑等作为择偶标准。"丈夫生而愿为之有室，女子生而愿为之有家。父母之心，人皆有之。不待父母之命、媒妁之言，钻穴隙相窥，逾墙相从，则父母国人皆贱之。古之人未尝不欲仕也，又恶不由其道。不由其道而往者，与钻穴隙之类也。"① 既然是人生大事，父母家长便不敢掉以轻心，如同出仕为官要走正道一般，适婚男女之间的交往如果不经"父母之命，媒妁之言"，便是逾越了习俗礼规，翻墙钻洞、私订终身，就会被人看不起。

自古以来，婚丧嫁娶都是家风传统的重要内容，也是树立和维护男

---

① 方勇译注：《孟子》，中华书局2018年版，第111页。

婚女嫁、生养死葬当有的社会风俗所必需的。例如，北宋朱熹编写的《朱子家礼》，其中《议婚》一节明确要求凡议婚姻"勿苟慕其富贵"；南宋袁采所撰《袁氏世范》，主张"男女议亲不可贪其阀阅之高，资产之厚"；明代姚舜牧《药言》警告家人子弟："凡议婚姻，当择其婿与妇之性行及家法如何，不可徒慕一时之富贵。盖婿妇性行良善，后来自有无限好处，不然，虽贵与富无益也。"①事实证明，父母对儿女终身大事的适当参与，不仅能够保证子女未来婚姻和家庭幸福，也是一种爱护后辈不可推卸的重要责任，重视婚丧嫁娶也成为各具地方或家族特色的中华传统家风文化。

（二）婚丧嫁娶的现代意义，重在人的社会化

马克思主义所揭示的人的类本质——社会属性，表明任何一个人无不都是处在一定的社会关系之中，而从事着与特定社会经济条件相适应的生产、分配、交换、消费等实践活动的主体。"人的本质不是单个人所固有的抽象物，在其现实性上，它是一切社会关系的总和。"②马克思主义中国化的结果，更加有力地印证了中华优秀传统文化关心人、重视人，坚持以人为本认识世界、认识社会、把握人生思想的科学性。按照中国人的认识理路，每一个人生来就天然地从属于他的家庭（家族）这样一个社会群体当中，家庭既是一个人从出生之日起就有的安身之所，也是其认识世界、走向社会、成就自我的人生初始场域。一方面，一个人正是通过家庭（家族）的家风化育慢慢成长，在家庭（家族）门风的呵护下同周围的人发生包括婚丧嫁娶在内的各种社会关系；另一方面，人们正是在这种客观而不断变化着的社会交往关系中认识自己、塑造自我，最终社会化成为真正现实而具有个性特征的人。其中，与家庭对生产生活资料的生产，以及人力资源的生产最为密切的社会关系，当数以家庭（家族）整体力量参与社会往来的婚丧嫁娶实践关系，这一活动既是家庭成员（个体）逐步被社会接纳而完成社会化的生长互动行为，也是一个家庭（家族）融入大众而不断社会化着的互动实践，因而历来为中国家庭所看重，成为家风建设与创新传承的重要内容。正如丧礼所承载的，

---

① （明）姚舜牧：《药言》（丛书集成初编第976册），中华书局1985年版，第2页。
② 《马克思恩格斯文集》第1卷，人民出版社2009年版，第501页。

不仅是活人的悲情和晚辈的孝心，还有更多的社会交往功能，包括迎合时俗、联络感情、收敛钱财等。婚礼不仅浪漫温情，更重要的在于让人们在礼尚往来中增进了解、互相帮衬，促进人的社会化发展。

(三) 摒弃陈规陋习，树立婚丧新风尚

从社会学和人类学的视域看，婚丧嫁娶这种帮助个体参与社会活动的集体行为，相当于生产生活上的互助机构，可以开源节流、增进团结、达成共识，本质上则是一家一族处世家风的真实再现。好的婚丧嫁娶风气，有助于推动社会和谐稳定；不好的婚丧习气，严重的则会影响社会的和谐稳定。近年来，婚丧嫁娶高额礼金和铺张浪费一直成为影响中国经济和社会发展的突出问题。尤其是在广大农村地区，这股不良风气扭曲了中华优秀文化传统，带坏了勤俭质朴家风民风，在一定程度上加剧了社会贫困程度，成为乡村振兴和社会稳定的一大"毒瘤"。针对这一不良现象，各地各部门陆续出台了一系列制度狠刹这股歪风，取得了一定成效。但是，婚丧嫁娶大操大办、高额礼金现象禁而不止、反弹回潮，应当给予高度重视。一是婚丧嫁娶讲排场、搞攀比，相当一部分家庭，因为彩礼导致债台高筑，尤其是农村家庭因婚致贫、返贫现象并不鲜见，由此也容易引发家庭矛盾。二是婚丧嫁娶活动的非理性，还表现在亲友和熟人圈子的人情消费虚高。虽然重视亲情友情，历来是中国人的处世传统，也是现代家风建设与传承的创新方面。但是，重视情面和讲究礼尚往来，让很多人身陷人情与经济负担的两难境地，却是万不可取的。三是丧事活动形式隆重，奢侈浪费现象触目惊心。受中国祖先崇拜和万物有灵思想的影响，即便是现代社会，很多地方的丧葬事宜或多或少都有封建迷信的成分，特别是那些信奉宗教的人更是如此，家祭要有超度仪式，丧事吹拉弹唱必不可少，似乎非此不足以表达孝心。将原本慎终追远、寄托哀思的丧葬处世活动，变成了讲排场、搞攀比的家庭"面子工程"，把死人的事做给活人看，实属不该。四是将举办婚丧嫁娶的家庭活动，看成回收随出份子钱的重要机会，让传统朴素的人情礼节被赤裸裸的金钱借贷关系代替，已经成为影响人们正常社会交往的不良风气。究其原因，除了认识不到位、整治制度不够健全、监督查处不力等外因制约外，最根本的，在于没有形成植根人民大众心底的道德自律机制。

当然，积淀已久的风俗不会因为一纸红头文件就可以彻底改变，切忌各级政府发文管理婚丧嫁娶活动，规定婚丧宴席和礼金标准、禁止复婚再婚民众办酒席、规定满70岁才准办寿宴等急于求成和简单粗暴的任性行为。同家风建设与传承一样，创新包括婚丧在内的社会风俗是一项系统工程，如果没有全体社会组织和成员的积极参与、久久为功，不仅难以对问题标本兼治，而且很可能让民众产生抵触心理。相反，在全国妇联组织的倡导推动下，各地旗帜鲜明反对"天价"彩礼，反对婚丧大操大办、铺张浪费，抵制封建迷信，宣传和鼓励创新现代家风，积极推动移风易俗，树立文明乡风社风。各地发挥红白理事会、村规民约的积极作用，限制婚丧活动中的攀比炫富、铺张浪费行为，引导树立勤俭节约的文明新风。创造性转化和创新性发展现代好家风，通过摒弃陈规陋习，自觉树立清明节俭办婚丧的家庭新风尚，用科学的价值观、正确的人生观引领社会文明风气，发挥作用的长期效应将会日益显现。

二 提升治生处世新修为

（一）坚持发展第一要务，夯实治生物质基础

中华传统文化视域当中的治生[①]理念，主导着古代先民总体上尊奉儒家"君子谋道不谋食"的人生价值观，与古代社会知识分子享有的显赫社会地位相一致，又身居士、农、工、商四民之首，拥有古代社会最为稀缺的知识资源，加之"学而优则仕"的人生前景非常光明，故而"所业者有以极天下之精，所任者有以极天下之大。其于耕稼之劳，鄙贱之事，非徒不屑，亦所不暇；非徒不暇，正亦不必亲也"[②]。将贩盐运酒、求田问舍之类的治生行为视为蝇营狗苟，因而多为上古士人所不齿。然而，中华文化关注现实、以人为本的哲思理路，让作为社会精英的儒者知识分子们，自觉关注经营家业以谋生计的现实问题。孟子的德政思想，主张治国之道以富民为本，强调"民事不可缓也。……民之为道也，有

[①] "治生"一词最早出自《史记卷九二·列传第三二》："淮阴侯韩信者，淮阴人也。始为布衣时，贫无行，不得推择为吏，又不能治生商贾，常从人寄食饮，人多厌之者。"意为经营家业，谋生计。又见《管子·轻重戊》："出入者长时，行者疾走，父老归而治生，丁壮者归而薄业。"

[②] （明）罗钦顺撰：《整菴存稿》，上海古籍出版社1991年版，第136—141页。

恒产者有恒心，无恒产者无恒心。苟无恒心，放辟邪侈，无不为已"①。没有恒产而能有恒心者，只有士人才能做到，提倡为民"制恒产"，指出百姓人家追求物质利益是正当的。中国杰出的农学家贾思勰于北魏末年所著《齐民要术》，就是一部着眼大众，放低身段为平民百姓网罗生产技术和谋生方法的治生宝典。"起自耕农，终于醯醢，资生之业，靡不毕书，号曰齐民要术。"② 从农耕技术到油盐酱醋等农副产品制作，凡与百姓生计有关的内容，皆有述载。更为难能可贵的是，书中还详细记载两百多种食物和菜品及其加工与贮藏方法，诸如酿酒、制盐、做酱、造醋，"炒鸡子""截饼""乳酪""灌肠"等，一应俱全。分明是一个热爱生活且富有烟火气的人，希望民人百姓能够穿得暖、吃得香，耕读传家、安居乐业。在书的序言部分，作者明确对孔子"四体不勤，五谷不分"的士人处世治生传统提出了批评，启发后世贤哲提出为学与治生相得益彰的主张。"为学者，治生最为先务。苟生理不足，则于为学之道有所妨。"③ 与此相适应，以有学识为代表的士大夫们，或怵惕惊惧于家业永续，或忧愤抱憾于壮志难酬，于是纷纷将兴家治生之法写进家训、纳入家风日常范导。"古人欲知稼穑之艰难，斯盖贵谷务本之道也。夫食为民天，民非食不生矣，三日不粒，父子不能相存。耕种之，茠锄之，刈获之，载积之，打拂之，簸扬之，凡几涉手，而入仓廪，安可轻农事而贵末业哉？"④ 宋明以降，前古鄙薄"谋食"的大一统儒学观念逐渐被打破，甚至出现"学者以治生为首务"的思想。宋代大诗人陆游的临终遗训，足可以洞见古代先贤的治生家风："仕而至公卿，命也；退而为农，亦命也。……吾家本农也，服农，策之上也。杜门终穷，不求仕进，策之中也。安于小官，不慕荣达，策之下也。若夫挠节以求贵，市道以营利，吾家之所耻……仕宦不可常，不仕则农，无可憾也。"⑤ 认识上发生高岸为谷到深谷为陵转变的原因，还在于巨商大贾和富家农户因治生有方，地位显赫而儒生学者生活窘迫。在物欲横流的现代社会，发展的不

---

① 方勇译注：《孟子》，中华书局2018年版，第3、13页。
② 余嘉锡：《四库提要辨证》，中华书局2007年版，第624页。
③ （元）许衡：《许鲁斋集》，商务印书馆1936年版，第72页。
④ 檀作文译注：《颜氏家训》，中华书局2011年版，第182页。
⑤ （明）叶盛：《水东日记（卷十五）》，中华书局1980年版，第150—157页。

平衡不充分导致的贫富差距、获利机会的不平等，很容易导致人们盲目攀比、炫富比阔，以及公德心缺失等与和谐社会建设相左的迷局。"富与贵，是人之所欲也；不以其道得之，不处也。贫与贱，是人之所恶也，不以其道得之，不去也。君子去仁，恶乎成名?"[①] 富贵有道，中华优秀传统家风教人，处世治生先义后利，尽可以取合义之利来满足人的正当物质追求，并为修身养德和塑造理想人格提供物质基础。

当然，人生在世，如果没有正确的价值观做指引，一个人乃至一家人的生活很容易迷失方向，是非善恶和公平正义等价值衡量标准，在他们的家风建设与传承中便会扭曲。精神和人格的独立，首先在经济上要获得独立，治生实践的成功有效，便可以通过合法经营和劳动付出，为个人和家庭获得经济上的独立，最终为人格独立、精神独立提供有力的物质保障。创造性转化和创新性发展现代好家风，除了树立正确的人生观，集中力量办好影响各自家庭发展的建设事务，切实解决制约家庭经济发展最突出、最紧迫的学识和能力提升问题，通过勤苦努力、勤俭治家，让每一个人在为国家和社会作出贡献的同时，合法获得和积累财富，夯实家庭治生物质基础，让一家人有条件讲究而不是将就，如此才能让家人子弟有心思谋求家风的创新和传承。

（二）遵纪守法自信处世，建设传承现代好家风

我们所处的新时代，是奋力实现中华民族伟大复兴的攻坚时代，中华民族伟大复兴中国梦，既是国家和民族的梦，也是千家万户、每个个人的梦。要凝聚起14亿多中国人的磅礴力量，除了推进中国特色社会主

[①] 陈晓芬、徐儒宗译注：《论语　大学　中庸》，中华书局2015年版，第41页。关于教人辨别义利，《春秋繁露卷第九·身之养重于义第三十一》有言："天之生人也，使人生义与利，利以养其体，义以养其心，心不得义不能乐，体不得利不能安，义者心之养也，利者体之养也，体莫贵于心，故养莫重于义，义之养人大于利。……圣人事明义以照耀其所暗，故民不陷。诗云：'示生显德行。'此之谓也。先王显德以示民，民乐而歌之以为诗，说而化之以为俗，故不令而自行，不禁而自止，从上之意，不待使之，若自然矣。故曰：圣人天地动、四时化者，非有他也，其见义大，故能动，动故能化，化故能大行，化大行故法不犯，法不犯故刑不用，刑不用则尧舜之功德，此大治之道也，先圣传授而复也。故孔子曰：'谁能出不由户，何莫由斯道也!'今不示显德行，民暗于义不能炤，迷于道不能解，固欲大严憯以必正之，直残贼天民，而薄主德耳，其势不行。"（汉）董仲舒著，[（清）苏舆撰，钟哲点校《春秋繁露义证》，中华书局1992年版，第263—266页］。

义现代化的事业感召外，必须弘扬中华优秀传统文化当中刚健有为、家国一体的担当精神。虽然人的能力有大小，但为梦想的实现做贡献，却是历代中国人的共同夙愿；人的机会和贡献有大小，但遵纪守法、尽己所能做好自己的本分，是中华优秀家风训育出的中国人共有的人格特征，也是未来30年法治中国建设"两步走"战略的基本要求。一方面，隆礼和守法处世，源于中华传统风教的文化精神。中国人处世和待人接物，历来坚持有礼有节、不卑不亢。表现在历史的过往当中，如果说中国先贤自觉践行社会道德规范让理想人格得到了实现，那便是他们不折不扣地遵循和实践着仁、义、礼、智、信和勤、俭、孝、义、廉等体现当时社会的核心价值观。"圣人之所谓道者，不离乎日用之间也。故夫子之平日，一动一静，门人皆审视而详记之。……于圣人之容色言动，无不谨书而备录之，以贻后世。今读其书，即其事，宛然如圣人之在目也。虽然，圣人岂拘拘而为之者哉？盖盛德之至，动容周旋，自中乎礼耳。学者欲潜心于圣人，宜于此求焉。"[1] 注重文明礼仪，按礼节仪轨处世，早已成为华夏民族共同的类本质，也是今人遵纪守法和自信处世的伦理德行。另一方面，守礼不仅是中华传统美德之一，更是人们立身处世的行为规范。"凡人之所以为人者，礼义也。礼义之始，在于正容体，齐颜色，顺辞令。容体正、颜色齐、辞令顺，而后礼义备。以正君臣、亲父子、和长幼，君臣正、父子亲、长幼和，而后礼义立。"[2] 严格而完备的礼仪规范，作为中国传统文化的重要组成部分，在华夏民族的历史发展中发挥着广泛而深刻的影响，"故礼义也者，人之大端也；所以讲信修睦，而固人之肌肤之会、筋骸之束也；所以养生、送死、事鬼神之大端也；所以达天道，顺人情之大窦也"[3]。中国人向来把"礼"放在十分重要的位置，"礼"的作用和地位，决定了中国之"礼"就是法律规范，可

---

[1] （宋）朱熹撰：《四书章句集注》，中华书局1983年版，第116—117页。

[2] （汉）郑玄注，王锷点校：《礼记注》，中华书局2021年版，第797页。"天地位，日月明，四时序，阴阳和，风雨节，群品滋茂，万物宰制，君臣朝廷尊卑贵贱有序，咸谓之礼。"见（汉）司马迁撰，（南朝宋）裴骃集解，（唐）司马贞索隐，（唐）张守节正义，中华书局编辑部点校《史记》（卷二十三），中华书局1982年版，第1157页。故《曲礼》有言："道德仁义，非礼不成。教训正俗，非礼不备。分争辩讼，非礼不决。"[（清）刘沅著，谭继和、祁和晖笺解《十三经恒解》（笺解本），巴蜀书社2016年版，第10页。]

[3] （汉）郑玄注，王锷点校：《礼记注》，中华书局2021年版，第306页。

以"经国家，定社稷，序人民，利后嗣者也"①。遵从礼仪，对于养成一个人的良好道德素质、和谐社会人际关系、创设文明向上的社会风气，都具有不可或缺强制力量和文化训育价值，当然为古代历朝统治阶级所看重。

随着法治社会建设的不断推进，新时代对每个人尊法守法用法的要求不断提高。但是，透过近年来少年违法犯罪现象，尤其是居高不下的违纪违法领导干部子弟，可以看出家长不仅自身作风不正，而且忽视家风建设和持守，居家规范意识不强，交往处世搞特殊，导致子女和家人步入歧途。党的二十大报告倡导广泛践行社会主义核心价值观，"坚持依法治国和以德治国相结合，把社会主义核心价值观融入法治建设、融入社会发展、融入日常生活"②。凡事知易行难，身处古老的礼仪之邦，创新建设法治中国，绝不会一蹴而就、水到渠成，只有在批判地继承中华民族隆礼重法传统处世精神的基础上，最大限度激发起人民大众的处世治生法治自觉，让千千万万家庭好家风成为法治社会、法治国家、法治中国建设的重要基点。

三　推行民风乡俗新讲究

（一）主动适应现代社会的流动性，入乡随俗，从善如流

民风乡俗是人类历史上产生最早，对人的影响面最广、约束作用时间最长的一种社会行为规范，形式上表现为特定区域或特定人群在长期的生产生活实践中，认同和沿袭下来的社会风气、交往礼仪、生活习惯等，累世相沿、约定俗成的社会风尚和习俗。民俗的这一文化风教作用，通过惯习引导共处一地的城乡居民在既定的道德准则内行事，因而成为协调人与人、个人与家庭（家族）、个人与社会、家庭与国家关系的重要调节力量。不同的国度或民族，抑或一个国家的不同时期，社会风俗往往不同，还有好坏之分。"百里异习，千里殊俗。"中国人普遍接受入乡

---

① （宋）司马光编著，（元）胡三省音注，标点资治通鉴小组校点：《资治通鉴》，中华书局1956年版，第4603页。

② 习近平：《高举中国特色社会主义伟大旗帜　为全面建设社会主义现代化国家而团结奋斗——在中国共产党第二十次全国代表大会上的报告》，人民出版社2022年版，第24、44页。

随俗处世理念，并能够通过自觉适应哪怕是一个完全陌生的社会环境，来主动改变自己的言行，以延续百万年的人类史，有力诠释了社会风俗对特定区域内的社会成员所具有的约束和行为预判能力。一方面，风化施教者或受教者据此可以指向明确地施行教育，有预期地成功培育出符合特定社会要求的人来。另一方面，可以让不愿意入乡随俗或随波逐流者选择规避，而将自己或受教者塑造为异于该社会风俗的人。

纵观中华五千年文化史，在饱含家国情怀、秉持天下一家理念的中华传统文化视域里，民风乡俗实际还是中华民族大家庭共有的处世家风，中国人自称是龙的传人，则是社会这个大染缸对人风教习练文化现象的自信表达。进入新时代，要开启中国特色社会主义现代化建设新征程，需要我们审慎应对的挑战很多，但最为要紧和基本的是做好自己的事。所谓流俗者，社会风俗颓靡，风化作用一如水之下流，人民大众莫不然也。继承和弘扬中华优秀传统家风文化，创新居家处世方法，入乡随俗促进社会和谐稳定，这才是做好自己的本分，绝不是什么高要求。然而，继承了丰富居家处世和待人接物等生产生活文化遗产的现代中国人，忘记了乡愁，抛却了家乡，看淡了年节，也冲破了乡俗和讲究，转而信奉自由，以过洋节、守洋规为不落俗套和生活创新。自己容身处世每每伤风败俗，以己昏昏何以使人昭昭，难怪很多人讲不好中国故事。以不时有恶俗"婚闹"引发社会关注为例，有人把新郎绑在树上让人朝他扔鸡蛋，有人对伴娘上下其手，"摸摸新娘腚，三年不生病。"[①]"亲一下新娘脸，沾喜带保险。"凡此种种的婚闹或闹喜，借祖辈传统之名，却行伤风败俗之实，不仅有违中国礼仪之邦的历史传统，而且与西方国家教堂婚礼的庄重、拒绝一切粗俗的取闹和玩笑等禁忌形成鲜明对比。"一屋不扫，何以扫天下。"婚礼的确是一个轻松欢快的过程，但放松不等于放纵，无论何时，人们的行为都该遵守公序良俗，让婚礼不要成为庇护恶俗行为的"保护伞"，而要成为一家一族、一村一社（区）涵育家风社风的实践场合。要自觉抵制国外洋节以及由此带给我们的不良风气，应该从自己的点滴小事做起，坚持知行合一，在共度清明、端午、中秋、重

---

① 土土绒：《新娘被多人强吻拍屁股，别拿恶俗当"风俗"》，2023年8月26日，新浪网，https：//news.sina.com.cn/s/2023-02-10/doc-imyfezcq6214003.shtml。

阳、春节等中华传统节日的生活实践，以及参与和组织欢度佳节的创新活动中，挖掘中华优秀风教文化精神，通过回顾民风乡俗演变历史，讲述家族或民族先辈德行事迹和祖传遗训，强化家人子弟对家风辈出人才的文化认同，让每一个人成功融入实现伟大复兴的中华民族大家庭。

（二）继承盛世崇教化和美风俗传统，主动创新和发展现代好家风

盛世崇教化、美风俗，成为中国古代绵延两千多年的治世传统，历代有为官府和君王均以"总摄万几，统临四海，思隆古道，光显风教"的姿态和认识，通过选贤任能、广开言路，不遗余力地推行德政治国方略，确保社会风教不坠于世。与此相适应，在家风门风建设方面，通过褒披家训美德、旌表令名家传树立家风门风标准。据《梁书》列传所记，"前军沈崇傃，少有志行，居丧逾礼。备制不终，未得大葬，自以行乞淹年，哀典多阙，方欲以永慕之晨，更为再期之始，虽即情可矜，礼有明断。可便令除释，擢补太子洗马。旌彼门闾，敦兹风教"。对孝行家风的重视和张扬，可见一斑。"孝文戒赞化畿甸，可宣孝道，必令风教洽和，文礼大备。自今有不孝不悌者，比其门櫩，以刻其柱。"①崇教化以美风俗，显示出统治者立标杆、树榜样，宣明孝道以洽和风教的良苦用心。至于一家门户，须历代人均贤，其名节风教为衣冠顾瞩，这样始可称举的察举选官制度，让良好家风门风不仅成为万千家长的祈愿，更是盛世当朝官府宣明政教的重要方面。正如"（梁）高祖创业开基，饬躬化俗，浇弊之风以革，孝治之术斯著。每发丝纶，远加旌表。而淳和比屋，罕要诡俗之誉；潜晦成风，俯列逾群之迹。彰于视听，盖无几焉"②。针对邻里之间既有和睦相处、彼此照应者，也有仗势欺人、强取豪夺的现象，官府除了以律严惩平抑外，"欲使风教易周，家至日见，以大督小，从近及远，如身之使手，干之总条，然后口算平均，义兴讼息"③。注重邻里乡党之制的建立与优化，以期形成良好社风。孟子有言曰："一乡之善士，斯友一乡之善士；一国之善士，斯友一国之善士；天下之善士，斯

---

① （唐）李延寿撰，中华书局编辑部点校：《北史》，中华书局1974年版，第573页。
② （唐）姚思廉撰，中华书局编辑部点校：《梁书》，中华书局1973年版，第647页。
③ （清）顾炎武撰，（清）黄汝成集释，栾保群点校：《日知录集释》，中华书局2020年版，第426页。

友天下之善士。以友天下之善士为未足，又尚论古之人。颂其诗，读其书，不知其人，可乎？是以论其世也。是尚友也。"① 在这一方面德治的成就，应当更多地归功于受命治理一方的众多官吏，最终将安定社稷、敦化民风之举通过上行下效、由近及远，推延及于整个社会。"安武太守（于义），专崇德教，不尚威刑。……善安等各怀耻愧，移贯他州，于是风教大洽。"②

前事不忘，后事之师。近年来，特别是党的十八大以来，围绕影响社会主义现代化建设的国风、社风、民风突出问题，党和国家采取一系列战略性举措，推进一系列变革性实践，实现一系列突破性进展。"持之以恒正风肃纪，以钉钉子精神纠治'四风'，反对特权思想和特权现象，坚决整治群众身边的不正之风和腐败问题，刹住了一些长期没有刹住的歪风，纠治了一些多年未除的顽瘴痼疾。"③ 积极倡导实施公民道德建设工程，大力弘扬中华传统美德，加强家庭家教家风建设，统筹推动文明培育、文明实践、文明创建，努力培育时代新风新貌。创新发展现代家风，应当紧跟时代步伐，坚持知行合一，在汲取中华优秀传统文化精神和民风乡俗讲究的基础上，积极投身向上向善的社会淳风美俗生活实践，让家风建设与传承不仅与民风乡俗接地气，而且确保门风所出子孙后辈顺利融入社会，成为一个个堪当大任的时代新人。

（三）全面开启文明健康新生活，努力克服旧有"穷讲究"

与中华传统文化的精深宏富相适应，中国人的生活世界是非常有内涵的，一言一行、举手投足，饮食起居、生老病死，方方面面都各有讲究。这一特色鲜明的生活实践，反映在精神理念和认识层面，中国人普遍认为众多讲究（规矩）是做人的基本素质和要求，所有个体或家庭行事守规矩、有讲究，不仅是对他人的尊重，更是对社会公序良俗的维护。然而，凡事都有两面性，如果无视具体环境、突破限制条件，一味遵从各类讲究，却难免陷入"穷讲究"的牢笼当中。事实上，囿于观念和信

---

① 方勇译注：《孟子》，中华书局2018年版，第209页。
② （唐）魏徵等撰，中华书局编辑部点校：《隋书》（卷三十九），中华书局1973年版，第1145页。
③ 习近平：《高举中国特色社会主义伟大旗帜 为全面建设社会主义现代化国家而团结奋斗——在中国共产党第二十次全国代表大会上的报告》，人民出版社2022年版，第13页。

息革新的迟延，往往越是贫穷的地方和人群，越是较真儿旧有的讲究。取名有讲究、住房有讲究、种树有讲究，什么话不能说、什么事不能做、什么物不能养，逢七不出逢八不入、大年初一不扫地、婚嫁看八字、生育忌闰年等，不一而足。以宴礼家风演变而来的现代酒桌文化为例。据文献记载，早在先周时期，饮食礼仪已形成一套完善的制度，后来经时任鲁国祭酒孔子的称赞推崇，成为后续历朝历代表现大国之貌、礼仪之邦的文明标志。这一宴饮礼仪自有一套程序，成为千年因袭不绝的规矩，即便是贫苦农民也得遵守，影响至今。主人折柬相邀，届时迎客于门外。宾客到互致问候，引入客厅小坐，敬以茶点。客齐后导客入席，座位颇为讲究。客人坐定，由主人敬酒让菜，先敬长者和主宾，客人以礼相谢。宴饮结束，引导客人入客厅小坐上茶，直到辞别，非常讲究。当然，早期中国酒桌文化是政治文化的一部分，与祭祀、庆典等礼仪风俗结合紧密，属于皇家与当权者的上层文化。在集权制君主政体下，权力高度集中，得到权力的一方恐惧失去权力，于是编制了各种礼仪，举办各种活动，以便维护自己地位的正统与神圣。[1]

随着社会的发展，酒桌文化也从一开始的待客之道，变成了如今社会有着各种特殊意义的酒局，通过喝酒，甚至喝醉这种让人出丑的方式，实现权力和控制力的互相较量。最终，被劝酒的一方被迫在职场站队，处于权力高位的人借这种方式达到驯服人的目的。酒桌本身也可以是欢愉的，但当里面携带了权力和地位不平等的基因后，这个酒喝与不喝，成了一种服从性测试、一种诚意测试。[2] 这些觥筹交错的活动所自带的讲究，或多或少透着虚情假意和权力较量的意味。我们反对酒桌文化，实际就是支持更透明的规则，以及对个人当有的尊重。通过完善体制机制，让权力在阳光下运行，以党风政风的清明，才会从根本上改善社会和政治生态，让宴礼家风演变而来餐饮文化不再有这么多令人难以捉摸的讲究。开启文明健康新生活，创新发展现代好家风，不是不要讲究、破除一切规矩和约束，而是应该把穷讲究变成适时讲规则，并以此促进社会

---

[1]《中国酒桌文化：为什么不喝就是不给面子》，2023 年 8 月 23 日，腾讯网，https://www.qq.com//2016-11-06。

[2]《这届年轻人能终结"酒桌文化"吗?》，《人民日报》2020 年 8 月 31 日第 2 版。

风气的优化，助力建设和传承现代好家风。

第四节　培育和践行社会主义核心价值观

家风文化是中国人独有的育民新人践履方式，相较于依靠外部约束成才的他律成长过程而言，家风训教活动中的德育实践，更多地以人类的道德认知和精神自律为前提和保障。在家庭或家族成员之间相互影响、家庭环境协同孕育、家庭文化和家族生活风尚等精神内驱动力共同作用下，置身特定家庭或家族伦理关系当中的个体，于日常生产生活中能否实现自我生成、自我发展、自我完善的历练成长目标，关键在于家风家教是否让社会一般道德原则家庭化。创造性转化和创新性发展现代家风，就是要彰显道德风教的实践价值，通过应然合善的居家生活和为人处世道德实践，涵育家人子弟知行合一道德品格，夯实家庭支撑社会好风气的重要基础，让每个行为主体坚定中华文化自信，让千千万万家庭好家风惯常地外化为践行社会主义核心价值观的行动自觉。

一　围绕培育和践行社会主义核心价值观创新家风实践，为中华民族伟大复兴凝心聚力

家风具有的社会属性，决定了现代家风创新实践必须以培育和践行社会主义核心价值观为旨归。"家风是一个家庭的精神内核，也是一个社会的价值缩影，良好家风和家庭美德正是社会主义核心价值观在现实生活中的直观体现。"[1] 家风塑造个体、建设家庭、建构社会所具有的道德实践价值，决定了家风本质上归属于国家主流社会意识形态，培育和践行社会主义核心价值观的关键和基础，在于每个家庭的道德实践能否按照国家所倡导的国家、社会、个人三个层面的价值规范和行为准则和洽展开。"在道德世界或道德学体系中，我们所遇到的不再是命题中通常的'是'与'不是'等联系词，而是没有一个命题不是由一个'应该'或

---

[1] 习近平：《同全国妇联新一届领导班子集体谈话》，2023年8月27日，中国政府网，http://www.gov.cn/xinwen/2018-11/02/。

一个'不应该'联系起来的。"① 道德实践的感性和伦理特征，让古代儒家提出的"仁义礼智信"道德纲常与"修身齐家治国平天下"的人生理想高度统一，为传统家风助力家国同构社会治理确立起了以文化人和以德传家的价值目标。

家风虽然不能反映整个社会核心价值观的所有内容，却深刻蕴含着特定社会核心价值观的精神本质，培育和践行社会主义核心价值观，当是现代家风通过道德实践创新性传承的不二选择。正如衡量成人与否的道德实践标准，关键在于能否被社会认同和接纳，同样，家风的形成与传承不坠，必须经得起社会文化环境的淘洗与检验，最终让符合社会主流价值观念的道德实践和生活方式得以保留，才能突破家庭乃至家族狭小的界限，在更为广阔的社会环境中存续和传播。以"百善孝为先"的家风道德实践为例，孝行虽然止于家庭（家族）内部，但中华文化由近及远、由家到国的推延理路所得到的，却是"其为人也孝弟，而好犯上者，鲜矣；不好犯上，而好作乱者，未之有也。君子务本，本立而道生"②。孝悌为仁之本，一个人能孝悌，其心和顺而少好犯上，则必不好作乱。孝悌道德实践行于家，而后仁爱及于物，所谓亲亲而仁民、家齐而国治者，表征着在家尽孝与为国尽忠的仁本同一。中华优秀传统家风所具有的爱国主义民族精神，生动表达着历史大势浩浩荡荡，顺之者昌、逆之者亡的凛然大义，体现了家风浓缩社会核心价值观的道德实践路径和取向。回望历史，中国古代社会每一特定时期都有各自的时代主题，而家风的社会属性，始终展现为家风道德实践，始终围绕社会主旋律而展开，最终成功地将以儒家思想为核心的中华优秀传统文化精神家庭化、生活化。一个时代有一个时代的发展主题，一代人也有一代人的文化使命。创新发展现代家风，就必须将马克思主义指导下的中国特色社会主义核心价值体系、现代西方教育学、中国红色革命精神融入家庭道德实

---

① ［英］休谟：《人性论》，关文运译，商务印书馆1980年版，第509页。
② 陈晓芬、徐儒宗译注：《论语 大学 中庸》，中华书局2015年版，第8页。《韩诗外传》延展有言曰："上不知顺孝，则民不知反本。君不知敬长，则民不知贵亲。禘祭不敬，山川失时，则民无畏矣。不教而诛，则民不识劝也。故君子修身及孝，则民不倍矣。敬孝达乎下，则民知慈爱矣。好恶喻乎百姓，则下应其上，如影响矣。"［（汉）韩婴撰，许维遹校释《韩诗外传集释》，中华书局1980年版，第179页］。

践当中，有效培育和践行社会主义核心价值观。

（一）创新家风建设实践，在汲取中华优秀传统文化营养和西方先进家庭德育思想的基础上培育和践行社会主义核心价值观

中华家风与社会主义核心价值观植根于共同的中华文化厚土，二者同根同源，中华家风与中华优秀传统文化历经上下五千多年历史传承，早已内化为每一个中国人的文化基因，时代化为中国特色社会主义文化的内在精髓，成为现代家风传承的精神根脉和滋养道德实践的源头活水。家风作为中华优秀传统文化泽被大众的家庭或家族化行为准则，是传承中华优秀风教文化精神的重要渠道和途径，历史地转化为在道德实践中指引中国人生存与发展的世界观、人生观、价值观。如果说培育和践行社会主义核心价值观，是中华民族推动中华优秀传统文化与时俱进的创造性转化成果，那么，将社会主义核心价值观当作现代家风建设与传承的时代标准，便是中国大众以高度自觉的道德实践培育和践行社会主义核心价值观的家庭生活范式，必将在更高的境界和更广的领域实现家风传承的创新性发展。如果抛开继承和弘扬中华优秀传统文化的大前提传承家风，势必抛弃了中华家风本质内核而盲目跟进家风建设，就等同于割断了家风传承的精神命脉，不仅抛弃了中国人当有的家庭精气神，而且很可能导致家庭道德实践的混乱与冲突。增强中华文化自信，找准传承和创新优良家风的正确方位，在新时代家风建设与传承道德实践中，让家风培育同中华优秀传统文化传承同向同行，在批判地继承中华优秀传统文化的基础上，推动社会主义核心价值观在家庭落地生根，使社会主义核心价值观成为家庭成员的思想觉悟、道德准则、文明素养和行为规范。既能让中华儿女从小受到中华优秀传统文化的熏陶，又能够将中华文化精髓落实到家庭风教道德实践当中，最终让中华民族千年不绝的传统文化得以传承与延续，既能体现家风之本在国风的内在要求，又能形成社会主义家庭文明新风尚，使千千万万个家庭成为国家发展、民族进步、社会和谐的重要基石。

（二）创新家风研究实践，强化人民大众培育和践行社会主义核心价值观的理论认知

理论上彻底才能说服人，而一种理论或观念让人信服，被广泛认同、被诚心接受，取决于该理论能否为满足个体或社会发展需要提供文化滋

养。"推进优秀传统家风的创新性发展,就要结合时代进步的条件,拓展深化传统家风文化传承下来的价值理念与人生规约的内涵,赋予其新的内容。"① 正是因为社会主义核心价值观关注现实、贴近民生,合乎人民大众对家风建设传承的寄望和追求,所以,打心底形成了依托家风道德实践培育和践行社会主义核心价值观的认知共鸣,为提升人们对社会主义核心价值观的理论认同奠定了心理基础。中华传统风教文化的渊源或本旨,在于"上以风化下,下以风刺上,主文而谲谏,言之者无罪,闻之者足以戒,故曰风"②。上以风化下,前提是采用什么道德实践标准;风教天下万民,只有拣选凝练其时社会的核心价值观念。同样,培育和践行社会主义核心价值观,以千万家庭好家风支撑起全社会好风气,与其说是新时代我们对家风传承内容的创新性发展,不如说拥有高度文明的新生代正确回归了家风传承的正常轨道。创新现代家风文化,关键在于加强人民大众对培育和践行社会主义核心价值观的心性认知,一方面,要传承中国人"施教于家而成教于国"的道德实践生活方式,创造性转化中华优秀传统文化"讲仁爱、重民本、守诚信、崇正义、尚和合、求大同"的风教推延理路。另一方面,要坚持与时俱进、立足现实、以古鉴今的文化传承原则,积极挖掘中华优秀传统家风中提振现代家庭及其成员精神,符合城乡居民风土人情的中华优秀文化精华,真正让现代家风传承植根中华文化厚土,才能凝聚社会共识,铸造中华民族共同体意识。实际上,家风建设与传承道德实践过程,不仅是广大家庭(家族)成员对家庭化了的社会核心价值观的理论认同过程,而且生动鲜活地展现为大众创新培育和践行社会主义核心价值观的惯常行为。如果说古代家风以其修身、齐家、治国、平天下的理想人格塑造,成功地为中国先民的道德实践提供了文化营养,那么,今天我们所要创新传承的家风文化,与国家所倡导社会主义核心价值观,在国家、社会、个人三个层面上所要求的精神主旨和行为准则高度契合,自当成为认同社会主义核心价值观的理论自信和内心定力。

---

① 吴潜涛、刘函池:《中华优秀传统家风的主要表征及其当代转换与发展》,《中国高校社会科学》2018 年第 1 期。
② (明)郝敬撰,向辉点校:《毛诗原解》,中华书局 2021 年版,第 35 页。

（三）创新家风验证实践，增进家人族众培育和践行社会主义核心价值观的情感认同

家风是一个家庭（家族）统一接受的道德观念和价值原则，是家族精神的延续和传承，也是通过道德实践培育和践行社会主义核心价值观的微观呈现方式。正是因为有了家风这样具体而现实的微观道德实践载体，宏观而抽象的社会主义核心价值观才会变得具体、现实和鲜活。中华优秀家风所应传承的文明、和谐、自由、平等，忠孝、友爱、和善、勤俭，爱国、敬业、诚信、友善等重要道德范畴，与社会主义核心价值观所倡导的"富强、民主、文明、和谐，自由、平等、公正、法治，爱国、敬业、诚信、友善"24字主流价值追求，具有家国天下的情感共通性，决定了创新现代家风传承的核心要旨，不仅要把家风创建成社会主义核心价值观在家庭和个人微观层面的价值取向，而且无声地转化为中华优秀传统文化所倡导的民族精神和创新理想。只有增进家人族众培育和践行社会主义核心价值观的情感认同，让每个家庭（家族）的家风通过道德实践入流社会大家庭，原本个性化凸显的家风文化才可能内化为道德理性的同时，外化为符合现代社会要求的行为规范，成为培育和践行社会主义核心价值观的重要载体，这样的家庭不仅为国家和社会所欢迎和接纳，并因此获得长足发展，而且必然成为促进社会主义核心价值观内化于心、外化于行自觉道德实践路径。创造性转化和创新性发展现代家风的道德实践活动，实质上就是社会主义核心价值观在社会大众生活中的微观缩影与直观呈现，发挥基于血缘亲情的家风向心力，激发家庭成员的内心共鸣，增强家人族众自觉培育和践行社会主义核心价值观的情感认同。

（四）创新家风生活实践，强化人人培育和践行社会主义核心价值观的行动自觉

家风作为中国人在长期生活过程中慢慢形成的家庭道德实践方式，是中华文化精神的家庭（家族）化生活样态，不仅集中反映着特定社会的核心价值观念，而且反映着一个家庭（家族）的生活风尚和价值追求，成为治家教子和处世为人的基本遵循。创新现代家风建设与传承，努力让家风文化内容主动服从服务于实现中华民族复兴伟业的宏伟蓝图，必须把社会主义核心价值观作为弘扬和传承好家风的家国大德，外显成为家风道德实践的自觉行动。"核心价值观，其实就是一种德，既是个人的

德，也是一种大德，就是国家的德、社会的德。国无德不兴，人无德不立。如果一个民族、一个国家没有共同的核心价值观，莫衷一是，行无依归，那这个民族、这个国家就无法前进。"① 中国是一个人口众多、民族和文化存在差异的大国，确立社会主义核心价值观，就是找出反映全国各族人民共同认可的价值观"最大公约数"。通过道德实践培育和践行社会主义核心价值观，"实际上回答了我们要建设什么样的国家、建设什么样的社会、培育什么样的公民的重大问题。……寄托着近代以来中国人民上下求索、历经千辛万苦确立的理想和信念，也承载着我们每个人的美好愿景"②。每个新时代的中国人，都应增强培育和践行社会主义核心价值观的行动自觉，只有将社会主义核心价值观落实落细落小，具体化为日常生活方式和家庭成员自觉的价值追求，才能真正体现家风应有的文化价值和社会意义，通过家风道德实践塑造德行人格的同时，一以贯之地外显成为每个中国人的内心定力和文化自信。

（五）创新家风道德实践，提高人们培育和践行社会主义核心价值观的实践价值追求

国无德不兴，家无德不传，人无德不立。人类社会发展的历史表明，小到一个人、一个家庭，大到一个民族、一个国家，护航道德实践最深层、最持久的力量是全社会共同认可的核心价值观念。"核心价值观，承载着一个民族、一个国家的精神追求，体现着一个社会评判是非曲直的价值标准。"③ 家庭既是公民道德建设和精神文明建设的基本组织单元，也是家风通过道德实践培育和践行社会主义核心价值观的重要基石，中华家风鲜明独到的家国情怀和道德实践精神，不仅表现为中华民族一家亲的凝聚力和向心力，而且表征着中国人道德实践的价值认同和文化自信，因而成为铸牢中华民族共同体意识的重要文化基础。"历史和现实都告诉我们，只要不断培育和践行社会主义核心价值观，始终继承和弘扬

---

① 习近平：《青年要自觉践行社会主义核心价值观》，载《十八大以来重要文献选编》（中），中央文献出版社2016年版，第3页。
② 习近平：《在北京大学师生座谈会上的讲话》，2023年7月11日，人民网，http://www.people.com.cn/2014-05-05。
③ 王克群、史书铄：《学习习近平总书记关于社会主义核心价值观的重要论述》，2023年8月23日，人民网，http://cpc.people.com.cn/2014-10-14。

中华优秀传统文化，我们就一定能够建设好全国各族人民的精神家园，筑牢中华儿女团结奋进、一往无前的思想基础。"① 家风是培育和践行社会主义核心价值观的重要载体，推动社会主义核心价值观在家庭落地生根，发挥家风立德树人和道德实践的基础性作用，是新时代家风建设与传承的核心任务。"一种价值观要真正发挥作用，必须融入社会生活，让人们在实践中感知它、领悟它。要注意把我们所提倡的与人们日常生活紧密联系起来，在落细、落小、落实上下功夫。"② 社会主义核心价值观是中国特色社会主义社会本质的集中体现，处于整个社会思想观念体系的主导地位，是国家、社会与公民个体内在统一的最高价值标准，当然对家风道德实践起着引领和支配作用，是家风建设与传承的风标和理想追求。创新发展现代家风道德实践，培育和践行社会主义核心价值观，以富强、民主、文明、和谐彰显国家道德实践的价值追求；用自由、平等、公正、法治聚合社会共识，确立国家和社会治理道德实践的价值目标；让爱国、敬业、诚信、友善成为 14 亿中国人道德践履的自觉行动，做到明大德、守公德、严私德，有效凝聚起全国各族人民团结奋进的精神力量，为实现中华民族伟大复兴中国梦做出应有的贡献。

二 聚焦爱国、敬业、诚信、友善个人成长要求，创新育民新人家风生活实践

中华传统家风文化的道德实践生活样态，既重视长葆家业不坠于世的生活历练，更注重养成道德主体的涵养功夫以期辈出人才，成功地将儒家确立的"内圣外王"成人目标任务，细化落实和默然转化为日常培育家人子弟人格品性、职业操守、家庭美德、社会公德等生活践履样法，让"成己""成物""成德"贯通一体，在齐家范族与立德树人的同时，为构建理想的伦理社会打好了坚实基础。家风所重，无不关涉个人与家庭、个人与国家、家庭与社会、家庭与国家，乃至个人与世界的关系问

---

① 习近平：《在全国抗击新冠肺炎疫情表彰大会上的讲话》，2023 年 4 月 17 日，新华网，http：//www.news.cn/politics/cpc20/2020－09－08。

② 习近平：《把培育和弘扬社会主义核心价值观作为凝魂聚气强基固本的基础工程》，《人民日报》2014 年 2 月 26 日第 1 版。

题。"风声雨声读书声声声入耳,家事国事天下事事事关心。"家风场域当中的道德实践,不仅连接着家庭(家族)的每一个人,而且由里而外、自近及远,连接起社会而成为通向家国天下的生活现实和道德践履。重振家风,通过涵养个体品德和职业道德,促进家庭美德和社会公德建设,以千千万万家庭好家风,筑牢道德文明的社会基石。

(一)通过家风塑造个体品德,努力培育一代又一代道德实践主体

道德是通过人们的内心信念、社会舆论和传统习惯来调整人与人、个人与集体、个人与社会之间关系的行为规范。在以道德立论的中华文化语境当中,人绝不仅仅是物理性质的生命个体,更是遵照道德规范行事的社会道德存在体,以家风外显于世的家庭德育,非常重视培育家人子弟的个体品德。按照中华传统家风文化的德育理路,"人"之为人的根本,在于有德,"人"要像他所应该"是"的那样去思想和行动,故而为个体品德培育开出"践仁成圣""为仁由己"的道德实践进路,主张"守死善道",通过知行合一达至其所应是的理想人格和生存状态。"天生烝民,有物有则,民之秉彝,好是懿德。"[①] 一个人内心的道德情感和道德认知一经形成,往往会驱动其惯常地做出道德行为,家风育人的生活化德育日常,则表现为社会普遍道德原则内化为家庭成员道德品性的生命过程,通过这一道德实践,完成以精神传播和精神再生产为活动内容的德行人格生成过程。但是,人类当有的德行,绝非先天本然地附着于我们身上,而是要通过后天的生活历练和习惯养成。因为这些道德行为最初反映着处理家庭成员关系的伦理规范,所以在家风的长期训育下,便一代又一代培育出既有伦理德行,又有理智德行的贤子孙。"道德行为不是什么偶然的和有限的东西,因为它以纯粹义务为本质:纯粹义务构成着唯一的整个的目的。"[②] 中华家风育人,强调"反求诸己"的自律道德实践,让每一个人置身既定的家庭和社会伦理关系当中,自觉承担起家庭、民族、国家的道德责任,经过积极的人生历练和反求自省,最终达至儒家所确立的"内圣外王"修养标准的同时,兼济天下,实现修齐治平的社会治世理想。这一反身内求的"慎独"式人格塑造设计,特别注

[①] 王秀梅译注:《诗经》,中华书局2015年版,第708页。
[②] [德]黑格尔:《精神现象学》(下册),贺麟译,商务印书馆1997年版,第138页。

重道德实践，不仅能够让人从常态化的生活经历中参悟道德理念进而获得道德认知与判断能力，而且满怀对先辈祖德钦慕的伦理情感，日积月累，自可练就一门族众惯常道德行为的内心定力。创新性传承家风，就是在接续发挥一个家庭相同的风教化育作用，通过家庭成员日常道德实践，培育个体品德、塑造德行人格。

中华优秀传统家风在个体品德培育方面的成果，表征着大众化道德实践的自我生成效能，家风门风育人道德实践，在中国古代历史上发挥着比官方正式教育机制更为持久有效的风教作用。置身中国社会转型期，价值多元与思想解放催生利己主义和个性张扬的同时，人们的是非、善恶、对错等道德认知和价值观念并未同步提升，突出的矛盾，表现在人们缺乏的不是道德认知，而是自觉尊奉理想准则自我养成的道德实践，重振家风来培育个体品德，显得非常必要。一方面，相较于家风周流于日常的道德实践及其经验习练，其他基于人格品德培育的现代道德教育往往习惯通过理论阐释而展开，虽然不乏看似鲜活的榜样、模范引导，但所取得的教育效果并不十分理想，反映出理论说教难以让人发自肺腑地透彻理解道德概念、规范、原则等，根本的原因在于理论所述离现实中的个体生活特别是道德实践存在明显的距离。另一方面，以生活化、常态化形式存续于每一个人生命过程当中的家风日常，不论家训和家规所禁止或倡导，也不论家族先辈祖德昭示或祠堂宣示，先人亲切可见的道德风教和为人处世的榜样就在身边，对现实生活中的道德标准和道德言行容易产生好恶、同情、信任等心性体认和倾向态度，并在有德先辈和亲人模范的指向作用下，对特定社会道德现象和道德准则获得正确认知的同时，按照既定的家规风范日复一日地展开道德践履——在正确的时间、地点，做正确的事情。古往今来，只有符合特定社会主流道德规范的家风才能为社会所认可，这既是由家风生发的社会环境决定的，也是一个家庭（家族）的家风经受社会评价和道德选择的结果。同样，创新现代家风建设与传承，激励人们向上向善、孝老爱亲，忠于祖国、忠于人民，助力新时代爱国爱家、相亲相爱、向上向善、共建共享的社会主义优秀家风建设，不仅是创设家人族众获得道德认知的初始场域，以及通过自我纠偏的日常道德实践培育个体品德的有效途径，也是发挥家风培育个体品德范导作用，让家人子女在经历磨难中全面发展，推进公民道德建设，提高全社会文明程度的基础工程。①

（二）创新家风择业观念，教人放眼长远而恪守职业道德

首先，"三百六十行，行行出状元"，这一古老谚语的社会化流传，表明中国古代家风对职业的选择理念，早已打破了"万般皆下品，唯有读书高"的学统思想，因而在实践当中务实地接受"积财千万，不如薄技在身"的职业选择。《颜氏家训》明确主张，"人生在世，会当有业：农民则计量耕稼，商贾则讨论货贿，工巧则致精器用，伎艺则沉思法术，武夫则惯习弓马，文士则讲议经书。"② 中华传统文化对世间业态的水准追求和执念，表现为各行各业不乏身怀绝技而又懂得业精于勤、荒于嬉的职业道德，与现代培养德、智、体、美、劳全面发展的社会主义建设者和接班人标准，可谓异曲同工。家风在道德实践当中的择业倾向，还表现为中国人习惯于把精湛的独门绝技称作家传门风，也在一定意义上印证了家风所蕴含的职业传承实践特质。譬如，从讳莫如深的家传技艺演变而来的非物质文化遗产，对现代继承者或非遗文化传人来讲，与其说是接续家传的使命与担当成为驱使一代代后人从业的接力棒，毋宁说是职业家风传承的精神力量内驱的结果。每一项非物质文化遗产绵延不绝的背后，都有对其传承不弃的深层风化影响，其中最根本的，除了坚持与时俱进达致精益求精的家传执念以外，还有深谙"道德传家久"之理的后昆子弟的道德实践，才可能接续成长为非物质文化遗产的家风传人。"圣王域民，筑城郭以居之，制庐井以均之，开市肆以通之，设庠序以教之；士农工商，四人有业。学以居位曰士，辟土殖谷曰农，作巧成器曰工，通财鬻货曰商。圣王量能授事，四民陈力受职，故朝亡废官，

---

① 中共中央 国务院：《新时代公民道德建设实施纲要》，《人民日报》2019年10月28日第6版。《新时代公民道德建设实施纲要》强调，要把社会公德、职业道德、家庭美德、个人品德建设作为着力点。推动践行以文明礼貌、助人为乐、爱护公物、保护环境、遵纪守法为主要内容的社会公德，鼓励人们在社会上做一个好公民；推动践行以爱岗敬业、诚实守信、办事公道、热情服务、奉献社会为主要内容的职业道德，鼓励人们在工作中做一个好建设者；推动践行以尊老爱幼、男女平等、夫妻和睦、勤俭持家、邻里互助为主要内容的家庭美德，鼓励人们在家庭里做一个好成员；推动践行以爱国奉献、明礼遵规、勤劳善良、宽厚正直、自强自律为主要内容的个人品德，鼓励人们在日常生活中养成好品行。

② 檀作文译注：《颜氏家训》，中华书局2011年版，第94页。

邑亡敖民，地亡旷土。"① 有着五千多年发展历史的中华文化，在职业道德的树立与道德实践的选择方面，留给我们的启示和文化资源很多，用心做事、用情成事，切磋琢磨、守正创新，不仅是非遗传人身上表现出的共有特征，而且是秘而不宣却又发扬光大的职业家风典范。对于科技和文化高度发达的现代社会而言，影响家风在道德实践当中选择职业的因素，技术与经济收益绝不是问题的全部，自古以来很多名扬天下的独门绝技和工匠智巧，往往不是因为技术含量高、收益多，从业的道德认知和价值取向才是决定职业高下的命门，即便是享誉古今中外的非物质文化遗产，往往不是因为科技领先，恪守家传不绝于世的伦理执念才是非遗传承不弃的家风。登上大雅之堂的北京国家级非物质文化遗产"面人郎"，祖孙三代接续传承，用百姓生活常见的面团捏出惟妙惟肖的各色面人，相较于高大上的3D打印，似乎谈不上有什么绝门技术，但是出自"面人郎"非遗传人郎佳子彧之手的面人，不仅有着他人难以企及的手工绝活儿，而且创造出了属于当代的蜘蛛侠、哪吒等新潮面人艺术。他们成功的背后，就是把接续家传和秘藏绝技当成一生事业对待的同时，通过制作绝活儿的道德实践，演绎成传播中华传统文化、传承非遗家风当有的职业操守。

其次，家风守业的道德行为，仅就技术与业务水平而言，由于"闻道有先后，术业有专攻"，专注于某行当或授业于某独门，专一研习达至技术精湛似乎顺理成章。对于一名普通劳动者，要想在千帆竞发的从业洪流中赢得优势，就必须孜孜不倦地学习、勤勉奋发地干事。"盖宋人诗话家风，大变史文格律，其无当于方志专家，史官绳尺，不待言矣。"②自古以来，凡是保持本行承继不绝、与时俱进而发扬光大的，无不是那些业精于勤而道德高尚的独门家风。作为一种文化或精神，家风置业与择业所重者，往往都向中华老字号或老本行看齐，尤其重视对职业道德的养成和坚守。选择教育职业，则崇尚学高为师，德高为范。正如孔子教弟子内外兼修，立志成为国之用才的同时，始终没有忘记让自己置身其中，并明志于外。"子曰：'道千乘之国，敬事而信，节用而爱人，使

---

① （清）马骕撰，王利器整理：《绎史》，中华书局2002年版，第4064页。
② （清）章学诚著，叶瑛校注：《文史通义校注》，中华书局1985年版，第917页。

民以时.'"① 与今人为师者坐而论道的育人习惯不同，古代以孔子为代表的人师，一方面，学高可为万世师祖、德高足以轨物范世；另一方面，志气恢宏而德泽万国，不遗余力助人君平治天下，敬奉国事而取信于民，礼节制度不伤财、不害民，永远成为教育界乃至整个知识分子家风道德实践的职业风标。选择艺术人生，则谨记戏比天大，德如地厚。现代文艺工作者与教育工作者均享有人类灵魂工程师的美誉，尤其是前者，承担着提高人民大众精神境界、培育和模范践行社会主义核心价值观的光荣使命。文艺道德实践应当给人以价值引导、精神引领、审美启迪，艺术家自身的思想、业务和道德水平则是艺术家风传承不弃的根本。"演戏最重要的是精、气、神，这精、气、神，就是一种精神。无论是演戏还是做人，都要有精神；强调'戏比天大'，视艺术为生命；'人民是我们的衣食父母'，视人民为父母的艺术家，必然尽心竭力地为人民服务。"②常香玉从艺的道德实践，表明文艺创作要花心血，表演要讲实力，形象要靠塑造，正如经济效益要奠基在艺术品质基础上一样，艺术家的名声乃至艺术生命就靠德和艺。唯有德艺双馨，才能使艺人高尚的人品和高超的艺术相得益彰、历久弥香，深受群众的欢迎和厚爱。投身文学创作，则坚持文以载道，以文化人。文学艺术承担着成风化人的职责，立德树人、必先立己，铸魂培根、必先铸己。正如习近平总书记在中国文学艺术界联合会第十一次全国代表大会、中国作家协会第十次全国代表大会讲话所强调的，要把个人的道德修养、社会形象与作品的社会效果统一起来，坚守艺术理想，追求德艺双馨，努力以高尚的操守和文质兼美的作品，为历史存正气、为世人弘美德、为自身留清名。③ 当今时代，人们接受教育的机会越来越多，从业选择的范围越来越广，子承父业的传承方式却越来越少，但凝结在家风当中的从业风尚和职业道德，却是需要在家风传承中大力倡导和积极践行的。无论我们是否继承父辈的事业，精神品格层面的从业风尚是不可或缺的；无论何时何地，无论从事何种

---

① 陈晓芬、徐儒宗译注：《论语　大学　中庸》，中华书局2015年版，第9页。
② 李韵：《德艺双馨：艺术家的成功之路》，《光明日报》2004年7月23日第1版。
③ 《铸就中华文化新辉煌　习近平对文艺工作者提出五点希望》，2023年7月19日，央视网，https：//www.cctv.com/2021-12-15。

职业,有家风熏育的人都会德业相劝:业精于勤而荒于嬉,不讲道德干不久,没有门风传不长。

最后,立足于经世致用而达至兼济天下,创新树立现代家风所崇尚的职业理想。"立己达人"是中国数千年道德实践的人生信条,也是重视经世致用,更注重社会贡献的职业理想。中华文化的伦理道德属性,突出地展现在以儒学思想为指导,通过儒者积极入世而为君王隆德重礼,以开太平盛世于其时的职业道德践履。所以,每一个受过良好家庭教育的中国人,内心都有志存高远的自我谋划和形象设计,在充满矛盾与挑战的职场,无不殚精竭虑而致力于自我实现。"逢衣博带,略法先王而足乱世,术谬学杂,真衣冠言行为已同于世俗,而不知其恶也,言谈议说,已无异于老墨,而不知分,是俗儒者也。法先王,一制度,言行有大法,而明不能济法教之所不及、闻见之所未至,知之为知之,不知为不知,内不自诬,外不诬人,以是尊贤敬法,而不敢怠傲焉,是雅儒者也。法先王,依礼义,以浅持博,以一行万;苟有仁义之类,虽鸟兽若别黑白;奇物变类,所未尝闻见,卒然起一方,则举统类以应之,无所疑;援法而度之,奄然如合符节,是大儒者也。故人主用俗人,则万乘之国亡;用俗儒,则万乘之国存;用雅儒,则千里之国安;用大儒,则百里之地久,而三年,天下诸侯为臣;用万乘之国,则举措定于一朝之间。"[1] 明于形象目标对学以成人的决定性作用,以孔子为代表的古代人师,在坚持有教无类的同时,特别重视通过因人施教来塑造个人的职业和人格形象。普遍接受儒家思想,并自觉将其贯穿于家庭职业道德实践,中华传统家风为我们留下了无比珍贵的文化资源,成为现代家风指引人们职业选择的后事之师。"具有代表性的礼仪对更为完美、更为个性化的塑造不仅不会起到阻碍作用,恰恰相反,这样的礼仪在大多数情况下会将个人的塑造包含在内。当一种艺术愈加接近完美的程度,它也就愈加经典,也就是说,偶然的个人因素愈加升华为普遍性适用的东西。同样的道理,人类亦是如此。一个人越是收心内视,沉思默想,升华思想,个人的因素便越来越多地退到了幕后,而其本质则越来越多地表现出具有普遍适

---

[1] (汉)韩婴撰,朱英华整理,朱维铮审阅:《韩诗外传》,上海书店出版社2012年版,第82页。

用性的元素。"① 一个人的德行和艺术水准都很高,其从业道德实践就容易成为表率,对周围民众的影响深远,反之亦然。作为新时代、新技术和新产业发展的社会交际新业态,"饭圈"是近年来大众流行文化的产物,彰显出人人都有推崇偶像、追逐潮流的职业选择权利,良好的"饭圈"文化,可以起到净化娱乐环境、提升职业偶像影响力等积极作用,可以纳入家风系统。因欣赏某个艺人而结成兴趣群体,这本是一种客观现象,也可以看作有共同喜好的大家庭,如果大家互相砥砺、积极向上,围绕从业者才艺与德行展开良性互动,必然形成催人奋进的从艺职业好风气。加之"饭圈"粉丝群体以极强的动员能力和组织能力,特别是在应对一些社会公共事件和涉及国家核心利益等重大问题上,能迅速发挥强大的凝聚力和号召力,与良好家风动员家人族众参与道德实践的运行机制很相似。2020年抗击新冠疫情期间,"饭圈女孩"就彰显出了强大的组织和动员能量。"饭圈"粉丝大都会围绕特定的明星或职业偶像组合建立虚拟社交群,通过常态化联系为"爱豆"打榜、购买产品、创设话题、线下众筹,以及组织各种线下线上见面会等消费性联谊活动。从一定意义上讲,这个看似仅局限于社会小圈子的粉丝群体,其实能量巨大,已经成为能够快速反映大众意愿的社会风向标,"饭圈"文化所传递出的粉丝核心关切,已经成为其时社会从业风气的直接反映,尤其是对于涉世未深的青少年风化和影响作用很大,对家风育人的职业认知和选择造成了冲击。针对"饭圈"文化乱象,中央网信在全国范围内开展"清朗·'饭圈'乱象整治"专项行动。② 重点围绕明星榜单、热门话题、粉丝社群、互动评论等重点热门业态环节,从严处置"饭圈"职业黑粉,全面清理涉及"饭圈"粉丝的相关有害信息,重点打击诱导未成年人应援集资、高额消费、投票打榜行为,打击"饭圈"粉丝互撕谩骂、拉踩引战、造谣攻击、人肉搜索、侵犯隐私等行为,打击鼓动攀比炫富、奢靡享乐等行为,打击以号召粉丝、雇用网络水军、"养号"形式刷量控评等从业

---

① [德]赫尔曼·凯泽林(Hermann Keyserling):《另眼看共和——一个德国哲学家的中国日志》,刘姝、秦俊峰译,福建教育出版社2015年版,第52页。
② 《人民快评:重拳整治"饭圈"乱象,干得漂亮》,2023年9月17日,人民网,http://www.people.com.cn/2021-06-15。

行为，打击通过"蹭热点"制造话题等形式干扰正常社会舆论和影响传播秩序的行为，号召学校和广大家庭注意职业道德教育，营造文明健康的社会职业道德实践氛围。

（三）彰显中华优秀传统家风实践本色，注重在日常生活中涵育家庭美德

首先，中华民族历来重视家庭建设，注重家风门风，笃定"家和万事兴"的生活信条，通过孝悌、和睦、勤劳、节俭等生活化道德实践，培养涵育家庭美德，塑造后昆子弟理想人格，并为治国平天下的社会治世理想奠定了坚实基础。"无论时代如何变化，无论经济社会如何发展……我们都要重视家庭建设，注重家庭、注重家教、注重家风，紧密结合培育和弘扬社会主义核心价值观，发扬光大中华民族传统家庭美德，使千千万万个家庭成为国家发展、民族进步、社会和谐的重要基点。"① 家庭美德是人们在家庭道德生活实践中和合家庭（家族）成员关系、处理家族内外事务，尤其是辨别和评判家人道德实践的基本准则，涵育和传承家庭美德，确保中华优秀传统家风的道德实践本色，应当成为创新性建设和传承现代家风的重中之重。"尊老爱幼、妻贤夫安、母慈子孝、兄友弟恭，耕读传家、勤俭持家、知书达礼、遵纪守法，家和万事兴等中华民族传统家庭美德，铭记在中国人的心灵中，融入中国人的血脉中，是支撑中华民族生生不息、薪火相传的重要精神力量，是家庭文明建设的宝贵精神财富。"② 从家风建设与传承的实践角度看，传统家庭美德属于家庭道德规范建设范畴，展现时代精神的尊老爱幼、男女平等、夫妻和睦、勤俭持家、邻里互助等家庭美德建设，也是调整和谐现代家庭成员关系、处理家庭内外矛盾、解决现实生活问题时应当遵循的基本道德规范，成为每个人在家庭或家族惯常道德实践中自觉遵守的美好行为准则。

其次，和睦家庭是家风浩荡的理想目标，也是家庭美德的生活实践要求。和睦家庭是家风指引道德实践的理想目标，家庭美德所要规范和

---

① 中共中央党史和文献研究院：《习近平关于注重家庭家教家风建设论述摘编》，中央文献出版社2021年版，第3页。

② 习近平：《在会见第一届全国文明家庭代表时的讲话》，2023年5月17日，央视网，https://news.cctv.com/2016/12/15/ARTIJmlxiYn0ddxXTwiK4zIy161215.shtml。

调谐的对象范围，主要涵盖夫妻男女、父子长幼、邻里内外等生活实践中的人际利害关系，旨在建设和传承夫妻和合、尊老爱幼、勤俭持家、邻里团结等居家处世道德风尚。涵育家庭美德，首重夫妻和美关系的调谐，次及和合家庭伦理关系，终系邻里内外往来，由此奠定了道德守家、忠孝传家的理想家庭美德基础，成为家人族众日常道德实践的基本遵循。《周书·皇后列传》，开篇援引《尚书》纪有虞之德，载有"厘降二女"，《诗经》述文王美德，称"刑于寡妻"。"是知婚姻之道，男女之别，实有国有家者之所慎也。"① 突出强调修身齐家始于正夫妇、别男女的家庭美德和风尚，足见和睦家庭在中国人心中的分量。中华优秀传统家风是涵育家庭美德的文化资源宝库，古人把"讲仁爱、重民本、守诚信、崇正义、尚和合、求大同"等中华民族传统美德，成功内化为亿万家庭的核心价值观念，涵养培育出传统家庭美德，润物无声地塑造出家人子弟道德品性的同时，还外显为具体化、个性化的治家教子道德实践范式，演绎成日用而不觉的家风文化。在倡导人格自由与全面发展的现代社会，男女平等观念早已深入每一个人的心灵，也名副其实地成为以男女平等与夫妻和睦为道德实践要求的家庭美德。如果说涵育家庭美德是家风自然浩荡的道德实践总结，那么近年来全国各地堂而皇之出现的专门针对女人训育的"女德班"，却难免迂腐甚至是弄巧成拙。从 2014 年开始，以家庭美德建设为幌子，打着弘扬中华传统文化的旗号，在全国各地时有开办所谓的"女德班"，教培现代女性"女德"："打不还手、骂不还口、逆来顺受、坚决不离婚""男人谈大事，女人不插嘴"，宣扬女子点外卖、不刷碗就是不守"妇道"。凡此种种，屡禁不止。披着国学外衣死灰复燃"女德班"为何屡禁难止？② 其实，这些"女德班"身着"让女人像个女人"的华丽外衣，表面上打着弘扬中华文化和培育家庭美德的旗号，实质却是要复古女子三从四德、顺从忍让、以相夫教子为己任等封建腐朽思想，照此培育家庭美德，实在要不得。

最后，努力涵育家庭美德，以家风道德实践支撑起社会好风气。家

---

① （唐）令狐德棻等撰，中华书局编辑部点校：《周书》，中华书局 1971 年版，第 141 页。
② 央视客户端：《披着"国学"外衣死灰复燃"女德班"为何屡禁难止？》，2023 年 7 月 14 日，环球网，https://3w.huanqiu.com/2020/07/31。

风起自家庭存续于家族,是民风和社会风气的重要基础和组成部分。弘扬中华民族传统家庭美德,以家风道德实践促进家庭和睦美满、家人相亲相爱、后世子孙健康成长、老年人老有所养,使亿万家庭美德支撑起社会好风气。以中国人普遍认同"百善孝为先"、珍视孝友家风的道德实践为例。一方面,"百善孝为先"是中国先民不忘祖训、崇德尊祖、恪守家风门风不坠于世的深层心理基础,也是孝老爱亲家庭美德在实践当中的基本标准。另一方面,涵育家庭美德,并不是一家之内做到母慈子孝、兄友弟悌、尊老敬老,对外则迥然不同、自顾不暇他人。相反,在家尽孝、为国尽忠是中华民族的优良传统,也是家庭美德在道德实践层面的社会风标。提出"先天下之忧而忧,后天下之乐而乐"名言的北宋名臣范仲淹,不仅自己做了许多扶危济困的好事,还将其常态化为家庭美德,开创了一个古代的"慈善基金会"。这个"基金会"从范仲淹创立开始,存在了八百余年,到民国时期,由于历代子孙的捐赠,其田地已多达五千余亩。历经改朝换代、无数战乱,这个"基金会"仍能发展,就是因为其具有仁善精神的道德实践。范氏子孙一代又一代地将范仲淹的精神传承下去,发扬光大,这就是代代相承的家风显现。[①] 实际上,彰显着以爱国主义为核心的民族精神,与今天我们对人民当家做主的社会主义祖国的热爱与崇敬心理完全一致。守正创新"国而忘家、公而忘私"的家国情怀,在扬弃古代封建家国同构愚忠愚孝等制度糟粕的基础上,继承和弘扬中华民族爱国主义指导下的家国一体道德精神,将家风建设与民风、国风优化统一在寻常家风道德实践当中,涵育现代家庭美德。"道德

[①] (元)脱脱等撰,中华书局编辑部点校:《宋史》(卷三百一十四),中华书局1985年版,第10276页。"仲淹内刚外和,性至孝,以母在时方贫,其后虽贵,非宾客不重肉。妻子衣食,仅能自充。而好施予,置义庄里中,以赡族人。泛爱乐善,士多出其门下,虽里巷之人,皆能道其名字。死之日,四方闻者,皆为叹息。"范仲淹(989—1052年),北宋著名思想家和文学家,所著《岳阳楼记》因"先天下之忧而忧,后天下之乐而乐"闻名于世。但他设义庄慈悲济世,在中国历史上最早开启民间慈善事业先河的义举,却鲜有人知。《宋史卷三一四·列传第七三·范仲淹》所载,范仲淹满怀先忧后乐之志,堪当弘毅之器,不仅为世人树立了学习的榜样,而且治家严谨,以《诫诸子书》教导后辈族人正心修身、积德行善,和睦共处、互扶相助。同时,为家人子弟计从长远,亲定范氏"六十一字族规"和《义庄规矩》,让所立孝友济世家庭美德,伴随着范氏义庄慈善组织延绵八百余年而不衰,向世人昭示着家风不坠的生命密码,彰显出家风代际相承的价值。

传家，十代以上。富贵传家，不过三代。"面对当前家风建设中普遍存在的金钱至上、唯利是图等功利主义不良倾向，创新发展传统道德传家的家庭美德，守护家族兴旺、家业兴盛的长久之道，自觉抵制"各人自扫门前雪，莫管他人瓦上霜"的自私自利家风倾向，以家风道德实践创新传承相亲相爱、睦邻友好的家庭美德，构建家和万事兴、邻里一家亲的新型人际关系，以千千万万家庭美德支撑起社会好风气。

（四）遵守社会公德，让现代家风高扬心系天下的家国情怀

首先，中华优秀传统文化崇尚文明礼仪、仁民爱物、修齐治平的公德意识，以及中华民族饱含"天下兴亡、匹夫有责"的家国情怀，无不体现在优良家风对社会公德的尊崇和生活化践履当中。虽然，有人从中华传统文化生发的小农经济基础出发，简单推断得出，中华传统文化重私德、轻公德，甚至提出中国古代只有私德而没有公德的片面结论，说明面对博大精深的中华传统文化，今人一时还难以全面准确地把握。所以，关于中华传统文化重私德、轻公德，以及有无公德之辩，至今依然各有所见。但是，就此否认中国古代社会公德，显然是机械套用社会经济基础决定上层建筑的社会构造关系理论，也明显反映出学界对中华传统文化，特别是对中华优秀传统家风文化研究的不足。"人人独善其身者，谓之私德；人人相善其群者，谓之公德，二者皆人生所不可缺之具也。"[1] 无论大到儒家修身齐家治国平天下的治世理想，还是细小为中国人穷达以时[2]的处世智慧；也无论是"为天地立心、为生民立命、为往圣继绝学、为万世开太平"[3] 的士人抱负，还是"一屋不扫，何以扫天下""在家尽孝、为国尽忠"的公允家风执念，无不彰显着中国人家国天下、民胞物与的公共道德规范精神。如果说私德修身着眼于让个体自适应融入社会，那么，公德利群则关乎社会和谐稳定，而要做到这些，遵守社会公德是前提和基本要求。无论古代社会，还是当今时代，任何一个人要立足社会、有所成就，必须遵守最基本的社会公德，道德实践必须符合最起码的行为规范。自古至今，所有优良

---

[1] 梁启超：《新民说》，商务印书馆2016年版，第19页。

[2] 方勇译注：《孟子》，中华书局2018年版，第261页。"尊德乐义，则可以嚣嚣矣。故士穷不失义，达不离道。穷不失义，故士得己焉；达不离道，故民不失望焉。古之人，得志，泽加于民；不得志，修身见于世。穷则独善其身，达则兼善天下。"

[3] （宋）张载著，章锡琛点校：《张载集》，中华书局1978年版，第396页。

家风在关注个体道德修养完善的同时，无不尊崇社会公德，以期家人族众在道德实践中确保个人与集体、家庭与社会和谐共处。

其次，家风通过内化社会公德，将会助力道德实践主体社会化发展。道德作为衡量和调节人与人、人与家国群体之间利害关系的一种标尺和规范，是衡量和影响一个人或一个家庭（家族）能否融入大众、被社会广泛接纳的道德实践标准和基本条件。随着家人族众社会活动与生活交往的领域不断扩展，家风势必在处理家庭内外复杂关系的道德实践中，逐渐形成影响家人自觉遵从和维护传统习俗、大众禁忌等调适社会公共生活的系统性规范意识和维护公序良俗精神的同时，惯常而外在地践履成为通行的社会公共道德标准。家风如此内化和吸纳社会公德的生活常态，真实反映着道德实践主体实现社会化的发展过程。以儒家思想为主脉的中华传统家风文化，在看待和处理个人与集体、家庭与民族、个人与国家关系时，往往坚持以家庭（家族）为本位，既注重个人对家庭、家族的职责与义务，也注重家人和家庭在社会和国家当中的地位和表现。反映在中国家庭德育以及由此训育形成的道德实践风范方面，则以特有的家风传承强调家人子女对家庭和家族、对他人和社会、对民族和国家重情讲义，努力做到尊老爱幼、助人为乐、见义勇为、精忠报国。创造性转化和创新传承现代家风，父母或家长不仅要把训育子女当作为国育才的大事，而且要注意通过道德实践训育家人子弟的社会公德，养成参与社会交往和公共生活的公德意识，明辨是非曲直、善恶美丑，始终清楚什么事能做，什么事不能做。有效内化社会公德，以良好家风加强和改进包括未成年人在内的思想道德建设，让家人族众的道德实践文明礼貌、遵纪守法，处世为人团结友爱、助人为乐，跻身社会爱护公物、保护环境，以优良家风推动明大德、守公德、严私德，帮助道德实践主体发展实现社会化。

最后，涵养社会公德，万千家庭好家风依托道德实践营造社会好风尚。通观古今，同一社会中的任何家庭及其成员，不论位属哪个阶层、从事何种职业，也不论有无文化技能，同属于遵循既有社会公共生活规则行事的道德实践主体，都必须遵守社会公德，否则就会受到传统习俗的制约或社会舆论的谴责。从理论的逻辑推衍，由于社会公德大多是人生经验和风俗习惯的形上提炼，故而不需要解释说明就能被人理解并自觉遵循。从实践的真实查看，对于一个涉世未深的幼小个体成人而言，家风通过涵养社会公德，让其认知既有社会生活最基本广泛和最一般关系的同时，教会其在日常道德实践中做到文明礼貌、自觉遵守参与公共社会生活最起码的行为规范。涵养公德的社会意义，让家人族众顺利融入大众的同时，家风精神驱动下的道德实践支撑起社会好风尚。事实证明，那些湮没于千年中国古代历史长河的家风，除去自然灾害和人类征战导致的部分，大多就是因为与其时社会的基本道德规范相左，最终导致家风坠坏、家破人亡。在凡事重惯例、讲传统、考出处中国古代，民人百姓吃穿日用与身行言动，无不注重来由与传承，"夏后氏尚黑，大事敛用昏，戎事乘骊，牲用玄。殷人尚白，大事敛用日中，戎事乘翰，牲用白。周人尚赤，大事敛用日出，戎事乘騵，牲用骍"[1]。即便是那些稀松平常的取舍选择，无不有其"正大光明"的来历，说明社会风尚既是社会公德外显的表象，也是社会公德在实践层面的反映。家风对社会公德涵养目标的达成度，不仅体现在动员全民之力重家教为国育才，而且展现为文明礼貌、助人为乐、爱护公物、保护环境、遵纪守法等日常道德实践生活常态。创造性转化和创新性传承现代家风，强化以爱国主义为核心的民族精神，开启全民参与的家庭涵养社会公德新模式，应当成为人们自觉的道德实践行动。

三 实现自由、平等、公正、法治社会发展蓝图，以千千万万家庭好家风支撑起全社会的好风气

家风是民风乡俗、行风政风、社会风气的源头活水，一个家庭的家风道德实践，不仅事关家庭和睦美满、事关公民道德建设水平，也事关国家繁荣、社会和谐稳定。创新现代家风道德实践的意义，对家庭而言，家风道德实践通过父母或家长的言传身教，一代接一代传承着整个家庭的生活风尚和价值追求；对家族而言，家风道德实践通过体悟落实前辈族长齐家教子和处世为人的智慧祖德，延续着整个家族的精神感召力量；对社会而言，家风道德实践通过传承中华优秀传统文化精神凝心聚力，成为支撑社会好风气的重要载体和表现形式。

（一）创新现代家风建设与传承实践，推动家风道德生活美化乡风民俗

家风所具有的文化传播与道德实践价值，表明家风在一定程度上不仅维系着家族或宗族组织的和谐稳定，更在精神层面反映着家族或宗族内部通行的价值观念、道德原则、生活习惯等，对左邻右舍或其他交往对象的

---

[1] （汉）郑玄注，王锷点校：《礼记注》，中华书局2021年版，第68页。

家风建设或多或少地产生着影响。在中华传统家风文化视域当中，乡土中国的古村落乃至古名镇，很多都是源自一个家庭（家族），继而繁衍发展为一个家族为主的聚落而成。维系这个家族或村落的族长制，亦即广大村镇普遍实行的里甲制度，便是以原始家族生活聚居区域为划分标准的。与此相适应，在古代中国广袤的农村社会的治理架构中，风教作用发挥最好的当数"一里百家"的乡里组织。这一行政建制，最早形成于春秋战国，秦汉时期被官府正式确立为乡、亭、里三级推行政务的组织建制，汉魏及后世王朝大体上因袭秦制。① 这一皇权不下县的古代基层政治格局，主要依靠家谱统摄、家训教诫、家教传承等道德教化，通过世代传承崇贤尚德、仁义礼爱风教文化，培育子孙后代、秩然一地乡民，并由此演化积淀成为独具特色、内涵丰富的乡村家风道德实践模式，走出了一条家国一体的社会风教治理之路。历史的成因告诉我们，家风作为普遍存在于百姓人家的风教文化成果，不仅集中反映着中国人的精神追求、家国情怀和生活习俗，而且氤氲升华为特定社会的主流意识形态②。从这个意义上讲，家风以周流

---

① 宁可：《汉代的社》，《文史》1980年第9期。

② 意识作为人类特有的能力，通过人脑对事物产生概念、观点、思想等主观认识。受制于人的社会政治属性，人脑产生的这些关于外部事物的观念集合，不仅一开始就带有世界观和价值观等主观偏好或倾向，因而对同一种事物的理解和认知明显不同，而且以产生于物质世界又相对独立的存在形式，发挥着社会再造工具的作用。为了给一切头脑观念的产生提供一个真正科学的哲学基础，法国哲学家特拉西（Destutt deTracy）提出了意识形态观念，以界定头脑感观和思想认识等哲学范畴。按照中华文化语境的表达方式，"仰则观象于天，俯则观法于地，观鸟兽之文与地之宜，近取诸身，远取诸物"。（《周易·第三十二卦恒雷风恒震上巽下》）中国古代先民将人类对客观物质世界的主观反映及其结果，当作心灵感悟所得，虽然没有明确提出意识形态哲学范畴，但是与中国古代自给自足小农社会经济和家国同构政治制度直接相关，涵盖政治、经济、礼法、道德、文学等认识内容而观念性建构出的理想国，也明显带有政治倾向和价值取向。"大道之行也，天下为公，选贤与能，讲信修睦。故人不独亲其亲，不独子其子，使老有所终，壮有所用，幼有所长，矜寡孤独废疾者，皆有所养，男有分，女有归。货恶其弃于地也，不必藏于己，力恶其不出于身也，不必为己。是故谋闭而不兴，盗窃乱贼而不作，故外户而不闭，是谓大同。今大道既隐，天下为家，各亲其亲，各子其子。货力为己，大人世及以为礼，域郭沟池以为固，礼义以为纪，以正君臣、以笃父子、以睦兄弟、以和夫妇、以设制度、以立田里、以贤勇知、以功为己。故谋用是作，而兵由此起，禹、汤、文、武、成王、周公，由此其选也。此六君子者，未有不谨于礼者也。以著其义，以考其信，著有过，刑仁讲让，示民有常。如有不由此者，在执者去，众以为殃。是谓小康。"（《礼记·礼运》）因此，抛开对意识产生的工具认识存在的偏颇，中国古代哲学家们始终立足现实，坚持以人为本而谋求世界大同与天人合一，中国传统哲学思想完全是古代社会经济基础和政治制度的关系性反映。己所不欲，勿施于人，中国人从不强人所难，中华文化不搞价值观输出。但是，由此断定中国古代没有意识形态，则无异于向壁之说。

于千家万户的大众德育文化活态，通过亲情感化的日常家风道德实践环节，将其时社会的一般道德规范和价值原则，润物无声地渡向民间、穿透进普通百姓家庭、灌注到每一个人的内心深处而成功培育出一代代贤子孙的同时，便将社会主流价值观念千年传承了下来。中国古代家长勤于制作家训、悉心训教后辈子孙的目的，"若务先王之道，绍家世之业，藜羹缊褐，我自欲之"①。带领一家人培育和践行其时社会的核心价值观。因此，家风不是小事也不是私事，它所表现出的是家庭的凝聚力和社会的整体文明形象，家风正则民风淳，民风淳则社稷安。

中华家风实践所蕴含的文化精神，远远超出血缘亲情的纽带联系而影响一地风土人情，很多原本出于一家一族的家风理念和生活风尚，早已超越了家庭范围，影响着血缘亲族之外的人，进而促进城乡地域的市风、乡风、民风美化。拓宽家风道德实践路径，用身边事教育和感染身边人，把优良家风文化融入城乡道德文化建设、融入大众日常生活，让良好的市风乡风民风根植于心、浸润灵魂。时至今日，虽然古村镇的人员结构、血缘关系、管理制度等均发生了很大变化，但是，古村落、古集镇家风的基本精神依然留存在那片土地上，只是同新时代发展要求有所不同罢了，家风道德实践在稳定村落秩序、淳朴城乡风气等方面的传统遗韵，仍然发挥着不可忽视的风化作用。现代小家庭所处的社会经济基础、政治制度、文化类型等，都发生了翻天覆地的变化，在强调个体自由与发展、凸显人的社会价值实现的新时代，小小家庭这个生命共同体显得更加式微，要求家风的树立与传承，必须坚持与时俱进、大胆创新，必须以开放的姿态，在更加广阔的社会领域，探索出一条经得起时代和社会考验的优良家风，把古代中国由近及远、推己及人，由内而外、家国天下的家风传统，创新性转化为培育和践行社会主义核心价值观的自觉行为。一方面，拓展家风文化交流途径，让家风以道德实践的方式走出家门，推动农村农业风气改善；另一方面，激发万众创新动能，广泛建立城市社区和村镇"家风堂""家风体验馆""村史馆"等，开展家训家教家风展示道德实践活动，运用文字图册、实物场景、影音资料和多维影像等现代文化传播媒介，收集展示和凝练传播地域特色浓厚的家

---

① 檀作文译注：《颜氏家训》，中华书局2011年版，第125页。

风文化，配合开展诸如评选"好家庭""好公婆"好人乡贤等地方性大众参与的社会道德实践创建活动，将民风乡俗和传统讲究自然融入现代家风建设和传承创新活动之中。如果说现代城镇化进程是对过去以家庭（家族）为主的生活和文化生态的一次重构，进而赋予既有的家庭或家族以全新的中国特色社会主义思想及其价值观念，自觉将培育和践行社会主义核心价值观作为各自的家风，那么，现代家风道德实践就必须突破旧有的制度和格局，尽快跨越小家庭羁绊而实现社会化重构，让全国近5亿户人家迈入群体更大，成员更多、涉及事务更复杂的社区发展共同体，牢固树立中华民族共同体意识，美化乡风民俗。

（二）发挥优良家风的外溢效应，助力现代乡规民约移风易俗

不同家风固然各有不同的表述方式，但浸润到每一个家人族众骨子里的风教传承，无不印刻着中华文化的精神底色。中华传统"家文化"的独有特征，从农耕文明到农事节气，从道法自然到天人合一，从宅院村落到农业设施，从古代家训到乡风民俗，"都是中华文化的鲜明标签，都承载着华夏文明生生不息的基因密码，彰显着中华民族的思想智慧和精神追求"[①]。中华民族固有的刚健自强、遵德守礼，勤劳善良、甘于奉献等传统美德，正是通过一代又一代人的家风道德实践，演绎出一个家庭或家族的价值共识和生活风范，以不言之教有效培育出贤子孙的同时，更以范导辐射和争相效仿的外溢方式，在不同时代的公共领域积淀传承和弘扬推广，形成整个社会和民族核心价值观念，最终以超出家庭、家族、行业和社区限制的乡规民约，确立起反映区域乃至全国各族人民均认同的核心价值观最大公约数，成为适用全国、通行各民族，实现移风易俗的基本遵循。

乡约的形成与普及，便是生活在超出了血缘关系，而以地缘关系为纽带建立起的广大乡村社区的古代先民，为了满足协调解决那些超出了家庭、家族等家训、族规调节范围而大量存在的乡民往来实际需求，通过乡民集体自觉而自发的立约行为，最终定出了为广大乡民所普遍遵守的乡规民约。以素有"太古风致"的海南黎族天下大同思想，以及由此

[①] 中共中央党史和文献研究院：《习近平关于注重家庭家教家风建设论述摘编》，中央文献出版社2021年版，第11页。

衍生的民人规约为例。黎人质朴真诚、重信诺、讲义气、讲平等、讲大同，其太古之风有儒化潜质。"对于同村同弓同峒之人，出入相友，守望相助，一家有事，全部尽力以援。事成之后，不取报酬。食尽，则群赴他村食之；又尽，则又赴他村，皆无彼此之别。黎头之于黎众亦极平等，劳动、生活与众共之，众亦因其德望，愿听指挥。无专制之形迹，有共和之精神。"① 相较于现代规模大型而小家庭独立的现代村镇而言，中国古代广大乡村就是依靠家庭特别是家族这一乡民自治组织，依据家家户户都有的家训族规、乡规民约治家教子，通过长期生产生活积淀形成的优良家风道德实践聚拢族人、化解矛盾、秩然乡民，建立起一个个自律而自为的区块生命共同体。创新发展现代家风道德实践范式，应当从历史的成功经验中汲取营养，通过建立超出核心小家庭的族规、集体制定超越家庭（家族）范围的乡规村规、订立守望相助的城乡区域市规民约，汇聚民智、移风易俗，推动社会主义核心价值观具体化、生活化、大众化。

通过家风实践移风易俗，自古以来就是风教中国社会治理的重要实现途径，也是中国全面实现小康后有序推进乡村振兴的重要道德实践要求。"中国共产党诞生之初便高度承袭古代治理传统和治理智慧，不断探索将马克思主义文明观与中国国情相结合，走出了一条中国特色的乡风文明建设之路。"② 习近平总书记在不同的场合多次强调指出，"实施乡村振兴战略要物质文明和精神文明一起抓，特别要注重提升农民精神风貌。……要弘扬新风正气，推进移风易俗，培育文明乡风、良好家风、淳朴民风，焕发乡村文明新气象"③。要求规范执行村规民约，通过制定完善民主协商制度，健全村级事务民主决策程序，完善乡风文明建设制度体系。我们在扬弃旧有的封建陋习和腐朽思想的同时，决不能简单割断历史，实现乡村振兴目标，更应该从中华传统农耕文化汲取智慧和灵感。一是坚持制度创新，制定出台全新的村规民约规范乡民言行，有组

---

① 王学萍、王献军主编：《黎族藏书》（方志部），海南出版社2009年版，第696页。
② 贺少雅、萧放、鞠熙：《乡风文明建设的创新探索：现实困境及推进策略》，《社会治理》2021年第10期。
③ 《全面实施乡村振兴战略，习近平提出七个方面要求》，2023年8月11日，人民网，http://www.people.com.cn/2021-01-08。

织地确立家庭建设新标准,建设家风长廊或家风馆宣传推广村民家风家训,创新现代家风道德实践模式。如针对中国一些地方出现的"天价"彩礼、结婚大操大办、婚庆随礼攀比等不正之风,围绕建立健全长效机制,民政部指导各地基层工会、妇联等自治组织把抵制高价彩礼和红白喜事大操大办等现象纳入村规民约、市民公约,并对彩礼和婚宴标准、随礼标准和宴请人数等作出明确约定。2019年中央农办、农业农村部等部门印发《关于进一步推进移风易俗建设文明乡风的指导意见》,国家乡村振兴局等8部门联合印发并实施《开展高价彩礼、大操大办等农村移风易俗重点领域突出问题专项治理工作方案》。二是组织成立城镇和农村红白理事会,负责组织和监督当地的婚庆和丧葬事务,注意调动发挥党员干部、乡贤模范在婚事(丧事)操办中的示范引领作用,推动移风易俗,有效抑制婚庆和丧祭操办不正之风。2021年4月和9月,民政部共分两批确定32个全国婚俗改革实验区,通过创新婚育文化载体,教育引导青年树立正确的婚恋观、家庭观,治理"天价"彩礼等婚嫁陋习,构建新型婚育文化,助力婚姻家庭幸福稳定。[1] 让婚事简办制度、红白事操作规则、婚丧喜庆村规民约、婚丧事项操办流程、志愿服务等家风道德实践以制度章程上墙的形式,规范引导城乡民众婚事新办、丧事简办;依托红白事服务中心,通过城市社区、居委会和村委监督委员会对消费不良倾向和苗头早发现、早提醒、早制止,培养民众务实节俭价值取向,推动文明乡风、良好家风、淳朴民风建设。"过去村民办红白事,讲排场、比阔气,相互攀比造成铺张浪费严重。自从村里建立了红白事服务中心,谁家办事都按章程走。"[2] 三是注意发挥优良家风的外溢效应,助力城乡居民自治,各地还可以通过重点打造中华家风馆、地望家谱馆、地方名人馆和设置家风墙、初心广场、乡愁园、中华民俗馆等景观,展示各具特色的区域家风道德实践风采。举办以"传家训、立家规、树家风""传承优良家风·培育乡风文明"等为主题的家风创建系列活动,广泛开展家训诵读、家风故事征集和好家风榜样示范、文明家庭表彰等活

---

[1] 吴为:《"为爱减负",我国确定的多个婚俗改革实验区做了哪些改革?》,《新京报》2022年10月26日第2版。

[2] 朱新韬:《节俭操办红白事 移风易俗树新风》,《南宁日报》2022年11月28日第2版。

动,全面和立体展示现代家风新气象。

2023年中央一号文件明确提出:"深化农村群众性精神文明创建……注重家庭家教家风建设。深入实施农耕文化传承保护工程,加强重要农业文化遗产保护利用。办好中国农民丰收节。推动各地因地制宜制定移风易俗规范,强化村规民约约束作用,党员、干部带头示范,扎实开展高价彩礼、大操大办等重点领域突出问题专项治理。推进农村丧葬习俗改革。"① 创造性转化中华家风传承机制,打破家庭建设和家风传承的私人壁垒,通过建立超越家庭家族的乡规、订立守望相助的区域民约、培育和践行社会主义核心价值观国民公约等,全民动员、多措并举,勇敢走出一条中国特色社会主义家风道德实践新路。

(三)增强道德实践的思想建构功能,让亿万家庭好家风支撑起社会好风气

首先,家风相连即民风,民风融通成国风。家风,往细小处说,人生风习格调,很大程度上源于家风,有什么样的家风,不仅关系到培育什么样的人,能保家庭团结一心、家人相亲相爱、家业长久繁盛,而且可以让左邻右舍德业相劝、和睦融洽。一个人的道德实践表现,倘若在家尊老爱幼、克勤克俭,那么出门在外必然能够忠诚敦厚、严谨自律;如若在家我行我素、自私自利,那么他走向社会必然会损人利己、危害无穷。从大处着眼,家风是一个家庭的精神内核,也是一个社会的核心价值观微缩。社会民风乡俗的优劣,最基本的支撑和源头在家风。家风道德实践的这一建构功能,表明良好的家风有助于汇聚社会好风气、生发社会正能量,好家风不仅能让整个社会风气淳朴敦厚,而且有助于单位和谐、政风清明、民风清醇。"天下之本在国,国之本在家,家之本在身。"② 一个家庭的家风道德实践,体现着各个家庭的价值追求和精神风貌,而通过左邻右舍联结起来的千万家庭好家风,则可汇聚成整个社会的生活风尚和价值取向。家风道德实践所具有的励志勉学处世、修身齐家为政等方面的建设性要求,对于激发大众创业和万众创新、促进社会

---

① 《中共中央 国务院关于做好2023年全面推进乡村振兴重点工作的意见》,2023年8月19日,新华社,https://h.xinhuaxmt.com/2023-02-14/vh512/share/11369738。

② 方勇译注:《孟子》,中华书局2018年版,第127页。

和谐与凝心聚力,会源源不断产生社会正能量,有助于行业风气和社会环境①的改善。孟子有言:"死徙无出乡,乡田同井,出入相友,守望相助,疾病相扶持,则百姓亲睦。"② 深入挖掘中华优秀传统家风文化资源宝库,不断强化以孝亲睦族和诚信友善为主要内容的道德实践教育,着力加强新时代中国特色社会主义优良家风的培育和传承,努力营造风清气正的良好社会环境,为实现中华民族伟大复兴中国梦凝聚精神力量。由于社区、单位、社会已然成为当今社会从业和置身的三大环境,家风道德实践应注意建立社区、单位、社会"三位一体"的联动机制,一方面,注意将家风状况与人员聘任、考核升迁、薪金待遇相联系,以家风道德实践助推党风政风廉洁清明。"每一位领导干部都要把家风建设摆在重要位置,廉洁修身、廉洁齐家,在管好自己的同时,严格要求配偶、子女和身边工作人员。"③ 让家风和政风道德实践相互滋养,相互校正。另一方面,注重借鉴家风荣誉与奖励共存的道德实践激励机制,让家风为政风奠定道德基础,让政风为家风增添政治内涵。一个家庭能否薪火相传、长久繁盛,不仅在于这个家庭有什么样的家风,而且有赖于官方乃至社会对家风道德实践的选择认可和维护加持。站在中华民族以文化人的道德实践立场上,出于关心人、重视人的人文关怀,家风道德实践立足于整齐门内和提撕子孙的道德立教和持家守业理念,成功铸就了一条施教于家而成教于国的家风美化社会环境之路。

其次,家风训育每个人核心价值观关乎你我他。创新家风道德实践,培育和践行社会主义核心价值观,本质上要求同步提高广大民众的思想道德素质和社会责任意识,通过激活每一个社会细胞,增强广大民众参

---

① 社会环境的优化除了通过公民道德建设,让广大民众自觉树立明大德守公德严私德意识外,习惯于上行下效的中国人,受官场风气和官员腐败影响很大。从近年来中国开展全面从严治党、持续加大腐败查处和惩治力度来看,风清气正的官场环境,对中华家风建设的影响,不仅古已有之,于今意义尤深。一些高级领导干部被"围猎",最终身陷囹圄,一方面,是行事作风很霸道。因为一个领导如果在单位习惯于按规矩规则办事,则不会给别有用心的人留下"围猎"机会,而作风霸道,才有了突破规矩规则行事被"围猎"的可能。另一方面,专权者被"围猎"往往是其喜欢奢侈生活且有很多"爱好",而他的爱好又超出自身的正常经济负担能力。这样的领导不仅独断专行、不守规矩,而且骄奢淫逸、贪恋金钱,必然招来"围猎"者的注意。

② 方勇译注:《孟子》,中华书局2018年版,第91页。

③ 习近平:《在中纪委第六次全体会议上的讲话》,《人民日报》2016年5月3日第1版。

与社会治理和道德实践的积极性、主动性，以千千万万家庭好家风带动形成崇德向善的社会好风气，助力改善社会治理生态，加快构建中国共产党统一领导、各级政府依法履责、各类组织积极协同、全国人民广泛参与的自治、法治、德治相结合的社会基层治理体系，从根本上提升社会治理能力和水平。2022年8月26日，在持续的极端高温和干旱环境下，克服了难以想象的艰难险阻，从第一起火情爆发到各处山火全部扑灭，只用了不到10天的时间，重庆市森林火灾各处明火全部扑灭，无人员伤亡和重要设施损失。[1] 这一场众志成城的灭火行动调集起的"十八路英雄"中，冲在一线的是消防员、武警官兵、解放军和医护人员，紧跟其后的是多达1.4万的志愿者自发集结的人民后盾：带着背篓抢运物资的"摩托崽"，扛着油锯开辟隔离带的父子，挥锹铲土的夫妻，拿着喇叭协调指挥的女孩，外卖小哥、做饭大婶、挖掘机师傅……都是来自各行各业和不同年龄的普通家庭市民。他们抱着"保卫自己的家，爱护自己的家""家乡有难，理当挺身而出""自己出一份力，也为家乡尽一份责""有困难，咱们一起扛"等最纯朴最实在的道德实践心态，遇到困难大家一起上，每个人都表现得毫不含糊。"美不美，乡中水；亲不亲，故乡人。"正是在这些普通又勇敢的乡里乡亲身上闪耀着的、中华一家亲人面对灾难或外敌时所共有的血性、意志和团结，让这场"史诗般的救火"道德实践引发了全国人民的强烈共鸣，所激发出的"英雄气概"，既是重庆人的，更是全中国人的。从国家部委到甘肃、云南等兄弟省份，都对重庆提供了大力支援，为快速扑灭明火提供了至关重要的帮助，展现了中国人"一方有难、八方支援"最朴素深沉和广泛真切的家国情怀。相较于美国、澳大利亚等饱受山火之苦的国家，山火烧出的不是英雄气，而是不交钱就不灭火的冰冷规则，除了次生天灾，还有物价疯涨和趁火打劫的人祸。中国为什么能？无论是渡江战役中老百姓划着小舢板冒着枪林弹雨将解放军送过长江，还是汶川地震后15位空降兵在5000米高空的生死"盲跳"，还有重庆山火中志愿者头灯组成的"星光长城"，在每一个危难关头和紧急时刻，每当国家和人民需要的时候，总有千千万万

---

[1] 《重庆市森林火灾各处明火已全部扑灭》，2023年8月21日，新华网，http://www.news.cn/local/2022-08/26/c_1128951434.htm。

的人自发地站出来。这就是了不起的中国人，是中国的"基本盘"① 和家风道德实践的固有风格。

最后，核心价值观的价值与贫富无关。中华家风道德实践的建设功效，不关乎家庭的贫富贵贱，也不关乎家长的高低文化水平，而关乎家风这一中华优秀传统文化的社会营养价值，因而具有穿越时空的精神建构力量，不仅是现今新生代感知和传承先辈治家教子才情与智慧的文化基因，也是联结海内外中华儿女血亲一家人的精神纽带。党的二十大报告明确提出，"实施公民道德建设工程，弘扬中华传统美德，加强家庭家教家风建设，……统筹推动文明培育、文明实践、文明创建，推进城乡精神文明建设融合发展，在全社会弘扬劳动精神、奋斗精神、奉献精神、创造精神、勤俭节约精神，培育时代新风新貌"②。以家风建设与传承道德实践为抓手，优化支撑国家发展、民族进步、社会和谐的创新环境，提升国家治理、党风廉政建设、公民道德建设和社会主义精神文明建设水平，以千千万万家庭的好家风支撑起全社会的好风气，为新时代统筹中华民族伟大复兴战略全局和百年未有之世界大变局，增强中华民族共同体意识和精神凝聚力。

---

① 朱学森：《重庆的"英雄气"为何引发强烈共鸣？》，《环球时报》2022年8月26日第1版。

② 习近平：《高举中国特色社会主义伟大旗帜　为全面建设社会主义现代化国家而团结奋斗——在中国共产党第二十次全国代表大会上的报告》，人民出版社2022年版，第44页。

主要参考文献

一 著作类

［朝鲜］绰著，祝秀权整理：《尚书古注》，凤凰出版社2019年版。

［德］赫尔曼·凯泽林：《另眼看共和——一个德国哲学家的中国日志》，刘姝、秦俊峰译，福建教育出版社2015年版。

［美］约翰·洛夫兰德等：《分析社会情境：质性观察与分析方法》，林小英译，重庆大学出版社2009年版。

［日］坂部贡：《家的防护》，郝彤彤译，北京时代华文书局2021年版。

［日］井上徹：《中国的宗族与国家礼制》，钱杭译，上海书店出版社2008年版。

［英］休谟：《人性论》，关文运译，商务印书馆1981年版。

［英］约翰·洛克：《家庭学校》，张小茅编译，京华出版社2005年版。

（北齐）颜之推：《颜氏家训》，宗福常译，外文出版社2004年版。

（北齐）颜之推撰，王利器集解：《颜氏家训集解》，中华书局1993年版。

（北魏）贾思勰撰：《齐民要术》，江苏广陵古籍刻印社1998年版。

（汉）班固著，（唐）颜师古注，中华书局编辑部点校：《汉书》，中华书局1962年版。

（汉）班固撰集，（清）陈立疏证，吴则虞点校：《白虎通疏证》，中华书局1994年版。

（汉）班固撰，（唐）颜师古注，王先谦补注：《汉书补注》，商务印书馆1959年版。

（汉）韩婴撰，许维遹校释：《韩诗外传集释》，中华书局1980年版。

主要参考文献

（汉）毛亨传，（汉）郑玄笺，（唐）陆德明音义，孔祥军点校：《毛诗传笺》，中华书局2018年版。

（汉）司马迁撰，韩兆琦主译：《史记》，中华书局2008年版。

（汉）宋衷注，（清）秦嘉谟等辑：《世本八种》，中华书局2008年版。

（汉）王充、黄晖撰：《论衡校释》，中华书局1990年版。

（汉）许慎撰，（清）段玉裁注：《说文解字注》，上海古籍出版社1988年版。

（汉）郑玄注，（清）张尔岐句读，朗文行校点，方向东审定：《仪礼》，上海古籍出版社2016年版。

（汉）郑玄注，王锷点校：《礼记注》，中华书局2021年版。

（晋）陈寿撰，（南朝宋）裴松之注，陈乃乾校点：《三国志》，中华书局1982年版。

（明）郝敬撰，向辉点校：《毛诗原解》，中华书局2021年版。

（南朝梁）刘勰著，范文澜注：《文心雕龙》，人民文学出版社1958年版。

（南朝宋）刘义庆著，（南朝梁）刘孝标注：《余嘉锡笺疏》，周祖谟、余淑宜、周士琦整理：《世说新语笺疏》，中华书局2007年版。

（清）陈启源，毛诗稽古编：《儒藏》，北京大学出版社1999年版。

（清）顾炎武撰，（清）黄汝成集释，栾保群点校：《日知录集释》，中华书局2020年版。

（清）蘅塘退士编选，（清）陈婉俊补注：《唐诗三百首》，上海古籍出版社2018年版。

（清）康有为：《孔子改制考》，中华书局2012年版。

（清）李光地撰，梅军校笺：《周易观象校笺》，中华书局2021年版。

（清）刘禺生：《世载堂杂忆》，辽宁教育出版社1997年版。

（清）刘沅著，谭继和、祁和晖笺解：《十三经恒解》，巴蜀书社2016年版。

（清）章学诚撰，叶长青注：《文史通义注》，华东师范大学出版社2012年版。

（三国魏）王肃注，［日］太宰纯增注，宋立林校点：《孔子家语》，上海古籍出版社2019年版。

（宋）李焘撰，上海师范大学古籍整理研究所，华东师范大学古籍整理研究所点校：《续资治通鉴长编》，中华书局2004年版。

（宋）司马光编著，（元）胡三省音注，标点资治通鉴小组校点：《资治通鉴》，中华书局1956年版。

（宋）辛弃疾：《辛弃疾词集》（卷二），上海古籍出版社2016年版。

（唐）李隆基注，（宋）邢昺疏：《孝经》，上海古籍出版社2014年版。

（唐）张彦远纂辑，刘石校理：《法书要录校理》，中华书局2021年版。

安小兰译注：《荀子》，中华书局2016年版。

蔡元培：《中国伦理学史》，商务印书馆1999年版。

蔡元培：《中国人的修养》，北京理工大学出版社2016年版。

曹雪芹著，无名氏续：《红楼梦》，人民文学出版社2019年版。

陈苏珍：《以红色家风涵养当代大学生价值观研究》，社会科学文献出版社2021年版。

陈晓芬、徐儒宗译注：《论语 大学 中庸》，中华书局2015年版。

陈寅恪：《隋唐制度渊源略论稿》，中华书局1963年版。

陈元晖、尹德新、王炳照编著：《中国古代的书院制度》，上海教育出版社1981年版。

邓胤龙：《船山家风传承研究》，湘潭大学出版社2021年版。

杜立晖、刘雪燕：《家族文化社会：明清黄河三角洲杜氏家族文化研究》，天津古籍出版社2013年版。

方向东：《大戴礼记汇校集解（上、下）》，中华书局2008年版。

费孝通：《乡土中国》，人民出版社2015年版。

费宗惠等编著：《费孝通论文化自觉》，内蒙古人民出版社2009年版。

傅璇琮编：《中国古典散文精选注译》（序跋卷），曾子鲁译，清华大学出版社2009年版。

葛兆光：《中国思想史》，复旦大学出版社2001年版。

郭丹、程小青、李彬源译注：《左传》，中华书局2018年版。

何天爵：《真正的中国佬》，鞠方安译，光明日报出版社1998年版。

黑格尔：《精神现象学》，贺麟译，商务印书馆1997年版。

忽培元：《家风》，华艺出版社2017年版。

胡平生等译注：《礼记》，中华书局2018年版。

胡雪城主编：《家庭 家教 家风概论》，湖北人民出版社2020年版。

黎翔凤撰，梁运华整理：《管子校注》，中华书局 2004 年版。

李存山主编：《家风》，广西人民出版社 2016 年版。

李熙龄编著：《咸丰滨州志》，成文出版社 1976 年版。

李泽厚：《说文化心理》，上海译文出版社 2012 年版。

李泽泉主编：《红色记忆　家风故事》，浙江大学出版社 2021 年版。

梁启超：《新民说》，商务印书馆 2016 年版。

梁漱溟：《中国文化要义》，上海世纪出版集团 2005 年版。

刘建基、刘汉林编：《家庭家教家风》，华中科技大学出版社 2021 年版。

马建欣：《中华家训文化传承与创新》，中国社会科学出版社 2019 年版。

《马克思恩格斯全集》，人民出版社 1979 年版。

《马克思恩格斯文集》（第 1—10 卷），人民出版社 2009 年版。

牛铭实：《中国历代乡约》，中国社会出版社 2005 年版。

潘懋元：《多学科观点的高等教育研究》，上海教育出版社 2001 年版。

任兴勇主编：《名人家风》，中国言实出版社 2022 年版。

任飚主编：《家风》，人民出版社 2015 年版。

檀作文译注：《颜氏家训》，中华书局 2007 年版。

万丽华、蓝旭译注：《孟子》，中华书局 2016 年版。

王长金：《传统家训思想通论》，吉林人民出版社 2006 年版。

王国轩译注：《大学·中庸》，中华书局 2016 年版。

王纪刚编著：《延安家风》，世界图书出版西安有限公司 2020 年版。

王俊编著：《中国传统民俗文化　中国古代家风》，中国商业出版社 2017 年版。

王爽、裴颖编著：《中国家风》，海南出版社 2020 年版。

王馨：《中国家风家训》，台海出版社 2017 年版。

王秀梅译注：《诗经》，中华书局 2018 年版。

吴式颖等：《马卡连柯教育文集》，人民教育出版社 2005 年版。

《习近平谈治国理政》（第 1—4 卷），外文出版社 2014、2017、2021、2022 年版。

习近平：《高举中国特色社会主义伟大旗帜　为全面建设社会主义现代化国家而团结奋斗——在中国共产党第二十次全国代表大会上的报告》，人民出版社 2022 年版。

徐少锦、陈延斌：《中国家训史》，陕西人民出版社 2003 年版。

徐正英、常佩雨译注：《周礼》，中华书局 2018 年版。

徐梓：《家范志》，上海人民出版社 1998 年版。

杨国荣：《善的历程》，华东师范大学出版社 2009 年版。

杨国荣：《庄子内篇释义》，中华书局 2021 年版。

杨天才等译注：《十三经》，《尚书》，中华书局 2018 年版。

杨天才、张善文译注：《周易》，中华书局 2018 年版。

袁采、朱用纯等撰，余淮生注：《增广贤文　朱子家训　袁氏世范》，黄山书社 2007 年版。

袁桂林：《当代西方道德教育理论——德育理论丛书》，福建教育出版社 2005 年版。

曾仕强：《家风》，江西教育出版社 2019 年版。

张其：《中华百科全书》，台北：中国文化大学编行 1982 年版。

张天清主编：《红色家风》，百花洲文艺出版社 2018 年版。

张宇锋主编：《我的家风家训》，敦煌文艺出版社 2016 年版。

中共中央党史和文献研究院：《习近平关于注重家庭家教家风建设论述摘编》，中央文献出版社 2021 年版。

《中华人民共和国家庭教育促进法》，中国法制出版社 2021 年版。

钟嵘：《诗品》，上海古籍出版社 2023 年版。

朱明勋：《中国家训史论稿》，巴蜀书社 2008 年版。

朱义禄：《儒家理想人格与中国文化》，复旦大学出版社 2006 年版。

左岸编著：《中国家风》，中国华侨出版社 2017 年版。

二　学术论文

Bernstein H., "African Peasantries: A Theoretical Framework", *Journal of Peasant Studies*, No. 4, 1979.

Nan Lin, "Chinese Family Structure and Chinese Society", "台湾中央民族研究院民族学研究所集刊" 1988 年第 65 期。

蔡玉霞：《浅论优良家风与党风政风的关系》，《新西部》（理论版）2016 年第 23 期。

陈建翔：《新家庭教育论纲：从问题反思到概念迁变》，《教育理论与实践》2017 年第 4 期。

陈苏珍等：《马克思恩格斯的家庭教育观及其当代价值——纪念马克思诞辰 200 周年》，《学术交流》2018 年第 2 期。

陈苏珍、潘玉腾：《红色家风的人民性意蕴及时代传承探微》，《井冈山大学学报》（社会科学版）2021 年第 1 期。

陈延斌：《培塑新时代家风的丰厚文化滋养》，《红旗文稿》2020 年第 6 期。

方瑞：《中华优秀家风文化培育时代新人的实践路径》，《马克思主义理论学科研究》2023 年第 5 期。

冯玉珠、张贝妹：《习近平关于家风建设重要论述的内涵与实现路径》，《湖北理工学院学报》（人文社会科学版）2023 年第 1 期。

贺少雅等：《乡风文明建设的创新探索：现实困境及推进策略》，《社会治理》2021 年第 10 期。

黄东桂、颜文梅：《家风建设：社会主义核心价值观培育的基础路径》，《广西师范学院学报》（哲学社会科学版）2016 年第 2 期。

靳凤林：《新时代家庭家教家风建设的高质量发展》，《马克思主义研究》2022 年第 11 期。

康凤云、张丕术：《习近平关于家风建设重要论述的理论特色》，《思想理论教育导刊》2023 年第 1 期。

陆树程、郁蓓蓓：《家风传承对培育和践行社会主义核心价值观的意义》，《苏州大学学报》（哲学社会科学版）2015 年第 3 期。

鹿锦秋：《新时代家庭家教家风建设对社区治理作用的评价体系》，《社会科学家》2023 年第 1 期。

马建欣：《论中国优秀传统文化的家庭德育》，《甘肃社会科学》2017 年第 3 期。

钱穆：《略论魏晋南北朝学术文化与当时门第之关系》，《新亚学报》1963 年第 5 期。

曲红平、周克强：《传承优良家风 践行社会主义核心价值观》，《中国德育》2020 年第 4 期。

任嘉蕊：《立德树人必须注重家庭、家教、家风建设》，《中国高等教育》2021 年第 3 期。

邵爽：《略论中西家风教育：比较与借鉴》，《长江论坛》2019 年第 3 期。

史亚博：《习近平关于家风建设重要论述的理论内涵与实践意蕴》，《廉政文化研究》2019 年第 1 期。

宋春艳：《加强新时代家庭家教家风建设》，《新湘评论》2023 年第 5 期。

唐建兵：《中华优秀传统家风文化创造性转化和创新性发展的路径探析》，《江淮论坛》2023 年第 3 期。

汪慧英：《新时代家风建设的价值意蕴与实践路径》，《黑河学刊》2023 年第 1 期。

王凯阳：《中国传统家风研究综述及展望》，《文化创新比较研究》2021 年第 28 期。

王思邈：《新时代家风建设面临的挑战及对策研究》，《南方论刊》2022 年第 4 期。

吴潜涛、刘函池：《中华优秀传统家风的主要表征及其当代转换与发展》，《中国高校社会科学》2018 年第 1 期。

许明星、高月：《数智时代下"Z 世代"传承家风的创新路径研究》，《陕西青年职业学院学报》2023 年第 1 期。

闫续瑞、栗瑞彤：《论苏轼和陶诗中的家风传承》，《广西社会科学》2020 年第 8 期。

杨威、刘宇：《中国当代家风构建的新范式探究——基于"场域—惯习"论的架构分析》，《观察与思考》2017 年第 1 期。

于安龙：《红色家风与社会主义核心价值观培育：要义、理路与策略》，《社会主义核心价值观研究》2021 年第 3 期。

曾建平、罗红平：《论新时代加强家庭家教家风建设》，《云梦学刊》2023 年第 2 期。

张环：《安徽卫视〈家风中华〉创新讲述新时代家风故事》，《科技传播》2019 年第 20 期。

张琳、陈延斌：《传承优秀家风：涵育社会主义核心价值观的有效路径》，《探索》2016 年第 2 期。

鲍鹏山：《家风乃吾国之民风》，《光明日报》2014 年 2 月 24 日。

陈来：《从传统家训家规中汲取优良家风滋养》，《人民日报》2017 年 1 月 26 日第 9 版。

杜园春等：《71.7%受访者认为家风家训应包含孝敬父母》，《中国青年报》2017年1月10日第7版。

韩庆祥：《中华文化优质基因必将赢得更多认同》，《北京日报》2017年5月22日。

何忠国：《涵养新时代共产党人的良好家风》，《学习时报》2022年6月17日第1版。

胡申生：《家风是社风的基础》，《文汇报》2014年10月13日第3版。

李张光：《做好家风建设大文章》，《中国纪检监察报》2022年2月2日第7版。

舒迪：《厚培好家风 追梦新时代》，《人民政协报》2023年1月3日第9版。

王慧：《家风传承中的"时代密码"》，《新华日报》2022年11月11日第14版。

吴思晶：《贵州省未成年人家庭教育促进条例》，《贵州日报》2017年8月10日第4版。

习近平：《把培育和弘扬社会主义核心价值观作为凝魂聚气强基固本的基础工程》，《人民日报》2014年2月26日。

徐倩阳、蒙曼：《家风正 国运兴》，《光明日报》2022年11月5日第4版。

徐睿翔：《让文明新风吹进千万家庭》，《新华日报》2022年6月30日第1版。

杨其滨：《谱写新时代家庭家教家风建设新篇章》，《中国社会科学报》2023年3月14日第3版。

杨文明：《优良家风 代代相传》，《人民日报》2022年5月19日第12版。

钟登华：《大力推进家庭家教家风建设》，《中国妇女报》2022年4月14日第1版。

周世祥：《让古老家训家风成为新时代育人资源》，《光明日报》2022年8月16日第13版。

朱学森：《重庆的"英雄气"为何引发强烈共鸣？》，《环球时报》2022年8月26日第1版。

程华伟：《社会主义核心价值观视域下当代家风建设研究》，博士学位论文，郑州大学，2021年。

李真：《新时代家风建设在思想政治教育中的运用研究》，硕士学位论文，苏州大学，2022年。

孟祖蔚：《新时代家风建设研究》，硕士学位论文，山西师范大学，2021年。

田旭：《新时代关于注重家庭家教家风建设研究》，硕士学位论文，吉林大学，2022年。

文佳星：《新时代家风建设制度化研究》，硕士学位论文，电子科技大学，2021年。

吴彦妙：《习近平关于家风建设重要论述研究》，硕士学位论文，吉林财经大学，2022年。

余其安：《习近平关于家风建设重要论述研究》，硕士学位论文，中共四川省委党校，2022年。

张义尹：《新时代家风建设研究》，硕士学位论文，西华师范大学，2022年。

附 录

中华优秀家风传承创新访谈提纲

非常感谢您接受我们的造访！

为了弘扬中华优秀传统文化精神，探寻中华传统家风及其文化的历史流变和在当今社会的传承创新情况，增强文化自信、创新现代家庭德育，需要每一个中国人的自觉行动和广泛参与。您的支持和参与，就是对我们莫大的鼓舞！

一、个人信息

（一）您的年龄？（年龄段即可，无须准确数据）

（二）您与家族、家人的关系？（代际传承关系、亲疏关系？）

（三）能否谈谈您的职业、教育背景、家庭教育情况？（请被访者简单描述他的职业生涯）

（四）能否谈谈您的婚姻状况及基本家庭成员情况？（如是否有孩子、父母是否健在、从事什么工作等）

（五）您认为自己所处的社会阶层是什么？（上层、中上层、中层、中下层、下层）

二、家风的形成过程问题

（一）您是否知道家训？是谁在什么时间什么地方因为什么原因最早制定了本家族的家训或家规？它是怎样被记录下来、传递下来的？（选择形式：书面、碑文、其他实物、口口相传？）

（二）您能否谈谈家训或家教的演变过程？您认为指引整个演变过程的家族精神是什么？（根据所陈述的情况决定是否追问以及追问什么问题）

（三）您家的家风是什么？以文本的形式存在吗？是无声的精神教

诲，还是以宗祠祖庙或者其他实物形态存在？

（四）您认为有没有以口头方式存在的家风？家长或父母的一言一行、家庭日常生活习惯、社区或村落传统风尚，对一个人的成长成人影响有哪些？

（五）您家或家族的家风形成过程中有哪些关键性的时间点、榜样人物、重大事件，这些对您家的生活风尚以及对辈出人才的目标设计有什么内在联系？

（六）回顾历史，您家族在家风传承过程中遇到大的困难或挑战有哪些（战争、自然灾害等特殊历史时期内）？这些困难是怎样被克服的？

三、家风在当代的影响和表现

（一）询问被访者学习或传承家风的情况。

1. 您最早是什么时候了解到家风的？是因为什么事了解到的？是以什么形式了解到的？

2. 在您个人成长过程中，是怎样不断接受和理解家风精神的？其间是否存在冲突、疑惑、反复等情况？如果有，是在什么时候因什么事产生的？您又是怎样认识和解决的？

（二）在您个人发展历程中，有哪些较为重大的事件是受家风影响的，他们又是如何影响这些事件的？

（三）询问被访者如何运用家风教育后代。

1. 您平时喜欢使用什么方式教育自己的孩子？（可列举某一两个事件说明）

2. 您认为这种教育方式的效果怎么样？（有没有用？起多大作用？）

3. 您认为现代家庭的家风传承存在哪些问题？有改变的想法吗？

4. （如果没有孩子）在您有了孩子后，是否有建设家风并运用家风教育好孩子的打算？

（四）您认为您家的家风对家族以外的邻居或周围社区居民的为人处世和价值观念等产生了什么影响？

四、家风传承与创新问题

（一）您家的家风是如何一代接一代继承演变下来的？其中有哪些值得称道的好做法？您家最新家风存在的形式是什么？

（二）请您回顾最近一年中，家族内有哪些重要的家族集体活动仪式

（集会、纪念、祭祀等）？这些仪式在家族内流行传承对家人子弟产生了怎样的影响？（请适当展开描述，再现这些仪式）在婚丧嫁娶等活动的仪式中，您感受到家风是怎样发挥作用的？家风对这些仪式有什么样的作用？（深描，以再现这些仪式）

（三）您的家族内有哪些名人？您认为出现这些成就是必然的吗？您认为是什么造就了这些人的成功？相反，有没有不守家风人，家人们是怎样评价他的？

（四）您的家族成员内部有没有人做家风文化方面的研究或推广者（出书、发文章、推介家风等）？对其他人创作的有关您家族、家训、家风的书、文章、影视作品等，您熟悉吗？您是怎么认识的？

（五）您认为现在您的家族是否遇到了家风传承发展方面的困难？

如果是 1. 困难表现在哪些方面？这些困难能否被解决？

2. 这些困难对家风传承产生了哪些影响？对此您有怎样的预期？

（六）您对传承创新中华优秀传统家风工作，还有什么好的思考和建议？